"十四五"国家重点出版物出版规划项目

国家社会科学基金重大项目结项成果

国家出版基金项目
NATIONAL PUBLICATION FOUNDATION

百年中国古籍整理与古文献学科发展研究

总主编◎周少川

第四卷

百年古籍整理与古文献学科的理论探索

本卷主编◎张升
本卷副主编◎李晓菊　姜海军

中国社会科学出版社

本 卷 主 编： 张　升

本卷副主编： 李晓菊　姜海军

作 　　 者： 姜海军　李晓菊　张舰戈　　石　鹏
孙显斌　刘　耀　戴丽莎　　颜　樱
李笑莹　周天爽　王孙涵之　于子强
班龙门　廖菊栋　张明阳　　申　雪
张　升

前　言

　　本卷为全书之第四卷，亦为总论卷，旨在总结百年来古籍整理与古文献学科的理论探索，揭示古籍整理事业及古文献学的发展规律，分析其发展态势及发展方向，提出有待解决的重要问题。

　　对于古籍整理和古文献学的理论探索，历来有一种偏见，认为古籍整理与古文献学研究只有方法，没有理论，也不需要理论。或许正是受此影响，多年来古籍整理与古文献学的理论建设是比较薄弱的。但这种现象必须改变，因为从根本上讲，古籍整理和古文献学研究的实践，如果没有理论总结，就不可能有本质的、规律性的认识和系统化的积淀，也不可能有持续的发展。事实上，在百年来的发展历程中，已有不少学者对古籍整理的理论问题和古文献学的学科理论进行了探索。因此，本卷将系统梳理这些宝贵的理论和思想素材，加以分析和凝练，争取在理论建构上有显著的突破。

　　本卷内容分前言、上编、下编、结语四大部分。前言部分概述撰写主旨、主要内容、材料来源和学术价值。上编为"古籍整理的理论探讨"，包括以下六章：

　　第一章"20世纪以来古籍整理意义的认识"。本章共分五节，主要按时间顺序梳理了百年来学术界对古籍整理意义的认识过程，同时也展望古籍整理在未来文化建设中的重要作用；指出应从培育民族精神，增强民族自尊心、自信心、自豪感，从推进中华文化走向世界、提升国家软实力等时代高度上来认识古籍整理的意义。当然，也应注意到古籍整理是文化建设的一项基础性工作，过分追求应时效应及经济效益，都是不现实也不可取的，因此要有长期奋斗、甘于奉献的思想准备。

第二章 "20 世纪以来古籍整理原则的认知及发展"。本章共分三节，按时间顺序讨论了学术界对古籍整理原则的认识。根据当代文化建设应保持民族性、时代性、先进性的要求，梳理已有的思想认识，阐述批判继承、推陈出新、百花齐放等基本原则的具体内涵和现实依据。

第三章 "开展古籍整理必备的前提与条件"。本章共分两节，分别讨论了古籍整理的基本前提与准备，以及古籍整理者所必需的基本素养。在总结经验教训的基础上，指出为防止古籍整理过多重复立项，甚至粗制滥造、浪费资源，需要在理论上预设一个 "入门" 标准；同时也提出了对整理者学术修养的要求。

第四章 "20 世纪以来古籍整理若干热点问题辨析"。本章共分四节，分别讨论了四个热点问题：标点整理与原本影印之间孰优孰劣，古籍的数字化，少数民族古籍整理，中医古籍整理。百年古籍整理虽取得可喜成绩，但也存在某些过度整理、损坏典籍的问题，于是就有关于整理方法、效果的质疑和辩难。如原本影印和整理重排孰优孰劣，如何处理好整理与保真的关系？怎样避免 "今人校书而古书亡" 之厄，处理好整理与损害的关系？古籍可以今译吗？怎样处理好提高和普及的关系？集体攻关和个人负责何者为善？如何处理好大型项目和学术精品的关系？等等。本章主要讨论上述问题，并探索相应对策。

第五章 "古籍整理具体工作的学术检讨"。本章共分两节，分别讨论古籍整理致误的原因及古籍整理致误通例。主要检讨以往古籍整理具体工作中出现的一些学术问题和错误，从理论上分析其致误原因，归纳致误通例（包括标点、注释、今译和校勘致误通例）。通过这种规律性总结，以吸取教训，提示来者，规避错误。

第六章"古籍整理的学术标准"。本章共分两节,分别讨论制定古籍整理学术标准的重要性及主要范畴,古籍整理的基本形式及其学术标准。以往有不少学者已对古籍整理成果作出评论,或提出某些评价标准,如古籍翻译的信、达、雅,古籍校勘的一校、二证、三断等。本章对相关素材加以提炼和分析,提出各类形式古籍整理成果应追求的学术标准,为不断提高精品意识和整理水平提供借鉴。

下编为"古文献学学科理论的认识",包括以下六章:

第七章"古籍整理工作与古文献学的关系"。本章共分两节,分别说明古籍整理是古文献学的实践基础和认识对象,以及古文献学对古籍整理的研究支持与规范指导。其一,从实践—认识—再实践—再认识的认识规律阐述古文献学与古籍整理实践之间的互动关系。其二,指出古文献学研究仍有与古籍整理实践脱节的倾向,如教材老旧、结论过时等。强调发挥古文献学科培养古籍整理专业人才的作用,在教学中应注意达到理论联系实际、学以致用的效果。

第八章"古文献学的研究对象和任务"。本章共分两节,分别讨论古文献学的研究对象、任务。关于古文献学的研究对象,至今仍未形成相对统一的认识,如有"文献"说、"文献的文本形态"说、"文献整理工作"说,等等。本章尝试在前人论述的基础上,作出一些新的探索,提出我们所理解的"文献"及"文献学"的含义。

第九章"古文献学的学科性质和定位"。本章共分两节,分别讨论古文献学的学科性质、特点,以及古文献学的学科定位。其一,根据古文献学的学科结构和产生原因,分析其学科性质,并由此阐述其研究特点与科学价值。其二,辨析将古文献学定位为史学或文学辅助学科的错误观点,指出古文献学在现行高校专业设置中的位置,并从科学发展的角度阐明其应有的学科定位。

第十章"古文献学的学科体系与学术体系"。本章共分四节,分别讨论古文献学学科体系、理论、分支学科和发展史。通过总结以往学科体系与学术体系构设的成就,从学科理论和专业内容两方面阐述古文献学的学科体系与学术体系，即从本体论、认识论、方法论角度说明学科理论应有的内涵；讨论古文献学的历史研究，厘清古文献学的分支学科、边缘学科和相关学科，明确以分支学科为主干的专业内容，避免泛化学科范围的倾向。

第十一章"古文献学的学科建设"。本章共分两节，分别讨论古文献学学科建设的内容及关系，古文献学科的运作与保障。主要阐述古文献学学科建设包括的三个层面，分析三个层面彼此之间的关系，并重点就第三层面即学科的运作保障展开讨论。论述如何在教师队伍建设、教学培养计划、学位点分布、专业期刊、学会组织以及与之配套的学术制度等方面，推动古文献学的学科建设；联系实际，提出优化古文献学学科建设环境的对策。

第十二章"古文献学分支学科的理论探讨"。古文献学在发展过程中逐步形成六大分支学科，即目录学、版本学、校勘学、注释学、辨伪学、辑佚学。本章共分六节，分别讨论了以上六大分支学科的热点问题和前沿问题，并尽可能揭示出各分支学科的发展方向。

最后为结语部分。百年来古籍整理与古文献学科的发展，成就显著，影响巨大。从学术史的角度来看，其发展具有深远的历史意义。百年来古籍整理与古文献学的发展史也留给我们很多启示，值得很好地总结。同时，我们也要清醒地认识到面临的新形势和新挑战。例如，进入 21 世纪以后，人们对于古籍整理的认识更加深入与多元，有关古籍整理的作用和意义、古籍整理所秉持的原则或指导思想，无论是古籍整理的学者，还是政府机构，对此都有了更加深刻、更加宽泛的认识与理解。在应对新形势和新挑战方面，我们认为，只有采取分开档次、减少重复、优化结构、集约经营以及利用最新科技手段、借鉴国外文献研究方法等举措，才能实现古籍整理与古文献学可持续发展的远大前景。展望未来，我们要以习近平文化思想和习近平总书记的系列重要讲话精神为理论指导和重要遵循，贯彻"双创"方针，从服务国家战略、保护国家文化安全的高度做好古籍整理，不断总结和发扬古文献学的优良传统，一定可以把古文献学建设成为具有中国特色、中国风格、中国气派的人文社会学科。

本卷研究的史料来源，主要是百年来各种类型的古籍整理成果，以及百年来古籍整理与古文献学的研究专著和学术论文。尤其注重利用辨析古籍整理失误和讨论古籍整理学术标准、古文献学学科建设的研究成果。1949 年以后，大量的政府文件、领导讲话、会议纪要、人物采访、新闻报道，以及有关档案资料，如《古籍整理出版情况简报》、古籍整理的机构组织和出版规划、高校教学计划等，为本卷的研究提供了坚实基础和可靠依据。

本卷在考察、钩稽百年古籍整理与古文献学有关理论探索素材的基础上，努力构建古籍整理和古文献学的理论体系。其中较为突出的成果，在古籍整理方面，如深入探讨古籍整理的重要意义，系统阐述百年来古籍整理的致误原因及通例，初步确立各种形式古籍整理的学术标准，等等。在古文献学方面，如首次系统梳理古文献学的学科体系与学术体系，为今后发展奠定坚实的基础；全面总结古文献学分支学科的热点问题和前沿问题，揭示各分支学科的发展方向，等等。

总之，在本卷中，我们努力吸收最新的研究成果，全面利用和分析相关材料，力图总结出学科发展的一般规律，并尝试提出一些新的观点。我们希望能通过以上的探讨，为古籍整理与古文献学提供系统的理论支撑。当然，由于理论研究的难度较大，而我们在理论素养方面却颇欠缺，因此，本卷所论肯定多有不妥之处，还请读者批评指正。

本卷撰写的分工情况如下：姜海军撰写第一、二、三、四章及第十二章中的第四节，李晓菊、石鹏、戴丽莎撰写第五章，李晓菊、石鹏撰写第六章，李晓菊、石鹏、颜樱撰写第七章，孙显斌撰写第十章，李笑莹撰写第十二章第二节，班龙门、于子强撰写第十二章第三节，王孙涵之撰写第十二章第五节，张舰戈撰写第八、九章，刘耀撰写第十一章，周天爽撰写第十二章第一节，张升撰写前言、结语和第十二章第六节，张明阳、申雪编辑主要参考文献。廖菊栋在联系协调、文稿修改方面亦多有贡献。周少川先生对本卷各部分均有修正，其中对结语修正尤多。全稿由张升初审，周少川先生终审。

目　　录

上编　古籍整理的理论探讨

下编　古文献学学科理论的认识

上　编

古籍整理的理论探讨

第 一 章
20世纪以来古籍整理意义的认识

在中国古代，校雠学一直被视为古籍整理的基本方法。随着清朝的灭亡，"整理国故"成为古籍整理的基本方式，"古籍整理"作为一个新名词也随着"整理国故"的推动而产生。近代以来，有关古籍整理的意义，从胡适、顾颉刚乃至21世纪初的诸多学者都有论述。在学者们看来，古籍整理是传承、弘扬中华文化的重要手段，事关中华民族的伟大复兴。除此之外，古籍整理还可以培养民族精神，增强民族自尊心、自信心与自豪感，进而推进中华文化走向世界，提升国家的软实力。

第一节 "整理国故　再造文明"
（1911—1949）

在新文化运动持续推进的过程中，越来越多的人认识到整理古籍的重要性。于是，1918年年末，北大学生傅斯年、罗家伦等人建立了《新潮》社，旨在"唤起国人对于本国学术之自觉心"[1]，并请胡适担任顾问。紧随其后，与傅斯年同班的薛祥绥、张煊、罗常培等人，也"慨然于国学沦夷，欲发起学报以图挽救"，遂于1919年元

---

① 傅斯年：《〈新潮〉发刊旨趣书》，载岳玉玺等编《傅斯年选集》，天津人民出版社1996年版，第56页。

月，在刘师培家中成立了《国故》月刊社，标明"以昌明中国固有之学术为宗旨"①。尽管在当时毛子水、张煊等人就"整理国故"的目的、意义与方法有一定的分歧，不过经过彼此之间的交锋、论辩，也提出了不少新的问题，在整理国故方面拓展了新的思考空间。从整体上来看，他们的辩论进一步促进了人们对古籍意义、传统文化的重新认识，使"整理国故，再造文明"成为当时一种比较重要的思潮，而这种思潮无疑肯定了古籍整理在民族复兴、重建中华文明中的意义与价值。

作为当时整理国故与思想论辩的参与者——胡适，虽然不是整理国故的最早倡导者，但却积极参与到傅斯年、毛子水、张煊等人的辩论中，成了当时国故整理的核心人物。胡适曾经写了《论国故学——答毛子水》一文，就整理国故提出了自己的认识。在他看来，整理国故的目的便是要整顿、研究已有的文化传统，他说：

> 中国的一切的过去的文化历史，都是我们的"国故"。研究这一切过去的历史文化的学问，就是"国故学"，省称为"国学"……"国故学"的使命是整理中国一切文化历史。②

同年12月，胡适又在《新思潮的意义》一文中提出了"研究学问，输入学理，整理国故，再造文明"的口号，明确提出了古籍整理的意义在于"再造文明"③。可以说，毛子水、张煊、胡适等人从不同角度出发强调"整理国故"的伟大意义，主要是缘于第一次世界大战之后人们对西方文化及文明的失望，于是很多学者希望借助"整理国故"，来让人们重新认识中国古籍及中华传统文化，希望建构出

---

① 《国故月刊记事录》，载王学珍、郭建荣主编《北京大学史料第二卷（1912—1937）》，北京大学出版社2000年版，第2715页。

② 胡适：《〈国学季刊〉发刊宣言》，《胡适文存》二集，黄山书社1996年版，第6页。

③ 胡适：《新思潮的意义》，《胡适文存》一集，黄山书社1996年版，第527页。

具有自身特点的新政治文明。

经过毛子水、胡适等人的努力，"整理国故"形成一种学术潮流，越来越多的人也因此对"整理国故"的意义有了更加深入的认识。"整理国故"的意义不仅体现在重新发现中华文化，也体现在极大地影响了当时新型学科体系的发展。比如，随着新文化运动的推进，郑振铎于1923年在当时新文学重镇《小说月报》上发表了《新文学之建设与国故之新研究》一文，提出整理国故对文学有重要的意义：一方面可以改革社会的文艺观念，使人们认识到新旧文学的差异；另一方面可以告诉人们文学所承载的文化意义。其云：

> 新文学运动，并不是要完全推翻一切中国固有的文艺作品，这种运动的真意义，一方面在建设我们的新文学观，创作新的作品，一方面却要重新估定或发现中国文学的价值，把金石从瓦砾堆中搜找出来，把传统的灰尘，从光润的镜子上拂拭下去。[①]

郑振铎认为整理国故对于当时新文化运动的重要组成部分——新文学运动也有重要的推动意义，一方面可以在旧有的优秀作品的基础上，创作出新的作品，重建新的文学观；另一方面可以借此发掘中国固有的优秀文学作品，并加以弘扬、传承，进而重建中华文明。随即，在很多读者的呼吁下，《小说月报》于第17卷策划了《中国文学研究》专号，专门刊载有关文学典籍的整理与研究，"这是五四时期新文学杂志规模最大的一次对传统文学的整理，分上下两册，80余万字"[②]。参与这次专号的作者阵容非常强大，有梁启超、陈垣、郑振铎、沈雁冰、郭绍虞、俞平伯、刘大白、许地山、钟敬文等国内名家，以及盐谷温、仓石武四郎等外国学者。他们不仅致力于文学国故的整理，更

---

① 郑振铎：《新文学之建设与国故之新研究》，《小说月报》1923年第14卷第1号。
② 秦弓：《"整理国故"的历史意义及当代启示》，《文学评论》2001年第6期。

是将传统文学的传承、弘扬与中华文化认同及民族复兴紧密联系在一起，希望通过国故整理实现民族国家的复兴、强盛。

作为新中国的缔造者——毛泽东，也曾于1938年撰文指出古籍整理是继承古圣先贤遗产的重要手段，"学习我们的遗产，用马克思主义方法给以批判和总结是我们学习的另一个任务。我们这个民族有数千年的历史，有它的特点，有它的许多珍贵品。……从孔夫子到孙中山，我们应当给予总结，承继这一份珍贵的遗产"①。不仅如此，毛泽东还在《新民主主义论》中进一步指出：

> 中国的长期封建社会中，创造了灿烂的古代文化。清理古代文化的发展过程，剔除其封建性的糟粕，吸收其民主性的精华，是发展民族新文化提高民族自信心的必要条件。②

毛泽东在新中国成立前对传统文化给予了高度评价，认为中华文化光辉灿烂，所以要通过整理、研究"去粗取精，去伪存真"，这是"发展民族新文化提高民族自信心的必要条件"。他将古籍整理与民族文化、民族复兴紧密结合起来，这种思想对当时及后世都有非常深远的影响。

受到新文化、新文学整理国故思想的影响，很多古籍被重新整理、研究，极大地促进了古籍整理及传统文化事业的繁荣。从当时古籍整理的对象来看，旧小说尤其得到了民国诸多学者的关注与重视。比如，汪原放曾校勘整理了《红楼梦》《水浒》《续水浒》《海上花》《三国演义》《儒林外史》《镜花缘》《西游记》等多种，经他整理的小说，成为当时享有盛名的善本。除此之外，还有俞平伯整理的《三侠五义》《浮生六记》，汪乃刚整理的《宋人话本》《醒世姻缘

---

① 《毛泽东选集》第2卷，人民出版社1991年版，第499页。
② 《毛泽东选集》第2卷，人民出版社1991年版，第707—708页。

传》《今古奇观》，刘半农整理的《何典》，等等。另外，随着敦煌藏经室的发现，民国时期对敦煌遗书的校勘整理也非常兴盛，如罗振玉《敦煌零拾》、刘半农《敦煌掇琐》、郑振铎《八相变文》等。除了个人整理，民国时期商务印书馆影印了《四部丛刊》《百衲本二十四史》，中华书局排印了《四部备要》。他们在影印、排印过程中，对这些古籍做了诸多的校勘整理工作。这些举措既推动了古籍整理的发展，更增进了人们对古籍整理意义的认知。

总的来说，民国时期受到西学的冲击，尤其是在新文化运动热潮之后，加上第一次世界大战的失败，很多有志之士开始反思并重新审视中华传统文化的价值，由此开始强调对传统文化的传承、发掘与弘扬，而整理古籍或整理国故被视为传承文化、再造文明的重要手段，其意义得到了众多学者包括胡适、梁启超、陈寅恪、王国维、冯友兰等国学大师的认同。他们除了积极参与古籍整理，还利用西方的科学方法来探究中国固有之文化思想，以期发掘其深厚之价值与意义，进而推动中华文化、民族国家的复兴。

第二节　"整理古籍　继承文化遗产"
（1949—1980）

新中国成立之初，党和国家非常重视古代文化及其遗产的保护、整理与利用。1950年5月24日，政务院制订了古籍、珍贵文物、图书及稀有文物保护办法，颁发了《古代文化遗址及墓葬之调查发掘办法》。这些举措，直接促使了新中国成立之初古籍整理事业的稳步向前，也充分肯定了古籍整理在文化传承、社会建设中的重要意义。

1958年，在郑振铎、齐燕铭等人的倡议下，成立了直属于国务院的古籍整理出版规划小组，制定了"整理和出版古籍计划"的草案，并将中华书局作为我国出版古籍的主要机构。从此之后，"古籍整理"成为文化界、出版界通用的关键词。1959年，北京大学创立了"古典文献"专业；"二十四史"与《清史稿》的校点出版，这些都被视为新中国古籍整理出版事业中的标志性成果。这些古籍整理与出版及人才培养等举措，都可以看成是肯定古籍整理意义下非常重要的具体实践活动。

1962 年 1 月，齐燕铭在中华书局成立五十周年纪念会上发表了《整理出版古籍是批判地继承文化遗产的重要一环》的讲话，认为古籍整理是传承中华古代文化遗产的重要手段。他说：

> 我国有丰富的文化遗产。整理出版古籍是批判地继承文化遗产的重要一环。古代的文化我们要加以咀嚼、消化，然后才能融会贯通。对于古籍，要做到这一步，一个必不可少的过程是把它整理出版出来。对现在的青年和一般其他工作岗位上的干部说来，看懂古书是一件不容易的事。不加以整理注释，古书和他们之间就会有一条不可逾越的沟。我们的任务就是要把这道沟填平，使丰富的文化遗产易于为一般人所了解，能够吸取它，研究它，批判它。①

在齐燕铭看来，古籍是我国传统文化的重要载体，只有整理古籍方可以继承这一文化遗产。另外，古籍整理不仅要传承文化，更为主要的是方便现代人学习、了解古代文化，以便从中汲取所需要的思想资源。不过，1966 年，"文化大革命"的爆发，古籍整理出版工作开始陷入了停顿。

"文革"期间，古籍不仅被视为"四旧"之一，而古籍整理更被看成守旧、复古的行径，以至于大批古籍遭到了毁灭性的破坏，古籍整理事业也基本上陷入停滞。不过，在"文革"中后期，毛泽东、

---

① 齐燕铭：《整理出版古籍是批判地继承文化遗产的重要一环》，载杨牧之主编《古籍整理与出版专家论古籍整理与出版》，凤凰出版社 2008 年版，第 1—2 页。

周恩来等人对中华书局、商务印书馆等负责古籍整理出版的机构给予了一定的重视，并推动了一些古籍文献的整理出版。对于古籍整理的意义，1970年9月17日，周恩来与主管文教部门一些负责人谈话时做了肯定：

> 要有点辩证法，不要一听封建主义、资本主义就气炸了，那叫形而上学、片面性。……中华书局、商务印书馆就不能要了？那样做，不叫为群众服务。……要懂得水有源树有根。毛泽东思想是从马克思列宁主义发展来的，马克思列宁主义是毛泽东思想的根。《新华字典》也是从《康熙字典》发展来的嘛！编字典可以有创造，但创造也是有基础。要古为今用，推陈出新。①

周恩来不仅肯定古籍及其整理存在的合理性、为人民服务的重要意义，同时也肯定中华书局、商务印书馆在文化传承、群众服务方面的贡献，所以他希望继续重视古籍整理，强调中华书局、商务印书馆等出版机构要继续发挥作用，"古为今用，推陈出新"。

不仅如此，1971年4月12日，周恩来在与全国出版工作座谈会领导小组成员谈话时，又进一步指出：

> 你们管出版的，要印一些历史书。我们要讲历史，没有一点历史知识不行。你们出版计划中有没有历史书籍？现在书店里中国和外国的历史书都没有。不出历史地理书籍是个大缺点。……不讲历史、割断历史怎么行呢？中国人不讲中国历史总差点劲。毛主席的著作还有不少篇幅是讲历史的嘛！读毛主席的著作也得懂历史。……同志们说，有些地方把封存的图书都烧了，我看烧

---

① 转引自李修生、龙德寿主编《古籍整理与传统文化》，辽宁大学出版社1991年版，第240页。

的结果就是后悔。应该选择一些旧的书籍给青少年批判地读，使他们知道历史是怎么发展来的。……否定一切，不一分为二，这是极左思潮，不是毛泽东思想。我们要用历史唯物主义的观点来看问题。那些把书都烧了的，还不是极左思潮的影响？①

周恩来肯定了历史的重要性，更对当时焚烧古籍的做法表示不满。他认为应当保存并选择一批古籍进行整理出版，对待古籍整理应当一分为二地看待，而不是全盘否定。周恩来对古籍整理意义的肯定，对于当时极力否定古籍及其所承载的传统文化风气来说，无疑有一定的纠正作用。由于毛泽东、周恩来等人的重视，"二十四史"与《清史稿》校点整理工作没有受到多少影响，这在一定程度上推动了当时古籍整理的发展。不过，相对而言，其他类古籍的整理则依旧处于被忽视的状态。1976 年 10 月，粉碎"四人帮"之后，古籍整理的意义才重新得到肯定，相关出版事业又得以开始恢复。但是，受到诸多因素的限制，在初期此方面工作收效甚微。直到 1979 年 8 月，重新恢复了中华书局作为古籍整理出版的重要机构，古籍整理工作开始慢慢进入新状态。不过，受到十年"文革"的影响，古籍整理还存在诸多问题。

改革开放前后，鉴于当时古籍整理事业的颓势，中华书局曾向中央陈云同志做了这方面的情况报告。随后，1981 年 7 月 9 日下午，陈云同志委派秘书专程给中华书局下达了他对古籍整理的指示：

搞古籍整理工作，不是一朝一夕的事，要搞个十年、二十年、三十年，甚至更长一些时间。这件事一定要搞到底。

要搞一个班子。这个班子要组织起来，要准备三代人。

---

① 转引自李修生、龙德寿主编《古籍整理与传统文化》，辽宁大学出版社 1991 年版，第 240—241 页。

要花点钱。花十个、八个亿完全必要。当然，钱要慢慢地花。这个工作对我们的后代有好处。①

陈云同志作为中央领导，开始将古籍整理视为世纪工程重视起来，认为它关系到后代子孙的利益。1981年9月17日，中共中央书记处根据陈云同志的意见，讨论了古籍整理的相关问题，并以中共中央的名义下发了37号文件《中共中央关于整理我国古籍的指示》，其中明确指出"整理古籍，把祖国宝贵的文化遗产继承下来，是一项十分重要的、关系到子孙后代的工作"②。这个文件充分肯定了古籍整理在"文化遗产继承"方面的重要意义，极大地调动了古籍整理者的积极性。陈云同志指示及中央关于古籍整理的文件发布之后，古籍整理出版事业开始进入了一个全新的发展阶段。

第三节　古籍整理意义的多元化认识（1980—2000）

在陈云同志有关指示的指导下，1981年12月，国务院恢复了古籍整理出版规划小组，并任命李一氓为组长。李一氓认为，古籍是中华民族的重要文化遗产，"古籍既是中国文明的历史标志，则就古籍本身而论，它和其他文化遗产一起，已成为中华民族共同心理的历史积累的基础"，如此一来古籍整理则有非常重要的意义，"整理古籍亦就自然成为我们所特有的丰富的精神生产，成为和中国社会主义物质建设相适应的文化建设，并与中国现代化保有辩证的直接的内在联系"，"整理古籍，把祖国的宝贵遗产继承下来，是一项十分重要的、

---

①　转引自杨牧之主编《古籍整理与出版专家论古籍整理与出版》，凤凰出版社2008年版，第76页。

②　转引自杨牧之主编《古籍整理与出版专家论古籍整理与出版》，凤凰出版社2008年版，"前言"第3页。

关系到子孙后代的工作"①。随后，在李一氓的推动下，不但召开了相关的会议，而且在 1982 年制定了《古籍整理出版规划（1982—1990）》，以指导古籍整理工作。

1982 年，周扬在中华书局成立七十周年纪念大会上发表了题为"文化传统要继承，不能割断"的讲话，认为：

> （古籍）这财富之所以宝贵，就在于它几千年没有中断。印度有几千年的历史，它中断了。恐怕世界上埃及也好，印度也好，巴比伦也好，都中断了。世界上还有甚至比我们还古老的文化，但都中断了。我们没有中断，所以这段文化遗产怎么来整理，是个很大的问题，是我们社会主义文化建设中的一个重大问题。②

在周扬看来，相对已经中断的埃及、印度、巴比伦等古代文明来说，中国之所以一直延续至今，就在于作为文化、文明的载体——古籍一直得到重视、整理，所以，认真对待古籍整理关系到中华文明存续的问题，更是事关现阶段社会主义文化建设的一个重大课题。

作为当时著名的古文献学家，张舜徽对古文献整理的价值与意义也有深刻的认识。他在其 1982 年由中州书画社出版的《中国文献学》一书中，强调古籍整理在通史编纂、"广泛为社会服务"方面有着重大意义：

> 整理文献的更重要的工作，还在于从繁杂的资料中，去粗取精，经过剪裁熔铸，编述为内容丰富的通史，广泛为社会服务。使人们能在节省了精力时间的条件下，从这里面看到比较全面的

---

① 李一氓：《论古籍和古籍整理》，《人民日报》1982 年 1 月 20 日。
② 周扬：《文化传统要继承，不能割断》，载杨牧之主编《古籍整理与出版专家论古籍整理与出版》，凤凰出版社 2008 年版，第 5 页。

祖国历史；读了这部书，可以抵当若干部书；这才是我们的主要目的和重大任务。①

张舜徽认为，古籍整理可以为"编述内容丰富的通史，广泛为社会服务"提供基础，另外，人们可以借助经由古籍写定的通史非常方便省事地了解"全面的祖国历史"。张舜徽不仅强调了古籍整理在编纂历史、服务社会的重要性，而且他在《中国文献学》一书中对古籍整理相关问题的论述，也为古籍整理提供了重要的指导。此书后被视为"中国文献学学科建设的奠基之作"②。同一时期，吴枫撰写了《中国古典文献学》一书，强调古文献整理的价值与意义在于"总结历史文化遗产的目的，是为了取得历史经验教训。社会主义建设是离不开对历史经验的借鉴的"③。

　　1983年9月，全国高等院校古籍整理研究工作委员会成立，由国务院古籍整理出版规划小组副组长周林担任主任，负责组织协调高校古籍整理的科研和人才培养等相关工作。此后，各省相继组建了古籍整理规划机构，同时也陆续成立了很多古籍出版社，部分高校也相继建立了一批古籍整理研究机构。随后，全国古籍整理工作进入了一个全新的阶段，整理并出版了一系列优秀古籍整理成果。1986年10月，作为古文献整理的官方机构——全国高等院校古籍整理研究工作委员会的领导安平秋，在全国高等院校古籍整理研究工作委员会二届一次会议上对古籍整理的意义做了强调，认为古籍整理是传承、弘扬中华传统文化及建设社会主义精神文明的重要组成部分，有助于提升人们的文化素养，在培养人们的民族自信心、自豪感与民族凝聚力等方面都有非常重要的意义。他说：

---

① 张舜徽撰，姚伟钧导读：《中国文献学》，上海古籍出版社2005年版，第300页。
② 张舜徽撰，姚伟钧导读：《中国文献学》，上海古籍出版社2005年版，导读，第1页。
③ 吴枫：《中国古典文献学》，齐鲁书社2005年版，第33页。

　　古籍整理工作有助于提高中华民族的文化素养，使中国人民正确认识民族的过去与现在，从而增强民族自信心与自豪感，培养热爱祖国、热爱故乡的情感；古籍整理与研究工作有助于人们正确地理解过去已经、今后还可能继续在中国人民前进过程中发生影响的传统及各种观念，区分其中的精华与糟粕，从而有可能在马克思主义指导下，确立科学的人生观、价值观，树立正确的思想，培养高尚的道德情操。古籍整理研究的这种潜移默化功能，决不是只在一段时间里、对一部分人发生作用，而是对全民族、对几代人甚至世世代代都将产生影响的。①

在安平秋看来，古籍整理工作意义重大，不仅关乎中华传统文化的传承、弘扬问题，更是对当前社会主义精神文明的建设、重建中国人民自己的文明体系都有着重要的影响。古籍整理也有助于人们基于传统文化而形成对国家、民族的认同感，有助于人们树立正确的人生观、价值观，提升人们的道德境界，进而潜移默化地影响数代人。所以，他认为，"在当前的情况下，加强古籍整理研究，正确认识历史传统，发扬光大其中的优秀成分，更有其现实意义"。

　　作为当时古籍整理出版方面的领导杨牧之，他于1990年12月在其《古籍出版中的几个问题》一文中，也阐述了古籍整理在继承和发扬优秀文化传统，总结前人经验教训，建设强大的中国等方面所具有的价值与意义。他说：

　　我们整理出版古籍为什么？为研究服务。研究什么？研究前人的经验、教训。马克思主义认为历史具有承继性。现实是历史的发展。我们研究历史，一是要无愧于前人，向前人学习。中国是世界文明发达最早的国家之一，曾经创造过无与伦比的物质文

---

　　①　安平秋：《安平秋古籍整理工作论集》，中国书籍出版社1994年版，第13页。

明和精神文明。在漫长的岁月中，中华民族虽屡经磨难，历尽艰辛，但总是衰而复兴，蹶而复振，自强不息，巍然屹立，这种战斗精神、爱国情操，这种高度的精神文明，我们应该继承和发扬。二是要总结前人的经验教训，从前人的失败中吸取教训，超过前人，完成前人未能完成的夙愿，为祖国和民族的强大去奋斗。①

杨牧之认为古籍整理为研究提供了前提，更为学者们借助所整理的古籍，研究古人的经验、教训提供了重要的文本。学者们借助古籍整理文本研究历史，总结经验，对现实有非常重要的意义：一方面，从中汲取了古人在物质文明、精神文明所创造的有用资源，继续努力做出更多的成绩，从而"无愧于前人"；另一方面，我们也从这些古籍所承载的历史经验中，从前人失败的史实中汲取很多的借鉴，以便不再失败，不再跌倒。可以说，古籍整理让我们继承了古人优秀的思想与成绩，同时也摒弃了人类历史发展中的错误与失败。

周林于1991年为李修生主编的《古籍整理与传统文化》一书撰写序言，他也强调了古籍整理的价值与意义："弘扬优秀传统文化，开展古籍整理研究，是一项具有重要意义的工作。大批古籍是中华民族的历史瑰宝，它对于研究中华民族的历史，总结历代政治、经济、军事、文化、外交和社会发展的经验具有重要的价值。"② 作为国务院古籍整理出版规划小组组长的匡亚明，于1992年5月在第三次全国古籍整理出版规划会上发表了《认真整理出版弘扬优秀传统文化》的讲话，也反复强调了古籍整理的价值与意义：

> 整理工作是为了给看书的人、研究的人提供准确可靠的文献

---

① 杨牧之：《古籍出版中的几个问题》，载杨牧之主编《古籍整理与出版专家论古籍整理与出版》，凤凰出版社2008年版，第209页。

② 李修生、龙德寿主编：《古籍整理与传统文化》，辽宁大学出版社1991年版，序。

资料。但是整理不是目的。一大堆唐宋元明清经济史料,即使整理的水平极高,质量极佳,摆在那里又有什么意义呢?……这要靠研究。整理的最终目的,是为研究服务,是要通过研究总结出合乎客观规律的科学结论。这个结论,一是供我们向前人学习,比前人更上一层楼。中国是世界上文明发达最早的国家之一,曾经创造了无与伦比的物质文明和精神文明,我们应该继承和发扬。二是要从前人的过错中吸取教训,更好地为祖国和民族的强大而奋斗。……整理和研究看来好似两项工作,而实质上二者是不可分的。①

匡亚明从另一个角度强调了古籍整理的意义,指出古籍整理的价值不仅在于为人们提供可靠的文献资料,而且要以为研究服务为目的。这样一来,就将古籍整理的意义提升为不单纯是个文献学的工作,而是有着文化总结、文化反思与文化重建的重要意义。匡亚明认为借助古籍整理,并伴之以研究,这样就可以实现文化传承、弘扬优秀文化,反思过去的不足,以期"更好地为祖国和民族的强大而奋斗"。就此而言,古籍整理与研究,"实质上二者是不可分的"。在这次会议上,时任中共中央总书记、国家主席江泽民同志为大会题词:"整理出版古籍,继承祖国优秀的文化遗产,为建设有中国特色的社会主义服务。"这无疑进一步肯定古籍整理在文化传承、社会主义建设过程中所扮演的重要角色及所发挥的重大作用,极大地推动了古籍整理事业的兴旺繁荣。

总的来看,从 20 世纪 80 年代到 20 世纪末这二十年左右的时间,尽管越来越多的西方思想与文化进入中国,但也有越来越多的学者认识到,古籍整理在传承、弘扬中华民族优秀文化上扮演着更加重要的

---

① 匡亚明:《认真整理出版古籍弘扬优秀传统文化》,载杨牧之主编《古籍整理与出版专家论古籍整理与出版》,凤凰出版社 2008 年版,第 23 页。

角色，具有越来越重要的意义。正如史学家白寿彝所言："我以为整理国故和介绍欧化是需要的：我们晓得文化是有绵延性的，后有所承，前有所继。……承继的现象，随时随地可以在社会上学术上看到。我们想寻它们的真面目吗？我们想知道我们的思想行动和传统势力的关系吗？我们不能不问我们的旧文化，不能不整理国故。"[①] 随着越来越多人对传统文化、古籍整理的重视，加上在国家规划重视下，很多国家机构与众多高校对此都高度重视与积极参与，经过了众多学者的一起努力，创造了新中国成立后古籍整理事业上的巨大辉煌。对此，我们从相关的数据中可见一斑。根据杨牧之的统计，截至 2002 年，新中国出版的古籍图书已经超过了一万种，是现存传世古籍总量的近十分之一。近二十年（1980—2000）整理出版的古籍图书，占新中国古籍整理出版物总量的 80%。这个比例直接反映了改革开放以后古籍整理与出版事业所得到的高度重视及所取得的辉煌成绩。

第四节　为建设先进文化服务（21 世纪以来）

进入 21 世纪之后，古籍整理更得到了国家与社会各界前所未有的重视。2000 年 7 月，新闻出版总署和全国古籍整理出版规划小组联合发出了《关于制定"十五"期间（2001—2005）国家古籍整理重点图书出版规划的通知》，邀请相关专家起草了"十五"规划草案，加大了对古籍整理的重视。另外，改组后的全国古籍整理出版规划领导小组，从当前古籍整理工作的实际出发，强调了古籍整理的重要意义，并加大了对全国古籍整理规划项目的资助力度。与此同时，规划领导小组还在全国范围内培养古籍整理的专门人才，使得古籍整

[①]　白寿彝：《整理国故介绍欧化的必要和应取的方向》，载《白寿彝史学论集》（上册），北京师范大学出版社 1994 年版，第 433—434 页。

理这项工作得以顺利而健康地向前发展。

　　在新时期，随着国家对传统文化的重视，古籍整理也被视为了传承、弘扬文化的重要手段，是重建社会主义精神文明的必要举措，如杨牧之所言：

　　　　整理我国古籍就是对传统文化进行清理，去粗取精，去伪存真，继承和发扬一切优秀的文化传统，为建设社会主义精神文明提供借鉴。传统文化中的精华部分，说到底是民族性的表现，而民族性正是先进文化的显著特征。"三个代表"重要思想中很重要的一点就是代表中国先进文化的前进方向，而要把中国的文化建设好，确实代表中国先进的前进方向，就必须对传统文化去粗取精，去伪存真，取其精华，弃其糟粕。这个任务，可以说更加集中地落实到了我们从事古籍整理和出版工作的同志身上，义不容辞，责无旁贷。批判继承的着眼点是古为今用，立足点是当代的具体实践。古籍整理和出版工作就是为这一目标服务的，是一个重要的方面军。①

　　杨牧之将古籍整理看成是体现民族性，"继承和发扬一切优秀的文化传统，为建设社会主义精神文明提供借鉴"的重要手段。他认为，优秀传统文化是社会主义先进文化的组成部分，所以应当把古籍整理这个任务落实好，使古籍整理"古为今用"、服务于当代先进文化的建设。

　　在20世纪以前，尤其是在80年代以前，古籍整理一般都认为是针对汉文古籍的，而忽略了对少数民族古籍的重视。其实，中国共有56个民族，每个民族都有自己灿烂的文化与辉煌的过去，也产生了不少少数民族古籍。所以，进入21世纪之后，国家在重视汉文古籍

---

　　① 杨牧之：《新中国古籍整理出版工作的回顾与展望》，载杨牧之主编《古籍整理与出版专家论古籍整理与出版》，凤凰出版社2008年版，第109页。

的整理与出版的同时，较以往而言也越来越关心少数民族古籍的整理与出版，并认为少数民族古籍的整理有非常重要的意义。国家民委文化司在《少数民族古籍整理出版的几个问题——国家民委召开少数民族古籍整理座谈会纪要》中就曾强调说：

> 1. 祖国灿烂的文化是各民族共同创造的，少数民族古籍是祖国文化宝库的重要部分，在世界文化宝库中也占有重要地位。
> 2. 整理民族古籍，不是简单地校勘，而是抢救、集纳、研究，将民族文化传统继承下来，代代相传，以利于提高民族自豪感，增强民族团结。
> 3. 民族古籍的整理比汉文古籍的整理更加紧迫。民族古籍多为手抄本，一种书往往只几本，甚至孤本，难以保留。保留下来的书，又多散失民间，即使国家保存的书，也因天长日久或管理不善而残缺不全。救书的工作不能再拖。①

在汉文古籍得到国家日益重视的同时，少数民族古籍也应该得到关注，更要充分认识到它们存在的价值与意义，"祖国灿烂的文化是各民族共同创造的，少数民族古籍是祖国文化宝库的重要部分"，借助整理民族古籍与研究，可以"将民族文化传统继承下来，代代相传，以利于提高民族自豪感，增强民族团结"。由于少数民族古籍的现状比汉文古籍更加岌岌可危，所以"民族古籍的整理比汉文古籍的整理更加迫切"。普学旺在《世界的记忆遗产——抢救保护少数民族古籍意义重大》② 一文也指出，少数民族古籍整理出版有四个方面的重

---

① 国家民委文化司：《少数民族古籍整理出版的几个问题——国家民委召开少数民族古籍整理座谈会纪要》，载杨牧之主编《古籍整理与出版专家论古籍整理与出版》，凤凰出版社 2008 年版，第 126 页。

② 普学旺：《世界的记忆遗产——抢救保护少数民族古籍意义重大》，《今日民族》2004 年第 6 期。

大意义：人类社会发展和文明进步的需要，实现地方经济发展的客观要求，发展文化产业、建设民族文化从而促进民族团结、振奋民族精神的重要步骤，少数民族古籍整理出版目前面临着严峻形势的要求。另外，包爱梅《当前我国抢救、整理民族古籍的重大意义》①、何丽《论民族古籍的保护与开发》② 等文章也都从不同角度探讨了少数民族古籍整理的意义。

的确，少数民族是中华民族不可缺少的一部分，他们所创造的灿烂民族文化也是中华文化的重要组成部分。加强少数民族古籍的整理与研究，不仅使人们了解各民族及民族地区的过去，也可以借鉴其优秀的思想文化服务于现实。正如包和平所说，"它始终都影响着民族地区政治、经济、科学、文化事业发展的现在和未来，因此，少数民族文献是我国55个少数民族光辉灿烂的宝贵的精神财富，有着不可估量的价值和作用"③。我们不能仅仅重视汉文古籍，也应当充分看到少数民族古籍存在的价值，加上少数民族古籍的现状不容乐观，所以重视并整理少数民族古籍的任务，也非常值得关注，如其所谓"如果说汉文古籍主要是整理、出版、普及问题，那么民族古籍则是收集、抢救问题"④。

不止是少数民族古文献，还有很多专科的古籍，如医学、农业、科技等也都是古代中国人所创造的优秀文化，直到今天它们依旧有很重要的价值。因为受到西方现代科学技术的冲击，很多优秀成果都被人淡忘了。如今，随着对传统古籍及文化的关注，它们的价值也慢慢

①　包爱梅：《当前我国抢救、整理民族古籍的重大意义》，《内蒙古图书馆工作》2005年第4期。

②　何丽：《论民族古籍的保护与开发》，《图书馆理论与实践》2003年第2期。

③　包和平：《中国少数民族文献学研究》，国家图书馆出版社2009年版，第134页。

④　国家民委文化司：《少数民族古籍整理出版的几个问题——国家民委召开少数民族古籍整理座谈会纪要》，载杨牧之主编《古籍整理与出版专家论古籍整理与出版》，凤凰出版社2008年版，第126页。

被发现。如针对传统医学古籍的价值，就有学者强调说：

> 从中医古籍中挖掘整理出宝贵的理论和经验，一定会大大提高中医临床水平。……再其次，中医古籍整理出版后，亦可为当代医疗、教学工作提供大量参考书，为科学研究工作提供前提条件，打下良好的基础。只要我们认真地继承和发扬这份珍贵遗产，就会推动符合我国民族心理和具有中医特色的中国医药学的发展。①

中医在中国古代有悠久的历史，并产生了丰富而多样的古籍资料。现代很多中医，除了学习西方技术之外，也必须悉心研究医学古籍，从而获得丰富的给养。所以，整理中医古籍不仅可以为更多的中医提供丰富而精善的文献资料，同时可以提高他们的医学水平，亦即"从中医古籍中挖掘整理出宝贵的理论和经验，一定会大大提高中医临床水平"。另外，做好医学古籍的整理，也为我们的子孙后代留有更多的参考文献，为他们继续深入推动中医事业的发展，为将来做更细致的专题研究，进而"推动符合我国民族心理和具有中医特色的中国医药学的发展"提供支撑。

除了汉文古籍、少数民族古籍、专科类古籍，还有汇集各种门类、各种文字的地方志类的古籍，它们的价值既不是正史所能比拟的，也不是很多单一民族、单一学科的古籍所能比拟的，整理它们也有非常重要的意义，正如有的学者所言：

> 中国旧方志资源素以资料丰富、信息密集著称，自然、社会、政治、经济、军事、经济、文化、地理、风土人情、人物等

---

① 白永波：《浅谈中医古籍整理》，载杨牧之主编《古籍整理与出版专家论古籍整理与出版》，凤凰出版社2008年版，第165页。

内容，几乎无所不容。这些资料的价值是无与伦比的，为其他正史等文献所不可替代。……我们国家历来重视方志资源的开发和利用。无论是在战争年代还是社会主义建设时期，毛泽东、周恩来等老一辈革命家，都提倡借鉴方志资料，为革命和建设服务。①

古地方志作为重要的古籍门类，"素以资料丰富、信息密集著称"，它们蕴含着有关自然、社会、政治、经济、文化、地理、人物等丰富的资源，这对于我们当前研究地方历史有重要的参考价值。另外，整理、研究旧方志，也有利于各地社会经济的开发与利用。党和国家历来重视对方志资源的开发和利用。在各个历史时期，毛泽东、周恩来等老一辈革命家，都曾提倡过利用方志为革命和建设服务。

当然，地方志只是地方古籍的一部分。21 世纪以来，许多学者致力于地方文献的收集整理。"一些地方古籍整理研究成果纷纷灿然于世，许多省市均致力于当地区域古籍的整理研究与出版工作"②。地方古籍丛书由此大量出版，如安徽的《安徽古籍丛书》、福建的《福建丛书》、广东的《岭南丛书》、甘肃的《陇右文献丛书》、东北的《辽海丛书》等。地方古籍得到了如此广泛的重视，是因为整理这些地方古籍有着非常重要的意义：一是保存了地方文化。毕竟，地方文献中记录着区域历史、经济、地理、社会、语言、文学、宗教、艺术等，反映了当地人们的生活风貌，如果加以整理，会使得区域文化得以发扬光大。二是增加外界对本地域的了解。地方古籍保存了大量的地方信息，尤其是一些文化名城、文化大省，拥有丰富的地方古籍，这些对于当地历史文化的宣传有重要的意义。三是可以促进地方经济、文化的发展。地方古籍作为当时自然与社会各个方面的记录，

---

① 田嘉：《全国地方志系统旧方志整理与开发利用简况》，载杨牧之主编《古籍整理与出版专家论古籍整理与出版》，凤凰出版社 2008 年版，第 302 页。

② 沈惠：《古籍整理的地域倾向》，《图书与情报》2009 年第 4 期。

包括了人们对当地思想文化、自然经济、政治社会等多个方面的认知与总结，这为后人了解地方、发展地方经济文化提供了翔实的资料与历史的借鉴。四是凝聚地方意识。正如沈蕙在其《古籍整理的地域倾向》一文中写到的："地方古籍记载着一个地区共同的文化和生活习俗，对于前贤遗著以及反映当地文化的古籍文献的整理和阐发，能够激发地方意识，增加地方人士对地方的亲切感与归属感，进而使当地的人们能够关心地方的发展与未来。一些地方古籍可能并不'著名'，也非'经典'，但他们对于激活地方记忆、增强地方凝聚力的作用却是不可抹杀的。"①

总的来看，进入21世纪以后，随着经济的繁荣发展，文化事业也得到了国家和社会的普遍重视。尤其是在新的时期，在强调建设中国社会主义先进文化的同时，中华传统文化更是得到了前所未有的关注，古籍整理作为了解、传承与弘扬传统文化的重要手段，其重要意义也得到了越来越多人的肯定和重视。在古籍整理意义宏观认识不断提升的同时，人们对于不同门类古籍的整理意义也有了更为具体、深入的体会。这一时期，古籍整理的类目，也不仅局限于有关政治、军事、经济等重要方面的古籍，而是几乎涉及了思想、文化、科技、教育、社会、医学、艺术等各个方面的古籍，一些地方古籍也得到了越来越多人的重视与整理。社会各界对于古籍整理的意义不仅有了宏观的把握，而且对各类古籍的思想意义、学术价值和文化转化功能都有了更为具象化的认识，所有这些都极大地推动了古籍整理事业的发展与繁荣，极大地促进了中华传统文化的传承与复兴。

第五节 古籍整理在新时代的重要作用

中华古籍素以汗牛充栋、浩如烟海著称于世，虽历经战火洗劫和

---

① 沈蕙：《古籍整理的地域倾向》，《图书与情报》2009年第4期。

自然灾害的损害，至今仍保存约 20 万种、5000 万册。浩瀚古籍是中华文明绵延五千多年未曾间断的历史见证，在中华民族漫长的历史进程中，发挥了积累、传播知识，嬗递文化传统，保存精神财富的巨大作用。

20 世纪以来，重要的学者如胡适、顾颉刚、陈垣、张舜徽、吴枫、周林、白寿彝等，都积极肯定了古籍整理在文化传承、民族复兴上的伟大意义。作为代表中国先进思想、先进文化发展方向的共产党人，更重视传统文化在建设社会主义新文化中的作用。党的领导人毛泽东、周恩来、邓小平、陈云、江泽民等对古籍及整理的意义给予了充分的肯定。进入 21 世纪以后，党和国家对传统文化越来越重视。2011 年 10 月 18 日，中共十七届六中全会就明确指出：中国共产党从成立之日起，就既是中华优秀传统文化的忠实传承者和弘扬者，又是中国先进文化的积极倡导者和发展者；要培养高度的文化自觉和文化自信，提高全民族文明素质，增强国家文化软实力，弘扬中华文化，努力建设社会主义文化强国。在此基础上，党的十八大对弘扬传统文化工作进一步做出了重要部署。正如党的十八大报告所说："实现中华民族伟大复兴，必须推动社会主义文化大发展大繁荣，兴起社会主义文化建设新高潮，提高国家文化软实力，发挥文化引领风尚、教育人民、服务社会、推动发展的作用。"① 我们在实行文化立国、文化强国的同时，除了文化创新，也需要继承、弘扬悠久而璀璨的中华传统文化，"建设优秀传统文化传承体系，弘扬中华优秀传统文化"，从而推动国家文化战略的实施，最终将我国建设成为一个文化强国。

2017 年 1 月，中共中央办公厅、国务院办公厅发布了《关于实施中华优秀传统文化传承发展工程的意见》，这是第一次以中央文件的形式，专题阐述中华优秀传统文化的传承发展工作。《意见》高度

---

①　胡锦涛：《坚定不移沿着中国特色社会主义道路前进　为全面建成小康社会而奋斗——在中国共产党第十八次全国代表大会上的报告》，人民出版社 2012 年版，第 30 页。

概括了中华优秀传统文化的核心思想理念、中华传统美德和中华人文精神的主要内容；提出要"加强中华文化研究阐释工作"，"加强中华文化典籍整理编纂出版工作"，把古籍整理作为重点任务，放在传承发展工程的重要位置上。党的十九大报告以专门的篇幅论述中华优秀传统文化与中国特色社会主义文化，与社会主义核心价值观的关系，指出："中国特色社会主义文化，源自于中华民族五千多年文明历史所孕育的中华优秀传统文化，熔铸于党领导人民在革命、建设、改革中创造的革命文化和社会主义先进文化，植根于中国特色社会主义伟大实践。"① 并强调："要深入挖掘中华优秀传统文化蕴含的思想观念、人文精神、道德规范，结合时代要求继承创新，让中华文化展现出永久魅力和时代风采。"②

党的十八大以来，党中央高度重视传承发展中华优秀传统文化。习近平总书记发表了一系列重要讲话，其中包含了传承发展中华优秀传统文化的新思想、新观点和新论断，为我们在新时代深刻认识古籍整理工作的重要意义指明了方向。中华古籍承载着中华民族所创造的优秀文化，而古籍整理是传承、弘扬中华优秀文化的基础工程和重要手段，对于延续和发展中华文明，实现中华民族伟大复兴发挥着重要作用。因此，我们应该将新时代古籍整理的重要意义上升到新的高度去认识。

第一，古籍整理通过发掘阐释中华优秀传统文化，增加文化自信，从而坚定我们实现中华民族伟大复兴中国梦的信心。习近平总书记指出："我们说要坚定中国特色社会主义道路自信、理论自信、制度自信，说到底是要坚定文化自信。文化自信是更基本、更深沉、更持久的力量。历史和现实都表明，一个抛弃了或者背叛了自己历史文

---

① 习近平：《决胜全面建成小康社会　夺取新时代中国特色社会主义伟大胜利——在中国共产党第十九次全国代表大会上的报告》，人民出版社2017年版，第41页。

② 习近平：《决胜全面建成小康社会　夺取新时代中国特色社会主义伟大胜利——在中国共产党第十九次全国代表大会上的报告》，人民出版社2017年版，第42页。

化的民族，不仅不可能发展起来，而且很可能上演一场历史悲剧。"①
任何一个民族文化的发展都根植于自己赖以生存的土壤，传统文化和
现代文化之间存在相互依存、互相转化的密切关系。因此，文化自信
的根基来自中华优秀传统文化，来自我们民族伟大的历史积淀。卷帙
繁富的古籍记载了中华民族历经艰难险阻，从最初的文明曙光不断走
向胜利发展的历程；叙述了无数英杰为民族进步、国家富强英勇奋
斗、顽强不屈的动人事迹；熔铸了古代先哲贤人的嘉言懿行，蕴含着
丰富的思想文化内涵和中华民族的高尚道德情操。"睹乔木而思故
乡，考文献而爱旧邦。"沉潜涵泳于古籍之中，易于生发出热爱祖国
和人民的深厚感情，从而增强文化自觉和文化自信。古籍整理工作就
是要通过各种形式的加工，使浩瀚中华典籍更便于为现代社会大众所
理解和接受，从而不断增加民族的文化自信，推动中华民族的伟大
复兴。

　　第二，古籍整理可以通过创造性转化的各种形式，为建设中国特
色社会主义强国提供丰富的思想和文化资源。文化基因和精神家园是
一个民族生存发展的基础、身份归属的标志，是维系民族发展繁荣最
深沉的力量。中华优秀传统文化体现中华民族的文化基因，是构成中
华民族共同精神家园的根源。习近平总书记曾经指出："文明特别是
思想文化是一个国家、一个民族的灵魂。""优秀传统文化是一个国
家、一个民族传承和发展的根本，如果丢掉了，就割断了精神命
脉。"② 中国特色社会主义的建设需要体现中华民族独特的精神追求
和文化基因，中华民族伟大复兴需要构建中华民族的共同精神家园，
而中华优秀传统文化则是其中不可或缺的重要组成部分，蕴含着中华
民族最宝贵的精神品格、丰富的思想精华和崇高的理想追求，如天下
为公、世界大同，自强不息、厚德载物，革故鼎新、与时俱进，经世

　　① 习近平：《在哲学社会科学工作座谈会上的讲话》，人民出版社 2016 年版，第 17 页。
　　② 习近平：《在纪念孔子诞辰 2565 周年国际学术研讨会暨国际儒学联合会第五届会员大会
开幕会上的讲话》，人民出版社 2014 年版，第 9、11 页。

致用、知行合一，仁者爱人、以德立人，勤俭自守、力戒奢华，以民为本、富民乐民，求同存异、和谐相处，道法自然、天人合一，等等。这些优秀的思想文化，通过浩瀚中华典籍代代相传。事实证明，作为传统文化重要载体的古籍，不仅哺育了世世代代的炎黄子孙，至今仍在滋养着新的文化创造和发展，成为我们汲取优秀传统文化，培育和弘扬社会主义核心价值观的重要资源。而古籍整理正是通过传承创新传统文化的途径，把这些优秀的思想文化转化为滋养和支撑中华民族伟大复兴的强大精神力量。

第三，古籍整理可以让"书写在古籍里的文字活起来"，加快建设中国话语体系，会通民族文化与世界文明，为解决世界性问题提出体现中国智慧的理论和策略。中华古籍历来是我国与世界各国文化交流和友好往来的重要媒介。早在3世纪，中国典籍就经由朝鲜半岛传入日本，此后长期在东亚邻国流传、翻刻印行。中国典籍最迟在13世纪就已传入欧洲，18世纪的法国启蒙思想家伏尔泰和狄德罗、19世纪德国哲学家黑格尔都对中国文化有着高度的评价。21世纪以来，随着中外文化交流日益广泛和密切，各国有识之士在思考西方现代化导致的人类困境时，纷纷认识到中华传统文化的宝贵理念可以对西方现代文明起到互补的作用，因此引发了持续升温的"汉语热"和"中国热"。为了向世界更好地贡献中国智慧，更好地讲述中国故事、梳理中国经验，我们需要不断打造中国的话语体系，提升中华学术文化的国际话语能力，而这同时也是增强我国文化软实力、塑造我国良好国际形象的需要。建设中国特色的话语体系，需要在民族文化中寻找资源。中华古籍作为中华文化的重要载体，不仅记载了中华文明璀璨的历史，也凝聚了大量中华民族思维的特点、理论的范畴和文化命题。古籍整理可以通过创造性转化的途径，从中华古籍中提炼代表中国特色、中国智慧的范畴、命题和标志性概念，建立中国的话语体系，从而在国际交流中展现更具有解释力、感染力、影响力和引导力，更易于被人接受的中国表达，更好地为世界文明发展提出中国方案，提供中国经验，造福各国人民，推动形成人类命运共同体，助力中国梦的实现。

第四，通过古籍整理传承发展中华优秀传统文化是我们世世代代的文化责任。中国有五千多年辉煌灿烂的文明史，而且从未间断自己的文化传统。历代的文化创造诞生了浩瀚的中华典籍，而记载几千年文明成果的中华典籍是我们的历史宝藏。历史为我们留下的文化成就，我们不能将它们遗忘在故纸堆里，因此通过古籍整理，继承、守护和光大中华优秀传统文化是我们世世代代的历史责任。"越是民族的就越是世界的"，中华古籍蕴藏的文化瑰宝不仅是中国的，也是世界的。文明越发展，交流越广泛。在人类命运共同体的建设中，世界文明将越来越需要中国智慧，因此通过古籍整理，加强对中华优秀传统文化的发掘和阐发，为人类发展提供正确的精神指引，也是我们世世代代的责任。中国在发展，世界也在发展。当面临发展中遇到的重大问题，如何让中华优秀传统文化与时俱进、推陈出新，这就需要通过古籍整理的多种形式，秉持习近平总书记提出的"创造性转化、创新性发展"方针，在发掘阐发优秀传统文化时处理好继承与创新的关系、处理好传统文化与时代发展的关系。通过转化创新，不断赋予新的时代内涵和表达形式；通过不断补充拓展，使之成为有利于推进社会发展的历久弥新的中国文化和中国智慧，因此古籍整理也是我们对未来的责任。

综上所述，古籍整理事业也必将随着时代的发展而发展，成为具有中国特色、中国风格、中国气派的文化事业，为实现中华民族伟大复兴，为人类文明做出贡献。

第 二 章

20世纪以来古籍整理原则的
认知及发展

古籍是历史产物，是过去知识、思想文化的承载，我们整理它们旨在让更多的人借助它们了解古代，以便"古为今用"。由于古籍整理本身也是一门科学，并非随意为之，所以，在古籍整理过程中，必须秉承一些基本原则方可。20世纪以来，政治家如毛泽东，学者如胡适、顾颉刚、傅斯年、张舜徽、吴枫、安平秋等人都提出了自己的原则，如"科学的精神""百花齐放，百家争鸣""批判继承，古为今用""取其精华，去其糟粕"，等等，这些对于当今的古籍整理依旧有重要的借鉴意义。21世纪以后，习近平总书记又对传统文化的继承提出了一系列观点和原则，其中，创造性转化、创新性发展的"双创方针"，是我们要秉承的古籍整理的大原则。要在这个原则的指导下，切实地让古籍活起来，充分发挥它们在文化传承、弘扬中的价值与意义。

第一节 1911—1949年："科学的精神"
与古籍整理

五四时期，作为当时国故整理的积极推动者——胡适，强调整理国故的目的一是要"还他们的本来面目",二是要"评判他们的是非"①。所以,在他看来,只有采取客观的态度,"科学的精神",尽可能地利用整理国故还原历史,才能利用它们改造人心,"化黑暗为光明,化神奇为臭腐,化玄妙为平常,化神圣为凡庸,这才是'重新估定一切价值',他的功用可以解放人心,可以保护人们不受鬼怪迷惑"②。

胡适在新文化运动之后,极力推崇国故整理,认为它可以解放人们的思想,更能够使人们不受传统谬说的迷惑,甚至认为每发现一个字词的古义都可以与发现一颗恒星相媲美。与此同时,他还在《〈国学季刊〉发刊宣言》中专门提出了整理国故的原则与方法③:第一,用历史的眼光来扩大国学研究的范围。第二,用系统的整理来部勒国学研究的资料。第三,用比较的研究来帮助国学的材料的整理与解释。

胡适所提出来的国故整理的以上原则,至今看来依旧有其合理之处。他不但强调以客观的态度整理古籍,还注重对古籍做相应的研究,这确实是值得提倡的。他所提及的原则与方法,其核心指导思想就是他一直强调的"科学的精神"。在他看来,国故整理需要遵循传统的原则与方法,更要以一种更为先进的理念作指导,亦即"输入学理"、利用西方近代"科学的精神"及方法做指导,以期国故整理更加科学化、系统化。

其实一直到新中国成立前夕,受到五四时期民主、科学思潮的影响,不只是胡适,很多学者都主张古籍整理应当以"科学的精神"为指导原则,如毛子水就曾一再强调:"必须具有'科学的精神'的

---

①　胡适:《〈国学季刊〉发刊宣言》,载《胡适文存》二集,黄山书社1996年版,第6页。
②　胡适:《〈国学季刊〉发刊宣言》,载《胡适文存》三集,黄山书社1996年版,第105页。
③　胡适:《〈国学季刊〉发刊宣言》,载《胡适文存》二集,黄山书社1996年版,第13页。

人，才可以去研究国故"① "怎样的人、用什么样方法才可以整理国
故呢？我现在敢说，不是曾经抄拾过欧化的人，不是用科学的方法，
一定不能整理国故"②。他在《国故和科学的精神》一文中又强调何
为"科学的精神"：

> "科学的精神"这个名词，包括许多意义，大旨就是从前人
> 所说的"求是"。凡立一说，须有证据，证据完备，才可以下判
> 断。对于一种事实，有一个精确的公平的解析。不盲从他人的说
> 法，不固守自己的意思，择善而从。这都是科学的精神。③

这一时期，在"整理国故运动"中有重要影响的傅斯年也非常
重视"科学的精神"。早在 1919 年，他就指出："研究国故必须用科
学的主义和方法，决不是'抱残守缺'的人所能办到的。"④ 而到了
1928 年创办史语所的时候，他更号召同仁"利用自然科学供给我们
的一切工具，整理一切可逢着的史料"⑤，"要把历史学语言学建设得
和生物学地质学等同样"⑥，等等。无论是胡适、毛子水，还是傅斯
年等人所倡导的"科学的精神"，在本质上就是一种"求是"的观
念，亦即毛子水所说的"对于一种事实，有一个精确的公平的解析。
不盲从他人的说法，不固守自己的意思，择善而从"。

总之，在民国前期，受到五四新文化运动的推动，科学的理念深
入人心，并成为古籍整理的基本原则与思想，影响了民国几十年的时

---

① 毛子水：《国故和科学的精神》，《新潮》1919 年第 1 期。
② 毛子水：《驳"新潮""国故和科学的精神"篇订误》，《新潮》1919 年第 2 期。
③ 毛子水：《国故和科学的精神》，载陈崧编《"五四"前后东西文化问题论战文选》，中
国社会科学出版社 1989 年版，第 133 页。
④ 傅斯年：《国故和科学的精神附识》，《新潮》1919 年第 1 期。
⑤ 傅斯年：《历史语言研究所工作之旨趣》，载岳玉玺等编《傅斯年选集》，天津人民出版
社 1996 年版，第 174 页。
⑥ 傅斯年：《历史语言研究所工作之旨趣》，载岳玉玺等编《傅斯年选集》，天津人民出版
社 1996 年版，第 183 页。

间。这一点正如长期担任北大国学门主任的沈兼士所说的：

> 溯民国二十余年间，北京大学之于研究国学，风气凡三变：其始承清季余习，崇尚古文辞；三四年之后，则倡朴学；十年之际，渐渍于科学，骎骎乎进而用实证方法矣。①

沈氏所言不虚。民国时期的学者一方面深受乾嘉考据学风气的影响，崇尚考据、小学等功底，另一方面，受到西学的影响，很多学者将西方科学思想融入古籍整理之中。由于中西两种治学的方法有一定的交叉，即都强调"实事求是"，所以很快得到了当时学者的认同和践履。当然，他们这种"求是"的科学态度与"实证主义的方法"，目的并不仅仅是为了还原历史本来面目，而是借此发掘中国本有的思想文化，以重建一个兼容中西的新文化体系。就此来说，胡适便是这样的典范。胡适作为民国时期古籍整理的佼佼者，希望在"科学的精神"的指导下，在传统古籍整理与西方科学精神之间保持一种张力，且要超越二者的束缚，将它们融为一个有机的整体，再造一个全新的文明。所以，国故整理与其所从事的考证对于他而言，只不过是重新审视并利用传统文化的手段而已。正如有的学者所言："胡适的国故考证是为评判国故价值服务的。在中西学的双向改造中，胡适沟通传统朴学与近代科学，不仅赋予朴学求真以某种内在的价值（善），又使实验主义融真于善的价值评判思维得到部分地修正。这种善与真之间的徘徊，表现了胡适欲克服二者之间的张力，在科学主义与人本主义之间谋拟新的思路。"② 可以说，胡适的这种古籍整理原则及思想在民国时期具有相当的普遍性，其整理国故的最终目的，就是希望将中西文化很好地结合，并进而创造出一种新的文化体系，达到"再

---

　① 沈兼士：《方编清内阁库贮旧档辑刊序》，载葛信益、启功整理《沈兼士学术论文集》，中华书局1986年版，第343页。

　② 王忠春：《从国故整理看胡适哲学的西化向度》，《社会科学论坛》2006年第8期（下）。

造文明"的最终结果。

第二节 1949年到20世纪末：批判
继承、古为今用

1949年后，由于文化建设并非是当时工作的重心，所以，对于古籍整理，还有一些学者基本上延续了民国"科学的精神"的思想。当然，毛泽东等党和国家领导人所强调的"百花齐放，百家争鸣"的文化政策，很快成为当时文化的基本指导思想，这对当时的古籍整理有重要的指导意义，并促使了古籍整理事业的顺利发展。但很快出现的"文化大革命"，导致了人们对古籍及传统文化的鄙弃，古籍整理也基本上陷入了停顿，有关古籍整理的原则更是受到政治的冲击，陷入了畸形发展。随着"文革"的结束，古籍整理才于1980年以后进入正轨。

进入20世纪80年代，马克思主义成为当时全国高校古籍整理工作的基本指导原则。当时的学者一方面秉承马克思主义辩证哲学的基本原理进行整理，另一方面也强调要结合中国当时社会发展的需要，对古籍进行适当地研究。如作为当时中央古籍整理出版规划小组的负责人李一氓，他于1982年在中华书局成立七十周年纪念会上发表了《整理古籍要落实到研究上去》的讲话，认为"我们搞古籍整理不能走国粹主义的道路，不是为了整理而整理"，而应当继续深入对所整理的古籍进行研究，发挥古籍的价值与意义，满足当前的社会文化需要，"标点也好，注释也好，笺释也好，翻译也好，此外还有很多工作要做，最后还要落到学术研究上去。假如不搞，就是国粹主义，一大堆东西摆在那里，没有用处"。总之，在李一氓看来，古籍整理要按照马克思主义、毛泽东思想的指导，实事求是，"去粗取精，去伪存真"，整理古籍，研究古籍，以便利用古籍，否则，如其所言"搞标标点点的人不搞研究工作，就没有完成古籍整理的任务"①。

20 世纪 80 年代初，古文献学家吴枫在其《中国古典文献学》一书中就整理的原则强调说："要实事求是地严肃对待，既不是全盘肯定或是笼统继承，也不是一概排斥或片面否定，而是按照马克思主义的立场、观点和方法，加以整理和总结。"② 张舜徽在 80 年代写就的《中国文献学》一书中也认为，古文献的整理不仅只是校勘、注释，"更重要的，在能从丛杂的资料中，去粗取精，去伪存真，将内容相近的合拢来，不同的拆出去，经过甄别审断、整理纂集的过程，写定为简约可守的新编"③。

1986 年五六月，根据《中共中央关于整理我国古籍的指示》，高校古委会在广泛听取意见之后制定了《高校中国古文献学"七五"科研规划草案》，并提出了一些原则与建议，其中强调要以马克思主义基本原理为指导，对古文献整理研究的历史与现状进行系统的总结，加强该学科基础理论和方法的研究。在随后的几年古籍整理工作中，高校古委会包括所属的高校古籍所、研究人员基本上坚持着"古为今用""推陈出新"的原则，整理并研究古籍，进而为社会主义精神文明建设服务④。

20 世纪 90 年代初，周林进一步强调了这个原则："运用马列主义、毛泽东思想的立场、观点和方法，对现存的古籍，去粗取精，去伪存真，系统地加以整理研究。"⑤ 1992 年 5 月，匡亚明在第三次全国古籍整理出版规划会议上又进一步提出，"我们的古籍整理，首先要作好保存和还原工作，除此之外，还要用马克思主义的立场、观点、方法从中提炼总结出与当前密切相关、有借鉴意义的

---

① 李一氓：《整理古籍要落实到研究上去》，载杨牧之主编《古籍整理与出版专家论古籍整理与出版》，凤凰出版社 2008 年版，第 7 页。

② 吴枫：《中国古典文献学》，齐鲁书社 2005 年版，第 33 页。

③ 张舜徽撰，姚伟钧导读：《中国文献学》，上海古籍出版社 2005 年版，第 283 页。

④ 安平秋：《安平秋古籍整理工作论集》，中国书籍出版社 1994 年版，第 50 页。

⑤ 李修生、龙德寿主编：《古籍整理与传统文化》，辽宁大学出版社 1991 年版，序。

东西，进而把我们的古籍整理研究工作提到一个新的更高的层次"，"指导我们古籍整理工作的核心思想是两句话，八个字：批判继承，古为今用"①。匡亚明还指出了该古籍整理原则的基本内涵与具体做法，他说：

> 我们的古籍整理，首先要作好保存和还原工作，除此之外，还要用马克思主义的立场、观点、方法从中提炼总结出与当前密切相关、有借鉴意义的东西，进而把我们的古籍整理研究工作提高到一个新的更高的层次。②
>
> 标点、注释、校释、笺证、今译、辑佚、汇编、孤本善本的影印等等，都是重要的整理手段，但我们不是为整理而整理，不是为考据而考据，整理的目的是为了保存古籍、重现古籍的本来面目。而保存古籍、重现古籍的本来面目是研究之用，借鉴之用，为了丰富和发展社会主义精神文明。我们十分重视古籍的保存。因为许多古籍我们今天即已认识其重要性，今天即从事研究；有的可能今天我们还认识不清楚，到了几十年、几百年后，可能豁然开朗，感到大有研究之必要。今天如不注意保存，便是大损失。③

匡亚明认为古籍整理的首要任务或核心是保存古籍，"首先要作好保存和还原工作"，标点、注释、校释、笺证、今译、辑佚、汇编、孤本善本的影印等都是古籍整理的手段，但其目的还是"为了保存古籍、重现古籍的本来面目"。然后在此基础上，"用马克思主义的

---

①　匡亚明：《认真整理出版古籍弘扬优秀传统文化》，载杨牧之主编《古籍整理与出版专家论古籍整理与出版》，凤凰出版社 2008 年版，第 21、22 页。

②　匡亚明：《认真整理出版古籍弘扬优秀传统文化》，载杨牧之主编《古籍整理与出版专家论古籍整理与出版》，凤凰出版社 2008 年版，第 21 页。

③　匡亚明：《认真整理出版古籍弘扬优秀传统文化》，载杨牧之主编《古籍整理与出版专家论古籍整理与出版》，凤凰出版社 2008 年版，第 22—23 页。

立场、观点、方法从中提炼总结出与当前密切相关、有借鉴意义的东西"，以便"古为今用""丰富和发展社会主义精神文明"。在他看来，即使一些古籍今天看来不重要，我们不去研究，但也要注意保存，否则若干年后，其价值意义得到了后代的认可，但如果没有得到保存，其损失就非常大了。他反复强调，古籍整理与研究是不可分割的一部分，"整理工作是为了给看书的人、研究的人提供准确可靠的文献资料。但是，整理不是目的。……整理的最终目的，是为研究服务，是要通过研究总结出合乎客观规律的科学结论。……从这个顺序上来看，先整理，弄清楚，弄准确古代的文献资料，然后进行研究，去粗取精，去伪存真，由此及彼，由表及里，得出一个科学的结论来。整理和研究看来好似两项工作，而实质上二者是不可分的"①。

20世纪90年代较80年代的古籍整理，在指导思想上更加的具体化，不再是简单地提及马克思主义，而是以更加细化的原则提出，而不是抽象、泛泛之言。不仅如此，国家层面的古籍管理机构，也提出了在加强古籍整理与研究的同时，要注重该学科体系的建设。如在1992年形成的《全国高校古委会"八五"科研规划》文件中就说道：

  贯彻"古为今用"的方针，以辩证唯物主义与历史唯物主义为指导，弘扬优秀传统文化，向人民进行爱国主义教育。在古籍整理的基础上，加强研究工作，适当增加有关研究项目。整理既有研究，但还不是研究的全部。"八五"期间的研究项目，包括对古籍及其作者的研究，对古文献学学科理论的研究，对传统

---

① 匡亚明：《认真整理出版古籍弘扬优秀传统文化》，载杨牧之主编《古籍整理与出版专家论古籍整理与出版》，凤凰出版社2008年版，第23页。

文化及其对今天的影响的研究。但应与整个社会科学领域中对中国古文化的研究有所分工。①

　　在这里，将马克思主义具体化为辩证唯物主义与历史唯物主义，不仅强调要按照这个原则进行古籍整理，还强调在整理的时候要有相应的研究。这里的研究不仅有古籍本身的研究，还有对古文献学学科理论及传统文化对今天的影响的研究，如其所谓"研究项目，包括对古籍及其作者的研究，对古文献学学科理论的研究，对传统文化及其对今天的影响的研究"，这种指导原则无疑扩大了古籍整理的内涵与范围。可以看出，20 世纪 90 年代的学者和专家，包括古籍整理出版规划小组的管理者们也都日渐认为，不但要努力做保存、还原古籍原本的工作，还要在整理的基础上，进一步采取客观而又辩证的思维去研究古籍，使古籍整理成为一个稳定的学科体系，以期培养更多稳定的学科人才，以便继续推进古籍整理事业，实现"古为今用"，发挥古籍经世致用的现实价值。

　　总的来讲，新中国成立以后对于古籍整理的原则逐渐形成了一些明确的认识，如去粗取精、去伪存真，取其精华、去其糟粕，古为今用、推陈出新，等等，这些观点概括起来基本上就是"批判继承、古为今用"的原则。

第三节　21 世纪以来对古籍整理原则
认识的不断提升

　　进入 21 世纪以后，人们对于古籍整理的认识更加深入与多元，对于为什么要进行古籍整理或者在古籍整理中秉承什么样的原则或指导思想，无论是古籍整理的学者，还是官方机构对此有了更加全面的

---

① 安平秋：《安平秋古籍整理工作论集》，中国书籍出版社 1994 年版，第 67 页。

认识与理解。

　　在对古籍整理学科建设有重要贡献的《古籍整理学》一书中，其作者刘琳、吴洪泽就提出了四条古籍整理原则①：（1）首先要认识到，古籍整理的目的是便于人们更好地阅读与研究古代文献，从而促进古代文化的传播。传播古代文化不是为了古人，而是为了今人，因此古籍整理从来都不是为古人而整理古籍，也不是为整理古籍而整理古籍，而是为现实服务的。（2）要采取批判继承的态度，"取其精华，去其糟粕"，古为今用、服务于当前的社会主义建设。（3）古籍整理要坚持客观性原则，亦即不论原书的内容是否正确，也不管写得好坏，整理者只有整理的权利，没有将自己的看法强加给古人的权利。既不能窜改古人原著，也不能歪曲古人原意。（4）要坚持普及与提高相结合。亦即古籍整理既要达到传承、传播优秀文化的效果，也要提升古籍整理的自身水平。刘琳、吴洪泽提出的四条原则，是对以往20世纪以来古籍整理原则的总结和升华。较以往而言，他们系统地指出古籍整理的基本原则在于立足于社会服务，同时要秉承"客观性原则"，实事求是。更为主要的是，在古籍整理的过程中，既要古籍整理，也要注意古籍整理自身的建设。这些大体上也是目前古籍整理秉承的基本原则，值得关注。

　　以往我们的古籍整理主要集中于汉文古籍，随着少数民族古籍得到越来越多的重视，有关少数民族古籍的整理原则问题也被提了出来。如在整理藏文古籍的过程中，有学者提出了自己的看法：

　　　　我们认为继承传统、发展文化是整理出版藏文古籍的出发点，在进行这项工作时，应该注意做到取其精华，去其糟粕；维护团结，反对分裂。由于历史和社会等原因，藏文古籍一般都或多或少地打着时代的烙印，或者带着比较浓厚的宗教色彩。所

① 刘琳、吴洪泽：《古籍整理学》，四川大学出版社2003年版，第5—11页。

以，我们在整理出版古籍时，首先要进行鉴别工作，选出那些观点较为客观，有一定的学术价值、文学价值和参考价值的作品，然后请有关专家或专业人员作认真的校勘、注释、选编、今译。在出版时，要认真写好出版说明、前言、后记，扼要地说明作品产生的年代，作者生平，内容概况，指出作品的精华所在和不足之处。在评价作品和介绍作者时，既不能用现在的观点苛求于古人，也不能不加分析地全盘肯定。这是一个原则问题，不是技术问题。①

藏文古籍作为民族古籍的一部分，在整理过程中秉承马克思主义原则，"取其精华，去其糟粕"的同时，出于"维护团结，反对分裂"的考虑，我们还应当注意到民族古文献本身的特殊性。一方面，由于包括藏族在内，很多民族在历史上都实行的是政教合一的治理模式，故现存的诸多古代文献中夹杂着很多迷信的东西，所以我们"首先要进行鉴别"，选出那些有较高学术价值的作品，进行整理。另一方面，在出版所整理的民族古籍时，应当客观地评价作者与作品，既不要用现在的观点苛求古人，更不能全盘否定。尽管这个古籍整理的原则主要是针对藏文文献，其实对于维吾尔族、彝族、蒙古族、瑶族、满族等民族古籍的整理，此原则也都有相当的适用性与指导意义。

进入 21 世纪之后，古籍数字化成为一种潮流。很多民族古籍也纷纷被数字化，于是一些学者就此提出了相应的原则。在他们看来，民族古籍数字化，除了要遵守一般古籍整理的基本原则，如实用性原则、针对性原则、系统性原则、整体性原则、标准化原则、便利性原则、安全性原则等之外，由于民族文献本身的特殊性，还应当遵循一

---

① 刘大林：《关于藏文古籍的整理出版工作》，载杨牧之主编《古籍整理与出版专家论古籍整理与出版》，凤凰出版社 2008 年版，第 141 页。

些特殊原则。在包和平等人所著的《中国少数民族文献学概论》一书中就此提出了四个特殊性原则：（1）特色性原则。即进行少数民族文献数字化建设的过程中，要充分体现少数民族古籍的特色和优势。（2）协同性原则。由于少数民族的分布比较零散，古籍也比较分散，所以国内各级少数民族文献收藏、整理部门应当合理分工，走协作攻关的道路。（3）国际化原则。亦即在少数民族古籍数字化的建设过程中，必须严格遵循标准化的原则进行，不但同一语种的少数民族文献要统一标准，而且要和国家、国际标准相统一。包括数据格式的标准化、描述语言的标准化、标引语言的标准化、通信协议的标准化、安全保障技术的标准化以及数据管理软件、硬件的标准化等，以保证少数民族古籍信息资源在国际上可以实现共建共享。（4）多角度提示原则。亦即在对分散的少数民族古籍数字化时，从多角度进行主题标注，以揭示少数民族文献所含的多种内容，提高检索效率和利用率。这些民族古籍数字化的整理原则，对于民族古籍的整理无疑有重要的指导意义。[①]

可以说，古籍数字化是 21 世纪古籍整理的重要方向，不仅可以扩大古籍信息的受众范围，也可以减少古籍翻阅对原件所造成的损伤。当然，古籍的数字化不是简单地实现存储介质的转化，它是古籍整理的一部分，所以一定要将古籍整理作为数字化的前提与基础，将古籍整理的各个环节如标点、校勘、注解、今译、辑佚等融入古籍数字化的过程之中。另外，古籍数字化的目的是为教学科研、文化传承、社会建设服务的，所以古籍的数字化一定要考虑到现实社会文化领域即用户的需求问题，并通过统筹规划、资源共享的形式进行，否则会造成严重的人、财、物的浪费。此外，古籍数字化建设也需要在版本选择、人员构成等方面进行优化，最大可能地提升古籍整理与数字化的质量。同时，还要考虑古籍整理数字化的标准问题，这样也会

---

① 　包和平：《中国少数民族文献学概论》，民族出版社 2004 年版，第 588—591 页。

方便更多的人使用数字化的古籍。古籍数字化也是非常辛苦的工作，所以还要考虑到版权等问题。

总体来看，古籍是文化的载体，是古人思想与智慧的结晶，利用古籍整理来发挥它对当下社会的价值与意义由来已久。整个 20 世纪，对于古籍整理原则的认识，大体上可谓一脉相承。学者们一般都主张以科学、实事求是的态度进行整理，同时对所整理的古籍进行研究，以便"古为今用"，发挥古籍的价值。进入 21 世纪后，古籍整理更是得到国家社会的广泛关注，尤其是鉴于国内外对非物质文化遗产保护的力度加大，国务院办公厅还专门下发了《关于进一步加强古籍保护工作的意见》（国办发〔2007〕6 号），提出了加强古籍保护的原则："保护为主、抢救第一、合理利用、加强管理。"这对于整个社会保护古籍有着非常重要的指导意义。可以说，对于丰富的古籍，今天的我们既要客观、公正地还原它本来的历史面目，最大可能地保存它的原样，即使我们今天不能发挥其价值与思想，但未来的子孙可能会有新的认识。我们以往总是强调"取其精华，去其糟粕"，这些糟粕我们可以置之不理，但绝不可以废弃之，如那种在古籍整理中进行删除、进行调整、进行选择性地放弃等做法，都非常不可取。另外，古籍数字化也是未来古籍整理的必然趋势，这需要各方面的通力合作，进而改变古籍整理的方式，并提高古籍整理的质量，为社会文化的发展提供更多的便利。

对于古籍，我们不能仅停留在简单地整理、出版、影印，或者是数字化、智能化等层面上，我们还应当对这些古籍文本进行汇总、分类、考证，不但借此研究了解它的作者、篇目、卷次、内容乃至思想，更为主要的是，要对其所承载的内容、体系进行研究，以便发挥它最大的价值与意义。这样做的最终目的，就是要传承其所蕴含的修身、育人、治国等方面的精神与思想，借助它来传承文化、传承文明，以便提升中华民族的凝聚力、自豪感及文化认同。

第　三　章
开展古籍整理必备的前提与条件

古籍整理是一门专业性比较强的学科，因此在开展整理工作之前应做好充分的准备。古籍数量众多，内容千差万别，需根据不同情况分别对待，认真选择。比如，从传递文化遗产的角度考虑，大量未经价值判断的古籍并不急于整理，只要妥善保存即可。有些种类的古籍在当前学术研究、社会发展、文化建设上并不急需，也可留待以后整理。因此，在古籍整理之前，应当审慎规划，对所要整理的古籍进行一定的选择、分析、考证，进行价值评估，选择那些版本内容较好、学术价值较大、有社会效益的进行整理，以避免重复整理、随意整理，甚至是粗制滥造、浪费资源。另外，作为古籍整理者也应当具备一定的知识素养，除了具备基本的古籍整理的常识，还应当拥有比较丰富的历史文化知识，只有这样方可以整理出比较精善的文本，既有利于古籍保存、学术研究，也会产生较好的社会效益和经济效益。

第一节　古籍整理对象的选择

进入 20 世纪以后，古籍整理进入了一个新的阶段，在整理价值、整理对象、社会需求、版本选择、整理者所必备的基本条件、素养要求等方面都有了全新的要求。

在古籍整理过程中，首先要考虑究竟选择哪种古籍作为整理对象，考虑其所具有的价值。正如张舜徽所认为的，整理古籍，并不是面面俱到，而是要抓住重点、主要任务，如要甄录古代遗文、改造二十四史、整理地方志书、融贯诸子百家等能对历史研究、文化传承有重大意义的古籍①。如何界定所要整理的古籍价值，刘琳、吴洪泽在其《古籍整理学》一书中做了分析，认为古籍整理选题的价值应当从以下五个方面考虑，或者说古籍价值可以分为五类：（1）学术价值。主要是看那些能够反映古人在学术文化和科学技术方面的思想、主张和达到的成就的古籍。（2）文艺价值。（3）资料价值。（4）教育价值。亦即能对公民的爱国主义、思想品德、文化知识、启蒙教育方面具有意义的古籍。（5）实用价值。如医药方面的古籍。② 其实，这些价值可以整合，也可以从三个方面考虑：一是版本价值。如果是海内孤本、善本就应当保存整理。二是学术价值。对于学术史、思想史有重要研究意义的古籍应当整理。三是社会价值。那些对当前社会发展、文化建设等有重要意义的古籍也应当选择整理。

尽管对于古籍整理而言，选择相应的整理对象至关重要，但自近代以来，很多学者依旧对"何为古籍"的认识有一定的分歧。究竟何为古籍？以往的认识多是见仁见智，说法不一。比如，古文献学家黄永年在《古籍整理概论》一书中认为"古籍是古书的雅称"，春秋战国时期形成的"经、传、说、记和先秦诸子论著、科技专著才是我国最早的书，最早的古籍"，而甲骨文、钟鼎铭文并不包括在内。"满、蒙、藏、彝等兄弟民族文字撰写的，当然也是我国的古籍。只是因为整理这些用兄弟民族文字撰写的古籍需要另一套专门学问，在方法上也和整理汉文的不尽相同，因此通常所谓整理古籍只限于汉文古籍"③。黄永年将"古籍"主要界定为汉文古籍，而一些殷墟甲骨、钟鼎铭文与各少数民族的古文献都不包括在内。实际上，少数民族的古籍整理是非常重要的一块，基于此也有学者建议说，"在国务院古

---

① 张舜徽撰，姚伟钧导读：《中国文献学》，上海古籍出版社 2005 年版，第 283—299 页。
② 刘琳、吴洪泽：《古籍整理学》，四川大学出版社 2003 年版，第 7—8 页。
③ 黄永年：《古籍整理概论》，上海书店出版社 2001 年版，第 3—5 页。

籍整理出版规划小组领导下，设立民族古籍规划小组，统一抓少数民族古籍整理工作"① "要有一个权威性的领导机构，统筹安排，全面规划，领导全部工作。这个领导机构理应由国家民委牵头，会同文化部、教育部、中国社会科学院以及部分省、市、自治区的有关部门组成，并设立办事机构，负责组织、联络、协调工作，处理日常事务"②。毕竟，少数民族的古籍作为中华传统文化的重要组成部分，是中华文化、文明的重要载体，忽视对它们的关注与整理，是十分不可取的。

　　另外，在古籍整理、利用之前，对版本的选择也是至关重要的一环。古籍整理需要对不同传本及相关资料进行比较核对，甚至考察版本的源流，进而分析比较不同版本之间的优劣，从而确定它们在古籍整理工作中的不同利用价值。对于古籍版本优劣的判定，主要看其版本对原书内容的保真程度。一般来说，古籍的原抄本、初刻本文献价值最高。此外，前代学者精校过的版本也具有很高的价值，有的甚至超过原抄本、初刻本。总之，古籍整理首先要搞清版本源流，确定工作底本。底本选择时代较早、保存完整或经后人精校精刻的善本为主。

　　在选择了可供整理的古籍及其版本之后，应当对古籍整理本身有一定的结果预期，亦即有始有终、真正保证古籍整理出版的质量，而不是为了整理而整理，贻误后人。如刘杲于1992年5月在第三次全国古籍整理出版规划会议闭幕大会上，作了《关于古籍整理出版的六个问题》的讲话就强调说：

　　　　古籍整理出版的质量要求，有着特殊重要的意义。大家一

　　① 刘大林：《关于藏文古籍的整理出版工作》，载杨牧之主编《古籍整理与出版专家论古籍整理与出版》，凤凰出版社2008年版，第144页。
　　② 黄润华：《民族文字古籍整理管见》，载杨牧之主编《古籍整理与出版专家论古籍整理与出版》，凤凰出版社2008年版，第122页。

致认为，要保证高质量。什么是古籍整理出版的高质量？能不能这样概括：其一是，求实存真；其二是，时代精神。所谓求实存真，就是要去伪存真，去粗取精，版本要选优，校点、注释要严谨。要通过整理出版，保存和再现古籍的原貌。我们决不能"刻古书而古书亡"。否则，上对不起祖宗，下对不起子孙。所谓时代精神，就是古籍整理出版要努力运用马克思主义的立场、观点、方法，要坚持为建设有中国特色社会主义服务。否则就谈不到超过前人。保证高质量，出版是一个重要环节。①

古籍整理是一项严肃的事情，并不是随意为之的。所以，作为古籍整理者自始至终都必须有这样的意识，要"求实存真"，亦即"要去伪存真，去粗取精，版本要选优，校点、注释要严谨。要通过整理出版，保存和再现古籍的原貌"。古籍整理的质量是此项事业的生命，否则会导致"刻古书而古书亡"的后果，会让我们"上对不起祖宗，下对不起子孙"。为了保证质量，作为古籍整理者，一定要对此事业保持一定的兴趣和热情，而不是为了整理而整理，正如1981年9月《中共中央关于整理我国古籍的指示》中要求的，作为古籍整理者"不但要知识基础好，而且要有兴趣"②。另外，作为古籍整理者，还应当有时代精神，根据当前社会的需要进行整理，而不是浪费资源、浪费时间。

此外，我们在进行古籍整理的时候，要对所要整理的古籍进行分析，考察一下它是否有一定的学术价值、文物价值与版本价值以及社会价值，而不是为了整理而整理，或者因为容易整理而整理。只有审

---

① 刘杲：《关于古籍整理出版的六个问题》，载杨牧之主编《古籍整理与出版专家论古籍整理与出版》，凤凰出版社2008年版，第27—28页。

② 《中共中央关于整理我国古籍的指示》，载杨牧之主编《古籍整理与出版专家论古籍整理与出版》，凤凰出版社2008年版，第2页。

慎选择才可以使古籍整理本身变得更加有意义。与此同时，随着社会发展，古籍也是文化发展与建设的一部分。尤其是当今文化产业化之后，古籍整理除了服务于文化传承、学术研究之外，也应当服务于社会效益、经济效益，只有这样方可以更加有效地繁荣我们的文化事业，促进中华民族的文化复兴。当然，古籍整理的选题，要以服务于社会为宗旨，而不仅仅为了经济效益去整理，否则黄赌毒等古籍文献泛滥，必将贻害社会无穷。

作为古籍整理者，不仅要考虑到古籍整理的学术与社会需要，还应当考虑其经济需要，这是文化产业化的必然要求。进入 21 世纪以后，随着社会经济的发展以及信息、传媒的推动，文化开始以更加普及的姿态出现在世人面前，文化不仅成为一种综合国力的重要方面，也成为一种产业，得到了社会各个阶层的高度重视。在这种形势下，党中央、国务院也对此给予了高度关注。2000 年 10 月，中共十五届五中全会第一次提出要完善文化产业政策，加强文化市场建设和管理，推动文化产业的发展。2001 年 3 月，文化产业发展被正式纳入全国"十五"规划纲要。2002 年 11 月，党的十六大明确提出积极发展文化事业和文化产业，要求完善文化产业政策，支持文化产业发展，增强我国文化产业的整体实力和竞争力。在这种情况下，古籍整理的选题也开始强调社会效益与经济效益，从而促使古籍在更加广阔的范围内流通、传播文化。当然，经济效益要服从社会效益，所谓的社会效益如何界定，正如高振铎在其《古籍整理要面对现实》一文中所言，"要想使古籍整理著作产生较好的社会效益，势必要面对现实的需要，使古籍整理富有时代感，才能博得广大读者的青睐，发挥出广泛的社会作用"①。

---

① 高振铎：《古籍整理要面对现实》，《古籍整理研究学刊》1988 年第 1 期。

第二节　古籍整理者所必需的基本素养

作为一个古籍整理者，要从学术与时代的需要出发，将高质量的古籍整理作为自己的目标。当然，高质量的整理文本，需要古籍整理者不仅拥有正确的心态，还要拥有较高的知识水平与业务素养。

古籍整理者，首先要掌握文献学、古籍整理的基本知识。张舜徽在其《中国文献学》一书中就将版本、校勘、目录视为整理古代文献必备的基础知识。20 世纪 80 年代中期，黄永年在其《古籍整理概论》一书中也强调说，对于古籍整理者来说，要想整理好一部古籍，就必须具备两类学问，其中一类是各种古籍通用的，如目录学、版本学，其中版本学尤为重要，"整理古籍如果不懂这门学问，就根本无从选择底本，选择对校本，一切整理工作也就无从进行"①。可以说，在具体的古籍整理中，版本的选择是个至关重要的前提，如曾贻芬就曾说，"整理一部古籍，首先需要借助于各种书目，搞清这部书的版本"②。因此整理者必须要有版本学的基本素养。

古籍整理者除了掌握版本、目录、校勘等基本知识，还要掌握基本的传统文化知识。如李修生在其《古籍整理与传统文化》一书中就提到了六个方面的知识：（1）天文学和年代学知识；（2）地理学和方志学知识；（3）科举和官制知识；（4）姓氏名号、谥号避讳知识；（5）礼制礼仪和宗教知识；（6）古代的文献资料和书籍制度知识，等等。③ 除此之外，"中国古代的民族、古代的生活方式、各种典章制度、古代哲学、古代的建筑和园林、古代的艺术、古代的娱乐、体育活动，以及民族间和地区间文化交流、中外文化交流等文化

---

① 黄永年：《古籍整理概论》，上海书店出版社 2001 年版，第 8 页。
② 曾贻芬、崔文印：《古籍校勘说略》，巴蜀书社 2011 年版，第 10 页。
③ 李修生、龙德寿主编：《古籍整理与传统文化》，辽宁大学出版社 1991 年版，第 42—47 页。

知识，都是搞好古籍整理不可缺少的文化知识"①。

王世伟在其主编的《图书馆古籍整理工作》一书中对古籍工作者所具备的知识素养，有了更高而具体的要求。在他看来，作为一个古籍整理工作者应当拥有多项知识：

1. 语言文字知识。包括（1）古文字；（2）隶书、草书、行书与楷书；（3）俗体字、异体字、繁简字、古今字与通假字；（4）少数民族文字与外国文字。

2. 古典文献知识。包括（1）纸张，亦即各时代所用纸张的特征；（2）印刷，亦即各时期的印刷技术特点；（3）藏书，亦即古代公私藏书的状况；（4）目录，亦即古代图书的分类与内容；（5）版本，亦即古代的版本类型；（6）基本的校勘知识。

3. 历史文化知识。包括（1）天文历法知识；（2）避讳知识；（3）人名知识；（4）地名知识；（5）职官知识。

4. 检索查询知识。包括（1）工具书的检索方法；（2）重要检索工具书介绍；（3）检索查询中应注意的若干问题，比如工具书的版本问题，工具书的附录，等等。②

总体来说，王世伟认为一个古籍整理者拥有的古文献知识越多、越丰富，他在古籍整理中就会越加从容自如，所整理出来的古籍就会更加精善、权威。王世伟所言不虚。其实不但一般古籍的整理需要很多的知识积累，对于中国地方志这样的综合性很强的古籍，整理者更需要丰富而全面的知识。中国地方志非常丰富，种类繁多，如果以方志类型来看，就有全国一统志、各省通志（总志）、府志、县志、厅志、卫志、乡志、里志、村志、镇志、关志、乡土志等十几种。数量巨

① 李修生、龙德寿主编：《古籍整理与传统文化》，辽宁大学出版社1991年版，第47页。
② 王世伟主编：《图书馆古籍整理工作》，北京图书馆出版社2000年版，第172—209页。

大，其中尤其是以县志最多，府志次之。如果从卷数上来看，光县志就有七万多卷。所以，要整理这种兼具政治、经济、思想、文化、宗教、民俗、物产、科技、医学、史学、文学等各种知识的古籍，更需要我们具备全面而丰富的古代历史与文化知识。

其实，作为古籍整理者，除了掌握这些基本的古代文化知识之外，在面对一些特殊古籍时，还需掌握一些专门的知识，如文字学、音韵学、训诂学等知识，这些都是整理、注释先秦两汉古籍所必需的知识。另外，中国古典文学研究、古典诗词研究、韵文研究、散文研究、中国文学史、断代文学研究等，则是整理文学古籍所应必备的知识。而掌握中国哲学史、佛教史、道教史、基督教史等知识，则是整理哲学、宗教方面古籍所必需的，等等。另外，随着人们对民族古籍的愈加重视，一些从事民族古籍整理的学者就必须精通一些少数民族地方的古文字学、语言学、民俗知识、地域文化常识等。除了民族古籍，还有分科很细的专业类古籍，如农业、医学、历史、哲学、文学、科技、音律等门类的古籍，这些都需要古籍整理者掌握与之相关的知识。

当然，拥有基本的历史文化知识是古籍整理的必要条件，但并不是全部。随着古籍整理事业的发展，人们越来越不满足对古籍的校勘、标点、翻译等整理工作，而会希望在古籍整理的基础上，对古籍展开一些前期的研究，如分析内容、评论价值及编写相关索引。比如，20世纪80年代全国古籍规划小组的负责人李一氓就曾说："现在提到整理方法。我们曾列举标点、注释、校勘、今译、辑佚等等，无非是一些汉学家数、乾嘉本领。现在看来，长此不变，必将逐渐减少学术意义。只有开辟更为完整的科学途径，才能取得站得住脚的学术价值。在这方面，近几年来已开始突破前人蹊径，有了新的成就。"[①] 在他看

---

① 李一氓：《古籍整理的几个新问题》，载杨牧之主编《古籍整理与出版专家论古籍整理与出版》，凤凰出版社 2008 年版，第 83 页。

来，要借鉴一些好的做法，如在书前应有一篇比较有分量的整理前言，介绍原书作者、评价书籍内容、交代整理方法，等等。另外，在书后附有相关的人名、地名索引，等等。20 世纪 90 年代以后，古籍整理进一步发展，越来越多的管理、研究机构和诸多古籍整理的学者，都认识到古籍整理不单纯是个技术工作，而是一个研究与整理不可分割的整体。如 1992 年 5 月匡亚明在第三次全国古籍整理出版规划会议上就强调，整理与研究二者表里如一、相得益彰，他说："先整理，弄清楚，弄准确古代的文献资料，然后进行研究，去粗取精，去伪存真，由此及彼，由表及里，得出一个科学的结论来。整理和研究看来好似两项工作，而实质上二者是不可分的。"[①]他认为整理的中间要有研究，如二十四史、《清史稿》在校点过程中，如果不进行科学的研究很多问题是无法解决的，所以"标点、校勘，看起来是技术工作，实际上要有大量的学术研究作后盾"。他建议，"大家边整理边研究；以研究开路进行整理，力求从历史上各个学科的丰富资料中总结出科学结论，作为我们的终极目的"[②]。

　　正是由于古籍事业的繁荣发展，古籍整理不但要拥有基本的历史文化知识，还应当具备研究古籍的能力。这就需要我们除了会整理之外，还应当从所整理的古籍出发，拥有更高的研究水准，方能完成古籍整理的工作。不仅如此，古籍整理与研究只是这一项事业的开始，作为古籍整理者还应当从学科发展的角度，注意本学科理论方面的研究与建设。关于这一点，全国高校古委会的负责人安平秋曾在 1986 年的一次会议讲话中提出：

---

　　① 匡亚明：《认真整理出版古籍弘扬优秀传统文化》，载杨牧之主编《古籍整理与出版专家论古籍整理与出版》，凤凰出版社 2008 年版，第 23 页。

　　② 匡亚明：《认真整理出版古籍弘扬优秀传统文化》，载杨牧之主编《古籍整理与出版专家论古籍整理与出版》，凤凰出版社 2008 年版，第 24 页。

多年来的实际情况证明，要发展我国的古籍整理事业，光靠具体项目上的埋头苦干是不够的，如果继续忽略学科理论建设，不重视在马克思主义指导下，研究古籍整理和古文献学的历史与现状，予以科学的总结，上升为理论，反转来指导今天的古籍整理工作，长此下去，将很不利于古籍整理事业的发展，不利于各古籍研究机构的建设，也不利于社会主义精神文明的建设。①

的确，从 1949 年后一直到"文革"刚结束，古籍整理事业的发展虽取得了一些成就，但受到很多因素的影响，有关古籍整理与古文献学的理论并未得到很多人的关注，以至于理论裹足不前。这种现状无疑不利于古籍整理的发展，毕竟前贤时哲的很多成就与思想需要上升为理论，对之进行总结反思，以便日后在古籍整理方面做得更好。

总的来说，古籍整理并不仅是简单的版本、校勘、辑佚、今译、索引等技术工作，而是兼涉与古籍相关的古文献学、学术思想研究、学科体系建设等的系统工程。这就需要我们掌握更加综合的知识与技能。除了借助丰富的历史文化知识与扎实的古籍整理技能，完成基本的古籍整理之外，我们还应当对学术思想、海外汉学、学术研究等都有所了解，以便在古籍整理的基础上做更加扎实而系统的研究，从而从整体上提升古籍整理的水平。

就整理者而言，应当具备基本的古籍整理的知识（这种知识与所整理古籍的内容、类别有直接的关系）之外，还应当兼通古代的历史文化、哲学思想、经史子集等诸多内容。毕竟，中国知识分类体系并非今日的西方体系，这就要求整理者在知识结构上要更加全面，而不是只知其一，不知其二。此外，整理者不只是熟悉版本、校勘、辑佚的专家，也应该是一些学有专长的研究者，如匡亚明所提倡的，

---

①　安平秋：《安平秋古籍整理工作论集》，中国书籍出版社 1994 年版，第 14—15 页。

"整理工作者同时也是研究工作者。整理工作者写的前言、出版说明是研究成果;同时,一部书整理完成后,还要继续研究下去"①。这样,整理者对一书有深入的研究,就为整理出来高质量的文本提供了研究基础,而整理之后,研究者可以在此基础上进一步研究。而且,具体就一些学科门类来说,我们的整理与研究还有诸多不足。比如西藏学、蒙古学等,在国外有多个研究中心,而我们虽然也有研究,但有些方面我们还不及海外学者。所以,我们一方面需要与海外学者建立相关的海外汉学研究的交流,另一方面,我们还要通过自己的古籍整理与研究来加强学科建设,将空白和薄弱的学科建设起来,并逐步形成相关的重心,进而继承并弘扬中华文化,并使之在国际上发扬光大。

---

① 匡亚明:《认真整理出版古籍弘扬优秀传统文化》,载杨牧之主编《古籍整理与出版专家论古籍整理与出版》,凤凰出版社 2008 年版,第 24 页。

第　四　章

20世纪以来古籍整理若干
热点问题辨析

百年古籍整理虽取得可喜成绩，但也存在某些过度整理、损坏典籍的问题，于是就出现了关于整理方法、效果的质疑和辩难。如原本影印和整理重排孰优孰劣，如何处理好整理与保真的关系？怎样避免"今人校书而古书亡"，处理好整理与损害的关系？另外，关于古籍数字化的相关问题应该如何面对，在古籍数字化的过程中应当秉承何种原则？少数民族古籍应当如何整理，需要注意哪些方面？中医药古籍整理的相关问题，等等。对这些热点问题的讨论，本章将展开理论辨析，探索相关对策。

第一节　古籍标点与原本影印
孰优孰劣的探讨

在古籍中施加一些标点符号其实并非始于民国时期。20世纪以前，中国古人已经有了若干句读符号的形式，但在古籍中并不常用，也不规范，它只不过是辅助古人读书的一种方式而已。正如胡适所言："古籍率无圈点，即有之矣，其所用符号，又不完备；或有圈而无点，有句而无读。其圈点又不依文法构造，但截长为短，以便口齿而已。"①

一　20世纪以来古籍标点与原本影印

　　我国较早使用新式标点符号整理出版古籍的是1920年汪原放标点分段由上海亚东图书馆排印的《水浒传》。② 此外，汪原放还标点了《儒林外史》《红楼梦》《西游记》《三国演义》等数十部。汪的做法得到了同时代陈独秀、胡适、鲁迅等人的支持和推崇，将之视为当时新式标点整理古籍的典范。汪原放之后一直到1949年，一些出版机构如商务印书馆、中华书局、世界书局、大东书局、开明书店等也对一些古籍重新排印并加注标点。不过实际上，1911—1949年，中国的古籍整理工作以影印或者提供校勘精良的版本为主，采用重新排印、标点整理所占比例很少。

　　具体来说，就1911—1949年古籍整理的成就来看，有商务印书馆于1922年起陆续印售的《四部丛刊》，先后出版了初编、续编、三编，共收录古籍502种，分装为3100多册，规模甚大。全书采用石印法影印，没有加注标点，基本上保存了古籍原貌。与此同时，中华书局于1924—1931年，也陆续编纂出版了《四部备要》，收录古籍336种，分装为2500册。此书开始也没有标点，后来重印时，又为部分加了旧式句读符号。此后，中华书局又于1935—1937年陆续编辑出版了《丛书集成初编》，收录古籍丛书100部，分装为4000册，由于抗日战争爆发，实际上只出版3467册。这部《丛书集成初编》有句读排印、原书影印之分，其中句读排印多有讹谬。除了商务印书馆、中华书局出版古籍之外，当时的世界书局也于1935年排印出版了《诸子集成》，但排印不够谨严，错误不少，以后中华书局于1932年重新编辑出版了《新编诸子集成》以纠其谬。大东书局也于1926

---

　　① 转引自袁晖、管锡华、岳方遂《汉语标点符号流变史》，湖北教育出版社2002年版，第281页。
　　② 参见黄建年《天章觅踪：古籍整理新论》，安徽师范大学出版社2011年版，第1页。

年石印出版了《四库全书总目》，采用了以"、"与"。"为主，较为简单的标点符号进行断句。

新中国成立以后，国家对古籍整理工作相当重视，很多专家、学者参与到了古籍的标点、校勘、整理之中，并出版了一大批成果。改革开放以后，在古籍规划小组、古委会等机构的领导下，影印了大批古籍，如《四库珍本丛书》《古逸丛书三编》《古籍善本丛书第一集》以及《珍本丛刊》《稿本丛刊》等。杨牧之在《新中国古籍整理出版工作的回顾与展望》一文中，经过统计后认为，截至 2002 年，新中国出版的古籍图书已超过万种，而近二十年来整理出版的古籍图书，又占新中国古籍出版物总量的 80%[①]。除了中国大陆在影印古籍方面做了很多贡献之外，台湾地区在影印古籍方面也有很多的成就。台湾地区学者林庆彰在其《略谈翻印古书》一文中就做了一定的统计，他说截至 90 年代，台湾地区翻印古籍的出版社有二十多家，每年出书近千种，占台湾地区图书出版总数的十分之一，由此可见其翻印古籍成就也相当突出。

二　原本影印的可行性及注意事项

由于中国现存的古籍种类众多、数量巨大，因此，选择有价值的古籍进行校勘、整理是非常必要的。但浩瀚的古籍并非都是当下亟须整理的，而古籍整理成本较高，对那些有备查意义、资料性质的古籍应当影印即可。所以，无论是标点整理还是原本影印都有其存在的合理性与必要性。

可以说，古籍整理秉承的原则当为继承、传承民族文化中优秀的部分，并将当前有限的人力、物力等资源运用到当前社会政治、思想文化及学术研究非常需要的地方，而不是面面俱到。因此，大量的现

---

① 杨牧之主编：《古籍整理与出版专家论古籍整理与出版》，凤凰出版社 2008 年版，第 105 页。

存古籍，通过现代高科技手段如影印、缩微胶卷、扫描、数字储存等形式保存起来就可以了，等待日后需要，或者有了更多的物力、人力，再做进一步的整理、研究工作。比如，当前我国存有的方志文献及民族古籍，数量巨大，可以通过影印的方式来流通利用。

对于古籍影印，很多学者提出了一些建设性的意见，如黄永年在其《古籍整理概论》一书中就认为有几种方法值得借鉴①：（1）原大影印。对于那些著名的宋元刻本，尤其是今天仅存的孤本，包括明刻本、明活字本中特殊重要的孤本，特别有名的批校本，都应该按原大影印。（2）缩小影印。对那些特殊珍贵的孤本秘籍，可缩小影印以资流通。另外，对一般的善本书，即从校勘或文物角度来看都无疑是善本，但又算不上特殊珍贵的孤本秘籍的，这种善本为数较多，也宜缩小影印。（3）重印资料古籍。有些大部头古籍，资料价值很高，是研究我国古代文史的必备书，应当予以影印。（4）重印小学工具书。有些古籍部头不大，但属于文字、音韵、训诂方面，书中不常用的字多，古体字多，有时还出现金文、小篆之类的古文字，这些古籍应当予以影印。

此外，黄永年分析了古籍影印应注意的事项。他说一些古籍底本如果不清晰，就必须插进一道描润工序，从而使得所影印的本子清晰可读。此外，影印之后，如有必要，还可以在以下三个方面做些加工工作：（1）某些常用的古籍虽可不必点校而径付影印，但影印时却不妨用旧式的句读即圈点来断句。（2）影印的善本古籍如有必要也可附加校记，即用其他善本校勘后写出校记附在书的后边。（3）此外，影印本如有需要也可附加索引。②

影印古籍尽管有很多好处，但是也有不少弊端需要注意，如杨牧之在其《古籍出版中的几个问题》中就影印的问题做出总结。他说：

---

①　黄永年：《古籍整理概论》，上海书店出版社 2001 年版，第 44—47 页。

②　黄永年：《古籍整理概论》，上海书店出版社 2001 年版，第 50 页。

（1）重复影印：已经有好的，公认的古籍整理本，还要影印错误多、价值不大又没有进行加工整理的版本。

（2）非出版单位影印：这些单位并不具备影印的条件和知识。这一点 1982 年原文化部出版局有明确规定：1. 除中国书店、上海书店外，其他各地古旧书店原则上不再开展此项业务；2. 如确有必要开展影印的、复制的，要报批；3. 内容不但应是流传稀少、较为珍贵，还必须是具有地方特色。现在这几点大大突破。此外还有超出专业分工影印古籍的现象。

（3）有些出版社影印、复制条件很差，又缺少必要的影印专业人员，也争着搞影印，对原书漫漶之处不作描修，也不会描修，缺页缺字不做配补，也不懂配补，加上印制粗糙，字迹不清，这样的影印书无法使用。

（4）有些专业出版社急于出书，不认真选择底本，不作任何加工，有的既无出版说明，又没有新编目录，更有甚者，一部影印书，拼版之后，连总页码也没有编。①

在杨牧之看来，由于影印比整理排印本有出书速度快、保持古籍原貌、差错少、投资少见效快等好处，所以一些不具备资质的出版机构也大量影印古籍，使得影印本质量不高，以至于鱼龙混杂，严重地浪费了有限的资源，同时误导、影响了很多人，贻害无穷。

除了杨牧之主要针对中国大陆古籍影印出现的弊端所做的分析之外，台湾学者林庆彰也就台湾地区古籍翻印中出现的一些问题做了总结与分析，这对我们影印古籍自然有一定的借鉴意义：（1）新编目录和索引。由于很多影印乃拼版，所以一定要新编目录。（2）注明版本和翻印日期，这对于影印古籍非常重要，否则不知道版本源流。

---

① 杨牧之：《古籍出版中的几个问题》，载杨牧之主编《古籍整理与出版专家论古籍整理与出版》，凤凰出版社 2008 年版，第 209 页。

（3）适度缩印和改用精装，这样做会方便所影印的古籍流通使用。①

总的来说，由于古籍影印与整理古籍是保存古籍的两种方式，它们之间各有千秋，两者并不是冲突的关系，而是相互补充的。不管怎么样，"存真求实"是古籍影印与古籍整理通用的原则，只要我们在影印与整理之前，做好非常严谨的调查、考证，并以一种非常严谨的态度进行影印或整理，相信古籍整理会健康向前发展。

第二节　古籍的数字化及相关问题的探讨

古籍整理是传承、弘扬中华文化的重要手段，我们需要古为今用、推陈出新，既要继承传统，也要超越传统。尤其是在古籍整理的方法上，随着科学技术的进步，古籍数字化已经开始成为传统整理手段的重要补充。古籍数字化，就是将常见的语言文字或图形符号转化为能被计算机识别的数字符号，进而制成古籍文献书目数据库和古籍全文数据库，用来揭示古籍文献信息资源的一项系统工程。② 古籍数字化对于古籍保存、传播与研究有着非常重要的意义。当然，在古籍数字化发展的过程中，也出现了很多问题，引起学术界的关注。

一　20 世纪以来古籍数字化发展的意义

利用计算机技术，凭借数字化来有效地保护并利用古籍，已经得到了广大古籍研究者的一致认同与运用。古籍的数字化有诸多的价值与意义，可以说，"古籍数字化，是古籍整理发展的未来方向，顺应这种变化，是时代向古籍整理工作提出的新要求"③。

尽管人类利用计算机来处理古文献已经有很长的时间了，但是对

---

① 林庆彰：《图书文献学研究论集》，台北：文津出版社 1990 年版，第 343—349 页。
② 毛建军：《古籍数字化的概念与内涵》，《图书馆理论与实践》2007 年第 4 期。
③ 杨牧之：《新中国古籍整理出版工作的回顾与展望》，载杨牧之主编《古籍整理与出版专家论古籍整理与出版》，凤凰出版社 2008 年版，第 114 页。

古文献内容进行数字化，也仅仅只有二三十年的时间。1984 年有人撰写文章，就将来古籍数字化作了自己的构想，即栾贵明、李秦在其《微电脑与古文献研究》一文中认为：

> 随着微型机数量的增加、功能发展以及分布的扩大，其信息的贮存量会愈来愈多，并在一定范围，从一个地区到全国以及世界各地组成网络，形成一个巨大的资料库，所有信息资源便可共享。实现了这个目标，我国几千年来汗牛充栋而又星罗棋布的古文典籍，可尽行收入方寸之地，召之即来。使用微型机对这些古籍进行版本研究、文句校勘、文字订正、字义诠释、篇章会注、作品编年、古语今译，乃至标点、分段等等都将成为现实。①

20 世纪 80 年代所提出来的古籍数字化的一些具体设想，如今随着近三十年的古籍数字化技术的大力发展，已经基本实现了。不仅如此，随着计算机技术及古籍数字化相关项目的开展，计算机在古籍整理过程中所发挥的作用也越来越大、越来越多。古籍的数字化由最初的书目数据库，发展到后来古籍全文数据库，以至到今天网络综合检索系统，越来越多的古籍拥有了可供快速检索的电子版本。可以说，古籍数字化发展变化真是日新月异。现在越来越多的古籍开始数字化，这不但开拓了传统古籍整理的领域，更为古籍的整理、保存及使用提供了更多的效用。近一二十年来，古籍数字化的工作已经取得了非常多的成绩，如《文渊阁四库全书》《四部丛刊》《历代石刻史料汇编》《十通》《康熙字典》《全唐诗》《国学经典文库》《国学宝典》《中国基本古籍库》等都应运而生，它们所承载的信息量巨大，兼有检索、复制等多种便利的功能，这些都

---

① 栾贵明、李秦：《微电脑与古文献研究》，《古籍整理出版情况简报》1984 年 8 月 20 日第 127 期。

是传统纸质出版物所无法具备的，不但深受学术界和读者们的喜欢，更方便传播、方便携带。不能不说古籍电子化彻底改变了传统古籍储藏、使用的旧模式。

总的来说，古籍数字化有诸多的意义。通过古籍数字化，有效地降低了纸质古籍的流通量，减少人为使用所造成的损伤，从而使得历经岁月沧桑的古籍文本得到了真正的"休养"和"保护"。更为重要的是，古籍的数字化改变了以往学者们阅读和使用的方式，而这种随时随地查阅互联网上丰富的电子古籍的方式，不仅开阔了视野，更是为科学研究及研究范式带来了前所未有的革新。通过古籍数字化，建设大型古籍数据库，提供贴近现代学术的典籍资源，极大地推动了传统文化的现代化进程，为学术研究提供了新的动力。古籍数字化也极大地方便了人们对古代典籍与传统文化的认识，由此进一步增强了我们的民族自信心、凝聚力，促进了民族文化的传承、社会政治的进步与稳定。此外，数字化的古籍经由互联网传向全世界，使得全世界人们都可以感受东方文化历久弥新的魅力，使他们可以从中汲取丰富的思想资源，由此推动世界文明向前发展。

从古籍整理整理自身来看，古籍数字化为古籍整理的人工智能奠定了坚实基础。随着人工智能技术的发展，计算机自动进行古籍校勘、古籍标点的技术已经出现并不断成熟，此后还可能出现计算机对古籍的自动修复、版本鉴定，等等，数字化技术和方法将为古籍整理工作带来全新的发展前景。

二 20世纪以来古籍数字化的经验总结、问题及建议

古籍数字化的发展如今日益繁荣，在此过程中也积累了丰富的经验与思想，这些对于未来古籍数字化有着非常重要的借鉴意义。比如，古籍数字化的原则问题，亦即古籍数字化时所必须遵从的指导思想，国内有些学者就提出了"保真原则"和"整理原则"相辅而行

的思想，除此之外还有"标准化原则""共享共建原则"等。① 具体来说：

（一）"保真"和"整理"统一原则。"保真原则"强调数字化古籍所形成的数字图形版应当具有重现作为历史文物的古籍原貌的功能。所谓"整理原则"是说数字化的古籍所形成的数字文本版应当具有"资料应用性"：方便全文浏览阅读、全文检索、研究支持等功能。"保真"与"整理"这两原则的关系是相统一、相辅相成的②：1. 以形式保真为主要任务的数字图形版不排斥适当的整理加工。2. 以内容整理为主要任务的数字文本版追求内容上的保真，而不是形式上的保真。3. 数字化古籍应在数字图形版和数字文本版之间建立紧密的联系，使文本显示和图形显示能够切换，以便于使用者作文本间的比勘对照。

（二）标准化原则。标准化是古籍数字化的基础，也是古籍开发利用与贡献资源的基本保障。数字化古籍的标准化，主要包括版本标准化、分类标准化、字符标准化、格式标准化和元数据标准化等。标准化是古籍数字化中非常重要的一环，处理不好将会严重制约古籍数字化的发展。

（三）共建共享原则。由于古籍文献的传承、收藏等特殊性，加上数字化需要诸多新的技术，所以古籍数字化建设不是个别机构凭一己之力可以胜任的。这就需要各地区、各系统联合开发共享、优势互补，方可以建立古籍文献良好的资源保障体系。这里的共享包括：书目数据库的共享、数字文献资源的共享、研究成果共享、检索软件的共享等。

以上这些原则都是我国古籍数字化实践过程中总结出来的重要法

---

① 徐金铸：《中文古籍数字化建设理论问题浅论》，《齐齐哈尔大学学报》（哲学社会科学版）2012 年第 6 期；李国新：《中国古籍资源数字化的进展与任务》，《大学图书馆学报》2002 年第 1 期。

② 李运富：《谈古籍电子版的保真和整理原则》，《古籍整理研究学刊》2000 年第 1 期。

则，对于未来古籍数字化实践具有非常重要的理论指导意义。尽管古籍的数字化有非常重要的意义，并将古籍整理、研究与应用推进到了一个全新的阶段，但古籍的数字化发展也面临着很多不利的因素，主要有以下几点：

第一，古籍数据库的开发，并非一人一时可以完成，需要耗费大量的人力、物力、财力，成本巨大；一旦做成古籍数字化成果，其价格也非一般人乃至单位所能承受，这样就严重地制约了古籍数字化成果的普及广度与范围。

第二，中国的古籍种类繁多、数量巨大，考虑到古籍的价值所在及社会需求，以目前有限的人力、物力、财力等，很难将所有的古籍数字化，何况同样的古籍还有诸多的版本，自然难以将这些古籍一并数字化。

第三，古籍数字化的过程中，肯定会存在很多人为的错误，或者古籍数字化系统本身的束缚，这就很难完全确信古籍数字化的权威性，这自然为我们的阅读、研究带来了诸多的不便。

第四，古籍数字化的过程中，由于受到古籍馆藏分布及商业利益的影响，还存在着"各自为政"的现象，而且很多的古籍数字化开发带有严重的市场化倾向，以期获得更多的商业利益与市场效应，从而导致了重复开发、资源浪费。比如，文渊阁《四库全书》就有多家在开发相关的数字化技术，如果这几家能够协同合作，不但可以利用彼此的人才、物力、财力优势，而且可以将《四库全书》的数字化做得更加精善、更加完美。

第五，古籍的数字化与长期以来人们的古籍整理、研究成果难以融汇为一。过去的古籍数字化，一般都采用原版图像与全文检索本配合使用，但是前人在古籍整理、研究方面的成果难以被利用。因此，"如何既向读者提供反映古籍原貌的影像，同时又能让读者在全文检索和文本阅读时能够参考和享受前人的研究、整理成果，这也是需要注意的。解决这个问题的方法，除采用技术手段在相应的地方链接有关批注校勘信息外，还需要建立一定的知识支撑系统或者对文本本身再进行功能的扩展处理。"① 在这方面有个别的古籍数字化项目就做得比较好，如国家图书馆的"西夏碎金"和"敦煌遗珍"（国际敦煌项目），在对原始文献进行数字化的同时，也将有关西夏、敦煌学的研究成果与相关文献作以链接，为读者提供了更加丰富的参考文献。

对于以上问题，一些学者也做了一定的研究并提出了建议与对策，如徐金铸的《中文古籍数字化建设理论问题浅论》②、张春景的《我国数字化建设发展概况及其剖析》等论文提出的古籍数字化建设的可行性模式。概括这些建议，可以形成以下几点认识：

（一）建立国家范围内的古籍数字化统一管理及协调机制。国家统一投资管理，即国家文化主管部门、国家图书馆或者国家古籍保护中心等行政部门实行从上到下，统一投资，统一建设，统一管理。我国古籍数字化机构呈现三大主体，即以图书馆为主的文献保藏部门、学术机构和数字出版企业。为了避免资源浪费和重复开发，在公益性保护、学术性研究和商业性开发之间保持应有的平衡，必须在国家层面建立统一管理和协调机制。同时要制定和推广古籍数字化行业标准和规范，避免"各自为政"的局面。

（二）形成政府搭台，企业投资运作管理的市场化模式。跨行业、跨地区乃至国际协作是未来古籍数字化发展的方向。古籍数字化主要是由版本资源、内容专家、技术专家三大要素构成，分别来自不同的领域机构，如版本资源主要来自以图书馆为主体的文献保藏部门，内容专家主要来自古籍研究所等科研机构，技术专家主要来自数字技术公司，通过政府主导，组织联合成一个古籍数字化业界联盟。

---

① 陈力：《中国古籍数字化的现状与展望》，载杨牧之主编《古籍整理与出版专家论古籍整理与出版》，凤凰出版社 2008 年版，第 287 页。

② 徐金铸：《中文古籍数字化建设理论问题浅论》，《齐齐哈尔大学学报》（哲学社会科学版）2012 年第 6 期。本部分主要基于徐金铸先生的研究内容写成。

政府参与，给予政策优惠，促进信息技术企业对古籍数字化投资与经营。这不仅有助于他们能联手协作开发数字化产品，实施古籍数字化公益性项目建设，同时可以起到引领数字化产品的市场化运作，使数字化建设走上良性发展的道路。在整个数字化的过程中，"内容专家应处于主导地位，他们提出项目选题并进行科学论证，对古籍数字化对象进行版本鉴别和文字校勘，对系统目标和功能进行整体规划，而技术专家只是服务于内容专家"①。

（三）古籍数字化人才的培养也应当加强。在古籍数字化过程中，最重要的工作是需要在录入文本前对古籍进行整理。作为古籍整理的人员，不仅要系统掌握中文古籍文献的分类、版本鉴定、编目等，还要会编制数据库，懂得计算机网络、多媒体等现代信息技术，能够利用现代化的科技手段来研究古籍。实际上，古籍整理的专业人员一般不精通现代信息技术，而信息技术的专业人员对古籍整理知识也缺乏一定的了解。这就使得数字化过程中，由于录入人员水平有限，极大地影响了古籍数字化的进程。因此，应当及时培养一批既精通古籍整理知识，又能够熟练运用信息技术的复合型人才，这将对古籍数字化的发展与进程起到重要的促进作用。

总的来说，古籍数字化是一项系统工程，它作为现代古籍整理的新技术手段，成为解决古籍这种特殊文献保护和利用的有效措施。越来越多的学者开始积极探索相关的办法，无论是从具体操作上，还是从一些发展方向上，提出了一些完善古籍数字化的措施。另外，随着越来越多跨学科、跨领域人才的培养，加上计算机技术和网络技术、人工智能技术的发展，数据库建设、资源存储和检索手段等技术日臻完善，古籍数字化建设将有突飞猛进的发展。

---

① 张春景：《我国数字化建设发展概况及其剖析》，《现代情报》2003 年第 12 期。

第三节　少数民族古籍整理及相关问题的探讨

少数民族古籍的整理问题，现在也越来越受到人们的关注。何为少数民族古籍？它无疑是与汉文古籍相对而言的，其时间断限当为 1911 年清朝灭亡之前。有些少数民族用汉文写作的书，也可以不用归入民族古籍。比如一般认为曹雪芹是满族人，如果按民族划分的话，《红楼梦》就属于民族文献，其实未必。此外，汉文中有关民族问题的古籍，也不应归入民族古籍的范畴，否则自古以来民族界限不清，如果以此标准来定的话，是否民族文献就会显得纷繁芜杂，难以厘清头绪。总之，关于民族文献的界定，学界比较认同黄润华的观点，亦即"凡是 1911 年以前，用少数民族文字书写、刻印的图书文献，均为少数民族文字古籍，简称民族古籍"①。

整理并研究民族古籍有着重要的价值与意义，正如有的学者所总结的②：（1）少数民族文献对于从事民族社会形态的研究具有重要的学术价值。（2）少数民族文献对研究民族族源问题具有重要学术价值。（3）少数民族文献对于古代疆域史的研究具有重要的学术价值。（4）少数民族文献对我国历史研究具有重要学术价值。（5）少数民族文献对世界历史的研究也有重要价值。（6）少数民族文献对研究各民族的宗教信仰和自然崇拜有重要价值。（7）少数民族文献对于研究畜牧业和农业技术具有重要价值。（8）少数民族文献对我国文学艺术的研究具有重要价值。（9）少数民族文献对研究我国民族科技史有重要的学术价值。（10）少数民族文献反映了我国少数民族文字发展变化的历程。（11）少数民族文献对我国医药卫生事业的研究具有重要价值。（12）少数民族文献对我国地质、矿业、森林等自然

---

① 黄润华：《民族文字古籍整理管见》，载杨牧之主编《古籍整理与出版专家论古籍整理与出版》，凤凰出版社 2008 年版，第 120 页。
② 包和平：《中国少数民族文献学研究》，国家图书馆出版社 2009 年版，第 134 页。

资源的勘查利用提供重要线索。总之，整理并研究少数民族古籍有非常重要的学术价值和实践意义，不仅有助于民族地区的发展，更有利于整个社会的发展、和谐与稳定，推动中华民族的繁荣富强。

尽管民族古籍的整理有非常重要的意义，但有关民族古籍整理也存在着诸多的问题，这些问题严重制约着民族古籍的整理与研究：

（1）现存的民族古籍的文种，主要有满、蒙、藏、突厥、八思巴、回鹘、察合台、龟兹、和田、西夏、契丹、女真、傣、纳西、彝等十多种，但从民国一直到改革开放前夕，一直没有得到应有的重视。改革开放以后，政府和有关文化部门开始有意识地调查民族古籍的情况。如从 1977 年开始，北京图书馆联合有关单位编辑了《全国蒙文古旧图书联合目录》《全国满文图书联合目录》和《全国满文石刻资料联合目录》。1981 年，中央民族学院等单位编辑了《北京地区彝文图书联合目录》。这样的统计工作，一直在进行，但国内现存的民族古籍究竟有多少，至今还没有一个统一的说法。

（2）受到政治、经济、战乱等诸多因素的影响，很多民族古籍还流散到了国外，这对于民族古籍的收集整理来说也是一个重要的制约因素。比如藏文古籍方面，从 17 世纪 20 年代开始，先后有欧洲天主教传教士、匈牙利学者乔玛、英国驻尼泊尔代办何德逊、英印政府雇用的印度文人达斯（S. C. Das）、英国的斯坦因（A. Stein）、法国的伯希和（P. Pelliot）以及俄国、德国、日本、瑞典等国的一些不法分子进入西藏，劫掠走了大批藏文资料。1959 年，达赖集团还把大批藏文古籍带到了印度，存放在所谓的西藏古籍图书馆内，数量有44000 多册。另外，印、美、德、丹、奥、荷、波等国家收藏的藏文古籍数量难以统计。又比如蒙古文古籍方面，由于各种原因在今天的蒙古国、俄罗斯、德国、丹麦等国家拥有大量的藏书。此外，满文、维吾尔文、彝文、西夏文、女真文、于阗文等少数民族文古籍也多流散到国外。

（3）现存的民族古籍数量不详，没有得到应有的重视，甚至连真正从事民族古籍整理的人才也屈指可数。比如根据中央民族学院以往的统计，① 贵州毕节地区的五十多万名彝族群众中，真正能读懂彝文古文献的人只有九十八人，占总人数的 0.02%。这九十八人中，六十岁以上的老年人为七十五人，占 77%。四十岁至六十岁的中年人为十八人，占 18%。二十岁至三十岁的青年人只有五人，占 5%。二十岁以下的没有。其实，这只是众多问题的一点。在民族古籍保护方面还存在着其他诸多的问题，比如保存机构众多，而且非常分散；立法也不够健全，以至于很多民族古籍被盗卖、倒卖；由于不重视，很多民族古籍残损毁坏特别严重，亟待保护整理；等等。

面对这样的窘境，很多学者也提出了自己的观点与看法，比如研究民族古籍的专家包和平在其《中国少数民族文献学研究》一书中提出了几点看法，这些看法对我们整理与研究民族古籍有非常重要的借鉴意义。他认为以往对少数民族古籍的整理多限于古籍本身的鉴别、标点、注释、校勘等，这些都属于狭义的整理。民族古籍的整理工作，应当从广义的范围出发，包括领导机构、工作体系、专业队伍、科学理论、搜集挖掘（包括收购、调查）、整理保护、技术设备等方面。具体来说，就是要建立一个完整的少数民族古籍整理体系，并着重解决好以下几个方面的问题：（1）建立强有力的少数民族古籍整理领导机构和有效的工作体系。（2）迅速培养一支少数民族古籍整理的专业队伍。（3）开展少数民族古籍整理研究，建立少数民族古籍整理学科体系。另外，对于如何整理少数民族古籍，一些学者也提出了补充性的观点，比如翻译注释也是整理民族古籍最重要的方式之一。究竟如何翻译注释，有学者就原则问题提出了自己的看法：②（1）保持古籍文献形式的完整性与内容的真实性。切忌从个人的好恶出发，对民族古籍进行随意的删改或加工。（2）反复阅读，

---

① 引自杨牧之主编《古籍整理与出版专家论古籍整理与出版》，凤凰出版社 2008 年版，第 121 页。

② 朱崇先主编：《中国少数民族古典文献学》，民族出版社 2005 年版，第 225—232 页。

认真推敲，深入分析文义。（3）尽量反映原文的语言特点。除了要尽量选择恰当的字词对译之外，还要充分利用其他手段加以阐述。（4）译文的语词要符合原文的时代背景及其文化特征。（5）翻译要"实事求是"，切忌牵强附会。不要盲目地追求自圆其说，以至于很多意思被曲解，或者有些问题被曲解。（6）使用语词音译法，要注意适度。（7）严谨审慎，不能急于求成，匆忙定稿。

　　总的来看，有关民族古籍整理的意义、民族古籍整理的原则、保护的方法等多个方面，已经有很多学者进行了研究，并提出了一系列可资借鉴的观点。这些都非常值得我们重视，毕竟民族古籍是中华民族文化的一部分，"少数民族古籍是祖国文化宝库的重要部分，在世界文化宝库中也占有重要地位"①，"它始终都影响着民族地区政治、经济、科学、文化事业发展的现在和未来，因此，少数民族文献是我国 55 个少数民族光辉灿烂的宝贵的精神财富，有着不可估量的价值和作用"②。我们在整理民族古籍时除了遵循基本的原则与方法，还应当遵从民族古籍特殊性的原则，比如协同性原则、国际化原则、多角度提示原则等。③ 在具体的操作上，就如上文所言的从广义的范围出发，从领导管理、专业队伍、学科理论、整理保护、技术设备等多个方面入手，竭尽全力做好民族古籍的保护、整理与研究工作。

第四节　中医古籍的整理及相关问题

　　中国的中医药学源远流长，博大精深，是中华优秀传统文化的重要组成部分。据学者统计，现存世中医古籍约有 13455 种，22 个

---

　　①　国家民委文化司：《少数民族古籍整理出版的几个问题——国家民委召开少数民族古籍整理座谈会纪要》，载杨牧之主编《古籍整理与出版专家论古籍整理与出版》，凤凰出版社 2008 年版，第 126 页。
　　②　包和平：《中国少数民族文献学研究》，国家图书馆出版社 2009 年版，第 134 页。
　　③　包和平：《中国少数民族文献学概论》，民族出版社 2004 年版，第 588—591 页。

类别。① 随着中医学的发展，人们越来越重视中医药古籍的整理。如何进行中医药古籍的整理，有学者已经对此做了一定的梳理和分析，② 并就一些问题提出了他们的观点和见解，这为我们继续进行中医药古籍整理的研究与实践提供了重要的参考。

实际上，中医古籍相对其他古籍来说，也面临着其特有的一些问题和困难，而这必将影响中医古籍的整理与研究，影响中医古籍价值的发挥与利用。就目前中医古籍的现状来看，存在着以下问题：

首先，中医古籍的存佚状况依然不太清楚，现存中医药古籍保护不力。尽管新中国成立以来，国家对古籍资源调查了数次，并编制了相关的目录，如《中医图书联合目录》《全国中医图书联合目录》等，但是这些调查主要局限于中医专业图书馆、省市级以上的综合图书馆。实际上，在各省的博物馆、宗教界图书馆、藏书楼以及港澳台、海外依旧存在着大量的中医古籍，这些古籍仍然没有得到有效的普查和登录，这就需要我们继续在当前的基础上进一步完善中医古籍目录的编制，以便为中医古籍整理奠定坚实的文献基础。

另外，即使已了解的现存的中医药古籍，保护依然不力。很多地方的中医药古籍图书馆普遍馆藏条件较差，古籍库都未能配备湿度计、除湿机等设备，修复设备更是缺乏。很多图书馆都没有现代化的古籍修复设备，只能进行简单的古籍修复。最为根本的是，古籍保护的技术力量不足，面对破损严重的古籍，而古籍修复的人员数量却相当短缺。张伟娜等人对全国中医古籍的保存与保护现状曾做过调查分析，认为：

① 张陶：《浅谈中医古籍的发展、整理和利用》，《中共贵州省委党校学报》2011 年第6 期。

② 蒋力生：《关于中医古籍文献整理研究的思考与对策》，《江西中医学院学报》1997 年第4 期；朱毓梅：《论馆藏中医古籍的现状、保护与利用》，《中国中医药图书情报杂志》2014 年第5 期；符永驰等：《中医古籍电子化系统的研究与实现》，《中国中医药信息杂志》2008 年第2 期；王益军：《中医古籍校勘与整理》，《中国中医药现代远程教育》2014 年第12 期；任海霞、杨越朝：《做好中医古籍整理出版工作的 5 个关键点》，《科技与出版》2013 年第2 期。

　　古籍破损是图书馆存在的普遍问题。与全国大型省级综合图书馆相比，中医专业图书馆藏书条件普遍较差，绝大多数图书馆根本达不到古籍保护的要求。以中国中医科学院图书馆为例，馆藏古籍约 103000 册，其中破损程度严重者近 10000 册，中等程度破损者约有 10000 余册，轻度破损者多达 15000 册，三项总计约占总馆藏的 1/3。[①]

　　可以说，中医古籍的破损情况相当普遍，而这与长期的不重视有直接的关系。此外，张伟娜又对国内 25 家中医专业图书馆进行调研，发现只有 6 家配备古籍修复人员，共计 7 人。[②] 面对如此巨大数量的破损古籍，而只有如此少的古籍修复人员，可谓杯水车薪，这必将直接影响中医古籍的整理修复工作。

　　其次，中医古籍整理与研究队伍数量少，急需培养后续的人才。从 20 世纪 80 年代开始，国家开始非常关注和重视中医学及其古籍整理，全国先后建立了 40 多个中医古籍文献研究所（室），一些中医院校不仅开设中医文献课程，而且还招收中医文献的研究生，由此促使古籍整理与研究的队伍日益壮大。但随着一些学有根底、经验丰富的老专家的离世，一些中青年整理与研究人员受到商品经济的冲击，纷纷转业，从而导致了整个队伍的不稳定性与人才青黄不接的状况出现。

　　最后，中医古籍整理与研究过程中出现了诸多问题。随着社会各界对中医学的重视，中医古籍整理也变得频繁，但也存在着很多问题，如底本与校本的选择、校勘记的书写、标点与分段等都存在着很多的问题。又如低水平的重复校注，1949 年以来的很多中医古籍的

---

　　① 张伟娜等：《全国中医古籍保存与保护现状调查分析》，《中国中医药信息杂志》2009 年第 6 期。
　　② 张伟娜等：《全国中医古籍保存与保护现状调查分析》，《中国中医药信息杂志》2009 年第 6 期。

校注存在一些低水平重复的现象，如"中医临床必读丛书""中医古籍必备丛书""中医非物质文化遗产临床经典读本""中国中医古籍整理丛书""中医经典文库"等，这些丛书在整理古籍的同时，就存在着选目重复、整理浮泛等问题。这些问题不仅是商品经济大潮影响的结果，也是浮躁学风影响的结果。总之，改变这种局面势在必行。

由此来看，中医古籍的整理与研究面临着诸多的问题与不足，这些对于中医古籍价值的发挥起到了直接的制约作用。这些问题也引起了学术界的高度重视，因此，有很多学者对此做了相应研究，并针对性地提出了很多策略和举措。

首先，要改善中医古籍的保护条件。

虽然古籍保存条件的缺失与不足问题严重，但是观念上的改变更为重要，必须在思想上重视中医药学、重视中医药古籍，只有如此，方能从制度上、人才上包括技术上进行提升。对于古籍保存的现有条件，应当加强馆藏古籍书库的标准化建设，如对馆藏的温度、湿度进行标准化配置。对于不达标的图书馆，有学者提出采用"领养"或"寄养"的方式进行处理：

> 中医古籍保存分布十分分散，如何改善这部分图书的馆藏条件，是一个值得注意的问题。所以，可以采取古籍上移"领养"或"寄养"方法，改善中医古籍保存条件。所谓"领养"是指古籍保护条件不达标或没有条件对古籍进行保护的图书馆，将其重点古籍一次性上移至省级中心图书馆收藏保护，而"寄养"就是针对古籍保护条件暂时不能达标的图书馆，将重点古籍暂时上移到省级中心馆收藏保护，待条件具备后再取回典藏。因此，省级古籍保护中心应担当起本省中医古籍保护的重任。①

---

① 朱毓梅：《论馆藏中医古籍的现状、保护与利用》，《中国中医药图书情报杂志》2014 年第 5 期。

通过这种"领养""寄养"的方式，实际上就是将古籍放在有条件的地方进行集中管理，提高古籍保护的水平，以便将来进行更好的修复、整理，这在一定程度上避免了古籍继续受损，继续遭到无视；也方便了中医古籍有更好的条件争取尽快地修复、整理，以及出版与数字化建设。

其次，加强中医古籍整理的队伍建设。

尽管 21 世纪以来，人们对于中医古籍有了全新的认识，并且加快了人才队伍的建设力度，但这种对中医需求日益扩大与人才不足之间的矛盾依旧存在，这就需要继续稳定并壮大中医古籍文献整理与研究的队伍。一方面不仅要扩大中医文献整理与研究人员的培养，比如在研究生的招生、录取方面，吸引古文献学、医学史等专业的人才进入中医古籍整理与研究的队伍中来。另一方面还要注意中医古籍整理人员的梯队建设，正如有的学者所言，"还要注意梯队结构的建设，大胆选拔一批中青年骨干力量作为学术带头人的培养对象，给他们定目标、压担子，使他们能在较短的时间内脱颖而出，肩负起学术带头人的责任来。总之，要尽快建立一支基础扎实、力量雄厚、水平较高及梯队结构合理的研究队伍，这是开创中医古籍文献研究新局面的最基本而又最重要的条件"[1]。

中医古籍整理与研究的队伍建设固然重要，但由于中医古籍自身专业的特殊性，就必须切实提高队伍的水平，否则无法进行大批量的古籍修复，更难以进行古籍整理的出版与数字化等事宜。对此，也必须对古籍队伍进行针对性的培训，甚至与高校、科研院所合作，进行有计划、有针对性地培养古籍修复、整理的专业性人才。

最后，提高中医古籍整理的水平，同时开展中医古籍的数字化建设。

---

① 蒋力生：《关于中医古籍整理研究的思考与对策》，《江西中医学院学报》1997 年第 4 期。

　　中医药古籍的整理与研究要服务于不同层次的需求，所以根据不同读者进行整理非常重要。但近年来，由于整理者的治学态度不够严谨、水平偏低，以至于校勘整理的质量存在着很多问题，这就需要加强这方面的工作。这不仅涉及校勘，也包括整个整理阶段的各个环节，如涉及版本的选择、校勘记的写作等。毕竟，古籍整理首先需要文化的继承，"继承是创新的前提和基础，离开了继承，犹如水之无源，木之无根，创新就成为一句空话，科学发展也无从谈起，中医学自不能例外"①。中医古籍的整理不同于一般图书的出版，影响其质量的因素很多，如底本、校本、校勘、注释、印刷等。如何做好中医古籍整理，就必须从底本的选用、校本的确定、分段及标点与校勘、注释等几个方面作严格的要求。只有如此，才能真正提升古籍整理的质量。

　　除了提升古籍整理的水平之外，还要结合数字化技术，加快整理的步伐，提升中医古籍整理的水准。比如，在全国范围内对中医古籍进行普查、著录，以便整理、研究者查阅。另外，中医古籍的修复与整理，可以借助数字化进行，如缩微技术、影印出版、数字化资源等。有的学者已经就古籍数字化提出了一个系统的设计。② 总之，古籍的数字化，不仅可以最大限度地保持了古籍信息的原汁原味，也可以最大限度地传播中医知识与信息，实现中医学的传承与发展。

---

　　① 张陶：《浅谈中医古籍的发展、整理和利用》，《中共贵州省委党校学报》2011年第6期。
　　② 符永驰等：《中医古籍电子化系统的研究与实现》，《中国中医药信息杂志》2008年第2期。

第 五 章
古籍整理具体工作的学术检讨

古籍在长期的流传过程中，会出现讹、衍、脱、倒等各种类型的错误。古籍整理工作者运用目录、版本、校勘等各种方法和专业知识来发现错误、改正错误，其根本目的在于恢复古书的原貌，为人们阅读利用提供最接近古书本来面目的整理成果。可是，从以往古籍整理的实践中发现，由于古籍整理工作者自身学养、工作方法、学术规范与态度等方面的原因，导致古籍整理成果出现较为严重的失误和问题，造成了不良的后果和影响。近几十年来，随着我国学术文化事业蓬勃发展，古籍整理工作取得了巨大的成就，但也存在不容忽视的问题。有关专家学者出于对古籍整理工作高度负责的精神，在肯定成就的同时对古籍整理工作中存在的失误和问题，实事求是地指陈缺失，辨疑纠误，务得其真，提出很多具有理论总结与学术建设意义的批评意见，极应引起古籍整理工作者和古文献学研究者的高度重视。因此，本章将认真检讨以往古籍整理工作中出现的一些具有典型性的问题和错误，系统总结学术界既有的批评成果，加以凝练和提升，从理论和方法上分析以往古籍整理致误的原因，归纳其致误的通例，针对古籍整理各阶段和各项工作的性质与特点，建立相应的学术标准和规范；通过规律性的总结，汲取教训，警示来者，提高问题意识，有效规避错误。

第一节　古籍整理致误的原因

一　前期准备不全面

古籍整理是一项较为复杂的工作，涉及面十分广泛，对整理者自身的知识水平要求较高。黄永年在《古籍整理概论》中指出，要把古籍整理好，整理者通常要掌握两类学问，"一类是各种古籍通用的，再一种是某些古籍所专用的"①。古汉语、目录学、版本学、校勘学等语言文献知识和历史文化知识是所有古籍整理者都应熟悉和掌握的学问，即所谓的"各种古籍通用的"学问。有些古籍专业性较强，如数学、医学、律法、音乐等，还需要整理者在掌握古籍通用知识的基础上，进一步具备相应的专业知识。第三章"开展古籍整理必备的前提与条件"对古籍整理者所具备的条件、素养等问题已有所阐释，但在古籍整理的前期准备上，仍然有几个问题在此需要强调。如目录学向来被认为是治学的门径，古籍整理亦需由此问津。这里所说的目录学主要是指古籍目录学，即"讲我国古籍源流的目录学"，包括历史上先后出现过哪些重要的古籍？当代还保存着哪些？作者是谁？主要内容是什么以及价值和意义如何等。② 目录学对古籍整理的作用表现在两个方面，一是帮助我们有计划地整理古籍，了解判定哪些最重要、最先需要整理；哪些前人已经整理过，可暂时不整理；二是帮助我们标点校勘古籍。古籍整理过程中，对古书书名、篇名以及作者名进行标点是常有的事情，但出错率也往往较高，其原因都是由于古籍目录学知识的欠缺。再如历史文化知识，也是古籍通用知识中的重要内容。这是因为古籍的内容十分广泛，涉及古代的历史、制度、风俗、人物、思想学术等方方面面，每一种古籍的形成、

---

① 黄永年：《古籍整理概论》，上海书店出版社 2001 年版，第 8 页。
② 参见黄永年《古籍整理概论》，上海书店出版社 2001 年版，第 8 页。

其内容形式都具有其时代的特点，如果不具备较为宽广的历史文化知识，这些内容就会成为我们整理古籍的障碍，就会影响我们准确地理解、把握古籍的内容和作者的旨意，在点校整理时，不免郢书燕说。程千帆、徐有富《校雠广义·校勘编》认为从事校勘需具备文字、音韵、训诂、语法、修辞等语言学方面的知识；版本、目录等校雠学方面的知识；地理、职官、避讳、谥法、历算等相关的专业知识。①陈垣《校勘学释例》卷三《元代用字误例》、卷四《元代用语误例》、卷五《元代名物误例》所列举二十例，皆说明全面了解古籍原书所属时代的历史文化知识对于古籍整理具有的重要作用。也就是说，古籍整理工作者应该学习了解中国通史和中国文化史，"对所整理古籍产生的时代的历史，尤其应该多下一点功夫"②。又如《校勘学释例》在论述"理校法"时说："所谓理校法也。遇无古本可据，或数本互异而无所适从之时，则须用此法。此法须通识为之，否则卤莽灭裂，以不误为误，而纠纷愈甚矣。"③可见，理校法对古籍整理研究者的知识素养提出了更高的"通识"要求。对于如天文历算、农学、医学等科技古籍，宗教古籍和少数民族古籍等专业性较强的古籍，不仅要求整理者要具有通用的古籍整理知识，还要具备相应的专业知识，"因为每一类、甚至每一种古籍都有其特殊性，整理古籍者应该力求掌握古籍作者撰写此古籍时所运用的知识和学问"。④如胡道静认为整理研究科技古籍，需要三个方面的修养：（一）科学技术的基础；（二）普通历史和自然科学史的基础；（三）古籍整理技术的基础。⑤所以我们说，整理古籍并不是一件容易的事情，不是每个人都能从事的。古籍内容的丰富性和复杂性要求整理者必须具备多方

① 参见程千帆、徐有富《校雠广义·校勘编》第5章"从事校勘缩影具备的知识"，齐鲁书社1998年版，第333—380页。
② 时永乐：《古籍整理教程》，河北大学出版社2003年版，第6页。
③ 陈垣：《校勘学释例》，上海书店出版社1997年版，第121页。
④ 黄永年：《古籍整理概论》，上海书店出版社2001年版，第10页。
⑤ 《胡道静文集·古籍整理研究》，上海人民出版社2011年版，第199页。

面的知识。一旦整理者缺乏上述相关的知识和技能，其古籍整理成果的质量就无法保证。

古籍整理过程中出现的种种错讹，多数是因为整理者存在知识盲点，又不能深入查证考求，仅凭自己的主观判断而造成的。可以说，知识素养不足，是古籍整理致误的主要原因。具体而言，主要表现在三个方面，即古汉语基本素养不足、文史哲综合素养不足和专门古籍整理所需专业知识素养不足。这里主要讨论一下前两个方面。

第一，古汉语基本素养不足。目前从事古籍整理工作者多数是中青年人，从一般的情况来看，他们在古籍阅读的数量和精熟的程度方面，较之老一辈学者要差很多。正如有的学者说："我们所学，还没有过去上几年私塾的人读的古文多，他们起码将《四书》《古文观止》《唐诗三百首》等读得很熟。我们很多大学生连这点基本功都不具备，在记诵之功方面尤其不能与前人相提并论。"[1] 古书读得少，尤其是经典古籍读得不够，十分不利于古籍的整理。如中华书局版《历代诗话续编》中有"芧栗，木果也，庄子所谓'狙公《赋芧》'者"一句，[2] 这句话语出《庄子·齐物论》。"狙公"为养猴者，"赋芧"即给猴发橡子，成语"朝三暮四"就出自这里，故正确的标点应为："芧，栗木果也，庄子所谓狙公赋芧者。"[3] 整理者应当没有读过《庄子·齐物论》，才会误以"狙公"为人名，"赋芧"是一篇文章，以致标点错误。其实，古人写作时引用前人之言或用典之处甚多，若整理者不知出处，不通典故，仅凭字面意思来标点或注解，很容易出错。因此，"多读书，多看书，充实有关知识，多多益善"[4]，尽量扩充自己的阅读量和阅读面，是减少古籍整理致误的重要前提。尽管一些从事古籍整理的青年人具有一定的古文基础，在读书期间也

---

[1] 时永乐：《古籍整理教程》，河北大学出版社 2003 年版，第 4 页。
[2] 丁福保：《历代诗话续编》，中华书局 1983 年版，第 1302 页。
[3] 参见刘琳、吴洪泽《古籍整理学》，四川大学出版社 2003 年版，第 77 页。
[4] 黄永年：《古籍整理概论》，上海书店出版社 2001 年版，第 125 页。

修习过文字学、音韵学、训诂学等课程，但是这些知识往往还限于基本常识，相对于古籍整理所需的古文知识而言，课堂上所学还是不够深入扎实。在实际的古籍整理工作中，因不通音韵、训诂等而导致古籍标点或注释错误的例子也是屡见不鲜。如上海古籍出版社标点本《两般秋雨庵随笔》第397页："钱竹汀宫詹云：'古人以二字命名者，多取双声叠韵，与夷犁、来涛涂、弥明、弥牟、灭明、由余、余姚，皆双声也。'""双声"是指两个字的声母相同，"叠韵"是指两个字的韵母相同。按照古声韵，"犁"与"与夷"、"来"与"涛涂"声母不同，不得为双声，故应当点作"与夷、犁来、涛涂"。① 此即由不通声韵而致标点错误。因此，准备从事古籍整理工作的人，一定要在古汉语方面下功夫，有目的地深入研读有关的重要论著，逐步提高自己的古汉语综合知识和素养。

第二，文史哲综合素养不足。古籍整理是一门文史哲综合的学问，可是随着学科的发展，由过去的"文史哲不分家"，到现在文、史、哲各自独立成为专门的学科，文科生所学专业也日益专门化、精细化，容易导致学古代文学的不知古代的典章制度、人文风俗；学历史的不通音韵、训诂，这样的知识结构、过细过专的学科划分，对于从事古籍整理和培养训练优秀的古籍整理人才都是非常不利的。有学者指出："从事中国传统学问的研究，文和史是密不可分的。这当然并非抹煞学科界限，而是基于学术间自然或者固有的关系，强调学科之间在研究上的联系与渗透、甚至沟通。"② 古籍内容的丰富性决定古籍整理人才的培养，不能过于强调文、史、哲之间的学科界限，而应首先打好文史哲综合的知识基础，尽量完善自己的知识结构，扩大知识面，否则难以胜任古籍整理工作。如张舜徽《中国古代史籍校读法》开篇第一编论"校读古代史籍的基本条件"：第一，"掌握一

---

① 刘琳、吴洪泽：《古籍整理学》，四川大学出版社2003年版，第76页。
② 冯春田：《从汉语史角度看古籍注释、校点例》，《山东图书馆学刊》2010年第2期。

些阅读古籍的技能"，包括认识文字、辨明句读、分析篇章、钻研旧注；第二，"熟悉古代书籍的一般情况"，包括古书的流别、古书的部类、古书的传播、古书的版本，即强调对历史典籍的整理研究要具备训诂学和目录版本学的基础知识。① 刘琳、吴洪泽在《古籍整理学》中认为"学识不足是造成标点错误的根本原因"，并总结了"不识文字而误例""不明词义而误例""不明史实而误例""不熟文献而误例"等十五种致误通例，② 深刻揭示了"广博的文史知识"对于古籍标点的重要性。除校勘、标点，注解古书更是如此。刘琳为注释《华阳国志》，曾"查阅了数百种古今文献（单是引用的就有 400 余种），研究了西南地区的古代史、历史地理、民族史、道教史等等，还到一些地方对文物古迹、地理沿革等作过实地调查，前后历时八年"，③ 足见古籍注释所需知识之广博！正如有的学者所说，"要想注释得好，不但应对原作有全面、准确、深刻的理解，而且注释者的学力也至少能与原作者相颉颃"。④ 整理者知识狭隘，势必会影响对古籍相关内容的注解，遑论在学力上与原作者"平分秋色"。因此，学科过于"精细化"、知识过于"专门化"不利于古籍整理者综合能力、综合素质的培养，而整理者知识素养不扎实、不全面，在具体的古籍整理工作中就容易出现错误。

二　不遵循学术规范

古籍整理致误的另一个重要原因，在于没有严格遵守相应的学术规范。这里所说的规范，主要是指根据古籍整理工作的规律和需要而制定的从事古籍整理活动应该遵守的基本准则和工作步骤。如现代古籍整理成果在出版时，要求认真撰写出版说明或前言，扼要说明作品

---

① 参见张舜徽《中国古代史籍校读法》，华中师范大学出版社 2004 年版，第 213—286 页。

② 参见刘琳、吴洪泽《古籍整理学》，四川大学出版社 2003 年版，第 74—84 页。

③ 刘琳、吴洪泽：《古籍整理学》，四川大学出版社 2003 年版，第 195 页。

④ 路广正：《当前注解古书的几个问题》，《山东师大学报》（社会科学版）1994 年第 1 期。

的年代、作者、内容梗概、版本流传、学术价值及不足，还要交代整理本所依据的底本以及整理的原则等；如果是由多人分工合作整理，在整理之前，要求制定相关的整理凡例，以便统一体例、统一要求。但是有些古籍图书根本没有整理说明，以掩饰其存在的整理"漏洞"；一些大型古籍图书的整理或由于没有合理地进行分工，或由于没有制定必要的工作凡例和整理原则，导致最终的成果体例不一，质量参差不齐。在古籍整理中，学术规范不讲求，最突出地表现在以下两个方面。

（一）整理手段不规范。古籍整理的具体手段主要包括校勘、标点、注释、今译、索引、附录等，每一环节和程序都有相应的要求和规范。古籍整理首先要选择一个善本作为工作底本，这是古籍整理在版本选择上的基本要求，即使是以影印形式出版的古籍也不例外。随着现代技术的飞速发展，国民文化素质的提高，影印古籍已经不仅仅是为收藏家或从事专门研究的学者服务，也成为很多传统文化爱好者、古籍初学者喜闻乐见的形式。由于影印古籍具有出书快和能保持原貌、减少排印错误的优点，它在古籍整理出版工作中发挥越来越重要的作用。但是，这并不意味着随便拿到一本古籍原书就可以简单地影印了事，古籍整理工作的基本原则和具体规范，同样适用于影印本古籍的整理出版。近年来，在影印古籍工作中存在很多问题，整理手段不规范就是一个突出的问题。整理任何一部古籍都必须慎重选择"善本"作为工作底本，影印古籍也不例外。可是，有些影印本古籍的整理出版者却无视前人已经做好的大量校勘工作，仅仅为了方便和省力而向读者提供一个错误较多的本子。① 如有学者指出，《阅微草堂笔记》不用嘉庆时盛氏原刊本，而用过去文明书局的重写石印断

---

① 参见龚言《从影印本〈二十五史〉的"畅销"谈当前影印古籍中的问题》，《出版工作》1988 年第 10 期。

句本影印，不仅字写得俗陋可憎，断句也多错误。让读者花了钱买这样的坏本子，实属不妥。[①] 这样的本子即使印得再精美，也是劣本。一些专业出版社急于出书，对古籍影印本不作任何加工，有的既无出版说明，又没有新编目录。更有甚者，一部影印书，拼版之后连总页码也没有编。[②] 很显然，这样的古籍出版物不能很好地起到传统文化的普及作用，也不能很好地满足古籍爱好者和学习者的需求。再有，影印本古籍的优越之处和基本原则在于"存真"，即保存古籍的原貌，但是有些古籍影印本的版面经过了人工处理和美化，或看不到版心，或失去了版框、藏书印，对原书中缺字、缺笔部分，则随意妄补，这些做法都是有违影印古籍的学术规范和要求的。

再如古籍今译，是将古奥难懂的文言文翻译成通俗易懂的白话文，根据古籍内容的实际情况，可以采取直译也可以意译，或二者兼而有之。但是，无论采取哪种方式，其基本准则就是要"信"与"达"，既要保证译文准确，符合作者的本意，又要文笔通畅，让一般读者也能读懂。古籍今译的目的虽然在于传统文化的普及，但与标点、注释等其他各项古籍整理工作一样，是一种专业性很强的学术工作，这就要求从事古文今译者"必须对要译的古籍下过硬功夫。要做到真正读懂读通，真正对书的作者、内容、作用有所理解，对当时的时代和学术文化有所理解"，对古籍整理的相关知识也能够掌握利用。[③] 这些都是开展古籍今译工作必须遵守的基本准则和应有的步骤，可是有些古籍今译为了商业利益，不顾基本的学术规范和要求，粗制滥造，甚至刻意制造噱头，吸引读者眼球。如将成语典故介子推"割股啖君"中的"股"（本指"大腿"），译成"屁股"，甚至连译文标题也是"介子推割屁股"。[④] 这种做法有违古籍今译中"信"的

---

① 参见黄永年《古籍整理概论》，上海书店出版社 2001 年版，第 47 页。

② 参见杨牧之《古籍出版中的几个问题》，载杨牧之主编《古籍整理与出版专家论古籍整理与出版》，凤凰出版社 2008 年版，第 214 页。

③ 参见黄永年《古籍整理概论》，上海书店出版社 2001 年版，第 140 页。

④ 韩晓明：《谈谈古籍今译》，载异天、戈德主编《世界学术文库·华人卷 1》，中国言实出版社 1999 年版，第 1037 页。

标准，属于严重的误译。还有一些由多人参与的大型古籍今译工作，由于缺乏统一、严密的工作规范，导致译文质量参差不齐、体例格式前后不一，[①] 这些问题都应引起古籍今译工作者的重视。

（二）引用文献与他人成果不规范。古籍整理有时亦会引用相关文献，但是有些整理者"引用文献，不去查找第一手材料进行核对，而仅根据第二、三手材料转引"，甚至有些内容"来历不明"，这已成为古籍整理中一种颇为流行的通弊。[②] 如有的选本为苏轼的《江城子》作注，引《本事诗》中的孔氏题诗言："欲知肠断处，明月照松冈。"然而《本事诗》原文作"明月照孤坟"，注释者为了给东坡词的词语寻找来历，不惜削足适履，把引文的文字都改了。又如有人为欧阳修词中的"辽东鹤"作注，引了《列仙传》的丁令威故事。丁令威故事最早见于旧传为陶渊明所撰《搜神后记》，《列仙传》则是旧传为汉代刘向所编之书，不知其所根据的是什么版本，为何能把陶渊明最早记载的故事嫁接到刘向的书上。[③] 转引二、三手材料还有可能出现的后果就是由于引文失检而导致文义不通，进而影响标点、今译等整理工作的进行。这种流弊也暴露了整理者缺乏应有的责任心，可谓得不偿失。

整理古籍不是埋头于故纸堆，闭门造车，同样要广泛吸收学界已有的研究成果。为了帮助读者更好地理解原文，尤其是古籍注释中的注释词义和阐发章句义理，整理者往往会引用与之相关的研究成果加以解说。既然引用他人成果，则一定要注明，这是从事任何学术活动都应遵守的学术规范。古籍整理中的集注、汇编类，目的在于为读者提供一个方便、可靠的本子，也需要对以往成果有所甄别。一般而

---

① 吴琼：《古籍今译图书的质量检查情况》，《中国出版》1994 年第 12 期。
② 参见林薇《关于古籍整理和引用中存在的若干问题》，《北京大学学报》（哲学社会科学版）1985 年第 6 期。
③ 参见程毅中《古代文学研究与文学古籍整理》，载杨牧之主编《古籍整理与出版专家论古籍整理与出版》，凤凰出版社 2008 年版，第 198 页。

言，要选择大家公认的正确见解，对于有异议的观点，可以适当保留，以备一说，但如果把已知前人错误的见解也照搬进去，以示其详，实在没有必要。

有些古籍的整理本不止一种，但因整理质量不高，或底本选择不当等因素，仍有重新整理的必要。在重新整理的过程中，整理者有时会参照已有的整理本，参照的具体情况一定要在"前言"或"整理说明"中交代清楚，否则就有抄袭之嫌。

三　学术态度不严谨

古籍致误，除了由于整理者自身知识素养不足等客观因素，其主观因素也很重要，即学术态度不够严谨与端正。古籍是传统文化的重要载体，古籍整理工作是关系到继承和发扬中华民族文化遗产、推动民族文化振兴的伟大事业，它要求古籍整理工作者对于祖国优秀的历史文化遗产要有崇敬之心，对古籍整理工作要有严肃认真的态度和高度负责的精神。学术态度不严谨，首先表现在认为古籍整理只是简单的标点、注释、翻译而已，没有什么技术含量，其学术意义与价值低于研究成果。一旦有了这种轻视古籍整理的心态，古籍整理工作不可能做好。其次，在古籍整理中遇到疑难问题时，不能以实事求是、严肃认真的态度去对待，尽最大的努力去研究解决，而是放松了对自己的要求，认为差不多就行，以致产生错误。最后，不能很好地把这种严肃认真的学术态度始终如一地贯彻到古籍整理的全过程，体现在古籍整理的各个环节中。

以标点为例。古籍标点"是整理古籍的一项基本工作，也是一项难度颇大的工作。即使是有名的专家，也难免出错"，[①] 绝不能掉以轻心。但是有的整理者为了省时省力，在标点古籍的过程中，凡是遇到自己不熟悉的人名、书名、地名、官制名等，并不是去查阅相关

---

① 　时永乐：《古籍整理教程》，河北大学出版社 2003 年版，第 156 页。

的工具书或虚心向他人请教，把问题彻底搞清楚、弄明白，而是凭自己的臆断就去标点，结果就容易出错。有些问题并非查阅工具书就可以解决，需要整理者仔细推敲，反复斟酌。古籍整理的事实证明，"很多错误并非由于学识不足，而是由于马马虎虎，粗心大意。特别是那种似是而非，似乎可以这样点、也可以那样点的地方，标点者不去深究，最容易出错"①。吕叔湘在《〈资治通鉴〉标点斠例》中举了 130 余条标点致误的例子，其中有很多就是由于没有仔细推敲造成的。例如："岭南尝献入筒细布一端八丈"，如果不仔细看，不会觉得有问题，但是吕叔湘读得很细，可谓洞若观火。他说："应于'细布'后加逗号。如无逗号，则所贡者一端而已，不近情理。有逗号则'一端'作'每一端'讲。'端'之长有一丈六尺、二丈、六丈诸说，八丈而仍'入筒'，极言其细。" 又如："悉弃其器甲争投水死者十余万，斩首亦如之。" 吕叔湘说："应于'投水'后加逗号。投水是为了逃命，不是为了寻死，淹死不是出于自愿。" 古籍整理者要学习老一辈学者这种读书一丝不苟的态度，标点之后，要反复斟酌字句，看其是否符合文理和情理。② 黄永年在《古籍整理概论》中提出，古籍整理者在标点时，态度要认真严肃，不懂就查书，或者向他人请教，切勿想当然，切勿自以为是。③ "切勿想当然，切勿自以为是"，实事求是，严肃认真，就是标点古籍者应秉持的学术态度。总之，标点古籍是以现在的标点符号再现古人的语意和语气，同样的文字用不同的标点，可以表示不同的语气、结构和意义，这就要求我们在标点古籍时一定要以文本为基础，实事求是，尽量做到符合文章的原意，不能把自己的感情以标点的方式强加于古人，④ 不能根据自己

---

①　刘琳、吴洪泽：《古籍整理学》，四川大学出版社 2003 年版，第 86 页。

②　参见刘琳、吴洪泽《古籍整理学》，四川大学出版社 2003 年版，第 86 页。

③　参见黄永年《古籍整理概论》，上海书店出版社 2001 年版，第 125 页。

④　管敏义：《怎样标点古书》，载中国历史文献研究会编《古籍整理论文集》，甘肃人民出版社 1984 年版，第 56 页。

的喜好，随意去标点古籍。来新夏在《论句读——〈历史文献整理技能讲话〉之一》一文中，特别强调古籍整理者必须以认真慎重态度对待古籍标点，"切勿随意改动原来的文字，给原文加上衍脱的罪名，以符合自己的句读"①。

再就校勘来说，严肃认真的学术态度体现在谨守学术规范，不随意妄改古书。时永乐在《古籍整理教程》中说："校书的态度，最主要的一个问题就是要注意千万不能乱改古书。遇有疑问，可在校勘记中提出见解，表明自己的看法，但要保存异文，以供读者研究参考。有所改动，一般都要写入校勘记，告诉读者原来是何字，即使是改错了，读者也可以发现致误的原因。"② 但是在古籍整理著作中，率意轻改古书的事情仍时常发生。如学者指出中华书局香港分局1971年出版的校点本《临川先生文集》，此书是以《四部丛刊》影印明嘉靖抚州刻本为底本，校以他本，校者往往据他本异文轻改底本，其中有许多改动是毫无道理的。如原文"起于三代丘甲"，校者据清本改"丘"为"邱"，却不知"丘"才是正字，"邱"是清代避孔子讳而改；"巽乎水而上水，故为井"，此本《周易·井》卦之文，校者不知，反据误本改作"巽乎木"。③ 这种改动，是典型的想当然，以不误为误，反而破坏了古籍原貌，误导读者。

整理者对待古籍整理工作的态度是否严肃，除了自身原因，往往也受到社会风气的影响。尽管古籍整理和出版当以社会效益为最高追求，但也难免受经济效益的影响。出版社之间的恶性竞争，也营造了这种片面追求经济效益而放弃古籍整理基本原则的不良风气。如此一来，整理者和出版者对待古籍整理工作应有的严谨认真态度就会受到影响，直接导致古籍整理质量下降。古籍整理出版急功近利、重效益

　　① 来新夏：《论句读——〈历史文献整理技能讲话〉之一》，载中国历史文献研究会编《古籍整理论文集》，甘肃人民出版社1984年版，第46、50页。
　　② 时永乐：《古籍整理教程》，河北大学出版社2003年版，第117页。
　　③ 刘琳、吴洪泽：《古籍整理学》，四川大学出版社2003年版，第65—66页。

而不重质量的状况令人担忧。尤其是近些年兴起的古籍"今译热"，古籍今译作为普及性读物大量出版，甚至有一些成为畅销书。在此形势下，整理者"饥不择食"，对古书不加选择，拿来就译，缺乏严谨的选题论证，导致滥译成灾。一般来说，只供少数专家学者阅读研究之用的学术性、专业性较强的古籍可不翻译；思想内容糟粕较多和较为冷僻的古籍不作今译；已有较好的译本可不再重译；语言浅近的古籍亦不作今译。"值得投入今译的古籍，应是历史上的名著，文化遗产中代表性的精品。"① 古籍今译之书盲目选择，对不适合今译的古籍亦加以"全译"；对已经有好的译本的古籍，仍然重复翻译；在具体今译过程中，态度轻率，误译、漏译、多译、词不达意乃至相互袭用的现象，都反映出在片面追求市场效益观念下古籍整理工作所遭受的影响和伤害，也更加提醒我们严谨的学术态度，实事求是、认真负责的学术精神对于古籍整理工作是多么重要。针对古籍今译中存在的严重问题，1995 年国家新闻出版署发布《关于加强古籍整理今译图书出版管理的通知》，明确提出："古籍整理今译图书出版工作要坚持质量第一的原则"，"出版社要认真选择组织从事古籍整理今译的作者，编辑人员要具备较为全面的文、史、哲知识修养，特别是要有严谨的工作作风和良好的职业道德。要坚持社会效益第一的原则，正确处理社会效益与经济效益的关系，坚决克服'快译、快出、快赚钱'的思想"。② 特别强调了古籍整理出版机构要树立正确的态度，坚持质量第一、社会效益第一的原则，正确处理社会效益与经济效益的关系，古籍整理的编辑人员要有严谨的工作作风和良好的职业道德。的确，古籍整理质量不仅取决于古籍整理者，古籍出版机构也担负着重要的责任，古籍出版机构的原则态度乃至编辑人员的职业道德，同样是影响古籍整理质量的重要

---

① 张大可：《古籍今译略论》，载安平秋、杨富平主编《逐鹿中原》，陕西人民教育出版社 2006 年版，第 564 页。

② 北京市新闻出版局编：《新闻出版实用法规手册》，京华出版社 1998 年版，第 208—209 页。

因素。

第二节 古籍整理致误通例

古籍整理是一项难度较大的工作，即便是学殖深厚的专家学者，有时亦难免出错。古人有言："观天下书未遍，不得妄下雌黄。"鲁迅亦言："标点古文，确是一件小小的难事，往往无从下笔；有许多处，我常疑心即使请作者来标点，怕也不免于迟疑。"① 古籍整理出错并不可怕，重要的是，我们要认真从中总结经验教训，尤其是那些带有规律性的现象，将其条理化、案例化，反复体会了解，帮助我们认识失误，规避失误，为更准确地整理古籍提供借鉴，这也正是传统文献学者注意归纳总结"通例"的目的。

一 标点致误通例

标点致误主要有以下几种类型。

（一）不识文字而误例

古籍中有时会有一些生僻字，由于整理者不识，又不去深究其义，而凭借自己的主观判断去标点，往往容易点错。例如：

中华书局 1984 年标点本《五灯会元》页 378："师曰：'只如适来左边一圆相作么生？'曰：'是有句。'师曰：'右边圆相，聻。'曰：'是无句。'"聻字音你，常用于疑问句末，现代写作"呢"。原文应该点作"右边圆相聻？"②

（二）不明词义而误例

古人行文中，有些词组是固定搭配，不可拆分，整理者不明词义，以致标点错误。例如：

---

① 鲁迅：《马上日记》，《鲁迅全集》第 3 卷，人民出版社 1973 年版，第 296 页。
② 刘琳、吴洪泽：《古籍整理学》，四川大学出版社 2003 年版，第 74 页。按："聻"，刘琳、吴洪泽《古籍整理学》原引作"擻"，据中华书局 1984 年标点本《五灯会元》校改。

中华书局 1980 年版《水东日记》页 381："正统十四年十月，北虏犯顺。"此处"顺"字并非地名，"犯顺"为一词组，系以逆犯顺之意，故应去掉专名号。①

中华书局 1982 年版《苏轼诗集》页 1827："临川黄揆，以公真迹刻于婺倅，'听事'作'小饮'，'西湖怀欧阳叔弼兄弟，赠赵德麟，陈履常'。"此处"听事"是一个词，意即厅堂，而标点者不知，一着不慎满盘皆输，以致标点全都错了，使人不知所云。应点作："临川黄揆以公真迹刻于婺倅听事，作《小饮西湖，怀欧阳叔弼兄弟，赠赵德麟、陈履常》。"②

同上，页 1939："南泉云，汝道空中一片云为复钉，钉住为复藤缆著。"此处"为复"是连接词，意为"还是"。故应点作："南泉云：'汝道空中一片云，为复钉钉住，为复藤缆著？'"③

中华书局 1983 年版《齐东野语》页 69："次年五月，竟毁延燎潭，潭数百楹，不数刻而尽，益验毁阁之祸云。""潭潭"为双音节重叠式形容词，表深邃貌。韩愈《符读书城南》诗："一为公与相，潭潭府中居。"故"潭"后逗号应前移在"燎"字后，"竟毁延燎"意谓杨府第宅终于为延燎所焚毁。"潭潭"为"数百楹"之修饰语。④

中华书局 1984 年版标点本《祖徕石先生文集》页 209："真宗章圣皇帝，于是成二祖之基，以格于可；大隆二祖之业，以臻乎富有。""以格于可"不成文义，分号应该移到"大"字之后。因为"可大"是一个词组，如《易·系辞》："有亲则可久，有功则可大。可久则贤人之德，可大则贤人之业。"标点者不知"可大"一词，故

---

①　参见胡宜柔《谈谈古籍标点中的几个问题》，载国务院古籍整理出版规划小组编《古籍点校疑误汇录》第 1 辑，中华书局 2002 年版，第 1 页。原载《古籍整理出版情况简报》第 111 期。

②　刘琳、吴洪泽：《古籍整理学》，四川大学出版社 2003 年版，第 74 页。

③　刘琳、吴洪泽：《古籍整理学》，四川大学出版社 2003 年版，第 74 页。按："缆"，刘琳、吴洪泽《古籍整理学》原引作"揽"，据中华书局 1982 年版《苏轼诗集》校改。

④　王瑛：《新校〈齐东野语〉误标数例》，载国务院古籍整理出版规划小组编《古籍点校疑误汇录》第 3 辑，中华书局 2002 年版，第 374 页。原载《古籍整理出版情况简报》第 143 期。按：此处误点，中华书局 2012 年 2 月第 5 次印刷本未有改正。

有此误。①

（三）不通语法而误例

上海古籍出版社 1981 年版《北梦琐言》页 95："许公他日有会，乃谓顾曰：'阁下何太谈谤？'顾乃分疏，因指同席数人为证。顾无以对……""分疏"后逗号应为句号，"为证"后句号可改逗号（亦可不改）。据句意，此"指同席数人为证"者是许不是顾，如是顾则底下"顾无以对"讲不通。②

上海古籍出版社 1984 年版《古代文言短篇小说选注》第二集页62："林灵素遂纵言……有旨依奏。皇太子上殿争之，令胡僧立藏十二人，并五台僧二人道坚等，与灵素斗法。僧不胜，情愿戴冠执简。"当时主宰一切的是徽宗皇帝，而非太子，故令胡僧并五台僧与灵素斗法的不可能是太子。"争之"后面应为句号。③

古代汉语常常省略主语，故标点时，尤须注意分析上下文关系和句子成分，以便做出正确判断。以上二例皆因不明主语而误。

上海人民出版社 1984 年版《水经注校》页 206："得石棺，铭曰：帝令处父，不与殷乱，赐汝石棺，以葬死，遂以葬于。霍太山有岳庙，……"这里"葬"字若作及物动词，其宾语应为名词，而"死"是动词，"葬死"不合语法。"于"是介词，其后只能接名词、代词或名词性词组，组成介词结构，故"葬于"亦不合语法。正确的标点应为：

　　　　得石棺，铭曰："帝令处父：'不与殷乱，赐汝石棺以葬。'"死，遂以葬于霍太山。有岳庙，……"④

---

① 刘琳、吴洪泽：《古籍整理学》，四川大学出版社 2003 年版，第 74 页。

② 吕叔湘：《整理古籍的第一关》，载国务院古籍整理出版规划小组编《古籍点校疑误汇录》第 1 辑，中华书局 2002 年版，第 31 页。原载《出版工作》1983 年第 4 期。

③ 李华年：《文言小说标点失误偶拾》，载国务院古籍整理出版规划小组编《古籍点校疑误汇录》第 5 辑，中华书局 2002 年版，第 117 页。原载《贵州民族学院学报》1987 年第 3 期。

④ 刘琳、吴洪泽：《古籍整理学》，四川大学出版社 2003 年版，第 75 页。

中华书局 1980 年版《东华录》页 63："誓谕诸将，勿杀无辜，勿掠财物，勿焚庐舍，不如约者罪之。仍晓谕官民，以取残除暴共享太平之意。"这里的"官民"和"以取残除暴"之间不应点断，其意实为"仍以取残除暴共享太平之意晓谕官民"，不过用了个倒装句法而已。现在用逗号把一句分割为二，句义便不相联属。[①]

（四）不熟悉俗语词而误例

广西人民出版社 1980 年版《侠女奇缘》页 365："你有本事醒一夜，她可以和你说一夜。那是我们家有名儿的夜游子话，拉拉儿。""夜游子"是一个词，这里指晚上有精神，不睡觉；"话拉拉儿"是一个词，形容说话没完没了。原文于"话"字点断，两不成词，应点作："那是我们家有名儿的夜游子、话拉拉儿。"[②]

上海古籍出版社 1981 年版《平妖传》页 101："却说媚儿在雷太监家没瞅没倸。从这一夜打个吃，挣到朝来觉得昏昏闷闷，自觉精神减少。"这里的"吃挣"是一个词，愣怔的意思，不应点断。白朴《梧桐雨》第一折："我恰待行，打个吃挣，怪玉笼中鹦鹉知人性，不住的语偏明。"[③]

中华书局 1981 年版《酉阳杂俎·盗侠》页 89："日将衔山，僧指路谓曰：'此数里是贫道兰若，郎君岂不能左顾乎？'士人许之，因令家口先行。僧即处分步者先。排比行十余里，不至，韦生问之，即指一处林烟曰：'此是矣'，……。"这里"排比行十余里"中的"排比"，乃唐代俗语词，即安排和准备的意思。《太平广记》卷 194"僧侠"条，这段话作"僧即处分从者，供帐具食，行十余里，不至。""排比"即为"供帐具食"，故正确的标点应作："僧即处分步

---

　　① 吴小如：《古籍整理中的点、校、注、翻、译问题》，载国务院古籍整理出版规划小组编《古籍点校疑误汇录》第 3 辑，中华书局 2002 年版，第 2 页。原载《文献》1985 年第 3 期。
　　② 白维国：《明清白话小说若干标点辨误》，载国务院古籍整理出版规划小组编《古籍点校疑误汇录》第 1 辑，中华书局 2002 年版，第 206 页。原载《中国语文》1983 年第 3 期。
　　③ 白维国：《明清白话小说若干标点辨误》，载国务院古籍整理出版规划小组编《古籍点校疑误汇录》第 1 辑，中华书局 2002 年版，第 206 页。原载《中国语文》1983 年第 3 期。

者先排比，行十余里，不至。"因点校者可能不了解"排比"这个俗语的含义，故致此误。①

同上，页147："乳母乃怒曰：'小娘子成长，忘我矣。常有物与我子，停今何容偏？'"这里"停今何容偏"中的"停"字，为唐宋以来的俗语词，有平均分配的意思，故正确的标点应为："常有物与我子停，今何容偏？"②

（五）当断未断而误例

中华书局1962年版《汉书·卫青传》页2488："自是后，青日衰而去病日益贵。青故人门下多去事去病。"上古汉语中的"去"，是"离开"的意思，绝无后来"去看戏""去找某人"之类的趋向动词用法。故"事去病"前的"去"字后，应加逗号。③

同上，页2467："武来归明年，上官桀子安与桑弘羊及燕王、盖主谋反。"上官桀是这个谋反集团的首要人物，"上官桀"后应加顿号，否则仅说到他儿子上官安同桑弘羊等人谋反，倒把他这个首犯漏掉了。④

上海古籍出版社1979年版《中国历史文选》页82节录《史记·秦始皇本纪》："十年……齐、赵来置酒"，意思是"齐、赵的国王（也可以是使臣）在秦始皇十年到秦国来置酒，招待了某某人"。《史记·田敬仲完世家》载："（齐王建）二十八年，王入朝秦，秦王政置酒咸阳。"齐王建二十八年，正是秦王政十年即公元前237年。这年齐王建到秦国去，是秦王政置酒招待了他，不是齐赵来到秦国置酒招待了别人。因此，上文的标点应作："齐、赵来，

---

① 郭在贻：《俗语词研究与古籍整理》，载国务院古籍整理出版规划小组编《古籍点校疑误汇录》第1辑，中华书局2002年版，第21页。原载《社会科学战线》1983年第4期。

② 郭在贻：《俗语词研究与古籍整理》，载国务院古籍整理出版规划小组编《古籍点校疑误汇录》第1辑，中华书局2002年版，第20页。原载《社会科学战线》1983年第4期。

③ 张如元：《〈汉书〉标点中的一些问题》，载国务院古籍整理出版规划小组编《古籍点校疑误汇录》第3辑，中华书局2002年版，第270页。原载《古籍整理出版情况简报》第140期。

④ 张如元：《〈汉书〉标点中的一些问题》，载国务院古籍整理出版规划小组编《古籍点校疑误汇录》第3辑，中华书局2002年版，第271页。原载《古籍整理出版情况简报》第140期。

置酒。"①

浙江人民出版社 1980 年版《梦粱录》页 53："兴福坊东曰盐桥，上奉广福孚顺孚惠孚佑侯蒋相公祠，……"此句因缺几个顿号，使人费解，应作如下标点："兴福（德）坊东曰盐桥，上奉广福孚顺、孚惠、孚佑（祐）侯蒋相公祠，……"据《咸淳临安志》卷二十一《大河桥道》载："盐桥，兴德坊东。"盐桥上有广福庙，祭祀蒋崇仁。蒋氏"乐于赈施"，当时人把他住的坊称为兴德坊。他的两个弟弟也效法其兄，助人为乐。他们死后，南宋朝廷分别赐予他们兄弟三人以"孚顺、孚惠、孚祐"的美号，故须用顿号分开。②

（六）涉人名而误例

中国古籍中的人名颇为复杂，除了有人物的姓名，还有字、号、代称，有时多个人的姓名、字、号并列，难以点断；人名与书名、篇名等连在一起，难以辨认。"加之中国历史十分悠久，各种古籍中所涉及的人名以万计"③，这就为正确标点古籍中的人名带来了很大的难度，整理者稍一疏忽，就有可能出错。

1. 不知是人名

中华书局 1982 年版《不下带编》页 83："所谓禽息之首可碎，豫让之身可漆，则不肖今日之蓄积（音恣）矣！"此句"禽息"亦人名，秦大夫。碎首之事见《后汉书·循吏传·孟尝》注。④

中华书局 1981 年版《默记》页 23："（韩）持国因曰：'此事维与介甫同，因夜来枕上不能寐，细思之亦有可议也。'"此当作："此

---

① 范振国、郑慧生：《当今书刊中古文误读误释举例》，载国务院古籍整理出版规划小组编《古籍点校疑误汇录》第 5 辑，中华书局 2002 年版，第 30 页。原载《河南大学学报》1987 年第 4 期。按：中华书局 1982 年点校本《史记》、2014 年修订本《史记》皆作："齐、赵来置酒"。

② 参见林正秋《〈梦粱录〉点校失误举例》，载国务院古籍整理出版规划小组《古籍点校疑误汇录》第 2 辑，中华书局 2002 年版，第 417 页。原载《古籍整理出版情况简报》第 121 期。

③ 时永乐：《古籍整理教程》，河北大学出版社 2003 年版，第 162 页。

④ 龚勉之：《古籍校点讹失举例》，载国务院古籍整理出版规划小组编《古籍点校疑误汇录》第 2 辑，中华书局 2002 年版，第 401 页。原载《浙江师范学院学报》1984 年第 1 期。

事维与介甫同。"古人名、字多相关，韩维，字持国，《宋史》卷315有传。①

2. 人名误为书名

中华书局1982年版《戒庵老人漫笔》页273："偶阅邹先生《立斋智集》。"此"立斋智集"，非书名。明人邹智（号立斋）的集子叫"立斋遗文"，故此句宜作："偶阅邹先生立斋智集。"②

3. 非人名误以为人名

中华书局1982年版《戒庵老人漫笔》页10："江阴虽不称剧邑，然有三事复然绝伦者，余为拈出。地非帝乡，而有太祖皇帝故人焦千户、高尚如、严光，事见《寓圃杂记》。"查商务印书馆《丛书集成》本《寓圃杂记》，不见有此记载，但据行文和情理推断，此处当是说江阴有朱元璋的故人焦千户，犹如刘秀的故人严光（子陵）那样，隐居不仕（"高尚其志，不事王侯"）；而并非说有焦、高、严三个故人（而且其一恰与东汉严光同名），故此处标点应作"有太祖皇帝故人焦千户，高尚如严光"为是。③

同上，页97："蔡京父子相轧判"条："震用事，而上九当退于无为。京犹恋位乾居尊，而六子未承乎干蛊，攸敢同升。"此处"震"非人名，因为当时朝廷上并没有一个与蔡京争权而名叫"震"的人，这里"震"与"乾"皆为卦名。正确标点应为："震用事，而上九当退于无为，京犹恋位；乾居尊，而六子未承乎干蛊，攸敢同升。"④

---

① 龚勉之：《古籍校点讹失举例》，载国务院古籍整理出版规划小组编《古籍点校疑误汇录》第2辑，中华书局2002年版，第407页。原载《浙江师范学院学报》1984年第1期。

② 胡宜柔：《谈谈古籍标点中的几个问题》，载国务院古籍整理出版规划小组编《古籍点校疑误汇录》第1辑，中华书局2002年版，第2页。原载《古籍整理出版情况简报》第111期。

③ 胡刚：《古籍点校马虎不得——〈戒庵老人漫笔〉点校本正误》，载国务院古籍整理出版规划小组编《古籍点校疑误汇录》第1辑，中华书局2002年版，第356—357页。原载《天津师大学报》1983年第6期。

④ 胡宜柔：《谈谈古籍标点中的几个问题》，载国务院古籍整理出版规划小组编《古籍点校疑误汇录》第1辑，中华书局2002年版，第2页。原载《古籍整理出版情况简报》第111期。

4. 多人名并列致误

中华书局 1974 年版《新五代史》页 445："是时，澧阳人向瓌杀刺史吕自牧据澧州，而溪洞诸蛮宋邺昌、师益等，皆起兵剽掠湖外，满亦以轻舟上下荆江，攻劫州县。"此处"宋邺昌、师益"当为"宋邺、昌师益"。同书卷六六《楚世家·马殷传》"于是澧州向瓌、辰州宋邺、溆州昌师益等率溪洞诸蛮皆附于殷"可证。《资治通鉴》卷二六八"辰州蛮酋宋邺、昌师益皆帅众降于楚，楚王殷以邺为辰州刺史，师益为溆州刺史"亦可证。[①]

（七）涉地名而误例

我国幅员辽阔，地名众多，古籍中也往往涉及地名。有些地名古今变化较大，令人生疏；古籍中多个地名的简称并列，亦不易识别；有些记载看似是地名，实则不是。因此，地名也是古籍整理中较易出错的地方，致误的主要类型有以下几种：

1. 不知是地名

中华书局 1982 年版《戒庵老人漫笔》页 250："如共柴桑墟里……种东皋之苗。"此"柴桑"系陶渊明故乡，应标地名线；"东皋"犹南亩、北郭之类，系泛称，不宜加地名线。[②]

2. 不明地名所属层级

中华书局 1981 年版《典故纪闻》页 128："保定、安肃、处州、丽水皆雨雹。"此安肃县属保定府；丽水县属处州府，故标点应作："保定安肃、处州丽水皆雨雹。"[③]

3. 不识地名简称

中华书局 1977 年版《清史稿·殷化行传》页 10159："（康熙）

① 李恭：《〈五代史〉标点献疑》，载国务院古籍整理出版规划小组编《古籍点校疑误汇录》第 2 辑，中华书局 2002 年版，第 317—318 页。原载《古籍整理出版情况简报》第 130 期。
② 胡宜柔：《谈谈古籍标点中的几个问题》，载国务院古籍整理出版规划小组编《古籍点校疑误汇录》第 1 辑，中华书局 2002 年版，第 4 页。原载《古籍整理出版情况简报》第 111 期。
③ 胡宜柔：《谈谈古籍标点中的几个问题》，载国务院古籍整理出版规划小组编《古籍点校疑误汇录》第 1 辑，中华书局 2002 年版，第 4 页。原载《古籍整理出版情况简报》第 111 期。

四十年，连阳瑶为乱。"广东无"连阳县"，此"连阳"当指连山、阳山两县，参见同书《地理志》十九。故"连"下应用顿号。①

中华书局 1980 年重印本《明通鉴》页 632："庆元、柳浔诸蛮……"此处"柳"，当为柳州府；"浔"，为浔州府，见《明史》卷 45《地理志·广西》。故应标作：柳、浔。②

4. 非地名误以为地名

中华书局 1981 年版《游宦纪闻》页 59："己丑秋，孟访一亲旧，出示古物数种，皆所未见。"此"孟访"不是地名，不应加专名号，正确的标点应为："己丑秋孟，访一亲旧"，秋孟即孟秋。③

（八）涉书名而误例

历史上的古籍浩如烟海，汗牛充栋。"古书当中，也时常引用、评论前人、时人的著作和文章，而且全称、简称间用"④，如果我们缺乏目录学方面的修养，对古代书名、篇章名等不熟悉，又不注意勤翻工具书，也容易导致标点错误。

1. 不知是书名误为其他

中华书局 1975 年版《旧唐书·李淳风传》页 2719："所撰《典章文物志》《乙巳占》《秘阁录》，并演《齐民要术》等凡十余部，多传于代。"此"演"字当标入书名，《新唐书》卷 59《艺文志三》有李淳风《演齐民要术》一书。"录"字后逗号应删，"并"字相当于"和""及"，在这里起连接作用。⑤

中华书局 1981 年版《游宦纪闻》页 8："世南家又藏彭公北山编

---

① 汪宗衍：《〈清史稿〉标点讹误举例》，载国务院古籍整理出版规划小组编《古籍点校疑误汇录》第 2 辑，中华书局 2002 年版，380 页。原载《古籍整理出版情况简报》第 130 期。

② 官大梁：《〈明通鉴〉地名误标八则》，载国务院古籍整理出版规划小组编《古籍点校疑误汇录》第 1 辑，中华书局 2002 年版，第 300 页。原载《史学月刊》1983 年第 3 期。

③ 吕叔湘：《整理古籍的第一关》，载国务院古籍整理出版规划小组编《古籍点校疑误汇录》第 1 辑，中华书局 2002 年版，第 32 页。原载《出版工作》1983 年第 4 期。

④ 参见时永乐《古籍整理教程》，河北大学出版社 1997 年版，第 163 页。

⑤ 李恭：《两〈唐书〉标点商榷》，载国务院古籍整理出版规划小组编《古籍点校疑误汇录》第 3 辑，中华书局 2002 年版，第 324 页。原载《天津师大学报》1985 年第 1 期。

纸，皆治平四年，士夫往还书状。"此"北山编"应是书名，不当加地名号，"纸"属下句，正确的标点应为："世南家又藏彭公《北山编》，纸皆治平四年士夫往还书状。"①

中华书局 1982 年版《戒庵老人漫笔》页 147："如此事与云溪友议玉箫事绝相类。"此"云溪友议"系书名，唐范摅所撰。标点应作："如此事与《云溪友议》玉箫事绝相类。"② 又，页 197："蔡君谟书……衍极所论，疑过许也。"此"衍极"非人名，系书名，元人郑构所著，故"衍极"当加书名号。③

中华书局 1984 年版《石林燕语》页 71："尧舜二字，详《白虎通》《德论》一。"此当作："详《白虎通德论》一。"《白虎通德论》又称《白虎通》或《白虎通义》，东汉班固等撰，共四卷。不能把"德论"理解为《白虎通》篇名，二者之间的书名号应连起来。④

2. 非书名误以为书名

中华书局 1975 年版《旧唐书·新罗国传》页 5336："垂拱二年，政明遣使来朝，因上表请《唐礼》一部并杂文章……"这里的"唐礼"非专书名，不当标书名号。《新唐书·新罗传》："遣使者朝，丐唐礼及它文辞，武后赐《吉凶礼》并文词五十篇。"可证。⑤

（九）不明专称与泛称而误例

据"二十四史"点校体例，人名、地名等专有名称加标专名号，

① 甘孺：《中华本〈游宦纪闻〉〈旧闻证误〉标点订误》，载国务院古籍整理出版规划小组编《古籍点校疑误汇录》第 2 辑，中华书局 2002 年版，第 415 页。原载《古籍整理研究通讯》1984 年第 4 期。

② 胡宜柔：《谈谈古籍标点中的几个问题》，载国务院古籍整理出版规划小组编《古籍点校疑误汇录》第 1 辑，中华书局 2002 年版，第 3 页。原载《古籍整理出版情况简报》第 111 期。

③ 胡宜柔：《谈谈古籍标点中的几个问题》，载国务院古籍整理出版规划小组编《古籍点校疑误汇录》第 1 辑，中华书局 2002 年版，第 3 页。原载《古籍整理出版情况简报》第 111 期。

④ 时胜斋：《〈石林燕语〉专名号书名号漏误十例》，载国务院古籍整理出版规划小组编《古籍点校疑误汇录》第 4 辑，中华书局 2002 年版，第 279 页。原载《史学月刊》1986 年第 1 期。

⑤ 李恭：《两〈唐书〉标点商榷》，载国务院古籍整理出版规划小组编《古籍点校疑误汇录》第 3 辑，中华书局 2002 年版，第 327 页。原载《天津师大学报》1985 年第 1 期。

泛称则不标，这就要求点校者在标点时，需格外细心，注意区分专称与泛称。

中华书局 1975 年版《旧唐书·崔慎由传》页 4578："久之，西川节度使韦皋开西南夷，置两路运粮使……"此处"西南夷"不是专称，而是泛称。据《旧唐书》卷 197，西南夷即指唐代西南地区的东谢蛮、西赵蛮、牂牁蛮、南平獠、东女国、南诏蛮、骠国等，不当标专名号。①

中华书局 1984 年版《石林燕语》页 3："东华门直北有东向门，西与内东门相直，俗为之谂门，而无榜。"东向门，指此门是朝东方向的门，不是门名，专名号应删。②

（十）因专门知识缺乏而误例

1. 经学知识缺乏

上海古籍出版社 1980 年版《艺风堂友朋书札》上册费念慈第三五札，页 331："闻绂卿闭户著书，为周官先郑之学，……"这里的"周官"即《周礼》，先郑指东汉时为《周礼》作解诂的郑兴、郑众，为区别于汉末注《周礼》的郑玄，故称郑玄为后郑，兴、众为先郑，因此应标点为"为《周官》先郑之学"。③

上海人民出版社 1984 年版《水经注校》页 527："（《公羊》）曰：成周者，何东周也。"此因不明《公羊传》的语言特征而误。《公羊传》的一个习用句式是先提出问题，把疑问词"何"字放在一句之末，然后加以解答。故此句正确标点应是："成周者何？东周也。"④

2. 碑铭学知识缺乏

北京古籍出版社 1982 年版《天咫偶闻》页 66："晚岁取径河南，

---

① 李恭：《两〈唐书〉标点商榷》，载国务院古籍整理出版规划小组编《古籍点校疑误汇录》第 3 辑，中华书局 2002 年版，第 326—327 页。原载《天津师大学报》1985 年第 1 期。

② 时胜斋：《〈石林燕语〉专名号书名号漏误十例》，载国务院古籍整理出版规划小组编《古籍点校疑误汇录》第 4 辑，中华书局 2002 年版，第 278 页。原载《史学月刊》1986 年第 1 期。

③ 参见黄永年《古籍整理概论》，上海书店出版社 2001 年版，第 120—121 页。

④ 董洪利主编：《古典文献学基础》，北京大学出版社 2008 年版，第 338 页。

于雁、塔二碑，尤有妙悟。"案大雁塔有褚河南（遂良）所书《圣教序记》，序、记分刻两石立塔门左右侧，因此这里说"雁塔二碑"，并非一雁碑、一塔碑，"雁""塔"之间的顿号应去掉。①

上海古籍出版社 1980 年版《艺风堂友朋书札》下册罗振玉第一五札，页 1006："又《司马开赵》等四志价，亦祈示知。王雪老之《陈志》，千祈再一催，……"这里的"司马"指《司马绍墓志》；"开赵"指《开赵埋铭》，均系缪荃孙所藏旧拓孤本。而"王雪老之陈志"，是指王秉恩（字雪澄）所藏南朝陈时（实为隋时）之《刘猛进墓志》，并非姓陈者之墓志。因此应标为："又《司马》《开赵》等四志价，亦祈示知。王雪老之陈志，千祈再一催，……"②

3. 古代科技知识缺乏

商务印书馆 1955 年版《畴人传·秦九韶》页 278："乃以闰骨，减少闰余，谓之闰赢。"这里的"闰骨"是指"气骨"与"朔骨"之差，即从十一月平朔时刻到冬至时刻的时间。"入闰"是指历法计算中岁闰乘以入元岁，然后再除以朔望月日数所得的余数。"闰骨"与"入闰"都是古代历法计算中的专用名词。引文中的"余"是指"闰骨"减去"入闰"的余数，应断在下半句。所以，正确的标点应为："乃以闰骨减少闰，余谓之闰赢。"③

中华书局 1977 年版《清史稿·明安图传》页 13963："又以通弦求得二率一分多，四率二分，六率九分，……"这里的"多"字，不是多少之意。在明安图的运算中"多"和"少"是用来表示"正"和"负"的意思。这句话中的"多"是"加上"之意。所以，不能断为上属。应改为："又以通弦求得二率一分，多四率二分，六率九分……"同理，"又以正矢求得五率一分多，七率四分，九率三

① 黄永年：《古籍整理概论》，上海书店出版社 2001 年版，第 124 页。
② 参见黄永年《古籍整理概论》，上海书店出版社 2001 年版，第 124—125 页。
③ 管成学：《标点本〈二十四史〉〈清史稿〉和阮元〈畴人传〉错讹举要》，载国务院古籍整理出版规划小组编《古籍点校疑误汇录》第 2 辑，中华书局 2002 年版，第 390—391 页。

十六分……"（同上，13964 页）应改为："又以正矢求得五率一分，多七率四分，九率三十六分……"①

4. 古代官制等知识缺乏

中华书局 1975 年版《旧唐书·职官二》页 1829："凡元日，大陈设于含元殿，服衮冕临轩，展宫悬之乐，陈历代宝玉舆辂，备黄麾仗，二王后及百官朝集使、皇亲，并朝服陪位。"这里的"百官朝集使"中间应加顿号断句。"百官"指中央文武百官，"朝集使"则为地方州郡年底进京朝觐上计之官。②

中华书局 1981 年版《搜神后记》页 112："永熙年中，青州从事、检校尚书、兵部郎中王宗仁者，羁游河北。"句中"尚书"后顿号当去掉。兵部属尚书省，所以说"尚书兵部"。③

中华书局 1981 年版《旧闻证误》页 3："开宝六年，李文正知举，下第，进士徐士廉击鼓自讼。""下第"后不应有逗号。下第的是进士，不是主考官。这是由于误解唐宋也跟后世一样，要考中了才是进士，不知彼时参加进士科考试的都称进士，所以可以有"下第进士"。如果已经考中进士，就不用击鼓告状了。④

北京古籍出版社 1983 年版《道咸以来朝野杂记》页 9："御门大典……当年每月逢五、十两日，皇上出至乾清门门罩之下，居中而立，……右立者吏部堂官，以次即文选司掌印，及专司御门事之册库、前北直甲（文选司中管股司员）主稿司官，故昔年此股最重要。"这里的"前北直甲"，系清代吏部文选司所属册库之下一子司。

① 管成学：《标点本〈二十四史〉〈清史稿〉和阮元〈畴人传〉错讹举要》，载国务院古籍整理出版规划小组《古籍点校疑误汇录》第 2 辑，中华书局 2002 年版，第 392 页。

② 张国刚：《〈隋书〉、两〈唐书〉"百（职）官志"校读拾零》，载国务院古籍整理出版规划小组《古籍点校疑误汇录》第 3 辑，中华书局 2002 年版，第 307 页。原载《南开学报》1985 年第 2 期。

③ 吕叔湘：《整理古籍的第一关》，载国务院古籍整理出版规划小组《古籍点校疑误汇录》第 1 辑，中华书局 2002 年版，第 31 页。原载《出版工作》1983 年第 4 期。

④ 吕叔湘：《整理古籍的第一关》，载国务院古籍整理出版规划小组《古籍点校疑误汇录》第 1 辑，中华书局 2002 年版，第 32—33 页。原载《出版工作》1983 年第 4 期。

"册库"下设东甲、广东甲、前北直甲、后北直甲、前江南甲、后江南甲共六甲，"前北直甲"为册库中一子司而已。这段文字原义盖指御门大典时，吏部文选司之管股司员即册库前北直甲主稿司官，按故事立于文选司掌印之后，而非整个册库与前北直甲主稿司官都须赴仪排于文选司掌印之次。故此句"及专司御门事之册库、前北直甲"中之顿号当删。同书页10"六部各司组织，以吏部文选司为最繁重。所属分……曰册库（内分东，广东，前、后北直，前、后江南六甲）掌汉京官铨补，及外省实任官员迁调"可参。①

（十一）因引文标点不规范而误例

上海人民出版社1984年版《水经注校》页77："《史记》赵武灵王既袭胡服，自代并阴山下，至高阙为塞，山下有长城，长城之际，连山刺〔刾〕天，其山中断，两岸双阙，善能云举，望若阙焉，节状表目，故有高阙之名也。"此条节引《史记·匈奴传》文，全部文字只有一个句号，容易使人误解为全是《史记》的大意；即使不产生这样的误解，也较难判断哪些是司马迁的原话（原意），哪些是郦道元的文字。经查，"自代并阴山下，至高阙为塞"是《匈奴传》原文，那么，以下则为郦道元文字。由于《水经注校》在郦道元引用典籍时一律不加引号，限于体例，则"塞"字后以用句号为宜。"塞"字以上为一层意思，"山"字以下又是一层意思，条理较清。②

（十二）不知名物致误例

中华书局1975年版《旧唐书·李淳风传》页2718："第三名四游仪，玄枢为轴，以连结玉衡、游筒而贯约规矩。"此处将"玉衡游筒"断开是错误的，因为玉衡游筒（简称玉衡）是李淳风所造天文仪器上的一个部件，是一根能上下左右转动的窥管，用来对准天体进

① 龚延明：《官制修养与古籍整理——有关官制点校正误四十例》，载杨牧之主编《古籍整理与出版专家论古籍整理与出版》，凤凰出版社2008年版，第586页。
② 参见陈庆元《〈水经注校〉标点商榷》，载国务院古籍整理出版规划小组编《古籍点校疑误汇录》第6辑，中华书局2002年版，第388页。原载《古籍整理出版情况简报》第194期。

行观测，故标点应为："第三名四游仪，玄枢为轴，以连结玉衡游筒，而贯约规矩。"①

浙江人民出版社 1980 年版《梦粱录》页 162："罗：花素、结罗、熟罗。"此句标点有误，应改为："罗：花、素结罗，熟罗。"此据《咸淳临安志》卷 18《丝之品》载："罗，有花、素两种结罗；染丝织者名熟线罗。"②

（十三）因失校而致标点错误例

中华书局 1982 年版《陈与义集》页 151，注三：《酉阳杂俎》："近代妆尚靥如射月，曰'黄金靥'。"原本"白"误为"曰"，失校，故正确的标点应为："近代妆尚靥，如射月白，黄金靥。"

同上，页 356，注三："孝文自代还洛，次郡境，裴备供帐，朝露侧驾。还见咸阳王曰：……"原本"路"误"露"，失校。故正确的标点为："孝文自代还洛，次郡境，裴备供帐朝路侧。驾还，见咸阳王曰：……"

同上，页 444，简斋自注："叔厚自兼，具得漳州蒙犯霜雪。"原本"直"误"具"，失校。故正确的标点应为："叔厚自兼直得漳州，蒙犯霜雪。"③

（十四）标点者掉以轻心而致误例

中华书局 1982 年版《三垣笔记》页 84："许誉卿所纳名妓王微……临终以所缄一布袱授誉卿……，及北兵入，吴誉卿将远匿，乃启袱……"此句上言许誉卿，下面突然变成吴誉卿，令人费解。实

---

① 管成学：《标点本〈二十四史〉〈清史稿〉和阮元〈畴人传〉错讹举要》，载国务院古籍整理出版规划小组《古籍点校疑误汇录》第 2 辑，中华书局 2002 年版，第 389 页。

② 参见林正秋《〈梦粱录〉点校失误举例》，载国务院古籍整理出版规划小组编《古籍点校疑误汇录》第 2 辑，中华书局 2002 年版，第 421—422 页。原载《古籍整理出版情况简报》第 121 期。

③ 白敦仁：《新版〈陈与义集〉的校点问题》，载国务院古籍整理出版规划小组编《古籍点校疑误汇录》第 3 辑，中华书局 2002 年版，第 175—176 页。原载《古籍整理出版情况简报》第 150 期。

则"吴"字当属上句为地名,点校者苟稍细心,即不致有此错误。①

二 注释致误通例

近年来,我国出版的很多古籍都带有注释,为读者阅读和理解古文提供了便利。其中,有些是前人未注解过的,今人则不畏繁难,"白手起家"。有些有旧注本,今人则在前人的基础上,结合新的研究,对旧注本作了大量的修订和补充。毋庸讳言,当代古籍注释也存在一定的问题,突出表现为古籍注释的不准确。以下为古籍注释致误较为常见的类型。

(一) 不明词性而误例

1. 误释虚词

天津古籍出版社 1981 年版《古文观止》页 557《陈情表》:"慈父见背。"原注:"人死好似人去一般,人去时只看见脊背,所以人死去也说见背。"这里的"见",不是表被动的"见",更不是"看见"的"见",它与"见访""见爱"中的"见"一样,表示"对我怎么样"的意思。"见访"即"访我","见爱"即"爱我","见背"即"背离我"(指人死了)。②

2. 误把虚指当实数

天津古籍出版社 1981 年版《古文观止》页 285《战国策·赵策三》:"百万之众折于外。"原注:"百万之众,是说长平的一场战事,赵国的兵,被秦国的兵杀死一百万人。"按,《史记·鲁仲连邹阳列传》载:"赵孝成王时,而秦王使白起破赵长平之军前后四十余万,

---

① 吴孟复:《古诗古文校注得失例谈》,载国务院古籍整理出版规划小组编《古籍点校疑误汇录》第 3 辑,中华书局 2002 年版,第 18 页。原载《安徽教育学院学报》1985 年第 1 期。

② 彭逢澍:《一部草率复印的古籍——天津古籍书店新版〈古文观止〉刊误略述》,载国务院古籍整理出版规划小组《古籍点校疑误汇录》第 1 辑,中华书局 2002 年版,第 113—114 页。原载《语文研究》1983 年第 1 期。按:该书据上海群学书社 1932 年版许啸天译注本重排复印。

秦兵遂东围邯郸……平原君曰：'胜也何敢言事，前亡四十万之众于外，今又内围邯郸而不能去。'……"可见鲁仲连是夸大的说法，不可认作实有之数。①

3. 误释副词

梁启超《谭嗣同》一文中，有"皇上欲大用康先生，而上畏西后，不敢行其志"一语，"上"字，中学语文课本中注为"皇上"。其实原文中凡言及光绪帝，皆称"皇上"而不称"上"；且句中已有主语"皇上"，自不会再事重出。故"上"字在此当为副词，注者未加推敲，以为名词，因而误释。②

4. 误释动词

中国社会科学出版社1980年版《历代名人咏晋诗选》页254崔镛《偏头关》："黄河曲曲涛西下，紫塞隆隆障北环。"原注："北环：北方的领土。"实际这一联中，"北环"对"西下"，"环""下"均为动词。北环，是说长城作为巍巍屏障环绕于北。③

中华书局1983年版《王梵志诗校辑》页39："逢着好饮食，纸裹将来与。"原注："将来，犹云拿来。将，语助词。"实际这里的"将"是动词，持也。若是语助词，"将来"就不会有"拿来"之义。④

（二）孤立解词，不顾前后文意而误例

天津古籍出版社1981年版《古文观止》页604《滕王阁序》："酌贪泉而觉爽。"原注："爽是失去的意思；觉爽，是说觉得失去了本心。"按，《晋书·吴隐之传》载：（隐之）为广州刺史，未至州二

---

① 彭逢澍：《一部草率复印的古籍——天津古籍书店新版〈古文观止〉刊误略述》，载国务院古籍整理出版规划小组编《古籍点校疑误汇录》第1辑，中华书局2002年版，第113—114页。原载《语文研究》1983年第1期。

② 吴孟复：《古诗古文校注得失例谈》，载国务院古籍整理出版规划小组编《古籍点校疑误汇录》第3辑，中华书局2002年版，第26页。原载《安徽教育学院学报》1985年第1期。

③ 马斗全：《〈历代名人咏晋诗选〉注释之质疑》，载国务院古籍整理出版规划小组编《古籍点校疑误汇录》第3辑，中华书局2002年版，第194页。原载《出版工作》1985年第1期。

④ 蒋绍愚：《〈王梵志诗校辑〉商榷》，载国务院古籍整理出版规划小组编《古籍点校疑误汇录》第3辑，中华书局2002年版，第137页。原载《北京大学学报》1985年第5期。

十里，地名石门，有水曰贪泉，饮者怀无厌之欲。隐之至泉所，酌而饮之，赋诗曰："古人云此水，一歃怀千金。试使夷齐饮，终当不易心。"清操踰厉。这里说，吴隐之与世俗迥异，"酌贪泉"不但不贪，反而"清操踰厉"。王勃所取用的恰好是《晋书》的这个意思，而不是"贪泉"传说的原意。这只要看前后文意便知道，故这句话的意思应该是："喝了贪泉的水而更觉心神清爽，志趣高洁。"①

（三）望文生训致误

齐鲁书社 1980 年版《太平广记选》（上）页 23："然下官禽鸟，不能致力生人，为足下转达桂家三十娘子。"注云："下官，有官职人的谦称。"此亦望文生训，未为确解。"下官"，是六朝以迄唐宋时期的俗语词，《敦煌变文字义通释》云："下官，自称的词儿，不论地位和男女都可以用。"可见"下官"这个称谓并不限于有官职的人。在敦煌变文中有仙人自称下官者，有妇女自称下官者。《太平广记选》中的下官也是仙人，而非有官职的人。②

同上，页 64："……励谓实玉之藏在下，而精气上腾也。不以告人，日日视之。因诣忠，请以百缣而交关焉。"注云："交关，交出房子的钥匙，指卖给了他。"这样解释纯属望文生训。"交关"是六朝以迄唐宋时代的习见俗语词，犹言交易、买卖。如《三国志》卷 8《魏书·二公孙陶四张传》，裴注引《魏略》："比年以来，复远遣船，越渡大海，多持货物，诳诱边民。边民无知，与之交关。"《北史》卷 38《裴佗传》附裴矩传："矩因遣人告胡悉曰：'天子大出珍物，今去马邑，欲共蕃内多作交关。'"以上引文中的"交关"，都是交

---

① 彭逢澍：《一部草率复印的古籍——天津古籍书店新版〈古文观止〉刊误略述》，载国务院古籍整理出版规划小组编《古籍点校疑误汇录》第 1 辑，中华书局 2002 年版，第 118 页。原载《语文研究》1983 年第 1 期。

② 郭在贻：《〈太平广记〉（上册）注释商榷》，载国务院古籍整理出版规划小组编《古籍点校疑误汇录》第 1 辑，中华书局 2002 年版，第 159 页。原载《齐鲁学刊》1983 年第 1 期。

易、买卖之意，与"交出钥匙"之意无涉。①

山西人民出版社 1985 年版《傅山诗文选注》页 3《畴咨世已远》："……高士耻结纳，道义期赓歌。慷慨亦相诺，邈矣如江河。"选注："'慷慨'二句：高士之间，也慷慨激昂地以道义相许诺，但是许诺之后却象长江、黄河那样远离而各自奔忙，决不结党营私。"按，"如江河"，并非像江河一样"各自奔忙"，而是表示信誓。古人常指水为信，如《左传·襄公十九年》："所不嗣事于齐者，有如河。"《晋书·祖逖传》："（祖逖）中流击楫而誓曰：'祖逖不能清中原而复济者，有如大江。'"《文选·洛神赋》："抗琼珶以和余兮，指潜渊而为期。"②

（四）墨守古训，拘挛不通而误例

与望文生训相反，有些解说，也以古训为据，但释词忘义，拘挛不通。如《左传·僖公二十四年》："贪天之功，以为己力"，有个选本，注为"'贪'同'探'，探取"。按，"贪"训为"探也"，义本《释名》；但《释名》还有一句"探取入他分也"，只截取音训的一半，即不明白。"贪天之功"之"贪"字，与"贪财"之"贪"一样，是"取入他分"的意思，用今语言之，即"非分攫取"。注者误解古训而墨守之，拘挛不通，因而致误。③

中华书局 1983 年版《王梵志诗校辑》页 8："设却百日斋，浑家忘却你。"原注：浑家，钱大昕《恒言录》卷三："称妻曰浑家。"按，钱氏谓"称妻曰浑家"之语并不错，但此处"浑家"并非独指妻，而是"全家"的意思，上文"妻是他人妻，儿被后翁使，奴事

① 　郭在贻：《〈太平广记〉（上册）注释商榷》，载国务院古籍整理出版规划小组编《古籍点校疑误汇录》第 1 辑，中华书局 2002 年版，第 158—159 页。原载《齐鲁学刊》1983 年第 1 期。

② 　马斗全：《〈傅山诗文选注〉刊误》，载国务院古籍整理出版规划小组编《古籍点校疑误汇录》第 5 辑，中华书局 2002 年版，第 86—87 页。原载《晋阳学刊》1987 年第 1 期。

③ 　吴孟复：《古诗古文校注得失例谈》，载国务院古籍整理出版规划小组编《古籍点校疑误汇录》第 3 辑，中华书局 2002 年版，第 23 页。原载《安徽教育学院学报》1985 年第 1 期。

新郎君，婢逐后娘子"等语可证。又梵志诗《夫妇生五男》："浑家少粮食，寻常空饿肚。""浑家"作妻解，似系宋代之后的事。①

（五）不知俗语词而误例

齐鲁书社 1980 年版《太平广记选》（上）页 353："……但贵欲张名目，以惑上听……"下页注云："但贵欲张名目：只是注重要建立的各种名称、项目。"按，"贵欲"是唐代习见的俗语词，王锳《诗词曲语辞例释》云："'贵'相当于文言的'欲'或'须'，白话的'要'或'想'。"又云："因'贵'有'欲'之义。故二者可连用而组成一词。亦所谓'同义重言'。"据此，则"贵欲"乃同义复词，贵字并非"注重"之意。②

（六）不通方言而误注例

人民文学出版社 1980 年版《西游记》页 702："菩萨唤木叉与善财上前，悄悄吩咐：'你一个帮住一个，等我暗念紧箍儿咒，看那个害疼的便是真，不疼的便是假。'他二人果各帮一个。"原注："帮住——靠拢挤住，使被挤者不能动。"按，此解不准确。文中的"帮"本为"傍"字。《广韵》平声，唐韵：傍，步光切。《说文》释义：近也。江淮口语中常把动词后的"着"说成"住"。"帮住"，靠着，引申为看着、盯着，丝毫没有挤的意思，更不能使对方"不能动"。③

（七）不知名物制度而误例

白居易《宿紫阁山北村》中的"紫衣人"，一些唐诗选注者只就字面理解，误"紫衣"为朱紫之服，或说为三四品大官，或说为六七品小官，其实皆误。按，白诗中"紫衣"当为神策军服装"紫褐

---

① 参见袁宾《〈王梵志诗校辑〉校释补正》，载国务院古籍整理出版规划小组编《古籍点校疑误汇录》第 3 辑，中华书局 2002 年版，第 102 页。原载《社会科学》1985 年第 6 期。

② 郭在贻：《〈太平广记〉（上册）注释商榷》，载国务院古籍整理出版规划小组编《古籍点校疑误汇录》第 1 辑，中华书局 2002 年版，第 160 页。原载《齐鲁学刊》1983 年第 1 期。

③ 参见周慎钦、力量《〈西游记〉注释订补》，载国务院古籍整理出版规划小组编《古籍点校疑误汇录》第 1 辑，中华书局 2002 年版，第 194 页。原载《淮阴师专学报》1983 年第 3 期。

裤"。这首诗揭露当时由宦官统率的神策军扰民，故解"紫衣人"为神策军是切合诗文的。①

（八）不知典故而误例

中国社会科学出版社 1980 年版《历代名人咏晋诗选》页 27 李颀《登首阳山谒夷齐庙》："古人已不见，乔木竟谁过。"原注："'乔木'句：乔木已经长高，有谁再从此经过。"按，"乔木"，语出《孟子·梁惠王章下》，指故国、故里，与桑梓同，唐代诗文亦多见之，如《全唐文》卷 241 便有"携老幼重见乔木"，"恋旧乡之乔木"等语。可见，这里"乔木"指伯夷、叔齐生活过的地方。②

（九）不明古代历法而误例

天津古籍出版社 1981 年版《古文观止》页 534《杨恽报孙会宗书》："田家作苦，岁时伏腊。"注："伏，是说夏天的时候；腊，是说冬天的时候。"又，《报刘一丈书》："自岁时伏腊一刺之外。"（页 1106）亦注："伏"为夏天，又称伏天；"腊"为冬天，又称腊月。按，"伏日""腊日"是古代的两个节日，古人在这两个节日里举行祭祀之事。故这里两处"伏腊"，应理解为借代一般节日，不能认为是一般意义上的夏天和冬天。③

（十）不懂古代礼俗而误例

天津古籍出版社 1981 年版《古文观止》页 292《战国策·赵策三》："天子吊，主人必将倍殡柩，设北面于南方。"注："倍字和背字通用，是说做孝子的背靠着棺材，面向北哭着，这是孝子的礼节。人死了，设灵位的地方也是在北面的。是说做臣子的不敢在南面的意

---

① 参见吴孟复《古诗古文校注得失例谈》，载国务院古籍整理出版规划小组编《古籍点校疑误汇录》第 3 辑，中华书局 2002 年版，第 34 页。原载《安徽教育学院学报》1985 年第 1 期。
② 马斗全：《〈历代名人咏晋诗选〉注释之质疑》，载国务院古籍整理出版规划小组编《古籍点校疑误汇录》第 3 辑，中华书局 2002 年版，第 189 页。原载《出版工作》1985 年第 1 期。
③ 彭逢澍：《一部草率复印的古籍——天津古籍书店新版〈古文观止〉刊误略述》，载国务院古籍整理出版规划小组编《古籍点校疑误汇录》第 1 辑，中华书局 2002 年版，第 111—112 页。原载《语文研究》1983 年第 1 期。

思。"按，"倍"，通背。"倍殡柩"，即改换灵柩的方位。古以朝南为正位。棺柩本居北面南，因天子下吊，故需把棺柩的地位改为居南朝北，使天子能朝南吊唁。注文中说臣子灵位在北面，"不敢在南面"，恰好把意思说颠倒了。①

（十一）　不知古代人名而误例

中国社会科学出版社 1980 年版《历代名人咏晋诗选》页 204 王思诚《过郇城》："膴膴重华甸，茫茫大禹都。"原注："华甸：畿甸，古代京都五百里以内的地方。"按，重华，虞舜之号，或云舜的小名，此处同"大禹"相对，显然为人名，怎能将"重华"二字分开？②

（十二）　不明地理而误例

王勃《送杜少府之任蜀州》，有本《唐诗选》注"蜀州"为"今四川崇庆"，系抄自《中国地名大辞典》。按，唐置蜀州在王勃死后十年，王勃诗中怎能提及？这里的"蜀州"，大概是沿隋代蜀郡旧称，治所在成都而不在崇庆。③

（十三）　不明史实而误例

如颜廷之《陶征士诔》中有"学非称师"，有人注为："'称师'，标榜师法。言对于学问，不重在标榜。""称"怎能理解为"标榜"？"对于学问，不重在标榜"，更使人不知所云。原因在于史实不明。两汉经学家特别是今文学家解经时，必定称述师说，即所谓章句之学。到魏晋之后，学风一变，特别是陶渊明"好读书不求甚解"，自然不拘泥于那种门户之见、章句之学。"学不称师"，即指此而言。如解为"称，称述。师，师说。两汉经学家持门户之见，言必称师，

————————

①　参见彭逢澍《一部草率复印的古籍——天津古籍书店新版〈古文观止〉刊误略述》，载国务院古籍整理出版规划小组编《古籍点校疑误汇录》第 1 辑，中华书局 2002 年版，第 112 页。原载《语文研究》1983 年第 1 期。

②　马斗全：《〈历代名人咏晋诗选〉注释之质疑》，载国务院古籍整理出版规划小组编《古籍点校疑误汇录》第 3 辑，中华书局 2002 年版，第 193 页。原载《出版工作》1985 年第 1 期。

③　参见吴孟复《古诗古文校注得失例谈》，载国务院古籍整理出版规划小组编《古籍点校疑误汇录》第 3 辑，中华书局 2002 年版，第 34 页。原载《安徽教育学院学报》1985 年第 1 期。

陶渊明不是这样"，就很易理解。①

三　今译致误通例

　　用现代的白话文来翻译古籍，是当前古籍整理的一种重要手段。古籍今译为一般读者阅读和理解古文提供了帮助，对普及传统文化意义重大。但是，古籍今译也有很大的局限性，"这主要是古书中的很多内容和一些文体很难翻译，甚至不能翻译"。② 尽管古籍今译工作很难做到尽善尽美，错译、漏译等现象时或有之，但古籍今译工作是一项严肃的工作，需要十分郑重地对待，尽量减少讹误。以下是古籍今译中几种常见的致误类型。

　　（一）不明古义而误例

　　在汉语的发展过程中，一些词汇的含义发生了变化，若是不了解古今词义的变化，就容易犯以今律古的错误。"要解决这个问题，除了要借助《说文解字》、《尔雅》、《释名》等古代字典、词典以了解其含义外，还要掌握古今词义变化的一些规律。"③ 例如：

　　（1）装饰毕功，明帝与太后共登之。视宫中如掌内，临京师若家庭。（杨衒之《洛阳伽蓝记》）译文："装饰完毕，明帝同太后一起登临。看宫内如同在手掌内，看京城像家庭。"

　　（2）孟子曰：身不行道，不行于妻子。（《孟子·尽心下》）译文："孟子说：'自身不履行道德却要求他人履行道德，即使是妻子也不肯行。'"

　　（3）秦之西有仪渠之国者，其亲戚死，聚柴薪而焚之，熏上谓之登遐，然后成为孝子。（《墨子·节葬》）译文："秦的西面有个仪渠国，国人的亲戚如果死了，就聚集柴草将其尸体焚毁，烟火上熏被

　　① 参见吴孟复《古诗古文校注得失例谈》，载国务院古籍整理出版规划小组编《古籍点校疑误汇录》第 3 辑，中华书局 2002 年版，第 35 页。原载《安徽教育学院学报》1985 年第 1 期。
　　② 刘琳、吴洪泽：《古籍整理学》，四川大学出版社 2003 年版，第 205 页。
　　③ 董恩林主编：《中国传统文献学概论》，华中师范大学出版社 2008 年版，第 212 页。

说成是死人登仙了，然后就成了孝子。"

（4）凡伪造宝钞，同情者并处死。（《元史·世祖纪》）译文："凡是伪造纸币及同情他们的人都处以死刑。"

（5）沈廷扬，字季明，崇明人，好谈经济。（《明史·沈廷扬传》）译文："沈廷扬，字季明，是崇明县人，喜好谈经济。"

以上五例中带点的字词，现代白话文中仍在使用，但是古今的意义发生了变化，上述译文都是按照现代词义来对译的，就全错了。因为古代汉语绝大部分的词是单音词，今天要把它们一一译为双音节词才对。例（1）中的"家庭"意为"自家庭院"；例（2）中的"妻子"指妻子和儿女；例（3）中的"亲戚"，"亲"指父母，"戚"指子弟，都不同于今天"亲戚"的含义，"然后"要译为"这样，其后人"。例（4）中的"同情"，是"同谋"的意思。例（5）中的"经济"，其义为"经世济民"。可见古今词义有扩大、缩小、转移等变化，古籍今译必须考虑这些因素，避免以今律古，否则很容易致误。[①]

（二）不通语法而误例

古籍今译不可不通语法，要懂得文言虚词和实词的具体用法，还要熟谙一些习惯性的句式，否则译文将扞格难通。举例说明：

（1）其所谓忠者不忠，而所谓贤者不贤也。（《史记·屈原列传》）译文："他们把忠当作不忠，把贤能当作不贤。"

（2）焚百家之言，以愚黔首。（贾谊《过秦论》）译文："烧毁了百家的言论，想愚笨天下的百姓。"

（3）人皆得以隶使之。（张溥《五人墓碑记》）译文："人家都能够把奴隶差使他。"

例（1）的译文句式译错了。"所……者"是文言文常见的一种

---

　　① 参见董恩林主编《中国传统文献学概论》，华中师范大学出版社 2008 年版，第 212—213 页。

结构，应译为："……的（人、物、事）。""谓"是认为之意。全句应译为："他们认为忠诚的人并不忠诚，他们认为贤能的人并不贤能。"例（2）的译文显得生硬，配搭不当。"烧毁……言论"，动宾配搭不当；"愚笨……百姓"将形容词误作动词而不合现代汉语习惯，这是由于译者不懂得古汉语的使动用法，对"言"的意义也理解得太狭隘。全句应译为："烧毁诸子百家的著作，想使天下的老百姓愚笨。"例（3）的译者不懂得名词直接充当状语的意义和译法，译文完全不通顺，使人无法理解。全句应译为："人们都能够像对待奴隶一样来使唤他们。""之"指代五人，是复数，译为单数"他"也不对。①

（三）不谙古文修辞而误例

修辞也是古文翻译中常常遇到的问题。要想减少错译、误译，提高译文质量，了解一些古代汉语修辞知识也是十分必要的。举例说明：

（1）夫宠而不骄，骄而能降，降而不憾，憾而能眕者，鲜矣。（《左传·隐公三年》）译文："受宠爱而不骄横，或者虽然骄横而安于降低地位，地位虽低而不怨恨，或者虽然怨恨而能安分守己，这是很少的。"

（2）千里游敖，冠盖相望，乘坚策肥，履丝曳缟。（《汉书·食货志上》）译文："（这些富商大贾）不远千里到处游玩，冠服、车盖前后相望，车乘坚固，马鞭粗大，穿的衣履都以上等丝织品做成。"

例（1）是说一个人在地位发生变化下的各种情形，原文用了一种叫作顶真的修辞手法，即以上句的结尾作为下句的开头，是个递系句，语气连贯，条理分明，而译文将其作为选择句处理，没有体现出原文特有的修辞效果。该句可以译为："一般说来，受到宠爱而不骄傲，骄傲而安于地位下降，地位下降而不怨恨，怨恨而能自安自重，

---

① 陈蒲清：《文言今译学》，岳麓书社 1999 年版，第 473—474 页。

这种人是少有的。"例（2）译文的主要错误在于对"乘坚策肥"的理解。"坚""肥"本来都是形容词，但都通过借代的修辞手法（即借事物的外部特征指代事物）活用作名词，分别指代"坚固的马车"和"肥美的骏马"。译者由于不清楚古人的这种修辞形式，把它译成"车乘坚固、马鞭粗大"，大误。①

（四）不谙历史文化知识而误例

历史文化知识是古籍整理者应当具备的文史素养的重要方面。如果典章制度、风俗名物等历史知识文化不足，在遇到疑难问题时，又不主动去查阅相关的参考书和工具书，往往就会导致误译。例如：

（1）上诏公卿大夫悉陈过失；又令举贤良方正能直言者，各一人。（《资治通鉴》卷35）译文："皇上下诏，叫公卿大夫都陈述朝廷的过失；又叫他们荐举贤良、方正、能直言的人，每科各一人。"

（2）待其酒力醒，茶烟歇，送夕阳，迎素月，亦谪居之胜概也。（王禹偁《黄冈竹楼记》）译文："等到我酒醒了，茶品完了，烟抽完了，便目送夕阳，迎来明月，这也是贬谪生活中的佳境啊。"

例（1）牵涉汉代的典章制度。汉代设"举贤良方正能直言"科，这是一科，而非三科。因此，"各一人"并非每科荐举一人，而是每个卿大夫各自荐举一人。译文应改为："又命令他们荐举贤良方正能直言的人，每个人荐举一名。"例（2）的关键是"烟"字。古代士大夫往往用香炉焚香，焚香所生烟称为香烟，而供人抽的烟草，原产南美洲，直到明代中叶（万历年间）才由南洋传入中国，开始音译为"淡巴菰"，又名"金丝醺"。所以"茶烟"应译为："茶品完了，香薰过了。"②

（五）因标点错误而误译例

《续资治通鉴》卷143乾道九年（金大定十三年，1173）三月，金

---

① 参见董恩林主编《中国传统文献学概论》，华中师范大学出版社2008年版，第218—220页。

② 参见陈蒲清《文言今译学》，岳麓书社1999年版，第470—471页。

世宗曰："会宁乃国家兴王之地，自海陵迁都，永安女直人浸忘旧风。"译文："会宁是我国建成王业的发祥地，自从海陵迁都，永安的女真人渐渐忘记了旧日的风俗。"（中华书局1993年《白话续资治通鉴》页3830）这段话并不难理解，译文似也流畅。但什么是"永安女直人"？女真有生女真、熟女真，史书上有所谓"永安女真人"吗？其实，要回答这个问题，不必费多大劲，翻一翻中华书局点校本《金史》就足够了。因为毕沅《续资治通鉴》这段话，即取资于《金史·世宗纪》，检点校本《金史》卷7《世宗纪》标点为："会宁乃国家兴王之地，自海陵迁都永安，女直人浸忘旧风。"原来，永安乃地名，指金中都，即今天的北京。① 此因原文标点错误，翻译也就跟着错了。

（六）因注释错误而误译例

《孙子·计篇》："将听吾计，用之必胜，留之；将不听吾计，用之必败，去之。"译文："如果能听从我的计谋，用我指挥作战，一定能胜利，就留在这里；如果不能听从我的计谋，虽用我指挥作战，一定会失败，就告诉而去。"（上海古籍出版社1984年版《孙子译注》页38）"将"的注释是："将，这里用作副词，抑将，行将，也就是假如。"按，"抑将、行将"是副词，"假如"是连词，二者不能混淆。"将"在上古多用作副词或名词，用作连词较少。用作连词的"将"，只表示疑问句的选择关系，不表示假设关系。"将"若释为"假如"，全句就表明一个军事家可以自由地选择国君指挥作战，而这种情况只发生在战国中后期。这样的译注与"《孙子》成书于春秋末战国初"的说法产生了矛盾。"将"应释为"将军"。全句可译为："将军听从我们的计谋，用他打仗一定胜利，我们就留用他；他不听从我们的计谋，用他打仗一定失败，我们就撤换他。"全句表明选用将军的标准是听不听"吾计"，从而强调了"计"的重要性，这就照应了上文。下文说明国君如何任用将军，

---

① 参见曾贻芬、崔文印《古籍校勘说略》，巴蜀书社2011年版，第86—87页。

与此句内容也有呼应之处。"将"释为"将军"，全句内容是国君选用将军，而不是将军选择国君，这样就与《孙子》成书时间的说法保持一致。①

（七）译文与注释不一致例

子曰："学而不思则罔，思而不学则殆。"译文：孔子说："只是读书，却不思考，就会受骗；只是空想，却不读书，就会缺乏信心。"（中华书局 1984 年版《论语译注》页 18）按，《译注》释"殆"为"疑惑"，译文却是"只是空想，却不读书，就会缺乏信心"，"思而不学"与"缺乏信心"之间构不成必然的因果关系，因此"缺乏信心"应改为"疑惑"。②

（八）望文生义而致误例

原文："试问闲愁都几许？一川烟草，满城风絮，梅子黄时雨。"（贺铸《青玉案词》）译文："试问闲愁共几许？一沼泽如烟之草，满城随风飘柳絮，梅子黄时不断雨。"（中华书局 1981 年版《古汉语虚词》页 79）按，"一川"译作"一沼泽"，完全是望文生义，与原文意思不合。张相《诗词曲语词汇释》卷六"一川"条曰："一川，估量情形之辞，犹云满地或一片。"且引贺铸词中"一川烟草"为例，解释说："一川烟草，犹云满地一片烟草。"又引唐宋人诗词中多条"一川"此种用法的例证，如杜甫《自瀼西荆扉且移居东屯茅屋》"平地一川稳，高山四面同"等。贺词所写，黄梅季节，细雨绵绵，遥望城外，"一川烟草"，回顾城内，"满城风絮"，一幅春天的图画宛然在目，现在译作"一沼泽如烟之草"，则未免煞风景了。③

---

①　刘唯力：《〈孙子译注〉商榷》，载国务院古籍整理出版规划小组编《古籍点校疑误汇录》第 6 辑，中华书局 2002 年版，第 435—436 页。原载《中国语文》1988 年第 5 期。

②　张松辉：《读〈论语译注〉札记》，载国务院古籍整理出版规划小组编《古籍点校疑误汇录》第 4 辑，中华书局 2002 年版，第 355 页。原载《齐鲁学刊》1986 年第 2 期。

③　余让尧：《〈古汉语虚词〉若干译文的商榷》，载国务院古籍整理出版规划小组编《古籍点校疑误汇录》第 1 辑，中华书局 2002 年版，第 390 页。原载《江西大学学报》1983 年第 4 期。

（九）不知通假而误例

原文："风俗之美，男女自不取于涂，而百姓羞拾遗。"（《荀子·正论》）译文："风俗的良好，男女自然不在路途有所夺取，百姓也以拾取失物为羞耻。"（中华书局 1981 年版《古汉语虚词》页 373）按，"男女自不取于涂"，"取"当读作"聚"，是"聚"的假借字。"男女聚于途"，在荀子时代是被当作有伤风化的事，所以说，风俗淳美，男女就不会在道路上相聚。① 古籍中通假是一种常见现象，如果字面的意思在上下文中解释不通，就要考虑此字是否为通假字。

还有一种情况，就是由于未能很好地理解原文，加之现代汉语词汇贫乏，当译不译，直接用原文代替，或文白夹杂，使得译文不能很好地体现原文的风格。例如：

（1）永州之野，产异蛇，黑质而白章，触草木，尽死。（柳宗元《捕蛇者说》）译文："永州的野外，出产奇异蛇，黑底而白花，异蛇触草木，草木全尽死。"

（2）文王既勤止，我应受之，敷时绎思，我徂维求定。（《诗经·周颂·赉》）译文："文王为政既勤劳，先业我当接受到。宣传文德又发展，我往克殷求安早。"

这两段译文都很别扭。例（1）中"异蛇""尽死"这些词没有翻译出来，全句应译为："永州的野外，生长一种怪蛇，黑身子，白花纹，它碰到草木，草木全死掉。"例（2）勉强拼凑成为顺口溜，与原作风格相差很远。其中还夹杂了一些文言词语，没有把原文以现代白话文的形式流畅地转译出来，使句子非常拗口，第四句尤为突出。为了帮助读者理解原诗，应洗尽文言成分，不要为了押韵而削足适履。② 中华书局 2002 年版周振甫《诗经译注》译作："文王既然勤

---

① 余让尧：《〈古汉语虚词〉若干译文的商榷》，载国务院古籍整理出版规划小组编《古籍点校疑误汇录》第 1 辑，中华书局 2002 年版，第 396 页。原载《江西大学学报》1983 年第 4 期。
② 陈蒲清：《文言今译学》，岳麓书社 1999 年版，第 477—478 页。

劳啊，我应当继承他。布陈恩泽不断继承他，我去伐纣只求安定，是上天给周朝的命令。啊，应该不断继承他！"（该诗后二句原文："时周之命，于绎思。"）①

四　校勘致误通例

文字讹误是影响古籍整理质量的重要因素。现在古籍整理图书中出现的因校勘而致文字讹误，其原因是多方面的，归结起来主要有四个方面：第一，囿于知识水平，整理者在整理过程中存在错改原文的现象；第二，编辑人员缺乏繁简字对应关系方面的知识；第三，计算机排版系统中的繁简字转化功能尚不完善；第四，整理者和校对者工作马虎导致古籍图书出现文字讹误。鉴于此，我们有必要对古籍校勘中常见的致误类型进行总结，强化校勘意识，以减少今后古籍整理中因校勘不到位或校勘错误导致的"硬伤"。

（一）不明词义而误改例

中华书局 1983 年版《王梵志诗校辑》第〇〇七首："司命门前唤，不容别邻里。"校记："司命，原作伺命，据文义改。"按，原文"伺"字不误，伺命与司命执掌有不同，司命主宰人世生死寿命，地位较伺命为高，伺命则是冥司中奉命勾取人命的鬼卒。王梵志诗中若干伺命，本来非常正确，整理者一律误改为司命。第〇二二首："观内有妇人，号名是女冠。"校记："冠，诸本作官，据文义改。"按，女官即女道士，原本不误。《南史·梁武帝纪下》"时海中浮鹄山，……有女官道士四五百人"，可证。②

（二）因形近而误例

商务印书馆 1955 年版《畴人传·秦九韶》页 615："前有大德癸卯上元日，临川前进士莫若序；末有大德登科二月甲子，溽纳心斋祖

---

① 周振甫译注：《诗经译注》（修订本），中华书局 2002 年版，第 491 页。
② 郭在贻：《〈王梵志诗校辑〉误校示例》，载国务院古籍整理出版规划小组编《古籍点校疑误汇录》第 5 辑，中华书局 2002 年版，第 58 页。原载《古籍整理出版情况简报》第 184 期。

颐季贤父序。"按,大德是元成宗年号,癸卯是纪年的干支年名,即大德七年(1303),上元日是正月十五日,而下半句大德下"登科"不可解,此二字既位于大德和二月甲子之间,按上半句的顺序也应该是干支年名。经核对是因"登科"与"癸卯"字形相近而误。①

海峡文艺出版社1985年版《古今谭概》页878:"都宪侣钟与通政强珍同席,强执壶劝曰:'要你饮四钟。'侣应声曰:'你莫要强斟。'"按,此"侣"为"佀"之讹。《通志·氏族略》:高丽族有似先氏,后改为似氏。又后魏姒氏改为似氏,见《魏书·官氏志》。"似"又作"佀"。此句"侣钟"不能谐"四钟","侣"为"佀"形近之误。佀钟、强珍二人《明史》皆有传。② 以上两例皆因校勘不到位而致误。

(三)不知繁简同形字而误例

20世纪50年代公布的简化字,有不少字形与汉字固有的一些非简化字不谋而合,这些同形字在阅读古籍时很容易引起误解,要注意分辨。例如,《文选·甘泉赋》:"岭嶜嶙峋,洞亡厓兮。"句中"岭"读"líng",指山深邃貌,在古籍中不是"嶺"的简化字。《礼记·月令》:"修宫室,坏墙垣,补城郭。"句中"坏",读"péi",意为修补,若改作"壞",意思就迥然不同了。《史记·孝景本纪》:"孝文在代时,前后三男。"句中"前后",谓孝文帝的前妻,此"后"字,非"後"的简化字。《楚辞·九歌》:"辛夷楣兮药房",句中"药(葯)"是植物"白芷"的别称,不是"藥"的简化字。

古籍中此类与现行简化字同形异义的情况并不罕见,例如:云、谷、几、里、达、适、腊、蜡、宁、术、机、价、胜、币……这些字很容易与今天的简化字混淆,在处理繁体字的书稿或校样时,尤需格

---

① 管成学:《标点本〈二十四史〉〈清史稿〉和阮元〈畴人传〉错讹举要》,载国务院古籍整理出版规划小组编《古籍点校疑误汇录》第2辑,中华书局2002年版,第394—395页。原载《史学集刊》1984年第2期。

② 王迈:《古籍整理中出现的字误》,载国务院古籍整理出版规划小组编《古籍点校疑误汇录》第5辑,中华书局2002年版,第7页。原载《古籍整理出版情况简报》第181期。

外细心。①

（四）不明重文符号而误例

中华书局 1983 年版《王梵志诗校辑》第一一四首："荣官赤赫赫，灭族黄发囚。"校记："囚，原作人，出韵，据文义改。"按，"此二句为对偶句，'赤赫赫'与'黄□□'为对，'□□'为一叠字词无疑，原文'人'当是一个重文符号（敦煌文书中重文符号与'人'相似），《校辑》改为囚，大谬。"② 又，该书第二五一首："生促死路长，久住何益当。"原文当为："生促死路长，长住何益当。"下句"长"字处写了一个重文符号"々"，由于整理者不识重文符号而误录为"久"。③

（五）因繁简转化而误例

这个问题亦与推广使用简化字有关，古籍整理会根据读者对象等情况决定采用简化字或繁体字，这也带来新的问题，即在实际运用繁体字和进行繁简转换过程中，产生诸多不规范、不准确的现象，引起很多学者的注意和讨论。以下举例详加说明。

1. 繁简错位

中华书局 1984 年版《榖山笔麈》页 60："处士以虚名被征为世所讥者，代有一人焉。汉之樊英、唐之田游岩、宋之種放、国朝之吴与弼是也。"这里误以"种"为"種"之简体，排版或过录时，误翻为種。按，《姓源》种为仲山甫之后，避仇改为种。望出河南，既非希姓，不应有误。④

---

① 赖炳伟：《古籍整理和出版若干问题刍议》，《古籍整理研究学刊》2001 年第 2 期。

② 郭在贻：《〈王梵志诗校辑〉误校示例》，载国务院古籍整理出版规划小组《古籍点校疑误汇录》第 5 辑，中华书局 2002 年版，第 60 页。原载《古籍整理出版情况简报》第 184 期。

③ 参见郭在贻《〈王梵志诗校辑〉误校示例》，载国务院古籍整理出版规划小组编《古籍点校疑误汇录》第 5 辑，中华书局 2002 年版，第 60 页。原载《古籍整理出版情况简报》第 184 期。

④ 王迈：《古籍整理中出现的字误》，载国务院古籍整理出版规划小组编《古籍点校疑误汇录》第 5 辑，中华书局 2002 年版，第 6—7 页。原载《古籍整理出版情况简报》第 181 期。

复旦大学出版社 1993 年版《沈周年谱》页 31："讨阿臺朵儿只伯。""阿台"为鞑靼部族领袖名。《明史》及其他有关史料"臺"均书作"台"。此条"时事"摘自《明史》，可能作者原稿本作"台"，排字时误翻成"臺"。又，页 43："宗道……性樸愿。""樸愿"当作"樸愿"。樸，朴实；愿，谨厚，两字因义近而组成复词。"愿"字无"谨厚"义，与"樸"相合后不成词。可能作者原稿本作"愿"，排字者分不清二者古义的差别，误以为是简化字，错翻成了"願"。①

2. 繁简不对应

有的简体字对应多个繁体字，例如"干：干、乾、幹"，"发：發、髪"，"复：復、複"等。因此，在简体字转化为繁体字时，尤应注意字词和语境，转换成相对应的繁体字，否则，就会出错。例如：复旦大学出版社 1993 年版《沈周年谱》页 158："花朝日即农歷二月十五日。"按，《简化字总表》定"历"为"歷"和"曆"的简化字，这里"农歷"的"歷"当作"曆"。②

3. 因繁简转化造成衍文

复旦大学出版社 1993 年版《沈周年谱》页 151："年才纔三十有一。"这里的"才"为"纔"的简化字，二者同义重复，其一为衍文应删。③

4. 因繁简转化造成文义不通

浮白斋主人《雅谑》"换鱼字"条："李章赴邻家小集，主人素吝，既进馔，主前一鱼特大于众客者。章从旁见之，即请于主曰：'每见人写苏字，其鱼字或在左或在右，何也？'主曰：'古人作字，不拘一体，从便移易耳。'章即引手取主前鱼示众曰：'从主命，今

---

① 省庐：《繁简、正异错位》，《咬文嚼字》1996 年第 4 期。
② 省庐：《繁简、正异错位》，《咬文嚼字》1996 年第 4 期。
③ 省庐：《繁简、正异错位》，《咬文嚼字》1996 年第 4 期。

日左边之鱼，亦合从便移至右边。'一座为之喷饭。"① 整则笑话是围绕"蘇"字中的"鱼"字展开，有些集子却把"蘇"字简化成"苏"字。这一简化，就失去了"鱼"字，句子就显得莫名其妙。可见，此处只有保留"蘇"字，才能符合文义，读者才能读懂。② 类似情况在古籍整理出版中，并非个别现象，确有必要慎重对待。为方便讨论，本节最后特设立两个附录：附录一《简化字与繁体字对照表》，该表收录中国文字改革委员会自 1956 年以来公布的四批简化字，共 517 个；附录二《简繁字体转换形义对照表》，列出了 82 个常用简体字与繁体字的转换、形义对照，可供处理繁体字的书稿或校样时利用参考。

（六）因不明诗意而误改例

作家出版社 2006 年版《全敦煌诗》页 988：《十二因缘六字歌词·序》："列军直入涅槃门。"这里的"列"，敦煌原卷作"引"。"引"字不误，"引军"是带领军队、率领军队的意思，在古籍中常见。如《史记·项羽本纪》："项梁已并秦嘉军，军胡陵，将引军而西。""列军"则是排列军队的意思，是静态的。据本诗内容，是写率领军队直冲入涅槃门，"引军"正与"入"字配合。若作"列军"则不通。③

（七）因不明通假而误改例

上海古籍出版社 1985 年版《越绝书》页 53："昔者吴王分其人民之众，以残伐吾邦，杀败吾民，屠我百姓，夷吾宗庙，邦为空棘，身为鱼鳖饵。"校勘记云："原本及正德本、吴本、孔本、陈本、汉魏本'屠'作'图'，张本作'屠'，据改。"此说失之。各本作"图"，不误。《越绝请籴内传第六》载太宰嚭言："图越，虽以我邦

①　王利器：《历代笑话集》，上海古籍出版社 1981 年版，第 183 页。
②　参见辛谷《应该保留一点"鱼"味——古籍整理札记之一》，《武汉大学学报》（社会科学版）1984 年第 3 期。
③　洪帅：《敦煌诗歌词汇研究》，光明日报出版社 2013 年版，第 314 页。

为事，王无忧。"亦用"图"。《吴越春秋·夫差内传第五》载此事，作"昔者吴王分其民之众，以残吾国，杀败吾民，鄙吾百姓，夷吾宗庙，国为墟棘，身为鱼鳖"。"鄙"与"图"均从啚得声，可通借。点校本改作"屠"，失却古本面目，且"屠吾百姓"跟"杀败吾民"义亦复重。"图"为图谋义也，作"鄙"，借字耳。①

（八）因不谙韵例而误改例

人民出版社 1957 年版《敦煌变文集》页 89：《李陵变文》："登时草木遭霜箭，是日山川被血荼。"其中"荼"字，徐震堮校云："荼疑当作搽，即搽字的省写。"按，《广韵》"荼"有二音：一是同都切，定母模韵；二是食遮切，神母麻韵。从这两句唱辞前后文的韵脚来看，押的是麻韵字，则"荼"字自可读"食遮切"一音，亦即音茶，而不必认为是讹字，故不烦改字。②

（九）因误认原文而误改例

中华书局 1983 年版《王梵志诗校辑》页 89："天下恶官职，未过于御史。好眉张福眼，何须弄狮子。"原注："张福眼，原作'福张眼'，据文义改。"按，这里的"好"字，经查书前影印页，实系"努"字误录，"努眉福张眼"，文义豁然贯通。"福"借作"复"。"努眉"义同"努眼"，"张眼"也是瞪圆眼睛的意思，所以下文有"何须弄狮子"之语。《校辑》既移录原文有疏失之处，又因而误改。③

通过上述检讨，我们看到尽管新时期以来我国古籍整理事业获得巨大的发展与成就，但也存在诸多需要深刻总结和认真解决的问题。

---

① 施谢捷：《点校本〈越绝书〉校勘拾遗》，载国务院古籍整理出版规划小组编《古籍点校疑误汇录》第 6 辑，中华书局 2002 年版，第 339 页。原载《古籍整理研究学刊》1988 年第 3 期。

② 郭在贻：《敦煌变文校勘拾遗续补》，载国务院古籍整理出版规划小组编《古籍点校疑误汇录》第 1 辑，中华书局 2002 年版，第 175 页。原载《中国语文》1983 年第 2 期。

③ 袁宾：《〈王梵志诗校辑〉校释补正》，载国务院古籍整理出版规划小组编《古籍点校疑误汇录》第 3 辑，中华书局 2002 年版，第 108 页。原载《社会科学》1985 年第 6 期。

其中，古籍整理中的讹误问题表现尤为突出：标点方面，断句错误、标点符号使用不规范；注释方面，曲解原文、望文生训；今译方面，因不明古义、不通语法修辞而导致误译、漏译；在文字校勘方面，错改原文以及繁简转化处理不当而致误等，这些都直接影响古籍整理成果的质量。

针对古籍整理致误中的普遍问题及其主要原因，古籍整理研究和古文献学研究亟须在深刻总结的同时，从基础理论和基本原则的层面提出解决之道，制定相应的标准和规范。事实上，这些问题已经引起学术界、出版界有关专家学者和政府有关机构的密切关注与讨论，如杨牧之主编《古籍整理与出版专家论古籍整理与出版》（凤凰出版社2008年版），从历年《古籍整理出版情况简报》中选取130余篇代表性文章，其中很多是针对古籍整理质量与规范存在的问题的批评和建议；很多近年出版的古籍整理和古文献学研究论著针对这些问题在有关专题中进行较为充分的论述，并形成共识。概括地来说有以下几方面：

第一，务必强调古籍整理工作者必须具备较为全面的知识素养。一是扎实的古代汉语知识，包括古代汉语语法、古文字学、音韵学、文体学、目录、校勘、版本等基本知识；二是广泛的历史文化知识，包括历史、制度名物、风俗、地理等；三是从事科技古籍、少数民族语言文字古籍等专门古籍整理所必须具备的专门知识。学者专家还就如何培养和提高古籍整理的知识素养提出意见，指引门径。如有学者说："为了增加目录学方面的知识，我国历史上一些有名的书目，诸如《汉书·艺文志》《隋书·经籍志》《郡斋读书志》《直斋书录解题》《四库全书总目》等，古籍工作整理者应该置于案头，经常翻阅。"①

第二，务必重视方法论的训练，尤其是校勘学原则与方法的训

---

① 时永乐：《古籍整理教程》，河北大学出版社2003年版，第5页。

练。因为校勘是古籍整理的基础，凡标点、注释、翻译等，都需在校勘的基础上展开，如校勘不精或校勘出问题，连带后边的工作也会出问题。如时永乐指出："校勘是标点和其他整理工作的基础。校勘不精，标点必然出错。"① 其次，"实事是正，多闻阙疑"，"书不可以意轻改"（彭叔夏《文苑英华辩证序》）等校勘基本原则也是指导整个古籍整理工作的基本原则，是古籍整理准确性和质量的重要保证。再者，清代以来我国古文献校勘学的发展取得极大的成就，为现代古籍整理和古文献学研究提供丰富的、有益的学术遗产，需要通过更加系统、深入的总结，使之成为我们当今制定古籍校勘规范与标准的学术基础。张舜徽在《中国史籍校读法》中就提出向"旧注"学习，他说："作注解的人，从来都是精于校勘的能手。学者细心看注，注家便是最好的师资。"②

第三，积极开展古籍整理的学术评价，利用批评机制，对古籍整理中出现的问题和讹误及时地加以批评总结，并通过文献汇编或书籍重印、再版的机会，将这些批评纠误的成果体现出来，避免以讹传讹，为古籍质量负责，为读者和利用者负责。如中华书局出版、由国务院古籍整理出版规划小组编辑的《古籍点校疑误汇录》系列，就汇集了20世纪80年代以来在各种文史哲期刊及高校学报上发表的关于古籍整理的批评性文章，为古籍整理与出版提供了极好的参考借鉴。

第四，通过总结前人的经验并结合当今古籍整理的实践和古文献学的有关研究，把古籍整理中的普遍要求、一般规律和学界共识加以提炼概括，制定具体明确的古籍整理工作标准和规范，确保古籍整理从选题到整理再到出版的各个环节都能有规可循，有法可守，把质量追求落实到具体的工作程序中。例如，董洪利主编《古典文献学基础》在论述"如何分析句读"时，就提出了明确的方法和途径：（1）从分

---

① 　时永乐：《古籍整理教程》，河北大学出版社 2003 年版，第 160 页。
② 　张舜徽：《张舜徽集·中国史籍校读法》，华中师范大学出版社 2004 年版，第 353 页。

析词义语法入手分析句读；（2）从上下文的思想内容和逻辑关系出发分析句读；（3）掌握必要的知识，勤翻多查各种参考资料。关于这一问题，作者特别指出："不是精通了古代汉语就能顺利地标点古籍，还要有较高的文史素养，掌握各种有关的知识才行。""一般来说，一部古籍所涉及的历史知识总是有限的。因此，当我们开始着手整理某一古籍时，应该注意两个问题：一、先浏览全书，了解所涉及的史实及典章制度的范围，有不了解的或拿不准的，则要先搞清楚，做到心中有数，然后开始断句。二、点读时遇到不甚明了的问题，不要仅凭主观臆断轻易放过，而要从语义、语法、逻辑关系、思想内容等角度加以分析，如果仍觉不通，则要进一步查对有关资料解决。"①再如，许逸民《古籍整理释例》（中华书局2014年版）对古籍标点、校勘、注释、今译、辑佚、索引、字体转换等工作进行了经验总结及理论概括，阐明了相应的注意事项，尤其是所举的一条条释例，皆源于古籍整理的实践，具有很强的实用性和指导性，对古籍整理起到了规范作用，这也是预防古籍整理致误的一个解决之道。这些论述对于我们建立现代古籍整理工作的规范标准，都是十分有价值的学术成果。

附录一　《简化字与繁体字对照表》②

本表收录中国文字改革委员会自1956年以来公布的四批简化字，共五百一十七个。

【A】爱愛/碍礙/袄襖

【B】罢罷/摆擺襬/办辦/板闆/帮幫/宝寶/报報/备備/笔筆/币

---

① 董洪利主编：《古典文献学基础》，北京大学出版社2008年版，第336、337页。
② 本表选自王力主编《古代汉语》（校订重排本）第二册，中华书局，2018年第4版，附录一，第619—622页。又，"凡简化字与繁体字都见于古代，而在意义上或用法上有所不同的"，原表后面另附有说明，以供查阅，此略。

币/幣/毕畢/毙斃/边邊/变變/标標/表錶/别彆/宾賓/卜蔔/补補

【C】才纔/参參/惨慘/蚕蠶/仓倉/层層/产産/搀攙/谗讒/馋饞/尝嘗/偿償/厂廠/长長/彻徹/陈陳/尘塵/衬襯/称稱/惩懲/迟遲/齿齒/冲衝/虫蟲/丑醜/筹籌/处處/触觸/出齣/础礎/刍芻/疮瘡/辞辭/从從/聪聰/丛叢/窜竄

【D】达達/带帶/担擔/胆膽/单單/当當噹/档檔/党黨/导導/灯燈/邓鄧/敌敵/籴糴/递遞/淀澱/点點/电電/垫墊/冬鼕/东東/冻凍/栋棟/动動/斗鬥/独獨/断斷/对對/队隊/吨噸/夺奪/堕墮

【E】恶惡噁/尔爾/儿兒

【F】发發髮/范範/矾礬/飞飛/奋奮/粪糞/坟墳/丰豐/风風/凤鳳/妇婦/复復複/麸麩/肤膚

【G】盖蓋/干幹乾/赶趕/个個/巩鞏/沟溝/构構/购購/谷穀/顾顧/刮颳/关關/观觀/广廣/归歸/龟龜/柜櫃/过過/归歸/国國

【H】汉漢/号號/轰轟/后後/护護/壶壺/沪滬/画畫/划劃/华華/怀懷/坏壞/欢歡/环環/还還/会會/秽穢/汇匯彙/伙夥/获獲穫

【J】几幾/机機/击擊/际際/剂劑/济濟/挤擠/积積/饥飢饑/鸡鷄/极極/继繼/家傢/价價/夹夾/艰艱/荐薦/坚堅/歼殲/监監/茧繭/舰艦/鉴鋻鑑/拣揀/姜薑/将將/奖獎/浆漿/桨槳/酱醬/讲講/胶膠/借藉/阶階/节節/疖癤/洁潔/尽盡儘/紧緊/仅僅/进進/烬燼/惊驚/竞競/旧舊/举舉/剧劇/据據/惧懼/卷捲/觉覺

【K】开開/克剋/垦墾/恳懇/夸誇/块塊/矿礦/亏虧/困睏/扩擴

【L】腊臘/蜡蠟/来來/兰蘭/拦攔/栏欄/烂爛/劳勞/痨癆/乐樂/类類/累纍/垒壘/里裏/礼禮/丽麗/厉厲/励勵/离離/历曆歷/隶隸/俩倆/帘簾/联聯/恋戀/怜憐/炼煉/练練/粮糧/两兩/辆輛/了瞭/疗療/辽遼/猎獵/临臨/邻鄰/灵靈/龄齡/岭嶺/刘劉/浏瀏/龙龍/楼樓/娄婁/录録/陆陸/虏虜/卤鹵滷/卢盧/庐廬/泸瀘/芦蘆/炉爐/乱亂罗羅/屡屢/虑慮/滤濾/驴驢

【M】迈邁/买買/卖賣/麦麥/蛮蠻/么麼/霉黴/蒙濛懞矇/梦夢/弥

彌瀰／面麵／庙廟／灭滅／蔑衊／亩畝

【N】难難／恼惱／脑腦／拟擬／酿釀／镊鑷／宁寧／农農

【O】欧歐

【P】盘盤／辟闢／苹蘋／凭憑／朴樸／扑撲

【Q】齐齊／气氣／启啟／岂豈／千韆／迁遷／签簽籤／牵牽／墙墙牆／蔷薔／枪槍／乔喬／侨僑／桥橋／壳殼／窍竅／窃竊／亲親／寝寢／庆慶／穷窮／琼瓊／秋鞦／区區／趋趨／权權／劝勸／确確

【R】让讓／扰擾／热熱／认認／荣榮

【S】洒灑／伞傘／丧喪／扫掃／啬嗇／杀殺／晒曬／伤傷／舍捨／摄攝／沈瀋／审審／渗滲／声聲／胜勝／圣聖／绳繩／湿濕／适適／时時／实實／势勢／师師／寿壽／兽獸／数數／术術／树樹／书書／帅帥／双雙／松鬆／苏蘇嚕／肃肅／虽雖／随隨／岁歲／孙孫

【T】态態／台臺檯颱／摊攤／滩灘／瘫癱／坛壇罈／叹嘆／誊謄／体體／条條／巢糶／铁鐵／听聽／厅廳／头頭／图圖／团團糰

【W】袜襪／洼窪／万萬／弯彎／网網／为爲／伪僞／韦韋／卫衛／稳穩／务務／无無／雾霧

【X】牺犧／系係繫／戏戲／习習／吓嚇／虾蝦／献獻／咸鹹／显顯／宪憲／县縣／向嚮／响響／乡鄉／协協／写寫／胁脅／泻瀉／亵褻／衅釁／兴興／选選／旋鏇／悬懸／学學／寻尋／逊遜

【Y】压壓／亚亞／哑啞／艳艷／严嚴／盐鹽／厌厭／养養／痒癢／样樣／阳陽／尧堯／钥鑰／药藥／叶葉／爷爺／业業／医醫／义義／仪儀／艺藝／亿億／忆憶／隐隱／阴陰／蝇蠅／应應／营營／拥擁／佣傭／踊踴／痈癰／优優／犹猶／邮郵／忧憂／余餘／御禦／吁籲／郁鬱／与與／誉譽／屿嶼／远遠／园園／跃躍／云雲／运運／酝醞

【Z】杂雜／赃臟／灶竈／凿鑿／枣棗／斋齋／战戰／毡氈／赵趙／这這／折摺／征徵／症癥／证證／郑鄭／只祇隻／帜幟／职職／致緻／制製／执執／滞滯／质質／种種／众衆／钟鐘鍾／肿腫／昼晝／朱硃／筑築／烛燭／专專／庄莊／壮壯／装裝／妆妝／状狀／桩樁／准準／浊濁／总總／纵縱／钻鑽

附录二 《简繁字体转换形义对照表》①

以下为 82 个常用且易致误的简体字与繁体字的转换、形义对照，按拼音字母排序（26 个英文字母顺序），先以声母立目，同声母再以韵母排序：

【B】板：对应两个繁体字：老（闆），木（板）。

表：对应两个繁体字：手（錶），外（表）。

别：对应两个繁体字：告（別）、差（別），（彆）扭。

卜：对应两个繁体字：占（卜），蘿（蔔）。

【C】厂：对应两个繁体字：（厂）[注：多用于人名]，工（廠）。

虫：对应两个繁体字：昆（蟲），长（虫）[注："虺"的本字，毒蛇]。

丑：对应两个繁体字：（醜）怪，子（丑）寅卯。

【D】党：对应两个繁体字：（党）项 [注：姓氏]，（黨）派。

斗：对应两个繁体字：煙（斗）、北（斗）星， （鬥）牛士。

【F】发：对应两个繁体字：（發）达，头（髮）。

范：对应两个繁体字：模（範），（范）仲淹 [注：姓氏]。

丰：对应两个繁体字：（豐）富，（丰）采。

复：对应两个繁体字：重（複）、繁（複）， （複）雜，（復）查、（復）習。

【G】干：对应三个繁体字：（干）涉，（乾）燥，（幹）部。

谷：对应两个繁体字：稻（穀），山（谷）、進退維（谷）。

---

① 本表选自王力主编《古代汉语》（校订重排本）第二册，中华书局，2018 年第 4 版，附录一，第 619—622 页。又，"凡简化字与繁体字都见于古代，而在意义上或用法上有所不同的"，原表后面另附有说明，以供查阅，此略。

刮：对应两个繁体字：（颳）風，搜（刮）。

广：对应两个繁体字：（广）［注：多用于人名］，（廣）
闊、（廣）東省。

【H】后：对应两个繁体字：（後）面，皇（后）。

胡：对应两个繁体字：（鬍）須，（胡）亂。

划：对应两个繁体字：（划）船、（划）得來，刻（劃）。

回：对应两个繁体字：（迴）旋，（回）報、（回）族。

汇：对应两个繁体字：（匯）合、（匯）款，（彙）聚、詞
（彙）。

伙：对应两个繁体字：（夥）計、團（夥），（伙）食、
（伙）房。

获：对应两个繁体字：捕（獲），收（穫）。

【J】几：对应两个繁体字：茶（几），（幾）乎、（幾）個。

家：对应两个繁体字：（傢）具，（家）庭、（家）鄉、科學
（家）。

姜：对应两个繁体字：生（薑），（姜）子牙［注：姓氏］。

借：对应两个繁体字：（藉）口、（藉）題發揮，（借）錢。

尽：对应两个繁体字：（儘）管，（盡）力、前功（盡）棄。

据：对应两个繁体字：佔（據）、憑（據），拮（据）。

卷：对应两个繁体字：風（捲）殘雲，試（卷）。

【K】克：对应两个繁体字：攻（剋）、（剋）期，（克）勤
（克）儉、千（克）。

困：对应两个繁体字：（睏）倦、（睏）覺，（困）苦、圍
（困）。

【L】蜡：对应两个繁体字：（蠟）燭，（蜡）［注：古代一种年
终祭祀］。

累：对应两个繁体字：（纍）贅、（纍）計，連（累）、勞
（累）。

漓：对应两个繁体字：（灘）江，淋（漓）。

里：对应两个繁体字：表（裏）不一、這（裏），（里）
　　程、鄰（里）關係。

历：对应两个繁体字：（歷）史，日（曆）。

帘：对应两个繁体字：窗（簾）、垂（簾）聽政，布（帘）。

了：对应两个繁体字：（了）卻、受不（了），（瞭）解、
　　一目（瞭）然。

【M】面：对应两个繁体字：（麵）粉，當（面）。

蔑：对应两个繁体字：污（衊），（蔑）視。

【P】辟：对应两个繁体字：复（辟），開（闢）、精（闢）。

仆：对应两个繁体字：前（仆）後繼，（僕）人。

朴：对应两个繁体字：（朴）刀，（樸）素。

【Q】千：对应两个繁体字：鞦（韆）［注：简体：秋千］，一
　　（千）。

秋：对应两个繁体字：（鞦）韆，（秋）季。

曲：对应两个繁体字：彎（曲）、戲（曲），（麯）酒。

【S】舍：对应两个繁体字：（捨）棄、施（捨），宿（舍）。

胜：对应两个繁体字：（勝）利、名（勝），（胜）任。

术：对应两个繁体字：技（術），蒼（术）［注：中草藥］。

松：对应两个繁体字：（鬆）散，（松）樹。

苏：对应两个繁体字：紫（蘇）、江（蘇），（甦）醒。

【T】台：對應四個繁體字：天（台）［注：山名又地名］、兄
　　（台）［注：稱呼］，亭（臺）樓閣、舞（臺），寫字
　　（檯），（颱）風。

坛：对应两个繁体字：天（壇）、花（壇）、設（壇）、論
　　（壇），（罎）子。

体：对应两个繁体字：身（體），（体）夫［注：抬灵枢
　　之人］。

涂：对应两个繁体字：（涂）[注：水名；姓]、（涂）月
　　[注：农历十二月]、（涂）吾［注：水名（见《山海
　　经·北山经》)]，生灵（塗）炭、（塗）改。

团：对应两个繁体字：（團）结、（團）体，汤（糰）、饭
　　（糰）。

【X】系：对应三个繁体字：唔（系），關（係），聯（繫）。

咸：对应两个繁体字：（鹹）菜，老少（咸）宜。

向：对应两个繁体字：（嚮）前走，方（向）。

须：对应两个繁体字：必（須）、（須）知，髯（鬚）。

【Y】佣：对应两个繁体字：雇（傭），（佣）金。

余：对应两个繁体字：业（餘）爱好，（余）[注：第一人
　　称代词，我]。

御：对应两个繁体字：抵（禦），（御）駕親征。

吁：对应两个繁体字：长（吁）短歎，呼（籲）。

郁：对应两个繁体字：（鬱）（鬱）；濃（郁）。

愿：对应两个繁体字：（願）望、（願）意、許（願），謹
　　（愿）。

云：对应两个繁体字：　（雲）彩、（雲）南省，子曰詩
　　（云）。

芸：对应两个繁体字：（蕓）薹，（芸）香。

沄：对应两个繁体字：（澐）[注：大波浪]，大江（沄）
　　（沄）。

【Z】脏：对应两个繁体字：肮（髒），内（臟）。

折：对应两个繁体字：奏（摺）、（摺）疊、曲（摺），
　　（折）本、（折）斷。

征：对应两个繁体字：遠（征），（徵）召、象（徵）。

症：对应两个繁体字：（症）候，（癥）[注：腹中结块之
　　病] 结。

致：对应两个繁体字：細（緻），（致）敬、（致）力。

制：对应两个繁体字：節（制）、（制）度，（製）造。

种：对应两个繁体字：（种）［注：姓］，物（種）起源、
（種）田。

钟：对应两个繁体字：時（鐘），（鍾）意。

朱：对应三个繁体字：（硃）砂，（朱）紅色、（朱）元璋
［注：姓氏］。

筑：对应两个繁体字：建（築），擊（筑）［注：古代乐
器］。

准：对应两个繁体字：（準）則、瞄（準），（准）許。

第 六 章

古籍整理的学术标准

回顾百年来古籍整理的发展历程，总结前人的实践和理论成果，思考古籍整理的原则、方法、学术标准等一系列问题，是改进当前古籍整理工作、提高整理工作水平和质量的切实要求，也是古籍整理学科本身发展的需要。尽管我们常以"浩如烟海""汗牛充栋"等词来形容中国古籍的丰富，但经过去粗取精、去伪存真之后，可供整理和出版的古籍资源实际上是有限的。为了更加科学、高效地利用这些有限的古籍资源，更好地继承弘扬祖国文化遗产，尽最大努力避免低水平、粗放式的整理以及应对由于现代技术的利用给古籍整理带来的一些新问题，我们需要建立一套行之有效的古籍整理学术标准，来指导规范我们的古籍整理工作，帮助古籍整理工作者明确工作步骤，建立精品意识，掌握有关标准，有效规避错误。

第一节　古籍整理学术标准的重要性及主要范畴

在具体讨论古籍整理的学术标准之前，我们有必要对古籍整理学术标准的重要意义及主要范畴，做一个概要的论述。

一　古籍整理学术标准的重要作用

（一）古籍整理学术标准建立的必要性

民国时期，随着古籍整理活动的持续发展，有关学者也开始探索并初步总结古籍整理的方法和专门理论。如张元济在影印《四部丛刊》《百衲本二十四史》《续古逸丛书》等实践的基础上，提出"书贵初刻"的版本标准；① 陈垣在《中国史料的整理》中建议对史料进行标点分段，编制专门的索引、目录，纂辑专题史料等多方面的整理，为学术研究提供便利；② 胡适在《研究国故的方法》《再谈谈整理国故》等文章中提出他所主张的整理范式，包括校雠、训诂、标点、分段以及介绍五个部分。③ 这些讨论说明此时期学者已开始注重对古籍的版本选择、校勘原则、注释和今译等方面进行理论和方法上的总结，并由此涉及了古籍整理的具体学术标准问题。

1949 年以来，尤其是 1958 年国务院成立古籍整理出版规划小组之后，确定了古籍整理出版的方针，制订了系统的古籍整理出版计划，有力地推动了我国古籍整理事业的发展。其中，点校"二十四史"及《清史稿》，不啻为中华人民共和国成立后古籍整理的一项伟大工程。对此，"中华书局曾于 1958 年草拟《标点使用办法举例》，次年写有《补例》。1963 年，根据以往数年的工作实践，将以上两个文本修订合并为《二十四史标点使用办法举例》"，④ 为古籍整理的标点提供了范例。在校勘方面，"除做好版本对校外，还要比较系统地进行'本校'（本史各部分的互证）和'他校'（以有关史籍及类书等比勘），并强调要汲取前人对本史的研究"，⑤ 对古籍校勘提出了更高的要求。这些整理要求和标准，进一步规范了"二十四史"及《清史稿》的点校工作，提高了各史的整理水平。

改革开放以后，古籍整理出版迎来了新的局面，古籍整理的数

---

① 张元济：《涉园序跋集录》，古典文学出版社 1957 年版，第 219 页。
② 陈垣演讲，翁独健记录：《中国史料的整理》，《史学年报》1929 年第 1 期。
③ 参见胡适《研究故国的方法》，《东方杂志》1921 年第 18 卷 16 号，第 116 页；胡适演讲，叶维记录：《再谈谈整理国故》，《晨报副刊》第一版，1924 年 2 月 25 日。
④ 许逸民：《点校本二十四史及清史稿修订工程标点分段办法举例》，载许逸民著《古籍整理释例》（增订本），中华书局 2014 年版，第 153 页。
⑤ 赵守俨：《赵守俨文存》，中华书局 1998 年版，第 252 页。

量、规模不断扩大。据统计，新中国成立以来 60 年间，全国整理出版古籍总计近 2 万种，其中 80% 是改革开放以后 30 年间完成的。古籍整理出版的种类、范围更加广泛，除传统四部及文史哲古籍，农医科技类、少数民族古籍均有重要成果问世，方志类、域外汉籍、出土文献、海外珍藏善本古籍等亦有不少成果出版。① 古籍整理实践的深入发展，必然要求古籍整理者、古文献学者对古籍整理工作进行理论与方法的总结，以指导和规范古籍整理行为。尽管改革开放以来，有很多学者专家发表专文，对古籍整理的形式、方法、学术规范、成就与问题进行探讨和总结，但总体来看，与古籍整理事业的蓬勃发展相比，古籍整理的理论研究与学术探讨仍显薄弱。

国家古籍整理出版规划小组在制定的《中国古籍整理出版十年规划和"八五"计划》（1991—1995—2000）中，明确提出"古籍整理的理论研究，学术界重视不够"，"今后应该从方法论入手，将古籍整理的方法升华到理论的高度，加以系统概括和阐释"。② 这说明古籍整理的实践迫切需要学术的介入，需要从理论方法上对古籍整理工作自身的规律和要求进行系统的总结和指导，而理论方法的总结必然涉及古籍整理工作的每一个方面和每一个环节。通过致误原因的检讨，工作原则与方法的总结，明确工作程序与具体的工作要求，以建立起一整套规范和保证古籍整理出版工作步骤与质量的学术标准。因此，古籍整理学术标准的建立，是当代古籍整理理论研究的重要课题，关系到古籍整理出版工作的进一步发展。早在 1991 年，为了规范古籍整理出版工作，中华书局副总编辑赵守俨召集程毅中、傅璇琮、许逸民、张忱石等一起商讨制定当今古籍整理的各项体例细则，最终撰写出《古籍标点释例》和《古籍校勘释例》。1992 年，学者姚敏在《对今后古籍整理工作的八点意见》中敏锐指出："现在各行

---

① 参见李岩《新中国古籍整理出版六十年述要》，《古籍整理出版情况简报》2009 年第 11 期。

② 中华古籍网，http：//www.guji.cn/web/c_ 0000000400030001/。

各业都有许多标准，如国标（GB）、企标、部标等，为的是有了标准，使工作质量有所提高。为使整理出版的古籍质量能以提高，制定一个古籍整理出版的规范很重要也很有必要"。[①] 全国古籍整理出版规划领导小组自 2000 年起，在《古籍整理出版情况简报》上刊载古籍整理办法条规的征求意见稿，先后涉及古籍标点、校勘、影印、索引，广泛征求社会各界意见。此外，黄永年《古籍整理概论》、胡渐逵《古籍整理释例》、时永乐《古籍整理教程》、来新夏《古籍整理讲义》、刘琳《古籍整理学》、曹林娣《古籍整理概论》等古籍整理专著纷纷探讨了古籍整理的具体方法及相关要求，这些研讨加深了我们对古籍整理学术标准的认识。许逸民《古籍整理释例》可谓是对古籍整理方法的大总结，且举有大量例证，带有古籍整理"操作指南"的性质。然而古籍整理的学术标准不仅包括整理方法，还包括整理的一般原则；不仅注重实用意义，也注重理论上的总结。因此，在已有关于古籍整理方法、条规等研讨的基础上，我们有必要对古籍整理学术标准加以凝练和提升，使之能够切实指导古籍整理工作。

（二）古籍整理学术标准建立的重要作用

前人整理古籍的实践以及相关原则方法的总结为我们整理古籍提供了丰富的经验和教训，值得我们认真总结借鉴。杨牧之提出"明人整理古书而书亡，是前车之鉴，值得汲取"。[②] 如果我们不重视古籍整理的普遍原则和相应标准的建立与完善，就不免同明人一样妄行校改古书，我们的古籍整理成果也就很难经得住历史的检验。因此，建立古籍整理学术标准的意义之一就在于为古籍整理者提供有效的整理方法和原则，使得古籍整理者在整理古籍的具体实践中做到"有章可循"。如 1951 年我国颁布实施《标点符号用法》之后，很大程

① 姚敏：《对今后古籍整理工作的八点意见》，载杨牧之主编《古籍整理与出版专家论古籍整理与出版》，凤凰出版社 2008 年版，第 697 页。

② 杨牧之：《新中国古籍整理出版工作的回顾与展望》，载杨牧之主编《古籍整理与出版专家论古籍整理与出版》，凤凰出版社 2008 年版，第 112 页。

度上规范了现代汉语标点符号的使用。同理，如果我们确立古籍标点
的标准，也会对古籍标点起到规范指导的作用，从而减少古籍标点的
失误。古籍整理的学术标准体现古籍整理的基本要求和规范，无论是
初始的选题，还是最终成果的出版，古籍整理的各个环节、各个阶段
都要符合整理的标准和要求。据此建立的一套完整、科学的古籍整理
流程，"也就限制了一些单位为牟利而粗制滥造的弊端"，[①] 有助于提
高古籍整理的质量，避免古籍整理的混乱无序状态。

　　建立古籍整理学术标准的意义还在于为评判古籍整理的成果提供
一把标尺。如今，每年都有大批的古籍整理成果付梓面世，可谓层出
不穷，应接不暇。面对如此众多的古籍整理成果，我们该如何去评判
其质量？或在评判的过程中如何做到"一视同仁""不偏不倚"？这
也需要在学术讨论基础上达成共识，建立一个普遍认同并共同遵守的
学术标准。如 1996 年由詹锳主编的《李白全集校注汇释集评》问
世，在古籍整理的规范问题上引起学术界的反响和争议。其中，郁贤
皓《从〈李白全集校注集释汇评〉想到古籍整理的学术规范问题》
一文针对詹锳整理的《李白全集》存在的问题，提出了一系列古籍
整理的要求和规范，如"整理古籍，尤其是集注、汇评，当然要引
用前人的著作成果。一般说来，只引用其中有启发意义的见解，而对
那些不准确的乃至错误的见解就不必引用，更不必把全部内容移录进
来"；"凡古籍整理一般只引用五四以前的著作，不引用现代人的研
究成果"；"古籍整理在引用别人见解时，一般只作客观介绍，不作
主观评判"以及古籍整理应尽量保证注释、文字和标点的准确性
等。[②] 针对郁贤皓的观点，葛景春发表《也谈古籍整理的学术规范问
题——与郁贤皓先生商榷》一文，对郁文提出的质疑一一作了回应

---

① 姚敏：《对今后古籍整理工作的八点意见》，载杨牧之主编《古籍整理与出版专家论古
籍整理与出版》，凤凰出版社 2008 年版，第 697 页。

② 郁贤皓：《从〈李白全集校注集释汇评〉想到古籍整理的学术规范问题》，《南京师范大
学学报》（社会科学版）1999 年第 1 期。案：詹书名"汇释集评"，郁文原题作"集释汇评"。

和驳辩，认为"詹书无论是在整理古籍的体例上或是在引用他人学术观点的范式上都是一部严格遵循古籍整理学术规范的著作"。① 吕华明发表《再谈古籍整理的学术规范问题》一文，结合上述两篇文章的争议，也对古籍整理的串解、引证等问题阐述其意见。② 从这次学术争论中，我们不难发现学者在古籍整理的学术规范和标准方面存在一定的分歧，譬如古籍整理是否应该引证今人的成果等问题，学界尚未进行系统的总结和思考，一旦涉及此类问题，或曰"约定俗成"，或以学界"惯例"的方式处理，缺乏一套相对明确的规范和标准可供参考，这就往往会导致学者在评估一部古籍整理成果时出现"自说自话"的现象并引发争议。

古籍整理的学术标准的确立，为我们评估古籍整理成果提供了必要的理论依据，不蹈空言，减少不必要的分歧。我们既可据此去整体地、全过程地评估古籍整理成果，如选题是否恰当，整理方法是否科学，出版方式是否合适；又可有针对性地评估古籍整理成果的某一方面，如校勘、标点、注释、今译等，看其是否达到了相应的学术标准等。

总之，古籍整理学术标准既是整理古籍实践过程中的具体要求，也是衡量古籍成果质量高低的重要依据和评判尺度，体现着古籍整理的基本原则与规范，其最终意义就在于保证古籍整理成果合乎标准，提升质量，让古籍再现生命力，更好地适应、满足现代文明发展的需要。

二　古籍整理学术标准的宏观要求

古籍整理学术标准的宏观要求，是古籍整理实践所要遵循的一般

---

① 葛景春：《也谈古籍整理的学术规范问题——与郁贤皓先生商榷》，《河北大学学报》（哲学社会科学版）1999 年第 2 期。

② 吕华明：《再谈古籍整理的学术规范问题》，《西北大学学报》（哲学社会科学版）2000 年第 3 期。

原则和要求，从整体上规范古籍整理的流程，对古籍整理工作起着纲领性的作用，以下从选题要求、整理要求及出版要求三个方面加以分析论述。

（一）选题要求

面对诸多古籍，我们不可能一一对其进行整理和出版，必然有所甄别选择，从中挑出最重要的和急需利用的。古籍选题是古籍整理的首要环节，而选题标准则涉及古籍整理书目的拟定和项目的设立，其核心标准在于有益于民族（包括少数民族）历史文化遗产的继承与发展（包括对外交流）、有益于现代学术和教育事业的进步。古籍是中国传统文化的重要载体，"它和其他文化遗产一起，已成为中华民族共同心理的历史积累的基础"①。整理古籍，是继承和弘扬中华民族历史文化遗产的具体表现。在选题过程中，有两个问题值得注意：

第一，对于一些古籍要采取"抢救性"整理方式。例如：（1）新出土的典籍文献，大多数世间无传本，即使偶有传本，也与之大不相同，故其学术价值往往较高。加之简牍、帛书等出土文献，"在当前的客观条件下，很难保证原件完全不变，就连照片也不一定能长期保存如初。整理工作主要依靠对原件和照片的观察，所以是有紧迫的时间性的"②，这就决定了整理新出土的典籍文献具有一定的紧急性，需要采取"抢救性"整理，即集中主要的人力、物力资源，在保证质量的前提下，以影印或注解等方式尽快整理出来并加以出版。此外，还有较早出土而未经整理印行的典籍文献，因受制于当时主客观条件，未能及时整理，也应加快整理。（2）海外流传的孤本、善本，或引回原本，或获得副本，都应优先考虑，尽快印行。1981 年中共中央《关于整理我国古籍的指示》明确指出："现在有些古籍的孤

———————

①　李一氓：《论古籍和古籍整理》，载《编辑杂谈》（第二集），北京出版社 1981 年版，第 134 页。

②　李学勤：《加速整理出版出土古籍》，载杨牧之主编《古籍整理与出版专家论古籍整理与出版》，凤凰出版社 2008 年版，第 689 页。

本、善本，要采取保护和抢救的措施。图书馆的安全措施要解决。散失在国外的古籍资料，也要通过各种办法争取弄回来，或复制回来。同时要有系统地翻印一批孤本、善本。"[①]《永乐大典》《俄藏敦煌文献》《法藏敦煌西域文献》等书的出版，就是对海外流存古籍文献进行"抢救性"整理的重要成果。（3）由于语言、文字、宗教等因素，部分少数民族的古籍整理难度大，整理人员少，也应采取"抢救性"整理。1984 年国务院办公厅转发了国家民委《关于抢救、整理少数民族古籍的请示》的通知，强调少数民族古籍是祖国文化遗产的一部分，抢救少数民族古籍的工作十分重要，要把这项工作搞好。[②]少数民族古籍的搜集和抢救不仅限于文字记载，还包括口头形式流传的文学艺术东西，都在抢救整理之列。[③]在这一原则精神指导推动下，到 21 世纪初，不少散藏在民间的少数民族古籍得到整理、抢救，其中包括许多珍贵的孤本、善本，公开出版达 5000 余种。[④]其中，蒙古族的《江格尔》、藏族的《格萨尔王传》、柯尔克孜族的《玛纳斯》、壮族的《布洛陀经诗译注》、回族的《清真指南》《正教真谛》等广受好评，成为少数民族古籍整理的范本。此外，《中国少数民族古籍总目提要》的编纂工作，对我国 55 个少数民族古籍文献展开调查和清点，也是抢救和整理少数民族古籍的重要举措之一。但是我们也要看到，目前少数民族古籍的整理和出版还远远不能满足广大读者和研究者的需求，部分少数民族古籍仍缺乏基本的保护和整理，有些少数民族古籍的整理仍处于起步阶段，由于缺乏系统、科学的整理，甚至无法知道确切的古籍总量。少数民族古籍的抢救和整理工

---

① 《中共中央〈关于整理我国古籍的指示〉》（1981 年 9 月 17 日），载杨牧之主编《古籍整理与出版专家论古籍整理与出版》，凤凰出版社 2008 年版，第 2 页。

② 李冬生主编，国家民族事务委员会全国少数民族古籍整理研究室编《新中国民族古籍工作》，民族出版社 1999 年版，第 22—23 页。

③ 参见李一氓《关于爱国主义》，载杨牧之主编《古籍整理与出版专家论古籍整理与出版》，凤凰出版社 2008 年版，第 13 页。

④ 李冬生：《少数民族古籍的抢救、整理与发展》，《中国民族》2006 年第 5 期。

作，任重而道远，仍需要我们利用现代整理手段，加大抢救和整理的力度。

总之，"抢救性"整理就是针对那些处于"濒危"状态或学术界"急需"状态的古籍，优先投入资源、人力尽快加以整理。在这方面，国家需要给予足够的重视和支持，制定有效的抢救和搜集措施，尤其要关注、重视、征集有关专家学者的意见和呼吁，开展多方面的合作，有计划、有系统地展开对古籍的抢救和整理工作。

第二，继承民族文化遗产仍应秉持批判继承的原则，要有理性的认识和正确的选择。正如齐燕铭所说："整理出版古籍是批判地继承文化遗产的重要一环。古代的文化我们要加以咀嚼、消化，然后才能融会贯通。"① 这种"批判地继承"在选题时具体表现为去粗取精、去伪存真，以及防止市场效应、"功利化"标准对古籍整理工作的影响和损害。

由于传统文化是历史长期发展的产物，带有一定的时代烙印，既有积极的方面，如提倡坚持真理、临危不惧、言而有信、自强不息等精神，也有宣扬封建迷信、诲淫诲盗、皇权神授、专制独裁等消极因素。② 也就是说，我们从事古籍整理，并非凡是古代的典籍都不加选择地加以整理，一些思想内容不健康，不利于现代思想文化的发展和人类文明的进步，如《奇门遁甲》《麻衣神相》等带有严重封建色彩的古籍，③ 都应该加以鉴别而舍弃。因此，对传统文化与古籍整理，我们需要有选择的标准。这个标准一般定义为"民主性的精华"和"封建性的糟粕"，分别含有人民性、革命性和保守性、反动性之类

---

① 齐燕铭：《整理出版古籍是批判地继承文化遗产的重要一环》，载杨牧之主编《古籍整理与出版专家论古籍整理与出版》，凤凰出版社 2008 年版，第 1 页。

② 匡亚明：《中国传统文化与当代社会——中国传统文化中关于个人修养和人际关系思想的现代价值》，载杨牧之主编《古籍整理与出版专家论古籍整理与出版》，凤凰出版社 2008 年版，第 44 页。

③ 匡亚明：《认真整理出版古籍弘扬优秀传统文化》，载杨牧之主编《古籍整理与出版专家论古籍整理与出版》，凤凰出版社 2008 年版，第 24 页。

的意思。① 对于一些古籍中精华和糟粕并存的部分，我们也应该根据这一标准对其采取去粗取精，继承与批判相结合的态度。目前，在继承民族文化遗产问题上，存在两种错误的倾向："一种是主张良莠并蓄，菁芜共存。不看思想内容，不看有无借鉴价值，见什么出什么，甚至提出不管优劣先出版再说的错误主张。一种是以当今的科学水平、认识水平来苛求于古典作家和古典作品。认为古籍遗产一无是处。对民族文化遗产采取虚无主义态度，一概抹杀古典作品。"② 这两种态度都不利于本民族历史文化遗产的继承和发扬。对此，我们应该持正确态度，在继承民族历史文化遗产的同时，又要看到它的历史局限性，以"扬弃"的方式，在批判中继承，在继承中创新。需要说明的是，在判断古籍的精华和糟粕时，要多方面听取专家的意见，因为"有时我们以为不科学的内容未必真无学术价值"。例如，《素问》一书中的"刺法论""本病论"两篇为宋人所补，且有注文，金元名医对此二篇的经义多有阐发，对以后的运气学说以及刺法理论等产生了较大的影响。但是后世刊本或不载此二篇，或只载正文，删去道家色彩较为浓厚的注文，③ 现在看来，这种做法对古籍的保护和学术研究均是不利的。

第三，就是要在市场经济发展的时代，处理好古籍整理出版工作中社会效益与经济效益的关系。改革开放三十多年来古籍整理出版工作的实际表明，一些人为了迎合大众和单方面追求市场效益，在古籍整理选题、整理方式上表现出"功利化"倾向，一切向钱看，恶性竞争，重包装，不重质量，粗制滥造；一些所谓"热门"古籍低水平重复整理，造成人力、物力资源上的浪费，而另一些急需整理的古

---

① 参见庞朴《我们对文化遗产应持何种态度?》，载杨牧之主编《古籍整理与出版专家论古籍整理与出版》，凤凰出版社 2008 年版，第 64 页。

② 刘大林：《关于藏文古籍的整理出版工作》，载杨牧之主编《古籍整理与出版专家论古籍整理与出版》，凤凰出版社 2008 年版，第 141 页。

③ 参见黄龙祥《建国以来的古医籍整理若干问题的初步考察》，载杨牧之主编《古籍整理与出版专家论古籍整理与出版》，凤凰出版社 2008 年版，第 382 页。

籍，却无人问津。① 因此，去粗取精，批判扬弃，在新时期仍然是古籍整理出版选题的基本原则和衡量标准。"功利化"标准损害古籍整理，古籍整理必须坚持社会效益原则，牢固树立"精品"意识，已经成为有关专家学者的共识。

具体来说，在古籍整理选题及出版规划方面，应兼顾"基础性""系统性"和"集成性"三个方面。"基础性"，即保证基本古籍、重要类书或工具书的整理编纂与出版，以满足文史工作者和古籍爱好者的研究与利用之需。"系统性"，即要有系统全面的规划，除了传统文史类，还要关注民族古籍、方志类、科技类、古典戏曲类等专门古籍和专业古籍文献，扩大选题和整理出版的领域。其中，尤其是科技古籍的整理出版仍显薄弱。近年来很多专家学者呼吁关注加强对科技类古籍的整理，② 这就要求古籍整理在选题上要有全局观点，统筹安排，注意各类古籍的均衡，不应比例失调。"集成性"，即把分散的单本古籍、文献根据其主题内容汇集成丛书或套书，既为学术研究提供了便利，也更便于古籍的保存、流传和积累。如改革开放以来出版的《全宋文》《全宋诗》《全元文》《全元诗》等大型总集，为相关研究提供了便利。但是，由于"集成性"成果一般都部头大，耗资多，因此在选题上应力求科学审慎，避免无谓的重复。

（二）整理要求

古籍整理的要求可分为两个层面，一是关于古籍整理工作的一般要求，二是不同方面、不同环节的具体要求。前者不拘泥于古籍整理的某一环节，而是自始至终贯穿于古籍整理的全过程，是对古籍整理中不同程序的普遍要求和整体把握。后者针对古籍整理的各个具体程序和环节，如版本选择标准、注释标准、标点标准等，对古籍整理工

---

① 参见潘吉星《关于科技古籍整理的几点意见》，载杨牧之主编《古籍整理与出版专家论古籍整理与出版》，凤凰出版社 2008 年版，第 350 页。

② 林文照：《试谈科技古籍的"资治"功能及其整理工作的几点困难》，载杨牧之主编《古籍整理与出版专家论古籍整理与出版》，凤凰出版社 2008 年版，第 362 页。

作按照科学合理的方法有序地开展，能够起到指导和规范作用。古籍整理的具体标准和要求是本章的核心内容，在此之前，首先讨论一下古籍整理的一般要求。

第一，古籍整理要求实存真，保护原貌。在整理古籍过程中，无论是校勘、标点、注释还是翻译，都要以恢复古籍原貌，准确表达原书内容，准确反映作者的著述旨趣为原则，不能歪曲古书原意，更不能随意删改古籍原文。如由河北教育出版社出版，陈延嘉、王同策、左振坤等校点的《全上古三代秦汉三国六朝文》（以下简称《全文》）就很好地做到了这一点。清严可均《全文》作为一部大型总集，偶有伪托之作收录在所难免。"对这样既成的事实，全删或选删都是欠妥的，何况有些尚真假难辨，稍有不慎都将铸成过错，所以新版《全文》保持原貌，凡已有确凿证据而属于伪作的，皆在校记中指明"①。对于整篇或大段的重出之文，在仔细考辨之后，予以删除，并作校记说明。至于文章中衍句、衍词、衍字等，不径删，而是用圆括号标出，并出校记略作说明。对于张冠李戴的情况，新版《全文》除在校记中说明，还通过查对资料，找出原出处，但不改动文章在原书中的次序和位置，以保持原书面貌。② 对于古籍中有关色情描写的内容，有些古籍点校者采取一概加以删节的方法。对此，有学者主张应区别对待，因为有些色情描写内容，反映了当时的社会真相，具有研究的价值，故以提供文史哲专业研究之用的整理本，应尽量保持古籍原貌，不作删节。③

要实现"求实存真"，不仅要谨守实事是正，不以意轻改古书等原则，还要重视对古籍辨伪考信。有学者指出："整理古籍与辨伪考

---

① 王君夫：《古籍整理的新收获——评〈全上古三代秦汉三国六朝文〉新版横排校点本》，《长春师范学院学报》2001 年第 1 期。

② 参见王君夫《古籍整理的新收获——评〈全上古三代秦汉三国六朝文〉新版横排校点本》，《长春师范学院学报》2001 年第 1 期。

③ 参见刘统《对古籍删节的几点意见》，载杨牧之主编《古籍整理与出版专家论古籍整理与出版》，凤凰出版社 2008 年版，第 676 页。

信是不可分割的，辨伪考信应是整理古籍的基础工作，是古籍整理中必不可少的一个重要环节。辨伪考信工作开展的好坏，可直接反映古籍整理质量的高低，因而它也是古籍整理水平的显示器。"[1] 尤其是面向学者出版的古籍，其整理目的就在于为学者的研究提供可信的历史资料，推动学术科研的发展。此类古籍一定要注重辨别真伪。除了整体上的辨伪，对于古籍中的某一部分或某一章节，若有真伪的问题，也要及时指出，这样才能最大限度上显示出真实古籍的利用价值。正如梁启超所说："无论做哪门学问，总须以别伪求真为基本工作。因为所凭借的资料若属虚伪，则研究出来的结果当然也随而虚伪，研究的工作便算白费了。"[2] 在这个意义上，古籍整理不能仅局限于标点、校勘等形式，而且要重视古书真伪的考辨，正确地认识和判断古籍的真伪，为实现整理古籍的目的提供扎实可信的基础。[3]

　　第二，要使得整理的古籍便于现代人阅读。任继愈在《与时俱进的古籍整理工作》中说："整理古籍目的在于为阅读者提供方便。读不懂的经过整理读懂了，读不通的，经过整理，可以读通了。如果整理过的古籍，不能准确运用现代语言来表达，仍然使人看不懂，不解决任何问题，等于不整理。"[4] 古籍整理除了要使读者读懂古籍，还要为读者阅读提供一定的便利，不仅要注意正文部分的整理，还要重视正文以外有关内容的整理编辑，如序跋的撰写、附录的编辑、索引的编制等。如 2006 年凤凰出版社出版的点校本《册府元龟》，除对原书讹误作了校改，还编制了全书人名索引，"给广大学人查稽

---

　　① 吴量恺：《整理古籍与辨伪考信》，载周国林、刘韶军主编，华中师范大学历史文献研究所编《历史文献学论集》，崇文书局 2003 年版，第 15—16 页。
　　② 梁启超：《中国近三百年学术史》，上海古籍出版社 2014 年版，第 244 页。
　　③ 王树民：《古籍整理与辨伪求真》，《河北师范大学学报》（哲学社会科学版）2004 年第 2 期。
　　④ 任继愈：《与时俱进的古籍整理工作》，载杨牧之主编《古籍整理与出版专家论古籍整理与出版》，凤凰出版社 2008 年版，第 35 页。

《元龟》中所需的历史人物资料带来了极大的方便"①。随着学术发展的需要，现代古籍整理中的附录也出现了新的内容，即整理者将自己的有关研究论文作为附录，提供给古籍的利用者。如陈智超主持整理的《名公书判清明集》在书末即附录有氏撰《宋史研究的珍贵史料——明刻本〈名公书判清明集〉介绍》一文。该文原载《中国史研究》1984 年第 4 期，详细考察了明刻本《名公书判清明集》的发现经过、版本源流以及史料价值，为学者了解和使用该书提供了更加全面的信息。② 还有学者提出，古籍整理还可以配地图。如任继愈提出："今后整理古籍，如果再印二十四史，每一个专史附上这个朝代的地图（邻国地形，行政区，边界），就更能体现出现代科学整理的新方法新成果。"③ 无论是附录论文还是地图，这些都是现代古籍整理的新形式，是新时代对古籍附录编辑提出的新标准。这也启示我们，古籍整理是无止境的。尽管这种处理是因人而异、因书而异，但现代古籍整理附录编辑已经形成一定的学术标准，值得我们认真总结。

第三，对整理成果进行质量把关。在整理的古籍图书出版之前，应找相关专家学者对其质量进行全面审查和评估，看其是否具备了以下一些特点：（1）内容全面、翔实。如对于辑佚来说，这一点就尤为重要，是反映整理水平标准之一。对于有些古籍而言，尤其是文集、全集类，后人在编纂时并没有收录完备，或在长期的流传过程中佚失了某些篇章，今人在整理出版时，有必要进行增补，这就要求整理者在辑佚时要力求内容全面、完整。（2）前沿性。古籍整理也并不只是埋头于文献之中，对学界的相关研究不闻不问。高质量的古籍

---

① 郁贤皓：《溯史料本源循学术规范——评〈册府元龟〉（校订本）》，《古典文献研究》2008 年。

② 中国社会科学院历史研究所宋辽金元史研究室点校：《名公书判清明集》，中华书局1987 年版，第 645—686 页。

③ 任继愈：《与时俱进的古籍整理工作》，载杨牧之主编《古籍整理与出版专家论古籍整理与出版》，凤凰出版社 2008 年版，第 37 页。

整理成果，应该在整理过程中能够积极吸纳前人的优秀成果、当代的最新成果以及学术界有针对性的批评与纠误，实现后出转精，集成更新。（3）遵守规范。如古籍整理者在引用他人研究成果时，一定要在前言或注释中加以说明。（4）时代性，即"时代精神"。古籍整理应该适应时代发展与社会进步的需要，在整理方法和内容上不断改进更新。任继愈指出："整理古籍，目的是今人的阅读，我们既要全部吸收前人优秀成果，又要表现出现代人的时代特色。前人已有的本领我们都学到手，又要有所增益、创新、发展。"① 在整理方法上，我们不能固守传统的整理手段和操作方式，要特别注重计算机技术在古籍整理中的应用。（5）功能定位较为明确。如果古籍整理是面向一般读者，就要从普及性的角度来衡量，即是否简明实用，通俗易懂；如是提供给专家学者研究利用，则需要从学术的角度来衡量，即是否严谨规范，资料完备。用繁体字整理古籍，固然可以较好地保留古籍原意，但是不利于普及推广。尤其是面向一般读者和青少年的古籍，要用简体字，加标点、注释和今译，最好把竖排转变成横排，符合现代人的阅读习惯；还可以配上插图或光碟等，更易于为现代读者接受。对于面向学术研究的古籍整理工作，其整理方式应采用繁体字、精校、精注、考辨或影印等形式。

（三）出版要求

古籍整理事业的发展，需要社会各个方面的配合。以往探讨古籍整理学术标准、要求，往往只是针对已经完成的古籍整理成果本身，而忽视了与之相关的出版环节，如出版社的出版水平等。因此古籍整理学术标准的建立，亦应将出版社等纳入规范章程之内，从而形成从整理到出版在内的一整套标准和要求。

古籍图书的出版要注重出版社的资质和出版水平，因为并不是所

① 任继愈：《与时俱进的古籍整理工作》，载杨牧之主编《古籍整理与出版专家论古籍整理与出版》，凤凰出版社2008年版，第35页。

有的出版社都具备出版古籍图书的技术条件及人员。比如，古籍影印是古籍出版的一种重要方式，但因出版时间短，效益快，一些本不具备影印资质的单位也纷纷搞起了古籍影印，其后果只能是粗制滥造，无法使用。对于非出版单位影印，"1982 年原文化部出版局有明确规定：1. 除中国书店、上海书店外，其他各地旧书店原则上不再开展此项业务；2. 如果有必要开展影印、复制的，要报批；3. 内容不但应是流传稀少、较为珍贵，还必须具有地方特色"①。因此古籍整理成果的出版，也要注重出版社的资质，尤其是古籍的影印、复制，尽量找专业出版社。

古籍图书出版要开拓新领域，减少低水平重复出版。近年来，古籍图书重复出版问题十分突出。一些出版社不认真规划选题，盲目跟风，"有很多丛书整理得好，出版得好，受到读者欢迎，但有些张家出了李家出，炒来炒去都一样"，② 没有任何创新。古籍出版要保持活力，关键在于创新，在于开拓新领域。对此，古籍整理出版要根据不同年龄段、知识层面的读者的阅读需求，拓宽选题，进行横向整理挖掘。以前古籍整理多着眼于上层经典文化，而"目前杂文化已经是社会的明显需求，用优秀的民族综合性文化去引导，去适应读者，是两全其美的事情"。③ 因此，古籍的出版策划除了要满足专家学者进行学术研究的需求，也要"接地气"，适当关注服饰、陶瓷、书法、绘画等大众喜闻乐见的内容，以满足一般读者的文化需求。

古籍图书出版还要重视知识产权的保护。目前，不少人乃至学者认为从事古籍整理不属于学术研究，整理成果也不能视为个人著述，因而忽视了对古籍图书知识产权的保护。实际上，古籍图书同个人著

---

① 杨牧之：《古籍出版中的几个问题》，载杨牧之主编《古籍整理与出版专家论古籍整理与出版》，凤凰出版社 2008 年版，第 214 页。

② 杨牧之：《古籍出版中的几个问题》，载杨牧之主编《古籍整理与出版专家论古籍整理与出版》，凤凰出版社 2008 年版，第 213 页。

③ 参见沈望舒《中国古籍出版发行之管见》，载杨牧之主编《古籍整理与出版专家论古籍整理与出版》，凤凰出版社 2008 年版，第 231 页。

述一样，是具有知识产权的。重视知识产权，对古籍出版意义重大。在经济利益的驱使下，往往会有不法分子、机构通过盗印、复制已有的古籍整理图书来获利，因盗印成本低，销售价格亦较低廉，如此则对古籍出版市场的正常秩序造成了冲击。我们强调古籍图书知识产权的保护，就是要打击盗版行为，并减少版权争议或其他的出版纠纷。此外，加强知识产权的保护，要求古籍整理者在吸收、借鉴已有整理成果时，应当做出说明或注明出处。如王瑞来点校本《朝野类要》，充分吸收了日本学者的译注成果，对于这些既有成果，在该书前言中都有清楚的说明，这既是遵守学术规范的需要，也是对成果拥有者的尊重。那些不注意遵守学术规范，甚至公然剽窃他人成果的做法，不利于古籍整理事业健康发展，应该给予批评和揭露。

最后，古籍图书出版后，编辑应根据新闻出版署颁布的出版物的质量标准及时对古籍图书进行抽检，认真审查，并统计出图书的错误率，给予反思和总结。

第二节　古籍整理的基本形式及其学术标准

我国历来有古籍整理的传统，从孔子整理六经、刘向校订群书，再到清人编定《四库全书》，古籍整理未尝中断。近百年以来，随着社会的进步、学术的发展、印刷出版技术的提高，古籍整理事业更是进入了一个新的阶段。在长期的实践中，前人不断完善古籍整理的方法和手段，为我们积累了大量的经验和教训。同时，随着社会的进步和文明的发展，也要求古籍整理事业与时俱进，守正出新。其中，建立起科学、完备的学术标准，则是当代古籍整理实现科学化、规范化的迫切需要。前面我们已经谈到了建立古籍整理学术标准的宏观要求，在实际的古籍整理过程中，针对不同的环节、方法，相应地亦有各自的学术标准，这些具体的学术标准多数都会涉及整理原则、整理要求和科学方法等，值得进行系统地总结和反思，从而为提高古籍整理质量提供重要的依据和保证。

一 版本选择与利用标准

传世的古籍，往往不止一种版本，"这些不同的版本，往往给一部书造成了卷帙分合之异，内容多寡之差，以及版刻优劣之别"①。面对诸多版本，古籍整理工作者需要进行选择。如果在古籍整理过程中，版本选择尤其是底本选择出现较大差错或失误，很可能导致古籍整理成果功亏一篑。因此，版本选择在古籍整理所有工序中是起决定作用的工序。② 有鉴于此，人们在长期的古籍整理实践和版本研究中，总结出一整套经验和理论，甚至形成了一门学问——版本学。本节的重点放在与古籍整理有关的版本选择与利用标准的讨论上，而对具体的版本常识以及版本鉴定方法等则不在此讨论。

（一）广搜异本

异本，是指一书的不同版本。古籍整理必然要广搜异本，将不同版本汇集在一起，然后对版本系统进行梳理，比较其异同优劣，判断其校勘价值，从而确定底本、对校本和参校本。

我国近代著名的出版家、版本目录学家张元济，一生主持整理并出版了大量古籍，不仅使得一些珍稀善本得以流传，而且也为学术研究提供了丰富而可靠的资源。张氏在整理和影印古籍的实践中，特别重视广求异本，力求在版本上的尽善尽美。除了选用涵芬楼的藏书，他还辗转于全国各大图书馆和各地藏书家之间，甚至不惜远赴日本以求商借。在此过程中，如发现更早更好的版本，则随时更换已出版的本子。以《四部丛刊》为例，在付印之前，曾拟定底本，其中不乏明刻本，后在正式付印时，发现有更早的宋元旧椠，则马上替换。如《礼记》《大唐西域记》《杜工部诗集》等本拟用明刻本为底本，后

---

① 王瑞来：《略谈古籍校勘》，载杨牧之主编《古籍整理与出版专家论古籍整理与出版》，凤凰出版社2008年版，第550页。

② 参见黄永年《古籍整理概论》，上海书店出版社2001年版，第6页。

全改为宋刻本。到 1926 年重印《四部丛刊》时，又精选了一批更优的版本，替换原来的版本。当今时代，随着信息的更加畅通和交通的更加便捷，为广求异本提供了很大的便利。因此在整理古籍之前，更应该尽可能网罗一切所能见到的版本，包括要充分利用世界上各国图书馆和研究机构编制的收藏目录，顺藤摸瓜，尽可能地找到国外所藏的异本。比如中国的方志，在国外流散的地区很广，数量不少。1995 年，陈桥驿去北美访学期间，曾以《中国地方志联合目录》与加拿大、美国若干大学和图书馆的汉籍目录查对，发现我国稀见志书流散海外的不在少数。甚至拉丁美洲很小的岛国特立尼达和多巴哥，其首都西班牙港的中央图书馆就藏有汉籍 8000 册左右，其中就包括方志。[①] 据陈桥驿调查和统计，在美、英、法、澳大利亚、日本五国主要图书馆和各大藏书机构，总计收藏中国方志近 13000 种，其中不乏我国不存在的孤本和善本。[②] 这就要求我们在整理出版地方志时，尤其是为专家学者研究服务的方志，应充分考虑海外是否存有异本，若有更好的本子，应尽量复制回来，加以整理利用。

（二）底本的选择及采用标准

底本，是指校勘和影印古籍时主要依据的本子。古籍无论采取何种方法来整理，都必须尽可能选择好底本。[③] 早在西汉刘向主持校理中秘藏书时，对"底本"的选择就十分慎重。大体而言，刘向是以中秘所藏之书即"中书本"作为"底本"，以大臣藏书、民间书等"外书本"作为"参校本"，[④] 其校订的原则是，"中书不足，稽之外府，外书讹误，正以中书"，[⑤] 初步确立了版本选择的一些实践原则和操作方法。刘向以中秘所藏之书作为"底本"，是因为在早期官府

---

① 陈桥驿：《中国方志资源国际普查刍议》，《中国方志》1996 年第 2 期。

② 陈桥驿：《关于编纂〈国外图书馆收藏中国地方志孤（善）本目录〉的建议——并简介新近引回的顺治〈秦州志〉》，《中国地方志》2002 年第 1 期。

③ 参见黄永年《古籍整理概论》，上海书店出版社 2001 年版，第 6 页。

④ 参见邓骏捷《刘向校书考论》，人民出版社 2012 年版，第 161—164 页。

⑤ （清）章学诚撰，王重民通解：《校雠通义通解》，上海古籍出版社 1987 年版，第 36 页。

是藏书的主要机构，相对民间藏书，官府所藏之书不仅卷帙较全，内容也比较稳定，是较优的本子。古籍整理的底本，当然要选择较优的本子，即版本学所说的"善本"。

　　善本的选择对古籍整理工作意义重大，"无论采取哪一种方式整理古籍，都必须在多种本子中选一种最好的本子即'善本'作底本，其他的参校本也应先选善本"①。什么样的版本才算得上是善本？这是古今学者都很重视的问题。当然，善本的标准也是随着时代的变化不断演进的。宋人叶梦得《石林燕语》卷八说："唐以前凡书籍皆写本，未有模印之法，人以藏书为贵。书不多有，而藏者精于雠对，故往往皆有善本。"② 这里的善本指的是精于校勘的本子。清代四库馆臣在编纂《四库全书总目》时，选择善本的标准以内容为第一，即要求不妄改旧文，编排精密，足资考证，精校精注，绝无穿凿附会之失等；形式次之，即要求纸墨精良，行款一仍其旧，字画端劲，刀法精到等。③ 在注重内容的同时，兼及版刻形式。清末张之洞在《輶轩语》中论"善本"曰："善本之义有三：一足本。二精本（一精校，一精注）。三旧本（一旧刻，一旧抄）。"④ "足本""精本"主要是指古籍的校勘价值，而"旧本"则指古籍的文物价值。丁丙《善本书室藏书志》则将"善本"之义归纳为旧刻、精本、旧抄、旧校四类。⑤ 毛春翔认为"丁氏四例，略足本，而特标旧校；于精本，特指明刊，实较张氏所标三义，更为精到。足本似可包括在精本之内，不必另立一帜"⑥。可见，"善本"的概念随着时代在发展变化，前人对"善本"的认识并不完全统一，但精于校勘则是共同的标准。

---

　　① 刘琳、吴洪泽：《古籍整理学》，四川大学出版社 2003 年版，第 23 页。
　　② （宋）叶梦得：《石林燕语》，中华书局 1984 年版，第 116 页。
　　③ 参见司马朝军《〈四库全书总目〉善本观初探》，《图书情报工作》2002 年第 8 期。
　　④ 苑书义等主编：《张之洞全集》，河北人民出版社 1998 年版，第 9790 页。
　　⑤ （清）丁丙：《善本书室藏书志》，上海古籍出版社 1995 年《续修四库全书》本，第 927 册，第 688 页。
　　⑥ 毛春翔：《古书版本常谈》（插图增订本），上海古籍出版社 2002 年版，第 8 页。

　　进入民国后，张元济在古籍整理的实践中提出了"书贵初刻"的善本观。他说："古书之可贵，从未有不贵其最初之原本，而反贵其后人改编之本者。"① 古籍在流传翻刻过程中，很容易产生讹误，而初刻本由于刊刻时间早，最为接近原书的本来面貌。本着"书贵初刻"的标准，张元济不仅在收藏古籍时积极搜集较早的宋元刻本，而且在影印出版时也偏爱宋元刻本，"有宋本者不用元本和影宋本，有影宋钞本和元本者不用明本，有原刻本者不用覆刻本"②。商务印书馆在他的主持下出版了大批古籍丛书，如《四部丛刊》（《初编》《续编》《三编》）、《续古逸丛书》、《道藏》、《百衲本二十四史》、《影印元明善本丛书》、《四库全书珍本初集》等，总计 43 种，③ 其中大部分丛书都是精选宋元刻本。然而，正如学者所指出，对古籍整理而言，"书贵初刻"的标准也是有一定的局限性的。如以宋代福建建阳麻沙本为代表的坊刻本，有些虽是初刻本，由于在刊刻之前没有作过认真校勘，不仅不能作为善本，有些甚至是恶本。④

　　自 1978 年始，全国古籍善本书总目编辑领导小组办公室在编纂《中国古籍善本书目》时提出古籍善本"三性九条"的收录标准。所谓"三性"是指古籍的历史文物性、学术资料性、艺术代表性。"九条"则是关于《中国古籍善本书目》收录古籍的具体标准。"三性"标准的提出，引起学者的讨论。有些学者赞成这一标准，如李致忠在《善本浅论》中认为"对任何一部古书，都应从历史文物性、学术资料性、艺术代表性等多方面进行考察。在现存古籍中，凡具备这三方面特点，或具备其中之一二者，均可视为善本"⑤。胜茂、成周在《什么是古籍"善本"》一文中，关于善本的鉴别标准就采用了"三

　　① 张元济：《景印宋淳祐袁州本〈昭德先生郡斋读书志〉跋》，载《张元济论出版》，商务印书馆 2011 年版，第 67 页。

　　② 江曦：《张元济的版本目录学研究》，硕士学位论文，山东大学，2008 年。

　　③ 参见王绍曾《近代出版家张元济》（增订本），商务印书馆 1995 年版，第 60 页。

　　④ 参见黄永年《古籍整理概论》，上海书店出版社 2001 年版，第 13 页。

　　⑤ 参见李致忠《善本浅论》，《文物》1978 年第 12 期。

性"的说法。① 冀淑英认为在"三性"这个范围内，"对古籍的一些
具体条件的考虑，总的说来，是比较从宽的"，并从时代问题、内容
问题、印刷技术、书中批注校跋、书品、外界事物对书籍的影响六个
方面，具体讨论了古籍善本的标准和范围。② 黄永年认为"三性"中
的后两性很难成立，"真正起作用的只有一个性，即历史文物性，是
'一性'而不是什么'三性'"。在《古籍整理概论》中，黄永年提
出自己的古籍善本标准，即古籍善本有两种涵义，一种涵义是"凡
成为文物的古籍都是善本"，这里主要贯彻了"物以稀为贵"的原
则；再一种涵义是"校勘精审的才是善本"。它们之间的关系是"有
相当多的本子会既是校勘精审的善本，又是成为文物的善本；也有一
些本子只是成为文物的善本，不是校勘精审的善本；还有一些本子则
只是校勘精审的善本，不是成为文物的善本"。③ 黄永年提出的这一
标准比较简单明了，得到了不少学者的认可，如时永乐《古籍整理
教程》，④ 刘琳、吴洪泽《古籍整理学》对善本标准的认定，⑤ 均采用
了黄永年的说法。

　　古籍整理首当选择善本作为底本，然而如何进行选择，如何处理
好文物性善本和校勘性善本二者的关系？对此，黄永年认为古籍整理
与研究，首当选择校勘性善本作底本。他说：

　　　　整理古籍，首先要求消灭在传抄刊刻中产生的错误脱漏，使
　　古籍尽可能回复其本来面貌，所以，整理古籍所用的底本，也理
　　所当然地要用校勘精审、比较接近原书面貌的善本作为底本。当
　　然，如果同样是校勘精审的善本，其中一个本子同时又是成为文

① 参见胜茂、成周《什么是古籍"善本"》，《黑龙江图书馆》1978 年第 3 期。
② 参见冀淑英《关于古籍善本的范围》，《文献》1988 年第 3 期。
③ 参见黄永年《古籍整理概论》，上海书店出版社 2001 年版，第 14—16 页。
④ 参见时永乐《古籍整理教程》，河北大学出版社 2003 年版，第 30—31 页。
⑤ 参见刘琳、吴洪泽《古籍整理学》，四川大学出版社 2003 年版，第 24 页。

物的善本如宋本、元本之类，而另一个则只是清人覆刻的本子，不成其为文物，则最好用前者而不用后者。因为书一经覆刻总难免有点走样，总不如不走样的原刻本，用原刻本总比覆刻本让人放心。①

这段话说明古籍整理底本的选择，首先要关注该本校勘是否精审，是否接近原貌，其次才看它是不是古本、珍本。如 20 世纪 50 年代中华书局在点校《史记》时，没有采用以南宋庆元时期黄善夫刻本和明震泽王鏊本补配而成的百衲本，而是选择后出的金陵书局本为底本，这是因为金陵书局本经过清人张文虎的校订，要比补配而成的宋明本更接近原貌。因此，后出的精校本有时也可作底本，不一定就比现存最早的本子差。

掌握了古籍善本的标准，在实际应用中，在底本选择过程中还应注意反复比较，全面衡量，实事求是，择善而从，切忌迷信盲从。也就是说，要重视古本，但不可迷信；要重视善本书目，但不可轻信；要重视专家学者的意见，但不可盲从。② 秉持这样的原则和工作态度，就能很好地应对底本选择过程中出现的一些特殊情况，如将各本比对后，发现最接近原貌的本子是残本。在这种情况下，我们就只好再选择一个可以补充此本残缺部分的比较接近于原本面貌的本子和残本一起做底本。③ 再如，古籍善本往往也是文物，或囿于其他条件，以照相、影印、复印等方式均不能获取古籍善本，作为下策，只好选择比较通行易得且校勘相对较好的版本作为底本。④ 一般说来，有印本不要用抄本；有刊印本不要用活字排印本。⑤

---

① 黄永年：《古籍整理概论》，上海书店出版社 2001 年版，第 16—17 页。
② 参见刘琳、吴洪泽《古籍整理学》，四川大学出版社 2003 年版，第 25—27 页。
③ 管锡华：《校勘学教程》，北京大学出版社 2013 年版，第 107 页。
④ 参见时永乐《古籍整理教程》，河北大学出版社 2003 年版，第 32 页。
⑤ 王瑞来：《略谈古籍校勘》，载杨牧之主编《古籍整理与出版专家论古籍整理与出版》，凤凰出版社 2008 年版，第 552 页。

（三）对校本、参校本的选择及利用标准

对校本和参校本是指底本之外的其他有校勘价值的本子。"把有校勘价值的本子划为对校本和参校本的主要依据是这些本子对于校勘底本的校勘价值的大小。对于底本校勘价值大的选用为对校本，对于底本校勘价值小的就选用为参校本。"① 有人认为底本对古籍整理至关重要，从而忽视对校本、参校本的选择。实际上，对校本、参校本虽不如底本精良，但在某些问题上仍可修正底本，使底本最大限度地接近原貌。因此，参校本、对校本的选择也关乎古籍整理的质量，其在校勘中的作用同样不容小觑。

尽管前文已经说明了整理古籍之前需要广搜异本，在此，我们还要特别强调古籍整理一定要做到尽可能地网罗底本之外的其他本子，从中挑选出合适的对校本和参校本，否则古籍整理的成果也很难经得起时间的检验。如《贞观政要》问世后，不仅在中国多次付梓，在日本也广为流传，② 故《政要》在海内外存在诸多版本。囿于时代限制，1978年上海师范大学古籍整理组在整理《贞观政要》时，认为"《贞观政要》流传的版本不多"，把上海涵芬楼影印明成化刊刻的元代戈直集论本（简称"戈本"）作为底本，以《旧唐书》《新唐书》《资治通鉴》等书与之进行了校对。由于没有利用海外的众多不同的本子作为对校本和参校本，故这个整理本（后由上海古籍出版社出版）对《贞观政要》的校改很不充分，只是"个别地方作了校正"。③ 2003年中华书局出版了谢保成整理的《贞观政要集校》（以下简称《集校》）。此书汇集各种版本多达22种，其中主校本四种，而参校本多达14种，④ 尤其是对在日本所能见到的抄本、刊本基

---

① 管锡华：《校勘学教程》，北京大学出版社2013年版，第108页。

② 参见［日］池田温《〈贞观政要〉之日本流传与其影响》，载袁行霈主编，北京大学中国传统文化研究中心编《国学研究》第六卷，北京大学出版社1999年版，第1—29页。

③ 参见（唐）吴兢撰《贞观政要》，上海古籍出版社1978年版，"出版说明"第2页。

④ 参见谢保成《集校所据贞观政要抄本刊本》，载（唐）吴兢撰，谢保成集校《贞观政要集校》，中华书局2003年版，第53—55页。

本搜罗无遗，可谓是校勘《贞观政要》的集大成之作。正因充分利用了各种参校本，相比上海古籍出版社出版的《贞观政要》，《集校》不仅指出或校改了"戈本"许多错讹，还为学者的研究提供了更多的文本信息。例如："戈本"《政要》载房玄龄于"（贞观）三年，拜尚书左仆射，监修国史，封梁国公，实封一千三百户"。关于唐太宗封房玄龄为梁国公的时间，[①]　《旧唐书》卷六六《房玄龄传》、[②]《唐会要》卷四七、[③]　《册府元龟》卷一二九[④]均载为贞观十一年（637），由此可知，"戈本"《政要》有将贞观十一年房玄龄被封梁国公与贞观三年（629）房玄龄"拜尚书左仆射，监修国史"的时间混为一谈之嫌。上古本《贞观政要》没有指出"戈本"此处的问题，而《集校》本此处出校，说明日本南家本、菅家本、金泽本于此处无"封梁国公，实封一千三百户"十一字。[⑤] 由于南家本、菅家本与金泽本分属于三个不同的版本系统，因此不可能在同一处脱漏同样多的文字，更何况这十一字所反映的时间与前文的"贞观三年"又不一致。因此，"戈本"中"封梁国公，实封一千三百户"此十一字当为衍文。这充分说明了各种参校本对古籍整理工作的意义和价值。

在古籍整理过程中，根据校勘异本的不同情况，对校本、参校本的选择利用还有一些具体的要求或不同的处理。管锡华《校勘学教程》讨论了以下几种情况：第一，有时选出对校本、参校本以后，还应按校勘价值的大小把对校本再分为主要对校本和次要对校本；第二，有时候校勘对象的异本很少，就只能选对校本；第三，有时候校勘对象的异本虽然较多，校者或者以为不必要又是对校，又是参校，就只选出对校本而不选参校本；第四，有时候也可能是因为校勘的对

① （唐）吴兢：《贞观政要》，上海古籍出版社1978年版，第27页。
② （后晋）刘昫等：《旧唐书》，中华书局1975年版，第2461页。
③ （宋）王溥：《唐会要》，中华书局1955年版，第829页。
④ （宋）王钦若等编：《册府元龟》，中华书局1982年影印本，第1551页。
⑤ 参见（唐）吴兢撰，谢保成集校《贞观政要集校》，中华书局2003年版，第58页。

象异本少或校者以为不必要而只选参校本不选对校本；第五，有时候校勘的对象虽有异本，却不选来做对校本；第六，如果校勘的对象是单版本的古籍，那就既不存在选择底本的问题，也不存在选择对校本和参校本的问题了。①

对校本、参校本选择利用的前提条件是对各种本子都要有所了解，知其短长。在具体决定取舍时，也有一定的灵活性，要根据实际的整理需要、版本情况和各版本校勘价值的大小而定。

二　校勘的基本要求及规范

古籍在长期流传过程中，往往经过多次传抄刊刻，其文字难免出现讹、脱、衍、倒等问题。校勘，就是通过同书的不同版本以及相关资料的比较等方法，考订文字异同，恢复古籍的本来面貌。校勘是"整理古籍中必不可少的工序，否则标点、注释等工作也只能以错传错，以讹传讹"，② 同时，校勘也是贯穿古籍整理各个阶段的重要方法，校勘的基本原则、标准和具体方法对于保证古籍整理的质量具有关键意义。

（一）校勘的基本原则是求真

清人叶德辉在《藏书十约》中总结"活校法"时说："活校者，以群书所引，改其误字，补其阙文。又或错举他刻，择善而从。"③即要求在明辨是非的基础上"择善而从"。梁启超在总结清代校勘方法时也提到"拿两本对照，或根据前人所征引，记其异同，择善而从"④。可见，"择善而从"是古人关于校勘一个重要的观念，它实际反映的是校勘"求善"的原则。这一观念在后世仍有很大影响，如夏鼐在《关于古籍整理出版的一些意见》中提到，古籍校勘需要找

---

① 参见管锡华《校勘学教程》北京大学出版社 2013 年版，第 109—110 页。
② 戴南海：《校勘学概论》，陕西人民出版社 1986 年版，第 9 页。
③ （清）叶德辉著：《书林清话》，李庆西标校，复旦大学出版社 2008 年版，第 309 页。
④ 梁启超：《清代学者整理旧学之总成就》，商务印书馆 1999 年版，第 60 页。

一个善本作为底本，然后用不同的版本对勘，并择善而从；① 黄钊也认为整理古籍"不是简单地顺从客体本有的真迹，而是将研究对象与同类古籍进行比较研究，择善而从。这'择善'的过程，就是'去伪存真'的过程"②。

实际上，"择善而从"的原则不具有普遍性，而"只适用于非底本校勘的版本校。凡采用底本进行校勘的，此原则并不适用"。③ 也就是说，只有当没有固定的底本，而是以多种本子为底本进行互校的情况下，遇到异文时可以"择善而从"。这种校勘的目的是为读者提供一个广集众长的定本。在有底本的情况下，校勘的原则应该是求"真"而非择"善"。"求真"就是"通过校勘，尽量清除古籍在流传过程中所产生的讹误，使之恢复，或尽可能恢复它的本来面目"。④应该说，"求真"比"求善"更适应于古籍整理，因为除去古籍在刊刻以及流传过程中造成的讹误，古籍在成书时本身也有可能存在字句值得推敲或引文不准确的问题，但这些问题不属于校勘的范畴。从"求善"的角度来看，古籍整理者是可以对这些字句或引文进行再加工的，但是这种做法会使古籍失真，也不符合校勘的最终目的。因此，"校勘的根本目的是求真，同时也就决定了校勘不是为了求善求美"⑤。需要说明的是，我们强调"求真"是校勘的基本原则，并不意味校勘时"求善"是完全错误的。在缺乏版本依据时，"择善而从"未尝不是一种办法。只是在择"善"的过程中不免加入了校勘

---

　　① 夏鼐：《关于古籍整理出版的一些意见》，《文献》1982 年第 14 辑。
　　② 黄钊：《关于古文献研究中的"存真"与"失真"之我见——再谈研究简帛文献的方法论问题兼答尹振环先生》，《中国哲学史》2003 年第 4 期。
　　③ 曾贻芬、崔文印：《古籍校勘说略》之《论"择善而从"不是校勘的普遍原则》，巴蜀书社 2011 年版，第 39 页。
　　④ 曾贻芬、崔文印：《古籍校勘说略》之《论"择善而从"不是校勘的普遍原则》，巴蜀书社 2011 年版，第 47 页。
　　⑤ 张涌泉、傅杰：《校勘学概论》，江苏教育出版社 2007 年版，第 129 页。

者的主观判断，这种判断是否准确，亦是问题。因此，"择善而从"在实际操作过程中存在很大的局限性，不能作为校勘的基本原则。古籍校勘的基本原则是"求真"，即通过发现并改正原书中的各种讹误，从而恢复古籍的本来面貌。"存真复原"是古籍校勘原则的基本出发点和归宿点，① 我们不能把古籍校勘的"求真"与"求善"混为一谈。

（二）校勘的基本要求：不轻改古书

1991 年 12 月，全国高校古籍整理研究工作委员会邀请邓广铭、邓绍基、刘乃和、许嘉璐、沈玉成、李修生、廖仲安七位先生就《全宋诗》整理出版情况举行座谈会。在征求意见时，大家都对《全宋诗》"以校是非为主，酌校异同，务求简明的作法"表示特别赞同。② 的确，古籍校勘不只是校异同，还要校是非，这是因为要恢复古籍的原貌，我们不能光罗列异文，而不作判断。校勘的目的和内容决定了古籍校勘要定是非，要改正古籍上的文字讹误。但是，这并不意味着校勘就可以轻改原文，相反，在判断是非，改正讹误的问题上，校勘学在长期的实践中形成了自己的原则和标准。早在孔子删定"六经"时，即主张"多闻阙疑"，后世将其总结为"阙疑法"，即在古籍整理过程中，遇到疑难，在没有充分依据的情况下不妄下判断，不以意轻改，而是暂时存疑，以待条件成熟后再加以解决。尽管后世的校勘家未能完全做到不轻改，但都非常重视这一原则，"在他们的校勘著作中有很多都不改底本，只把校勘的意见写于校勘记中。有的甚至只罗列异文而不作任何按断，留让读者自己择善而从"③。这些做法都是不以意轻改的校勘要求的体现。校勘的目的是存真复原，定是非，改讹误，必须建立在判断准确、证据充分的基础上。否则，在没有把握的情况下，以意轻改，或妄行校改，将导致以不误为

---

① 参见郭英德《古籍校勘原则之我见》，《传统文化与现代》1996 年第 6 期。

② 参见燕文、卢伟《部分在京专家座谈〈全宋诗〉》，《中国典籍与文化》1992 年第 2 期。

③ 管锡华：《校勘学教程》，北京大学出版社 2013 年版，第 161 页。

误，破坏古籍原貌，不仅无益当代，还将贻害后代子孙，与校勘的基本原则是背道而驰的。

（三）出校的标准和要求

出校，就是确定哪些异文、疑误必须注出，写入校勘记，以示读者。古籍校勘，并不需要对所有修改内容都要出校记说明。是否出校，也需经过认真思考和选择。在长期的古籍整理和校勘实践中，有关学者对校勘出校的具体标准做了很好的总结。如时永乐《古籍整理教程》将出校的具体标准总结为以下七项：（1）明显的错字可以不出校，可以径直改正，不出校记。（2）凡是底本不误，他本误者；本书不误，他书误者，可以不出校记，以免烦琐。（3）凡是两通却含义不同者，可出异文校记。只是个别虚字有出入，不影响文义者，可以不出校。（4）古人引书中常有省略删改，凡是本书节引他书而不失原意者，尽可能保持本书原貌，无须根据他书改动本书。必要时，可在校勘记中说明异同。（5）凡底本之脱、讹、衍、倒，确有实据，必须补改删乙者，均应出校记，并应说明校改的依据和理由。（6）凡作者避本朝讳或避家讳而造成的改字等，为了保持书的原貌，应该不作改动。个别影响理解原文的避讳字，可出校记说明；后人刻书而为本朝避讳的，在据古本改回时可出校记。为避免校记过多，可在第一次出校时或者序跋中作总的说明，而不必一一出校。（7）校勘不同于注释，也不同于研究历史，校勘的对象只限于古书在流传过程中产生的脱讹衍倒等错误，至于异体字、通假字和作者观点见解上的错误，不用出校，也不用去辩驳。若古书存在历史事实的记载上有错误，在十分有把握的前提下，可以在校记中作出说明，但不能改动原书。① 这些细则明确且有针对性，对校勘记的撰写能起到很好的指导和规范作用。

尽管上述七条出校标准中已经涉及古书引文以及避讳字、异体

---

① 时永乐：《古籍整理教程》，河北大学出版社 2003 年版，第 121—122 页。

字、通假字的问题，但是这两类问题在古籍整理中较为常见且情况复杂，需要略作说明。古籍整理过程中，难免会遇到古书引文有省略、改动或添加。针对这个问题，已出版的古籍整理本的处理方式并不统一，有的在正文部分补足或删减引文，有的在校勘记中补足或删减引文。如何恰当地处理这类问题，学者提出应掌握两个原则：一是尊重古人的引书习惯，二是维护古籍的本来面貌。古人引书往往凭借记忆，不像现代人这么规范、准确，往往会与原文有出入，甚至有字词讹误。尽管如此，只要是出于著者原意，而非马虎大意脱漏，可以不过分计较引文的首尾是否完整，中间字句是否有跳跃。如果在正文中对脱漏的引文大段补充，就会破坏古籍原貌，使整理后的古籍面目全非。当引文的脱漏对古籍内容的理解造成影响时，可以在校勘记中加以补充和说明。同样，在检核原文，发现古人引文出现讹误的情况下，也应遵循上述两个原则。如果在文义上讲得通，并与原文无较大出入，就应尊重古人的引书习惯，不必去改动，一般也无须出校记；如果引文在文义上与原书相违，或影响到文义的理解，则宜在校勘记中加以说明。再有一点，古籍引文中的讹误，还可能与著者本身无关，是在刊刻过程中造成的。对于这种情况，可以在正文改字，但必须是版本依据与引文原文相一致方可改正。①

对于校勘中的避讳字、异体字、通假字，一般原则是不作改动，以保持古籍原貌。但对于一些特殊情况，还需具体对待。例如，对于缺笔避讳而造成的笔画不足，可以补足笔画，但应在校记或全书前言、凡例中加以说明。涉及普通读物，为便于读者阅读，可以在保留避讳字、异体字的基础上，在避讳字、异体字之后用括号等形式标出相应的"正字"，但一定要出校记说明，否则读者只见校改，不见校语，不便于理解和选择。此外，还可探索其他更有效的办法，如张荣

---

① 以上参王瑞来《略谈古籍校勘》，载杨牧之主编《古籍整理与出版专家论古籍整理与出版》，凤凰出版社 2008 年版，第 547—550 页。

起整理的《三遂平妖传》在异体字的处理方面，具有很好的示范作用。这个整理本原样保留了底本中的异体字，在全书的起首附上了一份比较详尽的《本书习见语汇用字，同音假借字及其与本字同用的各字简表》，学者认为这种做法值得借鉴。[①] 在必要的情况下，整理的古籍附录一张避讳字、异体字与正字的对照表，既保持了古书原样，又便于读者查阅，可谓一举两得。

（四）校勘记的写作标准

校勘记，又称校记，是呈现校勘成果的一种文字表达形式。校勘记的体裁多样，并没有统一的模式。有的学者把一般的校记归纳为几种类型：（1）夹校式，即随文标注，把校语夹在正文之中，置于需要出校的词或句子之后。（2）页校式，把校语放在一页之尾，在正文与校语中用相应的数字标明顺序。（3）条（或篇）校式，把校语放在每条（或篇）的后面。（4）卷校式，把校记汇总之后放在每卷的后面等。[②] 其实，还有一种类型是不将校记附于校勘古籍之中，而将校记汇集成专书，成为独立的校勘专著。清代学者的这种校勘专著不少，如卢文弨的《群书拾补》、王念孙的《读书杂志》、俞樾的《诸子平议》，民国时张元济的《校史随笔》也属于这种类型。附于校勘成果中的校记，其撰写位置应根据实际情况需要灵活处理。如果校记内容不多，书的部头不大，可把校记置于书后；如果部头较大的书，为了翻检方便，最好将校记置于篇或卷之后。对于校勘记的内容，一般要包括三个部分：（1）写通过异本、本书和其他校勘资料以及运用各种知识所发现的问题。（2）交代判定正误是非的根据和理由。（3）给正误是非做定断。[③] 通常把这三层内容称为一校、二证、三断。当然，在缺乏坚实证据的情况下，校记应该实事求是地存

---

①　林嵩：《〈平妖传〉异体字与版本研究丛札——兼谈古籍整理研究中的异体字问题》，《文献》2012 年第 4 期。

②　参见张涌泉、傅杰《校勘学概论》，江苏教育出版社 2007 年版，第 123 页。

③　管锡华：《校勘学教程》，北京大学出版社 2013 年版，第 209 页。

疑，所以存疑也可以看作"断"的一种辅助形式。或许有学者认为
校记可以不"断"，把是非判断留给读者和后人才能更忠实于原书。
我们认为，随意改字才会破坏古书原貌，而校记中的判断则不影响；
如果校记中没有必要的判断，校记的内容不完整，也不能真正体现古
籍整理的效果。

　　关于校勘记的文字表述，要达到三个方面的标准：第一，校记要
充分吸收前人的校勘成果。汇集前人的校勘成果一般只用结论部分，
自己的按断可放在最后。第二，校勘的底本、对校本、引用前人校说
及经常引录的古书都应使用简称，其全称可在凡例或序跋中加以说
明。引书应标明篇名或卷数。第三，语言要简练，体例要统一。语言
风格上可采用浅近的文言，校勘术语的使用要专业、规范。① 还有一
点要提出来的，就是有的大型古籍常常由多人负责校勘，撰写校记之
前必须先制定一个校记文字表述的统一体例，完成校记后由专人按体
例复查，使全书校记形成一致的表达方式。简言之，第一个标准主要
针对校记的表述内容，要求撰写人要吸收和借鉴前人的研究，为读者
提供更多的参考和选择。第二、三个标准主要针对校勘记的语言，务
求简练、规范，避免烦琐重复，使校记能以简练的方式容纳较大的信
息量。

三　注释的类型及其标准

　　阅读古籍，常会遇到由于语言的古今隔阂造成的阅读困难，而给
古籍作注释的目的首先是扫除古籍中字词所带来的阅读和理解障碍，
其次是准确地诠释古文的原意，② 给读者提供便利。我国的古籍注释
具有悠久深厚的传统，古今学者在给古籍作注释的过程中积累了丰富
的经验，也逐渐形成了注释古籍的一些基本原则和方法。

---

① 　参见张涌泉、傅杰《校勘学概论》，江苏教育出版社 2007 年版，第 124 页。
② 　参见许逸民《古籍整理释例》（增订本），中华书局 2014 年版，第 49 页。

　　第一，根据原书的性质特点，以及不同层次的读者对象，科学选定注释的内容和类型。历史上，古籍旧注的类型繁多，主要有传、注、训、诂、解、笺、疏、记、说、微、章句、正义、疏证、校注、订、音义等十几种，这十几种类型的旧注，往往有特定的含义和体例。了解学习古籍旧注及相关知识，不仅可以帮助我们解决已不大为人知的语言问题，还可以为我们今天给古籍作注选择类型时提供参考。现代古籍注释（一般称为新注或今注）的类型划分，学界尚未有统一的标准，但学者对此有所关注讨论。如有的学者从整体上将注释分为三种类型：一是校注、今注、笺注、校释、校疏以及笺校、笺证；二是集注、汇注、集解等；三是编年笺注。① 有的学者根据注释的体式，将注释类型主要归结为选注本、今注今译本、补注本、集注集释本、文学作品集笺注本五大类。② 还有学者根据注释的内容、性质、知识量，将注释划分为若干类型，如从注释内容上可分为：文字注释类、章句类、义理类、综合类；按注释性质可以分为：首注自为类、补述类、辨证类、校订类、纂集类；按注释的知识量可以分为：简注类、详注类、集注类。③ 尽管古籍注释的类型有多种，但是在古籍整理的实践工作中，有些类型的注释相互之间并非界限分明，如简注和详注就难以严格区分。如何给注释严格分类并不重要，关键是在古籍整理过程中，注释类型的选择要符合原书的性质，符合读者对象的阅读习惯和需求。对于文字难懂、内容专门的古籍，适合详注，反之则可简注。如果是给一般读者看，注释条目可以多一些，古代的地名、人名、职官、名物、典故都应进行适当的说明，对于某些思想内容也需要解说，让读者不仅读懂古书原文，也要体会到作者的文外之意。注释的语言要通俗易懂，在内容上一般不作考证和引证；如果古

---

　　① 参见李国章《古籍整理出版工作概述》，载全国古籍整理出版规划领导小组办公室编《古籍整理出版十讲》，岳麓书社 2002 年版，第 49 页。
　　② 参见时永乐《古籍整理教程》，河北大学出版社 2003 年版，第 196—204 页。
　　③ 参见王耀楠《注释学纲要》，语文出版社 1991 年版，第 46 页。

籍整理面向专家学者，注释条目可以略少，但是要有学术性，对于繁难字句或有异议的地方，可作考证和辨析，甚至可以加上自己的按断，以供读者参考。

第二，深入钻研，实事求是地选定注释条目。古籍注释要坚持实事求是的原则，不要搞"伪注释"。所谓的"伪注释"是指没有必要的注解，即读者不需要参考，或者不能帮助读者理解古籍原文的注释。有些古籍整理者在注释之前，并不肯下功夫研究古籍原文，该注释什么，哪些内容不该注释，全无了解，又不考虑读者的阅读需求，仅凭己意，见字就注，眉毛胡子一把抓，错误地以为注释越多，古籍整理的含金量越高。殊不知这样的注释反而画蛇添足，给读者徒增阅读负担，没有任何实质意义。更有甚者，自己不仅不肯钻研，还照搬别人的成果，抄来抄去。再有，古籍注释切忌"避重就轻"，对于繁难之处，不仅不能回避，反而应该将其作为注释的重点，深入研究，为读者扫清阅读障碍。一般来说，古籍注释的条目主要包括以下八项内容：（1）解释字、词的音义；（2）串讲句意；（3）说明修辞手法；（4）解释成语典故；（5）讲解典章制度；（6）补充事实；（7）注释人名、地名和事件；（8）说明古书的体例。① 当然，在实行过程中，可根据读者对象和古籍的难易程度灵活处理。总之，古籍注释要求整理者要吃透古籍原文，坚持实事求是，精心选择注释条目，纠正那种越是可不注的越要注，越是应该注的却不注的浮躁不实的学风。

第三，不要望文生训、穿凿附会，注释要严谨、准确、可信。《孟子·万章上》认为说《诗》之法，"不以文害辞，不以辞害志。以意逆志，是为得之"，② 即不要拘泥于文字而误解词句，也不可因拘泥个别词句而歪曲作品本意。这样的原则同样适用于古籍注释。

---

① 时永乐：《古籍整理教程》，河北大学出版社 2003 年版，第 185—196 页。
② 杨伯峻译注：《孟子译注》，中华书局 1988 年版，第 215 页。

"好的注释，其首要标准是准确明了，符合原意，绝不可强不知以为知，穿凿附会，乃至曲解原意。"① 因此古籍注释要对原文词性和词义要有准确地把握和理解，不能望文生训，随意曲解。疏通文意有时也应有必要的校勘考证，不能强为之解。尽管有的学者提出古籍注释坚持要"述而不作"，认为注书必须符合作品的时代及作者原意，不可借题发挥，超出原文本意。② 但是我们认为，当碰到词句或语意晦涩难懂时，在字词解释之后，为了帮助读者更好地理解作者的原意，可以作进一步说明，但不能任意发挥，仍要围绕解释的问题展开。此外，古籍注释要确保严谨、准确，就要对古籍注释的难点有所了解。许逸民认为注释的难点在于典故与地名。注释典故必当溯其源，了解其原始的出处与含义，同时也要兼顾其在古籍原文中的确切用意；注释地名则要考察历史上的沿革，又要注意当代行政区划的变迁。③ 这些问题与方法都应引起古籍注释者的重视。

第四，注释文字要力求简要、通畅，避免烦琐重复。张振佩在《谈注释》一文中把"简要"看作注释的第一原则，认为"注释文字，包括疏笺在内，都以简要为第一义"④。夏鼐在《关于古籍整理出版的一些意见》的文章中持同样的意见：一切注释，都要求简要，力戒烦琐。⑤ 要注意的是，"简要"不等同于简注，而是指用最凝练的文字去准确注解，避免文字拖沓重复。注释中有引证时，也应追求精练，毕竟注释的目的在于帮助读者疏通原文。注文要是烦琐重复，则会分散读者的注意力，增加阅读负担，甚至会引起读者的阅读不适，直接放弃对注释的参考。"通畅"是指语言规范，文笔流畅，表

---

① 许逸民：《古籍整理释例》（增订本），中华书局 2014 年版，第 58 页。
② 孟繁之、曹泳兰：《古籍注释中几个问题》，《古籍整理研究学刊》2007 年第 1 期。
③ 参见许逸民《古籍整理释例》（增订本），中华书局 2014 年版，第 58 页。
④ 张振佩：《谈注释》，《古籍整理研究学刊》1988 年第 1 期。
⑤ 夏鼐：《关于古籍整理出版的一些意见》，《文献》1982 年第 14 辑。

达清晰。这要求注释文字不能有歧义，或者故作高深，读起来拗口，让读者摸不着头脑。

第五，按照"创造性转化，创新性发展"的原则，古籍注释也要以科学扬弃的精神引导读者，体现时代精神和创新成果。古籍注释不要受旧注释方法的束缚，简单停留在恪守古训古义上，而是也要体现时代要求，积极引导读者。囿于时代的局限，古人对于自然、社会的认识在今天看来难免有所缺陷，如"天圆地方"的宇宙观，"英雄造时势"的历史观。对于这样的内容，我们仅靠传统的训释恐怕难以真正解决问题，需要结合当今的认识，加以说明和阐释。再如，随着西方解释学的传入，文学作品的注释也不再满足于解释单词、单语，而是要提高到体会形象语言上，否则太落后于理论，落后于时代。① 对于古籍中原有的"糟粕"，我们不能视而不见，在注释时，要以科学的精神为读者指明，以供读者辨别。我们今天注释古籍，是在前人成果的基础上进行，对于有价值的内容我们仍要借鉴，对于前人没有解决的问题，我们要结合当今的研究，有所开拓和创新，尽可能地解决。在方法上，我们也要根据读者的需求，创造出适合今人阅读的注释方法，如译注结合，注释与赏析结合等。总之，古籍注释要"后出转精"，赋予其现代表达形式，在内容上也要体现时代的进步，从而更好地服务于读者。

四　标点的基本要求与标准

标点是现代古籍整理不可或缺的一环，"标点的目的，就是根据古籍的实际，用标点符号把原文的结构，停顿、语气清晰而准确地再现出来，帮助读者理解古书的原意。"② 在新式标点传入我国之前，

---

① 参见靳极苍《再谈古籍注释要为当前读者服务》，载靳极苍编《古籍注释改革论文集》，山西人民出版社 1989 年版，第 11—12 页。

② 王友才：《略谈古籍标点中出现的问题》，《青岛海洋大学学报》（社会科学版）1997 年第 2 期。

我国古代将标点多称为"句读"。"句读"是指文章中应该休止和停顿的地方。古人将在语意完整的地方停顿称为"句"，在语意未完整而需要停顿的地方叫作"读"。人们普遍认为句读起源于汉代之前，近代以来的考古发现也证明了这一点。在汉代，治经学者讲求"章句"之学，就是在经传上加上符号，以便诵习。[1] 宋以后，汉代的章句旧式或渐次消失或有所变化，如宋代出现了用小圆圈、小圆点来进行断句，这种"圈点"的做法一直延续到清代。[2]

民国时期，随着新文化运动的开展，新式标点也得到了推广。1919年，由马裕藻、刘复、朱希祖、钱玄同、周作人、胡适等人联名提出的《请颁行新式标点符号议案》在国语统一筹备会第一次大会上顺利通过。1920年，北洋政府教育部正式颁行。这个议案首先解释了标点符号的含义，然后详细列举了新式标点的种类及用法，其中包括句号、冒号、点号、问号、惊叹号、引号、破折号、删节号、夹注号、私名号、书名号12种标点符号，[3] 这对标点符号的规范化起到了推动作用。

民国时期将新式标点应用于古籍整理，以亚东图书馆对古典小说的整理最具代表性。这家在上海出版界名不见经传的小型出版社在新文化运动的潮流中得到陈独秀、胡适等新文化运动健将之鼎力相助，在古典小说的标点上开了先河，前后整理了包括《水浒传》《红楼梦》《镜花缘》等在内的十余部小说。亚东出版的标点本古典小说，不仅标点的质量高，而且重规范，在每部小说前一般会附有一篇《本书所用的句读符号说明》，列举12种新式标点的具体用法，然后举例加以说明，[4] 对古籍标点起到了示范作用。读者不仅"从它学做白话文"，还学会"如何打标点用符号"[5]。

---

① 参见黄永年《古籍整理概论》，上海书店出版社2001年版，第106页。
② 参见黄永年《古籍整理概论》，上海书店出版社2001年版，第108—109页。
③ 参见《请颁行新式标点符号议案》，《北京高师教育丛刊》1920年第2期。
④ 陈祺：《民国古籍整理事业研究》，博士学位论文，北京师范大学，2013年。
⑤ 吴组缃：《漫谈〈红楼梦〉亚东本、传抄本、续书》，载魏绍昌著《红楼梦版本小考》，中国社会科学出版社1982年版，第2页。

　　但是，总体而言，民国时期以新式标点整理古籍尚未成熟。陈垣在《中国史料的整理》中说："现在我们要整理史料，第一步的工作便是有翻译旧书的时候，最低限度，要将旧书点句，能分段分节、加以标点符号更佳。"① 陈垣把句读视为古籍整理的最低限度，但是把标点符号看作一个更高层次的要求，说明新式标点在此时期的古籍整理中尚处于摸索阶段。由于缺乏相应的原则规范，古籍标点的质量有时无法保证，以致鲁迅批评说："今人标点古书而古书亡，因为他们乱点一通，佛头着粪。"②

　　中华人民共和国之后，随着古籍标点工作的普及深入，人们开始对古籍标点的原则、方法等进行较为细致深入的探讨和研究，古籍标点的有关标准也渐次成熟。

　　（一）标点符号使用的具体标准

　　对古籍进行标点，离不开对标点符号的正确使用。1996 年 6 月 1 日起实施的中华人民共和国国家标准 GB/T 15834—1995《标点符号用法》，既适用于现代汉语，也适用于古代汉语，是古籍整理中使用标点符号的依据。标点符号用法包括句号、问号、叹号、逗号、顿号、分号、冒号、引号、括号、破折号、省略号、着重号、连接号、间隔号、书名号、专名号，计 16 种，而标点古籍较为常用的只是其中的 13 种，省略号、连接号、着重号一般不用。③ 这里主要讨论一下句号和逗号、顿号和分号、引号、专名号和书名号的使用。

　　1. 句号和逗号的使用

　　句号表示陈述句末尾的停顿，逗号表示句子内部的一般性停顿。陈述句是用来说明事实的，无论肯定事情的存在，还是否定事情的存

　　① 陈垣：《中国史料的整理》，载《陈垣学术论文集》第二集，中华书局 1982 年版，第 331—332 页。原载《史学年报》1929 年第 1 期。
　　② 鲁迅：《病后杂谈之余》，载《且介亭杂文》，上海文艺出版社 1991 年版，第 230 页。
　　③ 许逸民：《古籍整理释例》（增订本），中华书局 2014 年版，第 25 页。

在，只要文意已完，均可用句号。相比于句号，逗号的使用较为复杂，主要有这样几种情况：（1）无论单句、复句，内部的停顿都用逗号。（2）判断句的主语、谓语之间，因为一般不用系词，故需用逗号点开。这类句子有时在主语后用"者"字表示停顿。（3）有时句子的并列成分层次不同，也需要逗号和顿号相间使用。例如："太子太师、赵国公长孙无忌，太子太傅、梁国公房玄龄，太子太保、宋国公萧瑀，各辞调护之职，诏许之。"（《旧唐书·太宗本纪下》）①在古汉语中，有时会出现所谓"倒装句"，即把谓语、状语或宾语提到主语之前。这时就有可能需要在前置成分和主语之间用逗号，例如："亦太甚矣，先生之言也！"（《战国策·赵策三》）②

2. 顿号和分号的使用

顿号表示句子内部并列词语之间的停顿。凡名词并列而易引起误会的，使用顿号分开。在语法结构上数句并列一气贯通的，亦宜用顿号而不用逗号。③正确使用顿号的关键在于先要弄清楚：一是相邻的词语是否确为并列词语；二是各并列词语的确切界限。④

分号表示复句内部并列分句之间的停顿。分号表示的停顿比逗号大，宜用来隔开文意紧接而并列明确的分句。分号的主要作用在于分清层次结构，不宜过多使用。在散文中，分号最好少用，凡能用逗号或句号代替的地方，就不用分号。在骈文中，分号的使用亦应限于对仗的句式。⑤

3. 引号的使用

引号是用来"标明行文中直接引述的话"。在古籍标点中，引号像逗号、句号一样最为常用，但在具体使用中，引号的问题却比逗号

---

① 许逸民：《古籍整理释例》（增订本），中华书局 2014 年版，第 25、28 页。
② 参见时永乐《古籍整理教程》，河北大学出版社 2003 年版，第 142 页。
③ 许逸民：《古籍整理释例》（增订本），中华书局 2014 年版，第 29 页。
④ 刘琳、吴洪泽：《古籍整理学》，四川大学出版社 2003 年版，第 97 页。
⑤ 许逸民：《古籍整理释例》（增订本），中华书局 2014 年版，第 29、30 页。

和句号多。时永乐《古籍整理教程》认为在具体标点古书时，引号是最容易出错的，主要表现为三种情况：（1）当用引号而未用。古书当中，在人物语言和引语前面，未加"曰""言"等动词，标点者又没有认真揣摩上下文，在应用引号之处却未用。（2）引号下衍，把作者的话当作引语。在古书当中，人物语言及引语前面有"曰""言"等字为标志，引号多从这里开始，而引号至何处结束，却没有标志。标点者若不细心，往往将引号下衍，把作者的叙事之语亦置于引号之中。（3）引号中断，将引语弃于引号之外。标点古籍时要特别注意将人物语言等引语都用引号引起来，不要将一半放在引号内，一半丢在引号外。因为人物语言到哪里为止，在古书中并无标志，多数情况只有细心阅读原文，根据上下文的语气来断定。我们稍一粗心，就可能将引语的一部分弃于引号之外。① 刘琳在《古籍整理学》中也总结了引号使用错误的六种类型，即当标引号而不标引号，不当标引号而标引号，引文溢出，引文不足，引文误分，引文误合。② 在实际古籍标点中，引号使用的还涉及其他一些方面，例如：在有多层引文情况下引号的使用，对一些专门术语和表示强调的词语使用引号，引文前冒号的使用原则以及与之相关的引文末尾标点符号的使用，引文末尾附加不属于原文的语气词时引号的用法等。这些问题都引起有关专家学者的关注和讨论，但实际上并没有形成统一的认识。因此我们认为，需要建立统一的标准和规范。

如黄永年《古籍整理概论》在讲到"引号"（『』「」）的使用时说：

　　这个符号本身有个变迁。通行直行时用如上的符号，即在引文开始处用『或「、结束处用』或」，这是当年从日本学来

---

① 时永乐：《古籍整理教程》，河北大学出版社2003年版，第150—151页。
② 刘琳、吴洪泽：《古籍整理学》，四川大学出版社2003年版，第103页。

的……改用横行后，起初仍用这种符号，作『××××』，「×
×××」。后来用西方的办法作"××××"，'××××'。整
理古籍排直行本自然用『』「」。至于先用""、『』还是先用
''「」，横行一般先用""，在""之内有需要时再用''，直行
多先用「」，再用『』，但也有先用『』再用「」的，并不一律。

又说：

引号除用于引文外，有时对专门用词也可加引号，但不要滥
用。用引号时还涉及句号、逗号的问题，一般如整段引文，引文
前用冒号者，到最后一句所用句号应加在引号之内，如引文前只
用逗号，则引文末句所用的句号或逗号应加在引号之外。这个引
号使用起来在白话文自无困难，文言文则需注意引文到哪里结
束，不要把不属引文的话也标在引文里。①

时永乐在《古籍整理教程》中谈到了"对一些专门术语以及表
示强调的词语上加引号"的问题，他说：

专门的名称、强调的词语是否加引号，现在的做法并不完全
一致。究竟什么情况下用，什么情况下不用，亦无统一规定。具
体到我们标点一部古籍时，用或不用，何时用，何时不用，应该
制定出统一标准，以免本身前后矛盾。②

又说：

引号在形式上有双引号和单引号两种。在横排文字当中，双

---

① 黄永年：《古籍整理概论》，上海书店出版社 2001 年版，第 113 页。
② 时永乐：《古籍整理教程》，河北大学出版社 2003 年版，第 150 页。

引号为""，单引号为' '。一般情况下用双引号，引号中还要用引号，便出现了两层引文，双的在外，单的在内。在竖排文字中，双引号是『』，单引号是「」，一般情况下，用哪种均可。要用两层时，即引号中又有引号时，可以双的在外，单的在内，亦可相反，无硬性规定。确实需要使用三层引号的情形并不多，写文章、标点古籍时应当尽量避免。如果确实需要第三层时，第三层引号的形式应与第一层相同。①

　　的确，自 20 世纪 80 年代以来，我国新时期古籍整理事业无论从广度和深度来说，都超越历史上古籍整理工作的规模，而且为满足文化普及而采用标点今译方式进行的古籍整理占据越来越重要的地位。为保证质量，提高效率，关于古籍标点问题，确有必要通过专家的研讨，达成共识，建立统一的、明确的、为古籍整理学界和各大从事古籍出版的出版单位所共同执行的工作标准。事实上，许逸民在 1991年发表的《古籍标点释例》中，对引号（「」『』、""' '）的用法有较为明确、详备的说明，为建立引号的使用标准奠定了基础。《释例》关于引号的用法，共涉及五个方面：（1）引号的意义："引号标明行文中直接引用的话。"（2）直排本引号和横排本引号的形式及使用方法：引号有单双两种，直排的第一层用单引号（「」），第二层用双引号（『』），以明起讫。如系横排，则改用""和' '，先双后单。在第二层引文中又有引文（即第三层），直排仍使用单引号，横排则为双引号。不过此种情况应尽量避免，可改用其他办法处理。（3）引文上是否使用冒号，应以不割裂文意为原则。唯需注意，止用引号而不用冒号，末尾的标点需放在引号外边。（4）引文末尾附加有不属于原文的语气词时，下引号放在附加语气词之上，上引号的

---

① 　时永乐：《古籍整理教程》，河北大学出版社 2003 年版，第 149 页。

前面也不宜使用冒号。例如：《东观记》曰"汉但修里宅，不起第。妇人先死，薄葬小坟，不作祠堂"也。（《后汉书·吴汉传》注）

（5）引号还用来标明需要着重论述的对象或是有特殊含义的词语。例如：《诗》曰："天之方蹶，无然泄泄。""泄泄"犹沓沓也。（《孟子·离娄上》）①

4. 专名号和书名号的使用

专名号用以标示人名、地名、国名、族名、朝代名、年号、庙号、谥号、封号等专有名词。中华书局草拟的《古籍点校通例（初稿）》对专名号的使用有较详细的规定："谥号尊称意在专指者，都标专名线。民族名称标专名线，泛指性的胡、藩、蛮、夷则不标。集合名称，指时代的，如三代、两汉之类，连标；指地指人的，如五岳、七贤之类，不标。"② 这些规定实际上指出了在使用专名号时要注意的一些问题，如要分清是特指还是泛指。古籍中的专名号，往往不容易辨识，而且容易造成阅读的障碍，因此古籍标点使用专名号可为读者、利用者提供很大的便利，但同时也对古籍整理者提出更高的要求。刘琳在《古籍整理学》中说："要把专名号标正确，首先要准确判定何者为专名。"③ 并总结致误的类型，如专名误为非专名、非专名误为专名、专名误分、相连专名误合误断等。④ 这说明要标好专名号，需要古籍标点者具有较为广博的历史、地理和古代文化知识。

书名号用于表示书名、篇名、乐曲名等。现在标点古籍使用书名号时多用曲线（﹏﹏）或《》，当遇到书名和篇名连用时，﹏﹏和《》还有所不同。﹏﹏需要把书名和篇名都标上，只是需要在中间断

---

① 许逸民：《古籍整理释例》（增订本），中华书局 2014 年版，第 31—32 页。原载《书品》1991 年第 4 期。

② 中华书局编辑部：《古籍点校通例（初稿）》，《古籍整理出版情况简报》1983 年第 112 期。

③ 刘琳、吴洪泽：《古籍整理学》，四川大学出版社 2003 年版，第 112 页。

④ 参见刘琳、吴洪泽《古籍整理学》，四川大学出版社 2003 年版，第 113—120 页。

一下，而《》则要把书名和篇名均置于《》之内，在书名和篇名中间用间隔号分开。① 在古籍标点中，书名号的使用也会遇到一些具体问题，如书名号内又有书名号、同一书中不同篇名连用等。许逸民《古籍标点释例》说：书名号内又有书名号时，里面一层一般不用标明。如《苏轼文集》卷六十六《跋嵇叔夜养生论后》，书名中的"养生论"可不标书名号；同一书中不同篇名连用，书名号的使用当为"《后汉书·窦融传》《范升传》《陈元传》"或"后汉书窦融传、范升传、陈元传"，前者不用顿号，后者则需用顿号隔开。② 也就是说，已加《》号的，不应再加顿号。但傅璇琮认为前者那种情况还是应该加顿号的，如果不用顿号，看起来不规范，也不好看。再有一种情况，就是当遇到表示篇次的"一""二"或"上""下"等词语时，过去的直排标法比较统一，例如：旧唐书卷四二职官一、旧唐书职官一，就是说，表篇次的一、二等不在书名号内，这是比较通顺的标法。但近年改为横排时，就出现不同处理，将前面所举表篇次的一、二放到书名号内，如《旧唐书·职官志一》《梁书·武帝纪上》等。傅璇琮认为，这样，这里的"一""上"就不是标明篇名的次序，而成为篇名的组成部分，含义完全改变。他主张为与过去直排、曲线的标法相通，并使人更易于理解书名、篇名的主从关系，应改为"《旧唐书·职官》一""《梁书·武帝纪》上"。③ 总之，尽管20世纪90年代以来我国古籍标点形成了一定的规范，但仍有一些问题需要进一步地讨论、规范。

标点古籍是否要使用省略号和破折号，学界有不同的意见。省略号和破折号所标示的语言现象，古籍的行文中的确存在，因此，省略

① 参见黄永年《古籍整理概论》，上海书店出版社2001年版，第115—116页。
② 许逸民：《古籍整理释例》（增订本），中华书局2014年版，第34—35页。
③ 参见傅璇琮《古籍标点中两个应注意的问题》，载傅璇琮著《唐宋文史论丛及其他》，大象出版社2004年版，第377—378页。原载《古籍研究》2001年第3期，安徽大学出版社2001年版。

号和破折号在标点古籍过程绝不能说不用，应该根据语意审慎地使用。古籍整理者有时用省略号来表明原书有省略之意；有时注释者、引用者只引古书部分文字，可能会删去引文中一些无关紧要的文字，于是加上了省略号。这样，读者就分不清省略号是校点所加，还是引用者所加，自然就容易引起混乱。面对这种情况，解决的办法是：校点者尽可能少用，力求准确。① 此外，省略号还可以表示语气的戛止、嗫嚅、謇吃等，这是其他标点符号难以替代的。② 而破折号可以表示语气的断续、文意和语势的转折、文意有省略的突接、说话未完被打断以及用双破折号作夹注号等作用，③ 故古籍整理也要合理地使用破折号，不应完全弃之不用。

（二）标点古书的总要求

标点古书的总的要求或者说最基本的标准可归结为两点：一要准确，二要统一。

标点古书首先要准确、规范地使用标点符号。由于"标点符号对语言的语气、结构、意义起着重要作用。同样的文字用不同的标点，可以表示不同的语气、结构和意义。我们给古书加标点，要尽量做到符合文章的愿意"④，不能根据自己喜好，随意去标点古籍，⑤ 而应以文本为基础，以现代的标点符号如实地再现古人的语意和语气，切忌把自己的感情以标点的方式强加于古人。时永乐《古籍整理教程》关于"标点古书的要求"提出以下四项：第一，标点后的字句要都能讲得通，上下文不发生矛盾；第二，标点后的古文的内容要符

---

① 参见高振铎主编，刘乾先、符孝佐副主编《古籍知识手册》，山东教育出版社 1988 年版，第 282 页。
② 参见张仲良《整理古籍如何运用标点符号》，《文献》1982 年第 4 期。
③ 参见杨伯峻《建议古籍标点恢复使用破折号》，《语言研究》1982 年第 2 期。
④ 管敏义：《怎样标点古书》，载中国历史文献研究会编《古籍整理论文集》，甘肃人民出版社 1984 年版，第 56 页。
⑤ 来新夏：《论句读——〈历史文献整理技能讲话〉之一》，载中国历史文献研究会编《古籍整理论文集》，甘肃人民出版社 1984 年版，第 50 页。

合事实，符合情理，符合作者的原意；第三，标点后的古文，在语法、修辞、语音诸方面，都要符合古代汉语的规律；第四，标点出来的文字不能产生歧义。① 这四项要求也可以作为评估古籍标点质量的标准。

古籍标点要"统一"是指标点符号的使用要一致。这里的统一、一致，不仅是针对某一部或某一项古籍标点要前后一致，还涉及当前古籍标点工作中标点符号使用的统一规范问题。目前，在已经出版的竖排标点本古籍中，在书名、书名与篇名连用、人名与地名、专门名词上等标点符号的使用上并不一致。对此，有学者提出"整理古籍使用标点符号应求其划一"，认为"书名，以加曲线较括以双尖角号为便，尤其两三个书名连用时，更加感到以加曲线为便。人名、地名，为便于读者阅读，仍以加竖直线为好。至于专门名词，既已规定不加符号，应一律不加，不宜此处加而彼处不加"②。学者的这些建议，对于实现古籍标点规范化、统一化具有重要的价值和意义。

此外，恰当地"存疑"，也应作为古籍标点工作的一个应当遵循的标准。"确实是有搞不懂的地方，可以暂且存疑，在前言、序、跋，或者加注给予说明，留待以后或他人解决。"③ 这说明遇到繁难问题，暂时不能解决，不要硬点，而应当存疑，以保证古籍整理标点工作的严谨性和质量，并给以后的学者提供线索。

五　古文今译的标准与原则

民国时期，随着白话文在社会的推广，古文今译也成为古籍整理中的一项重要内容。1924 年，郭沫若在《古书今译的问题》一文中写道，"古书所用的文字与文法与现代已相悬殊……古籍虽经考证，

---

① 参见时永乐《古籍整理教程》，河北大学出版社 2003 年版，第 134—138 页。
② 参见李希泌《整理古籍使用标点符号应求其划一》，载杨牧之主编《古籍整理与出版专家论古籍整理与出版》，凤凰出版社 2008 年版，第 649—650 页。
③ 时永乐：《古籍整理教程》，河北大学出版社 2003 年版，第 137 页。

研究，标点，索引，仍只能限于少数博识的学者，而一般人终难接近，于此今译一法实足以济诸法之穷，而使古书永远不朽"，"且不远的将来是必然盛行的一种方法"。① 如今，古文今译更是成为普及传统古籍阅读的重要途径，是当代古籍整理的重要手段之一。

（一）古文今译的标准

近代翻译家严复在翻译《天演论》一书时，在卷首凡例中提出"译事三难：信、达、雅"②。此后，严复提出的"信、达、雅"的翻译标准，不仅成为翻译外文的准绳，也是古文今译所秉持的标准。需要说明的是，严复所说的"雅"，并不是指译文的优雅，而是指古雅，即主张翻译时"用汉以前字法句法"，我们今天翻译古文却是"用近世利俗文字"③，恰恰与严氏的主张相反。因此，早在民国时期，已有学者指出"雅"的标准在翻译中是不可取的，甚至提出了"信、达、俗"的标准，所谓"俗"就是通俗易懂。④ 时至今日，随着与古文语法、语意的时空隔阂愈久，古文今译也不断升温，成果大量涌现。在翻译的实践中，古文今译标准的重要性也日益凸显。

古文今译的目的在于帮助读者读懂原文，更加准确地理解原书。从这一角度来看，古文今译的首要标准就是"信"，即译文要忠实于原文。在这一点上，学界看法普遍一致，几乎不存在争议。翻译不同于创作，译者要真实地反映原作的本意和情趣，就必须遵守"信"的标准，具体而言：第一，要忠实表达原文的语言涵义；第二，要忠实表达原文的感情或语气；第三，要尽可能地体现出原文的风格、意境、神韵；第四，要注意原文的时代背景，要有时间观念，不能把后代才出现的事物与概念强加予前代和前人。⑤ 简言之，这四条标准就

---

① 郭沫若：《古书今译的问题》，《创造周报》1924 年第 37 期。
② 参见严复著，欧阳哲生导读《天演论》，贵州教育出版社 2005 年版，第 35 页。
③ 严复著，欧阳哲生导读：《天演论》，贵州教育出版社 2005 年版，第 35 页。
④ 以上参朱肇洛《谈古诗文今译》，《中国公论》1943 年第 4 期第 9 卷。
⑤ 刘琳、吴洪泽：《古籍整理学》，四川大学出版社 2003 年版，第 210—221 页。

是要求译者的翻译要忠实于原文的语言、情感、意境和时代背景。在把握这四点的基础上，在实际的翻译过程中还要注意解决两个问题，一是将古文的文法改成今人的文法，二是把古人的词头改换成今人的词头。其中，"文法的组织容易对照，而词头的相等却不容易"，① 尤其是诗歌类的文学作品。因此，"把古人的用词准确地对应为今人的用词，是古文今译的关键"②。由于时代久远，人们对某些古文的断句或理解存在争议，这时候，译文也会由于译者的不同而出现文意上的差异。即便如此，只要译文言之有据、言之有理，不是随意曲解或凭空乱说，这些分歧都应属于"信"的范畴。也就是说，强调"信"的标准并不会妨碍百家争鸣，相反，百家争鸣反而会使"信"的标准建立在更加科学的基础上。③

古文今译的第二个标准就是"达"，即通达，使用规范的现代汉语将原文准确地表达出来。译文要做到"达"，首先在语言上要使用符合规范的白话文词语；其次要做到行文流畅，通晓易懂，尤其要注意避免死译或生搬硬套；最后要在遣词造句上力求符合汉语语法，不可出现逻辑混乱、文理不通、语言晦涩等现象。

关于"雅"的问题，尽管有不少学者把它也作为古籍翻译的一个基本标准，④ 但"雅"的标准是有局限性的，即不适用于所有的古文翻译。比如，原文质朴无华，译文添入文彩，尽管做到了"雅"，但失去了"信"；若原文本身就"雅"，那么，译文也应该是"雅"的，这样才能做到"信"。⑤ 所以把"雅"作为古籍翻译的普遍性标

---

① 魏建功：《谈文翻白》，载《魏建功文集》（第 5 卷），江苏教育出版社 2001 年版，第 277 页。

② 崔文印：《关于古文今译》，载杨牧之主编《古籍整理与出版专家论古籍整理与出版》，凤凰出版社 2008 年版，第 467 页。

③ 参见崔文印《关于古文今译》，载杨牧之主编《古籍整理与出版专家论古籍整理与出版》，凤凰出版社 2008 年版，第 470 页。

④ 如黄永年认为"信达雅"的标准对古籍今译完全适用。参见黄永年《古籍整理概论》，上海书店出版社 2001 年版，第 141 页。

⑤ 参见刘琳、吴洪泽《古籍整理学》，四川大学出版社 2003 年版，第 223—224 页。

准并不十分合理。人们之所以钟情于古文今译中的"雅"，无非是由于有文采的译文给人以赏心悦目之感，使人有读下去的欲望。因此，古文翻译追求"雅"也是没错的，只是要根据原文的实际情况和译者自身的水平而定，不必作统一的要求。

鲁迅曾说："翻译必须兼顾两面：一则当然求其易懂，一则保存原作的丰姿。"① 这反映了古文今译中的"信"和"达"的标准。"信"和"达"并不是截然分开的，二者相辅相成，脱离了"信"，"达"就失去了基础；离开了"达"，"信"就失去生机。好的译文必须兼顾"信"与"达"。

（二）古文今译的原则

古文今译的方法主要有两种，即直译和意译。直译，是指按照原文字面的意思直接进行字词的对译，除了有时会对原文的语序稍作调整，其余的一般都不作改动。直译讲求逐字逐句落实，往往能够准确地传达原意，但在语言表达上缺乏灵活性，有时文字较为生硬。意译，是指不拘泥于原文的字词和语序，只是力求把原文的大概意思表达出来。意译在语言上流畅通达，但难以精确表达原文的字词含义。可见，直译和意译各有利弊。"由于直译容易保持原文用词造句的特点，字字句句都有着落，能够准确地表达出原文的思想内容和语言风格；而意译灵活性过大，易漏略原文中的一些关键性字句或增添原文所没有的意思和内容，造成失真"②，因此，古书今译当以直译为主，意译为辅，即首先考虑直译，当直译不能够完整表达原文的大意时，再考虑意译。当然，除了直译和意译，"还有一种重在传达原文的意境，类似于改写的译文。此种译文多适用于文学作品的翻译，高超的译笔可以做到既达意又传情，故可谓之神译"③。这种"神译"对译

---

① 《鲁迅全集》第 6 卷，人民文学出版社 1981 年版，第 352 页。

② 张大可：《古籍今译略论》，载安平秋、杨富平主编《逐鹿中原》，陕西人民出版社 2006 年版，第 556 页。

③ 许逸民：《古籍整理释例》（增订本），中华书局 2014 年版，第 62 页。

者的文化修养和翻译技巧的要求都比较高，故古文今译中较少采用。为了保证古文今译的质量，无论采用何种译法，都要遵循一些基本的原则和要求。

（一）理解所要翻译的句子，分析词类和文句组织。在翻译之前，译者应该通读全文，从整体上把握和理解原文，切忌"只见树木，不见森林"的做法。具体到词句，首先要判断原文是否存在特殊句式，如倒装句、省略句、判断句、被动句等，翻译时要符号现代汉语的语法习惯；其次，注意句子中的实词、虚词的用法和意义；最后，还要注意文言中的修辞用法，常见的有比喻、互文、借代等手法，要根据上下文灵活、准确地译出。

（二）翻译要体现不同文体的风格。今天我们从语言的角度，将文章大体分为骈文、韵文、散文三大类。不同的文体，语言特点不尽相同，如骈文的语言特点是讲求对仗；韵文则讲究押韵。在翻译的过程中，"译文必须充分地把它们的表达方式、思想内容、感情色彩等等尽量再现出来，使读者既增加了知识、陶冶了情操，又得到美的享受，这才是最好的译文"①。如余冠英在选译《诗经》时，为了更好地保持原诗的艺术感染力，传达原诗的风味和情调，尽量将译文译成民间歌谣的形式，同时保持韵脚，读起来朗朗上口。余冠英在《诗经选译·后记》中说：原作如果是格律诗，译文也要是格律诗。原作如果是歌谣，译文要尽可能保存歌谣体的风格。② 也就是说，古文今译在注重语言形式转换的同时，也要注意体现不同文体的特点和风格。

（三）注意时代特点和民族色彩。古文今译时，切忌把古代的事物、观念以及地理、职官、民俗等等现代化，也不可用今天的思想观点、习俗、称谓随便比附古代，以免歪曲原意，背离时代真实。遇到

---

① 张大可：《古籍今译略论》，载安平秋、杨富平主编《逐鹿中原》，陕西人民出版社2006年版，第559页。

② 参见余冠英《诗经选译》，作家出版社1956年版，第187页。

古代特有的事物名称以及地名、官名等，应尽量照录，必要时可用括号加以说明，但不可任意改用现代名称，如不可把"大司马"译成"国防部长"、"大都"译成"北京"等。民族语中的特殊词语和称谓，如"猛安谋克"，无法用现代汉语来译，只能保持原状，另加注解。①

（四）省略句的翻译要注意补充完整。古代汉语中常常有省略主语、谓语和宾语的习惯，译文应根据现代汉语的表述需要补充完整，否则，译文就难以理解。例如：

原文：《象》曰："天行健，君子以自强不息。"（《周易·乾卦》）

译文：《象传》说："天道刚健，君子（以天为法），所以自强不息。"（周振甫《周易译注》，中华书局1991年版，第3页）

此例括号中的内容就是原文所省略的内容，译文不得不予以补充。② 但是，古文今译在增补原文词语时，不能随心所欲，画蛇添足。例如：

原文："汉兴，接秦之弊，丈夫从军旅，老弱转粮饷，作业剧而财匮，自天子不能钧驷……"（《史记·平准书》）

译文："汉朝刚建立的时候，承接着秦末战乱的衰蔽，壮丁固然从军转战，而老弱也被征调去运输粮饷，因此战事愈多而财用愈缺乏；国家的贫困，使得天子连经常应用的四匹同色马所驾的车也不能具备……"（台湾六十教授合译《白话史记》，岳麓书社1987年版，第281页）

"国家的贫困""连经常应用的"这类词语是原文所没有的内容，根据文意来看，原文开头已经说明"自天子不能钧驷"的原因，故译文没有必要增加"国家的贫困"这五个字。天子所用的车，当然要经常使用，也不必补译出"连经常应用的"这些词语。即使不补

① 谢玉杰、王继光主编《中国历史文献学》，民族出版社1999年版，第357—358页。
② 许逸民：《古籍整理释例》（增订本），中华书局2014年版，第61—62页。

译这些词语而照原文直译，读者也能读懂。① 因此，这段译文就属于增补词语过多的情况。

（五）最好做到译注结合。单凭今译这种方法，有时候并不能很好地解释原文。今译经常会遇到一些难点，如成语典故类，不宜在译文中过多展开，需另作说明，这时候就要借助注释来加以配合。例如：

原文："自古受命帝王，曷尝不封禅？"（《史记·封禅书》）

译文："从古以来历代奉承天命而作帝王的，他们都想累高了土筑成坛台，整除草地成为墠场，用以举行封禅大典（禅本字当作墠，除地祭神的意思）。"（台湾六十教授合译《白话史记》，岳麓书社1987年版，第250页）

译文中"他们都想累高了土筑成坛台，整除草地成为墠场"为原文中所没有的内容，是译文为解释"封禅"二字而做的补充说明。但是像"封禅"这类专有名词，应该利用注释加以解说，不宜在译文中做过多解释，致使译文过长，无法与原文对号，使读者不知所出。② 因此，古文今译的时候不可忽略注释的辅助作用，如果能够译注配合，则可相得益彰。

六　影印古籍的学术要求与标准

影印是指按原本照相制版复印的办法整理出版古籍。相对于排印的整理方式，古籍影印可以较为真实地反映古籍的原貌，较好地避免因整理而产生的讹误，且整理方式也比较省事，可以在较短时间内出版，这就加快了古籍的流通和使用。加之影印技术的日趋现代化，自20世纪80年代以来，不少出版社都在开展古籍影印工作，影印成为整理古籍的重要方式。但是在古籍影印欣欣向荣、成绩斐然的同时，也存在诸

---

① 参见周保红《评白话〈史记〉》，《古籍整理研究学刊》1988年第1期。
② 参见周保红《评白话〈史记〉》，《古籍整理研究学刊》1988年第1期。

多隐忧，如底本选择不善、影印失真等，这些问题说明越是在出版业发达的今天，影印古籍越是需要制定相应的规范，有针对性地加以指导约束，以减少影印古籍中出现的失误，更好地发挥影印古籍的优越性。

今天我们影印古籍的目的主要是两个：一是保存原本旧貌，如将珍本、孤本、善本化身千百，保存于世；二是为读者和学者提供阅读或研究的便利。影印的目的和用途不同，其要求和规范也不同。相对而言，前者的程序相对简单，"凡是着眼于存真收藏的影印本，对原本的行款、版框一般不作变动，连开本、装订甚至是否双色套印之类，也一仍其旧"①，基本上是"纯影印"的模式，故在此不作过多探讨。后者在影印出版中占主流，整理程序相对复杂，相应的要求也多一些，这里重点讨论一下。

一般说来，影印古籍的标准主要体现在以下几个方面：

（一）底本选择要精善。前面已经谈到"善本"可分为两种：校勘性善本和文物性善本。影印古籍也当从这两类善本中选择。影印校勘性善本，主要是为读者和学者提供使用；影印文物性善本，则侧重于收藏和保护。底本质量的高低，直接决定了影印是否具有必要性以及影印价值的大小。如张元济从 1922 年开始辑印的《续古逸丛书》，该书仿黎庶昌影刻之《古逸丛书》，将世人难见的古籍善本汇为一编，共计 47 种，引起学界的广泛关注和好评。究其原因，主要在于《续古逸丛书》精选底本，力求版本的尽善尽美。其中 45 种底本皆为精善罕见的宋本，故文献价值极高，广受学者们的青睐。如果底本属于后出的本子，错讹较多，学术价值不大，基本上就没有影印的必要。因此，影印古籍之前，对底本的选择应十分慎重，要充分考虑底本是否存在一定的优势，是否能为学术研究提供一些参考或补充。对于缺页等内容不完整的底本，还要选择其他的本子进行补配，而补配

---

① 许逸民：《古籍影印释例》，载许逸民著《古籍整理释例》（增订本），中华书局 2014 年版，第 101 页。

的本子也要尽可能地选择能反映古书原貌的本子，以保证影印本的学术性、实用性。

（二）影印要保存古籍旧貌。为降低成本、减少篇幅，影印古籍多数会采取缩印的方式，尤以两页合成一页，分为上下栏的制作方式最为常见。无论是采取何种缩印形式，影印时都要注意对古籍原貌的存真。现在很多古籍影印本不注意保留原书的版心、版框、藏书印，不仅使影印的古籍失真，而且也降低了其版本上的学术价值。再有，古籍的序跋等附件往往含有该书的成书过程、版本源流以及作者情况等重要信息，是否妥善保存原书的附件，"直接关系到新本的质量和使用价值问题"①，因此，影印古籍应特别注意保留原书序跋等附件文字。

在古籍影印的过程中，还需要对底本漫漶不清或断版缺笔等情况进行必要的处理。张元济在主持"百衲本二十四史"和《四部丛刊》的影印工作时，处处为读者着想，精益求精，十分重视修润去污的工作，并制定了详细的"修润"工作说明，详见于张元济《记百衲本二十四史影印描润始末》《修润古书程序》《修润要则》《填粉程序》。② 关于影印古籍"描润"问题，当代学者出于保留古籍原貌，防止新的错误出现的考虑，主张采取更加谨慎的态度，即不提倡描涂文字笔画。许逸民在《古籍影印出版的规范问题》中说："现在需要提醒大家注意的是这样一条限制：描润主要是说底本间有墨污，又无他本可以替代，故需做些清除污渍的工作。若是底本清晰完好者，大可不作描润，而且随着电脑扫描技术的使用，描润工作也许比张元济时代简单得多。因此，我们现在所提倡的描润只要剔除溢墨、搭痕、双影、黑眼就可以了，无须描涂文字笔画，以免不必要的误

---

① 崔文印：《整理或影印古籍要注意保留原书的序跋等附件》，载杨牧之主编《古籍整理与出版专家论古籍整理与出版》，凤凰出版社 2008 年版，第 643 页。

② 《张元济全集》第 10 卷，商务印书馆 2010 年版，第 267—270 页。

认成错。"① 徐蜀在《古籍影印的理念与实践》中提出："对于彻底不能辨认之处，不做任何处理，对从上下文的关系可以判断出的字，也是如此；对于原书可勉强辨认，影印后有可能辨识不出的字，要重点进行抢救处理，但不是对字进行描修，而是通过各种技术手段，对相关位置做局部处理。"② 关于古籍描润，还需特别注意避讳字、异体字的处理。一般说来，影印古籍的优势之一在于能够较为真实地反映古籍原貌，便于专家学者的判断和鉴别。避讳字可以帮助专家学者考辨古书真伪、判断版本年代，因此，古籍影印可以对避讳字不作处理，保留原貌。异体字和特殊字也往往可以反映各个时代、各地区的书写习惯，对学术研究无疑都有参考价值，也应予该保留。③

除此之外，古籍的书名具有稳定性和连续性，影印或重印古籍时，最好不要改变原书的名字，否则就会造成异名同书的现象，容易让读者误以为是另一种古籍，给古籍的流通和使用造成一定的不便。如北京图书馆出版社 2003 年影印本《汉籍善本考》，原名《古文旧书考》，为日本学者岛田翰著作。据该书"出版说明"，"为显明作者撰著旨趣，并便于循名责实之读者索阅，特更名《汉籍善本考》"；又谓该书为"汉籍版本目录学经典之作"，与岛田翰所著另外两部书《群书点勘》《访余录》均为"广受学界重视"。④ 既然如此，实在没有必要另起一个书名。再如，1985 年文物出版社在影印《章氏遗书》时，新增佚文 18 篇，故将原书易名为《章学诚遗书》。尽管这种易名的方式旨在将新的影印本与旧本区别开来，但这种做法不值得提倡，因为新的影印本与旧本在主体内容上并无差别，只是增加了佚篇，这些情况完全可以在序文中交代清楚，没有必要更改

---

① 许逸民：《古籍影印出版的规范问题》，载许逸民著《古籍整理释例》（增订本），中华书局 2014 年版，第 319 页。

② 徐蜀：《古籍影印的理念与实践》，全国古籍整理出版规划领导小组办公室编《古籍影印出版丛谈》，天津古籍出版社 2006 年版，第 46—47 页。

③ 参见赖炳伟《古籍整理和出版若干问题刍议》，《古籍整理研究学刊》2001 年第 2 期。

④ ［日］岛田翰：《汉籍善本考》，北京图书馆出版社 2003 年版，"出版说明"。

书名。

（三）影印古籍要撰写出版说明。撰写"出版说明"（或"影印说明""出版前言"）是影印古籍必不可少的工序。好的影印说明不仅可以帮助读者了解该古籍本身的情况，还可以为学术研究提供重要的参考。影印说明的撰写，其基本要求就是要把古籍本身的内容以及本次影印的相关问题作一个全面的交代，一般来说，应包括四个方面的内容：（1）本书作者简介，包括生卒、字号、仕履、学术成就等；（2）本书内容评述，包括著述背景、编纂体例、在当时的流传、对后世的影响等；（3）所据底本的鉴别，包括底本与现存各本的比较，配补与割裱情况等；（4）影印中的整理加工，包括描润原则、编制目录（或索引）、撰写校记、附缀资料等。①

如果考虑使影印本更便于读者利用，整理要求和标准则不止于上述三项，还应该具备以下内容：

（一）编写新的目录或索引。"古人著书往往疏于编撰目录，当时人或后来人为之结集刻印时，亦多以各卷为目或各册为目，缺少一个统揽全书的总目。"② 为方便现代读者的检阅利用，影印古籍时有必要为全书重编一个包括卷目、篇目、页码的总目，置于卷首。对于那些卷帙浩繁的影印本，还有必要编制相应的索引。在编制索引之前，应先了解他人是否已经编过同类的索引，以免重复劳动。③ 随着计算机技术的发展，古籍索引的电子化成为新的趋势，除了利用计算机编制纸质索引外，还可编制索引系统、软件、数据库等。④ 为满足不同层次读者的需要，索引编纂可采用汉字拼音、笔画、四角号码这三种基本形式。索引可以附在书后，篇幅较大者可单独印行。如朱宝炯、谢沛霖编著的《明清进士题名碑录索引》就分上、中、下三册

---

① 许逸民：《古籍整理释例》（增订本），中华书局 2014 年版，第 320—321 页。
② 许逸民：《古籍整理释例》（增订本），中华书局 2014 年版，第 315 页。
③ 参见潘树广《古籍索引概论》，书目文献出版社 1984 年版，第 123 页。
④ 韩琴：《试论古籍索引与古籍索引电子化》，《情报科学》2010 年第 7 期。

单独出版印行。

（二）正文可进行断句。影印本是否应该加标点，是一个仁者见仁，智者见智的问题。许逸民在《古籍影印出版的规范问题》中认为："从有助于阅读来考虑，特别是从当代广大读者的现实状况出发，即便不适合使用全部新式标点，也还是应该采用旧式句读法加以圈点断句为宜。"① 如 1983 年中华书局影印嘉庆本《全唐文》，以圈点形式全部进行了断句，成为如今通行的比较便于阅读的本子。影印本的断句不仅要准确，还要注意版面的美观，圈点大小要合适，不要有碍阅读。

（三）附录相关的资料。影印本是否需要加附录，哪些材料可以作为附录，没有硬性规定和要求，应根据古籍的具体情况而定。一般说来，为学者服务的影印本是需要加附录的，附录的内容主要包括佚文、历代序跋提要、版本资料、人物传记资料等。时永乐在《古籍整理教程》中总结附录的编辑存在如下主要问题：一是有些古籍有较为丰富的参考资料，本应编辑附录，却付之阙如，或虽有附录，但由于用力不勤，眼界不广，遗漏了一些较为重要的资料。二是有些新版古籍，照搬他书附录，或在他书附录的基础上略事增补，特别是利用了今人的研究成果，却不做任何说明。三是附录资料很丰富，但却未在正文前的目录中给予揭示，也没有在前言或凡例中说明，影响其作用的发挥。② 这些问题的指出，对做好影印古籍附录的编制工作，具有很好的借鉴和指导意义。

现代影印古籍，大多采用照相制版印刷的方法，其中照相、制版、印刷、装订四道主要的工序，基本上由印刷厂负责完成，故有人认为，影印古籍只需古籍整理专家或出版社找到一个可供影印的善

---

① 许逸民：《古籍整理释例》（增订本），中华书局 2014 年版，第 316 页。
② 参见时永乐《古籍整理教程》，河北大学出版社 2003 年版，第 265—266 页。

本，交给印刷厂就算完事。① 正是由于存在这样的心态，加之过于追求经济利益，致使古籍影印操作不规范，整理水平低下。实际上，古籍影印并不是一件简单的事，同样具有一整套的要求与标准，"除了底本自身的版本价值外，还在很大程度上取决于影印过程中所做的编辑加工是否合乎学术规范"。② 总之，影印古籍是伴随现代技术进步而逐渐发展的一种古籍整理方式，在普及传播优秀传统文化、为学术界提供反映古书原貌的研究资料方面，发挥着巨大的作用。如果影印古籍能够严格遵守学术规范，认真做好每一项工作，不断改进技术，精益求精，如果影印的古籍能得到必要的加工、配补，并附加方便利用的目录、索引或资料，那么影印本或许可以成为原古籍一个新的更好的版本乃至新善本。

---

① 参见吴洪泽、张家钧《计算机在古籍整理中的应用》，四川大学出版社 2009 年版，第 255 页。

② 许逸民：《古籍整理释例》（增订本），中华书局 2014 年版，第 322 页。

下　编

古文献学学科理论的认识

第 七 章

古籍整理工作与古文献学的关系

古籍整理向来是一项实践性很强的文化工作。在长期的整理过程中所采用的方法、所积累的经验，经逐步地继承发展形成了目录学、校雠学等专门的学问，为古文献学科的确立奠定了基础。近百年来的古籍整理，更丰富了古文献学的研究内容，为古文献学的进步提供了动力，而古文献学这门学科的确立与发展，又反过来推动古籍整理总结历史经验，确立基本原则，提升理论指导，规范并完善古籍整理的方法，确保古籍整理工作的顺利进行。

第一节　古籍整理是古文献学的
认识基础和主要任务

古文献学科的确立与发展，与古籍整理的实践密不可分。长久以来，古籍整理为古文献学理论与方法研究和古文献学学科建设，提供了坚实的认识基础，起到有力的推动作用。尤其是近代以来，"新材料"的发现整理与新技术的应用，为古文献学科的发展带来了活力，增添了新内容。

一　古籍整理的进步推动古文献学的发展

我国文明发源甚早，历代产生的各种载体、各种形式的古文献数量众多，"古籍"即古代的书籍是其中最主要的部分。春秋末年至战国初期，孔子等先秦诸子对《诗》《书》《礼》《易》《春秋》等文献进行编订阐发，由此产生了我国最早的古籍。为了更好地保藏、传播和阅读古籍，古籍整理活动亦随之展开，在长期的、持续不断的古籍整理实践中，取得了卓越的成就，积累了丰富的经验。在此基础上，经历代古籍整理者和古文献学家有意识地概括和总结，形成了较为系统的关于古文献产生发展、整理研究、保藏流传的理论和方法，如郑樵《通志·校雠略》、章学诚《校雠通义》就是古代具有总结性质的文献学理论专著。可见，古文献学的产生发展是建立在古籍整理实践的基础上，其主要目的在于对古籍整理工作的实践经验、思想方法进行理论总结，进而提高古籍整理工作的质量。

近代以来，社会变革，西学东渐，中华传统文化在时代大潮的激荡下经历了向现代学术的更新和转变。在这一历史进程中，我国古籍整理在继承前代优良传统的基础上接受西方先进的科学技术，发生了一系列重大变化，实现更新进步，对古文献学理论与方法研究和古文献学学科建设也产生了重大影响。

（一）"新材料"的整理为方法论的发展提供动力

近代以来，古文献研究经历的一个重大变化就是新材料的发现。甲骨文献、简帛文献、敦煌文献、吐鲁番文献、少数民族文字文献、域外汉籍文献的发现与整理，不仅使传统的古籍整理焕发生机，走向更新进步，而且拓宽了传统文献学的研究领域，推动了古文献学思想、理论与方法的进步。1925 年，王国维发表《最近二三十年中国新发见之学问》，提出："古来新学问起，大都由于新发见……自汉以来，中国学问之最大发现有三：一为孔子壁中书，二为汲冢书，三则今之殷墟甲骨文字、敦煌塞上及西域各处之汉晋木简、敦煌千佛洞之六朝及唐人写本书卷、内阁大库之元明以来书籍档册。此四者之一已足当孔壁、汲冢所出，而各地零星发见之金石书籍，于学术有大关系者，尚不与焉。"① 除此四项，他还论及"中国境内之古外族遗文"，即国内少数民族文字文献。1926 年，王国维在《古史新证》中提出著名的以"地下之新材料"与"纸上之材料"相互印证的"二重证据法"。他说："吾辈生于今日，幸于纸上之材料外，更得地下之新材料。由此种材料，我辈固得据以补正纸上之材料，亦得证明古书之某部分全为实录，即百家不雅驯之言亦不无表示一面之事实。此二重证据法，惟在今日始得为之。虽古书之未得证明者，不能加以否定，而其已得证明者，不能不加以肯定，可断言也。"②他所列举之"纸上之史料"为《尚书》等传世古籍，"地下之材料"为甲骨文字和金文。"二重证据法"是王国维在运用甲骨、汉简等新发现史料进行古史考证的过程中长期探索践行、思考总结的成果，它揭示了"新材料"对古史研究和古文献整理的重要价值及其利用方法，"为研究者打开广大法门"，"成为 20 世纪历史考证学者应用最广的一种有效的研究方法"。③

新时期以来，我国的考古事业兴旺发展，出土文献的整理与研究更加广泛深入，促使古文献学基础理论研究在"二重证据法"的基础上进一步深化和丰富对"新材料"价值和意义的认识。1980 年，裘锡圭发表《考古发现的秦汉文字资料对于校读古籍的重要性》，从校读古书的角度，将考古发现的古代文字资料与传世古籍的关系总结概括为四种情况：一是"二者是同一种书的古本和今本"；二是"二者虽非一书但有很密切的关系，或者其中一种出自另一种，或者二者同出一源"；三是"古代文字资料可以用来阐明传世古书中某些词语的意义，或者纠正某些词语书写上的错误"；四是"古代文字资料表现出来的用字和书写方面的习惯，可以用作校读古书的根据"。针对

---

① 姚淦铭、王燕编：《王国维文集》第 4 卷，中国文史出版社 1997 年版，第 33 页。
② 姚淦铭、王燕编：《王国维文集》第 4 卷，中国文史出版社 1997 年版，第 2 页。
③ 陈其泰：《王国维"二重证据法"的形成及其意义》（下），《北京行政学院学报》2005年第 5 期。

当前古籍整理注释工作中普遍存在的对于考古资料不够重视的倾向，他用大量的例证来说明考古发现的古代文字资料对于校读传世的先秦秦汉古籍具有极其重要的意义。他说："这些资料能够帮助我们解决传世古书里一些本来无法解决的，甚至根本就发现不了的问题，能够帮助我们检验前人校读古书的成果，决定一些聚讼纷纭的问题的是非。反过来说，如果在先秦秦汉古籍的整理注释工作中不重视有关的古代文字资料，就会影响工作的质量，甚至犯一些不应有的错误。"①1999 年，裘锡圭发表《中国出土简帛古籍在文献学上的重要意义》一文，从古文献学的角度对出土简帛古籍的重要意义再加论述总结，认为主要体现在三个方面：一是"提供了大量有价值的佚书"；二是"提供了一些目前尚有传本的古书的最早本子"；三是"使我们对古书的真伪、时代和源流等方面的问题有了进一步的认识"。② 2005 年，夏传才发表《〈诗经〉出土文献和古籍整理》，以《诗经》研究为例，论述了 20 世纪与《诗经》直接相关的甲骨卜辞、敦煌卷子、金文和平山三器、鲁诗石经和鲁诗镜、吐鲁番《毛诗》残卷、阜阳汉简《诗经》、郭店楚简、战国楚竹书等考古新发现对《诗经》校读与《诗经》学研究的重要价值。③

1992 年，李学勤发表《加速整理出版出土古籍》（按：着重号为笔者所加），较早使用了"出土古籍"的概念，主张将"出土古籍"列入古籍整理的范围。文章说："七十年代以来，全国不少地点的考古工作中，新出土了许多战国秦汉时期的简牍、帛书，内容大部分是当时的书籍，还有一些属于文书等类，也可列入广义的古籍范围。"④1993 年，李学勤在《论新出简帛与学术研究》一文中，从书籍制度

---

① 裘锡圭：《考古发现的秦汉文字资料对于校读古籍的重要性》，《中国社会科学》1980 年第 5 期。

② 裘锡圭：《中国出土简帛古籍在文献学上的重要意义》，《北京大学古文献研究所集刊》（第一辑），北京燕山出版社 1999 年版，第 4 页。

③ 夏传才：《〈诗经〉出土文献和古籍整理》，《河北师范大学学报》（哲学社会科学版）2005 年第 1 期。

④ 李学勤：《加速整理出版出土古籍》，载杨牧之主编《古籍整理与出版专家论古籍整理与出版》，第 688 页。原载《古籍整理出版情况简报》1992 年第 256 期。

的角度论述了"出土古籍"的学术价值，提示我们把传统的书册制度史研究与实物形态的"出土古籍"研究结合起来。他说："七十年代以来发现的简帛，有许多是战国到汉初这一时期的，使我们直接看到早期书籍的原貌，这对于研究古代书籍制度，无疑是十分重要的。"在该文中，李学勤还谈到了"出土古籍"的版本问题。他说："迄今所见战国到汉初简帛古籍，都是传抄本，还没有能证明是原稿本的。"他又以马王堆汉墓帛书为例说："新发现的简帛书籍大多数是佚书秘籍，年代又这么古远，自然是不容置疑的善本。不过就有传本的几种而言，其与传本的不同，不一定是简帛比传本好。"这就"引出了一个简帛的版本学价值的问题"，① 为古籍版本学研究提出了如何恰当认识出土古籍版本学价值的新问题。

总之，对"新材料"（新发现的各种载体材料），尤其是其中的古代书籍的整理，为古文献学提供了认识的新对象，提出了新问题和新要求，从而成为推动古文献学发展的动力。民国以来古文献学领域的相关研究成果充分说明了这一点。

（二）新技术的应用为古文献学增添新内容

20世纪以来，古籍整理与出版的另一个重大变化就是新技术的应用，它给传统的古籍整理工作带来极大的改观，也促使古文献学对于技术进步与古籍整理的关系问题进行思考和总结。

民国时期，随着西方先进技术工艺的引进，现代古籍整理与出版事业开始采用新的技术手段，大大地提高了工作效率和质量，在传统古籍的保护传承、普及推广、检索利用方面都发挥了显著的作用。如民国时期商务印书馆利用照相影印技术辑印《四部丛刊》《百衲本二十四史》《续古逸丛书》《涵芬楼秘笈》《影印元明善本丛书》和《四库全书珍本初集》等大型古籍整理出版物，较之传统的影刻，规模更大，效率更高，更能存真。其中，《四部丛刊》《百衲本二十四

① 李学勤：《论新出简帛与学术研究》，《传统文化与现代化》1993年第1期。

史》在底本选择和制作编印方面都十分讲究，精益求精，是传统古籍整理方法与现代技术相结合的优秀成果，代表了民国时期我国古籍整理出版的最高水平。

20 世纪 80 年代以来，信息技术的发展应用日新月异，缩微技术、计算机技术在古籍的存放保藏、复制传播、整理研究等方面显示出极大的优越性和良好发展前景。1985 年，全国图书馆文献缩微复制中心建立，在此后将近 20 年的时间里，影印出版了上百种古籍。[①]缩微胶片能够反映文献的原貌，借助特殊设备即可阅览，既能满足读者研究利用珍贵古籍的愿望，又有利于原书的保护。

进入 90 年代，个人电脑的迅速普及与网络技术的高度发展，推动了古籍整理数字化的进程，《文渊阁四库全书》电子版、《四部丛刊》电子版、《中国基本古籍库》光盘工程、《国学宝典》、《中国历代基本典籍库系列光盘》、《汉籍全文检索系统》、《古今图书集成》全文电子版系列光盘、《中国教育科技数字图书馆》、《龙语瀚堂典籍数据库》、《全宋诗分析系统》等一批古籍数字化重要成果研发问世，展现了强大的技术优势和文献信息处理功能。2005 年 9 月，由社科文献出版社、龙戴特信息技术有限公司、时代瀚堂科技有限公司联合开发的《龙语瀚堂典籍数据库》，在首都师范大学举办的"汉学研究数字化研讨会"上受到与会专家学者的好评。据报道，该系统以 Unicode 超大字符集为基础，采用四字节编码技术，使计算机可处理的文字种类数达到 7 万之多，包括了传统二字节编码技术不能处理的五万余汉字生僻字，很好地解决了这些四字节汉字在计算机平台上的录入、显示、编辑、检索、查询和管理，改变了古籍研究手工抄写、图片替代、生硬造字的局面，为学术研究、学术信息交流提供了极大的便利。数据库包括"小学工具类数据""出土文献类数据""传世文献类数据""专题文献类数据"四个大库和字书类数据库，殷周金

---

① 姜亚沙：《影印珍本古籍文献举要》，北京图书馆出版社 2002 年版，前言。

文库，中国古钱、古印库，考古、文字学书目库，简帛库，台湾国学报告数据库，中国音韵库，小学类数据库，金文文献库，古籍核心期刊库，甲骨文库和中国古籍库等 13 个子库，可以为图书馆、博物馆、档案馆、出版社、研究所等专业机构的数字化建设提供完善的数字化平台，使中国古代典籍特别是善本古籍等珍贵文献资料能够以电子文件的形式永久保存，实现真正意义上的传播和推广。①

　　古籍整理数字化的进步，还体现在一些专家学者利用计算机在实现古籍整理智能化、自动化方面所做的积极探索。20 世纪 90 年代，北京大学计算语言研究所和古文献研究所曾合作开发"古诗研究计算机支持系统"，通过条件概率计算、互信息计算、规则匹配、信息库（如注音字典库、多音字发音频率库、多音字组合库）信息匹配等方法，实现了对诗文的自动注音。此外，还进行了词汇时代分布和意象索引技术的研究。② 到 2005 年 1 月，由北京大学中文系李铎博士承担的"《全宋诗》分析系统"通过了教育部主持的技术鉴定。据介绍，该系统突破了以往全文检索的信息提供模式，在数据深层挖掘和知识发现方面具有开创性意义：其所提供的多维检索分析方式，为中国古代文学、古代汉语、文献学等研究领域提供了可靠的分析数据；其格律诗标注、字及字组的频率分布统计、用户自作诗的格律分析等技术带有智能化特点，标志着计算机科学在中文信息处理应用方面由全文检索的信息提供模式开始转向智能分析模式。③

　　2007 年，南京农业大学常娥博士进行了古籍自动校勘、自动编纂技术研究，并对自动注释功能进行了一定的探讨。她利用所设计的古籍整理平台完成了《齐民要术》4 个版本的校勘，取得令人满意的

---

　　① 北京龙戴特信息技术公司：《古籍数据处理技术取得重大突破》，《中国信息导报》2005年第 10 期；《龙语瀚堂典籍数据库》，http：//www. doc88. com/p-9002052424793. html。

　　② 刘岩斌、俞士汶、孙钦善：《古诗研究的计算机支持环境的实现》，《中文信息学报》1997 年第 1 期；胡俊峰、俞士汶：《唐宋诗之计算机辅助深层研究》，《北京大学学报》2001 年第 1 期。

　　③ 参见林尔正、林丹红《计算机应用于古籍整理研究概况》，《情报探索》2007 年第 6 期。

效果。① 2012 年，由南京农业大学信息科技学院侯汉清教授主编的《文化典籍计算机整理与知识组织丛书》出版，该丛书是利用计算机技术及现代情报技术对农业古籍和农史信息资源进行整理与开发的系列成果，包括常娥《古籍自动校勘和编纂研究》、黄建年《古籍计算机断句标点与分词标引研究》等。此前，黄建年出版《天章觅踪——古籍整理新论》，该书前二编的主要内容就是关于古籍智能整理与开发系统的构建、断句标点模式的研制、分词技术的应用以及古籍索引编制技术与方法的讨论，② 而《古籍计算机断句标点与分词标引研究》则旨在构建一个具有断句标点、分词标引等功能的农业古籍整理与开发系统。③

古籍整理数字化的迅猛发展及其对古籍整理工作的巨大作用和影响，引起当代学术界尤其是古文献学研究者的密切关注。2002 年，郝继东、田泉发表论文《古籍整理与现代化漫谈》，从资料搜集的现代化、手段的现代化、功能的现代化以及尚待解决的问题四个方面对当代古籍整理与研究现代化的发展状况进行总结，认为数字技术等各种信息时代高科技的运用把中国古籍整理与研究推向新的发展时期。如在资料搜集方面，文章指出资料搜集是古籍整理的最根本内容，一部古籍的整理与研究必须依靠它来完成。电子古籍、网络古籍的普及为整理者和研究者提供了最便捷、最经济的资料，为他们节省了大量的时间和精力，可以大大弥补人脑的不足，提供快捷、多角度、全方位的检索和资料比照，提供穷尽性的数据基础，缩短研究周期，提高学术的精度，对改变以往手工作坊式的学术研究模式意义巨大。文章认为古籍数字化的关键问题在于汉字识别系统的完备性、古汉字输入

---

① 参见常娥《古籍智能处理技术研究》，博士学位论文，南京农业大学，2007 年；常娥、侯汉清、曹玲《古籍自动校勘的研究和实现》，《中文信息学报》2007 年第 2 期；常娥、侯汉清《农业古籍自动编纂的设计和研究》，《南京农业大学学报》（社会科学版）2007 年第 1 期。

② 黄建年：《天章觅踪——古籍整理新论》，安徽师范大学出版社 2011 年版。

③ 黄建年：《古籍计算机断句标点与分词标引研究》，安徽师范大学出版社 2011 年版。

方法的改进和汉字库的建设，并进而对古籍整理工作中利用计算机等手段进行校勘、辑佚甚至今译等问题做了探讨和设想。① 值得注意的是，文章在论述整理手段的现代化问题时，对什么是"古籍数字化"有所涉及。文章说："当今古籍整理工作的一个重要特征就是古籍数字化。而古籍数字化的前提是要有一定的先进的整理手段。古籍的整理就要以数字技术为手段将古籍的有关信息转换成数字信息，贮存在计算机或光盘上，从而达到使用和保护古籍的目的，也为研究者提供了便利条件。"② 事实上，21 世纪以来，随着古籍数字化进程的展开，学术界对"古籍数字化"概念的涵义有多种归纳概括。2009 年，毛建军主编《古籍数字化理论与实践》一书出版，对这一问题进行了梳理总结，在综合各家之说的基础上对"古籍数字化"概念做出了较为全面而严谨的界定："古籍数字化就是从利用和保护古籍的目的出发，采用计算机技术，将常见的语言文字或图形符号转化为能被计算机识别的数字符号，从而制成古籍电子索引、古籍书目数据库和古籍全文数据库，用以揭示古籍文献信息资源的一项系统工作。"③ 王记录认为："这一概念较为恰当地表述了古籍数字化的内涵，对探讨古籍数字化问题具有重要意义。"④ 2011 年，王记录著《中国史学思想通论·历史文献学思想卷》出版，该书第八章《数字化时代古籍整理的理论与方法》论述了数字化成为当代古籍整理新形式的必然性和必要性、数字化时代古籍整理观念及相关学科的新变化两大方面的问题，是目前古文献学基础理论研究中关于古籍整理数字化问题的一个相当全面、深入并具有建设性的研究成果。该书认为：

---

① 郝继东、田泉：《古籍整理与研究现代化漫谈》，《古籍整理研究学刊》2002 年第 5 期。
② 郝继东、田泉：《古籍整理与研究现代化漫谈》，《古籍整理研究学刊》2002 年第 5 期。
③ 毛建军主编：《古籍数字化理论与实践》，航空工业出版社 2009 年版，第 5 页。
④ 吴怀祺主编、王记录著：《中国史学思想通论（历史文献学思想卷）》，福建人民出版社 2011 年版，第 317 页。

（1）从古籍整理与技术进步互动关系的历史、时代与学术发展的需要以及古籍数字化的必备条件等方面来看，数字化成为当代古籍整理的新方式是时代进步的必然趋势，数字技术的应用，实现了文献载体的革命性飞跃。（2）数字化时代，一些新技术、新手段在古籍整理过程中逐渐加以应用，虽然有些尚处于探索阶段，但已经对古籍文字的录入、古籍校勘、标点、注释、翻译、辑佚、汇编等传统的古籍整理工作的方式、方法产生了很大影响。尽管高科技在古籍整理方面的应用尚属起步阶段，存在很多尚待解决的问题，但相信随着计算机技术的飞速发展，大型古籍数据库建设的快速进步，网络技术的日益发达，计算机运用于古籍整理与研究的领域会越来越宽、程度会越来越深、层次会越来越高。（3）古籍数字化在给我们提供极大方便的同时，也不可避免存在一些问题。从古籍整理的角度来看，主要存在两个问题，一是古籍的保真问题，一是古籍的整理问题。因此，在古籍数字化过程中，要做到兼顾保真原则和整理原则。具体来说，要尽量选择好的版本进行数字化，在数字化过程中，要注意做好文本校勘和字形整理。（4）古籍的数字化不仅给古籍的物质载体带来变化，而且对古籍的阅读、检索、古籍整理的方式方法、古文献学专业人才培养模式以及与古籍有关的学科的发展，都产生了深远的影响。①

总之，古籍数字化的新成果、新技术，必将给古文献学研究带来许多新的理念和新内容，要求古文献学及时给予归纳和总结。首先，从学科建设的方面来讲，在不远的将来需要建立一个数字文献学，把它作为一个特色学科来建设。其次，在文献载体材质上，应该更重视

---

① 吴怀祺主编，王记录著：《中国史学思想通论（历史文献学思想卷）》，福建人民出版社2011年版，第316—347页。

电子文献这一类型。复次，在书目著录上，应积极探索适应古籍数据库著录的新方法。随着古籍电子数据库的大量出现，其技术越来越成熟、功能越来越多、产品质量也越来越高，如推出《国学宝典》的电子公司提出建设古籍数据库的"定本工程"，要求一些数据库的质量要达到零差错率。在这种情况下，古籍著录应考虑增加新的分类，并著录一批流通广泛、使用频繁的优秀古籍数据库。如《中国基本古籍库》《瀚堂典藏》《国学宝典》等多功能数据库，应属于综合古籍电子丛书；而像敦煌文献、家谱、方志等特色数据库，则应属于专类古籍电子丛书。最后，版本学方面，不仅在传统的古籍版本中要增加电子版类型，而且在电子版中又可据产出机构的不同而分类，还可据古籍数字化的不同形式分为图像版、文字版或图文版等类型。至于校勘学、文献的 e 考据等，都可根据已有的新技术，总结出文献考校的新方法和新途径，从而为古文献学增加新的内容。

二　古籍整理是古文献学的主要内容与任务

古文献学是在历代文献整理的实践中产生的一门学问，而古籍是历史文献的主要形态，数量尤多，因此古籍整理的方法、内容与历史，始终是古文献学研究的主要内容和任务。

对于古籍整理与古文献学的关系，张舜徽在《关于历史文献的研究整理问题》一文中强调说：

> 研究历史文献的任务，主要是对那些保存下来了的和已经发现了的图书、资料（包括甲骨、金石、竹简、帛书）进行整理、编纂、注释工作，使杂乱的资料条理化、系统化，古奥的文字通俗化、明朗化，并且进一步去粗取精，去伪存真，条别源流，甄论得失，替研究工作者们提供方便，节省时间，使之不走弯路错

路，这便是研究、整理历史文献的重要职责。①

这里张先生认为"研究历史文献的任务"不仅要对古代的图书资料进行整理、编纂、注释，还要进一步"条别源流，甄论得失"，进行学理方法的总结，为研究工作者们提供方便与指导。

张家璠、黄宝权亦认为历史文献学的主要任务，"就在于揭示历史文献运动的规律，指导人们研究、整理与利用历史文献"②。董恩林在《中国传统文献学概论》中更明确地说，"从目的论来讲，传统文献学就是文献整理学，就是文献整理方法论"③；"传统'文献学'实际研究的不是'文献的整体'，而只是文献的'文本形态'，即文献文本的形式与内容，其目的与任务是整理传统文献文本并总结其整理规律与方法，以提高传统文献文本的完整性、准确性、普适性，确保人们对传统文献的传承与利用。"④ 基于古代文献学家的学术实践活动始终未脱离古籍整理这一历史事实，董恩林进而明确提出"传统文献学就是文献整理学"，即认为古文献学的主要任务和内容就是古文献的整理，尤其是古籍的整理。曾贻芬、崔文印在《中国历史文献学》一书中结合历史文献在流传过程中产生的各种问题，对"中国历史文献学"目的与任务做如下论述：

> 历史文献不仅会与后世产生语言障碍和文字隔阂，而且在长期流传过程中，还会产生散佚、文字讹误、衍脱，以及伪滥等情况，历史文献学就是通过注释、著录、校勘、辨伪、辑佚等，来

---

① 张舜徽：《关于历史文献的研究整理回顾》，载《张舜徽学术论著选》，华中师范大学出版社 1997 年版，第 8—9 页。

② 张家璠、黄宝权主编：《中国历史文献学》，广西师范大学出版社 1989 年版，第 7 页。

③ 董恩林主编：《中国传统文献学概论》，华中师范大学出版社 2007 年版，"绪论"第 5 页。

④ 董恩林主编：《中国传统文献学概论》，华中师范大学出版社 2007 年版，"绪论"第 12 页。

解决这些问题，使历史文献得以按着自己固有的面貌，或者比较接近自己固有的面貌流传下去。可以说，中国历史文献学，简言之，就是研究对我国历史上各类文献进行注释、著录、校勘、辨伪、辑佚等的一门专科之学。①

正因为包括古籍在内的古文献在流传过程中存在各种问题，使得文献整理成为一项必需的学术工作。在文献整理的过程中积累起越来越多的、越来成熟的经验、方法，经过历代古文献学者的总结，逐渐形成一系列专门的方法与基本原则，而古文献学亦随之产生发展起来。可见，古籍整理与古文献学是相辅相成，互为作用的，古籍整理始终是古文献学研究的主要内容和任务。孙钦善在全国高校古委会人才培养工作会议的发言中，从古文献学的基本架构、相关知识与方法的角度特别强调了这一点，他说：

> 古籍整理与研究属于古文献学。古文献学以古代文献典籍的形式、内容以及整理它的各个环节如校勘、标点、注释、辨伪、辑佚、编纂为骨架，构筑了所需要的古代语言文字、古籍目录版本、古代历史文化等有关知识，以及运用这些知识解决实际问题的方法，形成了一个完整的、独立的学科。②

此后，他又在《中国古文献学史简编》以及《中国古文献学》等专著中，有类似或更为详细的论说。③

古籍整理在古文献学学科中的重要位置，也体现在各家文献学教材对"文献""文献学"的概念界定和体例设计上。中国文献学的开

---

① 曾贻芬、崔文印：《中国历史文献学》，学苑出版社2001年版，第2页。
② 杨忠主编：《高校古籍整理十年》，江西高校出版社1991年版，第171页。
③ 参见孙钦善《中国古文献学史简编》，高等教育出版社2001年版，第2页；孙钦善《中国古文献学》，北京大学出版社2006年版，第20页。

山之作，郑鹤声、郑鹤春著《中国文献学概要》在继承马端临关于"文献"的思想基础上，明确提出了文献学的研究对象包括"文"和"献"两个方面："结集、翻译、编纂诸端谓之文，审订、讲习、印刷诸端谓之献。叙而述之，故曰文献学。"① 其中结集、翻译、编纂、审订等工作，均与文献整理有关。此后，学者对"文献学"的定义也基本未脱离文献整理这一主要内容。如王余光在《中国历史文献学》一书中认为，"文献学是以文献整理的各方面及其历史为研究对象的一门学科。具体说，文献学要研究文献整理的对象、整理的内容和方法及文献整理的历史"②。洪湛侯在《中国文献学新编》中说："文献学本是关于文献研究和整理的一门学问，文献形体本身的特点、文献整理的方法、文献学的历史、文献学的理论都应包括在内，简单地说，文献学应包括文献的体、法、史、论等几个方面的内容，并把这些熔为一体，进行系统研究，逐步建立文献学的完整体系。"③谢玉杰、王继光在《中国历史文献学》中提道："以一切历史文献为对象，主要考察它的载体形式、内容类别、整理利用及其历史发展的一门学科，谓之文献学。"④ 总之，文献的"整理""研究"是古文献学定义中出现的高频词汇，这也反映了学界对古文献学这门学科所达成的一种共识，即孙钦善所谓"古籍整理与研究属于古文献学"，是古文献学研究必不可少的内容。

正因如此，一些古文献学专著在章节设计以及内容编排上，亦体现了古籍整理的核心地位。郑鹤声、郑鹤春《中国文献学概要》分结集、审订、讲习、翻译、编纂、刻印六部分，⑤ 可见郑氏倡导的"文献学"乃以文献整理为核心内容。张舜徽《中国文献学》全书也

---

① 郑鹤声、郑鹤春：《中国文献学概要》，上海古籍出版社2001年版，"例言"第1页。
② 王余光：《中国历史文献学》，武汉大学出版社1988年版，"绪论"第19页。
③ 洪湛侯：《中国文献学新编》，杭州大学出版社1994年版，"绪论"第2—3页。
④ 谢玉杰、王继光主编：《中国历史文献学》，民族出版社1999年版，"导论"第10页；又见《中国历史文献学》（修订版），上海古籍出版社2014年版，"导论"第7页。
⑤ 郑鹤声、郑鹤春：《中国文献学概要》，上海古籍出版社2001年版。

是围绕古代文献整理的各个环节展开，介绍了"整理古代文献的基础知识"——版本、校勘、目录，以及"前人整理文献的具体工作""前人整理文献的丰硕成果""历代校雠学家整理文献的业绩""清代考证学家整理文献的业绩""近代学者整理文献最有贡献的人""今后整理文献的重要工作""整理文献的主要目的和重大任务"①。不难发现，张先生所讲的"文献学"，主要是针对文献整理的内容、方法以及历史而言的。王欣夫《文献学讲义》亦侧重于文献整理的方法，其曰："既称为'文献学'就必须名副其实，至少要掌握怎样来认识、运用、处理、接受文献的方法……书籍既是智识的宝库，对它怎样开启，进一步怎样发掘、整理，就是一个重要问题。根据前人积累的经验，实践的效果，本课定为三个内容：一、目录；二、版本；三、校雠。"② 故《文献学讲义》主要是在讲授古籍整理的方法和所需具备的知识。

进入 21 世纪以来，古文献学这门学科有了长足发展，其内容也愈加完善，学者对古文献学的研究对象、范围、内容多有新的思考与讨论，如张子侠在《关于中国历史文献学基本理论的几点认识》一文中把中国历史文献学的研究范围分为中国历史文献学的基本理论、中国历史文献及其产生和发展的历史、整理研究中国历史文献的方法、中国历史文献学史。③ 尽管古文献学的研究范围较之以往有所扩展，但包括古籍在内的文献整理，仍是古文献学研究的重要领域。一些通论性的文献学教材还将"古籍整理"作为专项内容加以介绍，如张大可主编的《中国历史文献学》第八章就设立了《古籍整理》专章，对古籍整理的方法、发展和成绩予介绍。④ 谢玉杰、王继光主

---

① 张舜徽：《中国文献学》，上海古籍出版社 2011 年版。

② 王欣夫：《文献学讲义》，上海古籍出版社 2005 年版，第 4—5 页。

③ 张子侠：《关于中国历史文献学基本理论的几点认识》，《安徽大学学报》（哲学社会科学版）2005 年第 4 期。

④ 张大可、俞樟华：《中国文献学》，福建人民出版社 2005 年版，第 214—234 页。

编的《中国历史文献学》（修订版）第九章《当代的古籍整理》则着重对当代古籍整理的方法进行了总结，① 这些都体现了古籍和古籍整理在古文献学学科体系中的重要地位，体现了古籍整理是古文献学研究的核心内容和主要任务。

　　值得注意的是，20 世纪 80 年代以来，为了适应我国古籍整理事业的繁荣发展，古文献学界相继推出了多种内容扎实、体例完备的有关古籍整理理论方法的专门论著，② 对于当代古籍整理工作起到了切实的指导作用，也为古籍整理发展成专门学科奠定了基础。

　　黄永年《古籍整理概论》是当代较早问世的古籍整理专著，该书是根据著者多年从事古籍整理研究的经验和深入的思考撰写而成，分底本、影印、校勘、辑佚、标点、注译、索引和其他共八章，全面而精要地论述了古籍整理工作的各个方面，以及古籍整理自身在方法、工序和相关知识上的特点，是一部既具有学术性又非常实用的古籍整理教材。为了明确本书的研究对象和任务，著者在"绪论"中首先从源流、性质、研究对象与范围等方面，对"古籍"和"古文献"、"古籍整理"和"古文献学"的概念内涵，即古籍整理和古文献学之间的关系问题，做出了相当明确的辨析和说明。他说：

　　　　比较平实一点，文献学即古典或历史文献学的涵义是不是可

---

　　① 谢玉杰、王继光主编：《中国历史文献学》（修订版），上海古籍出版社 2014 年版，第295—315 页。

　　② 主要有黄永年《古籍整理概论》（陕西人民出版社 1985 年版；上海书店出版社 2001、2013 年版）、吴孟复《古籍研究整理通论》（台湾贯雅文化事业有限公司 1991 年版）、胡渐逵《古籍整理释例》（岳麓书社 1995 年版）、冯浩菲《中国古籍整理体式研究》（北京图书馆出版社1997 年版）、时永乐《古籍整理教程》（河北大学出版社 1997 年版；河北大学出版社 2003 年版）、来新夏《古籍整理讲义》（鹭江出版社 2003 年版）、曹林娣《古籍整理概论》（北京大学出版社 2007 年版）、许逸民《古籍整理释例》（中华书局 2011 年版）等。除此之外，还有一些专门的古籍整理论文集，如全国古籍整理出版规划领导小组办公室编《古籍整理出版丛谈》（广陵书社 2005 年版）、杨牧之主编《古籍整理与出版专家论古籍整理与出版》（凤凰出版社 2008年版）、程毅中《古籍整理浅谈》（北京燕山出版社 2009 年版），张志清主编《全国图书馆古籍工作会议论文集》（国家图书馆出版社 2009 年版）等。

以这样来说：（1）文献者，不仅包括书籍即古籍，还包括古籍以外用文字写出来的如甲骨文、金文、碑刻、档案、户籍、契约、信札之类；没有文字的古器物、绘画之类则不算。（2）文献学者，是讲文献的种类、形成、形式、内容、功用、整理、研究、保管，等等。其中单整理一项，就把古籍整理工作统统包括了进去，可见文献学的全部内容之庞大。①

来新夏《古籍整理讲义》，也是作者长期从事古籍整理教学与实践而积淀的成果。该书具有成熟的编撰思想，体例系统严密，不仅是一部古籍整理基本技能的总结之作，对于古籍整理学和古文献学的学科建设也具有重要的价值。作者认为古籍浩如烟海，设无类属，则需用时面对丘山之积而难以绅读。宋郑樵在其名著《校雠略》中强调说："类例既分，学术自明"，乃作"论分类"第一；要想即类求书，就需要借助各种目录的指引，乃作"论目录"第二；使用目录书可以做到即类求书，但一书有多写众刻，何者为善，就需要加以选择。只有掌握识别版本的技能，才能区别善本与劣刻，以避免谬误，乃作"论版本"第三；流传至今的古籍大多因无句读而难以卒读，于是句读问题也被视为整理和研读古籍的一种基本技能，乃作"论句读"第四；古籍中无论字词，还是典制，均非人人皆能记忆或尽晓，势不得不借助于工具书以求解，乃作"论工具"第五；能够循读文献，尚需广搜异本，比勘异同。陈垣曾说"校勘为读史要务，日读误书而不知，未为善学也"，并概括了对校、本校、他校和理校的校法四例，为校勘工作的基本技能，乃作"论校勘"第六；校勘而有异同，就需要以考证来定底本与立说的是非，乃作"论考证"第七；传注是有悠久历史的整理古籍的方法，对古籍中的文献起到训释音义，掇拾遗阙，辨正异同和核查文字的作用，便于更为完整准确地理解古

① 黄永年：《古籍整理概论》，上海书店出版社2013年版，第10页。

籍，乃作"论传注"第八。作者认为以上八种技能都是整理古籍的基本技能，从事古籍整理与研究的人应熟练掌握，善于运用，同时还需要专业人士对这些基本技能进行研讨，使之逐步完善和规范化。此外，为了以使读者对主要古籍的总貌有所了解，该书在"八论"之后，又对经史子集、类书丛书、地方志和佛藏道藏等古籍分别做了介绍。①

许逸民《古籍整理释例》，是一部着重总结古籍整理工作具体方法、标准与规范的著作，内容涉及广泛，运用大量例证对古籍整理基本原则与方法加以细化分析和详尽说明，对于实际从事古籍整理工作具有非常重要的指导意义。书中对古文献学基本理论问题和古籍数字化等古籍整理新问题也有所讨论与回应。②

新时期以来，我国繁荣发展的古籍整理事业不仅催生了古籍整理的专著，也呼唤着古籍整理专门学科的建立。早在 1988 年，学者霍旭东即撰文提出应适应我国古籍整理事业发展的需要，建立独立的中国古籍整理学。③ 2003 年，刘琳、吴洪泽合著《古籍整理学》问世。该书系统论述了古籍整理学的理论、古籍整理的相关学科、古籍校勘、古籍标点、古籍注释、古籍今译、古籍辑佚、古籍抄纂和古籍整理手段的现代化等方面的问题。在第一章《古籍整理学的理论》中，作者对古籍整理学的研究对象与范围、学科定位、古籍整理的指导思想、古籍整理学相关学科等问题，做了清晰的论述。该书是当代第一部综合性的古籍整理学专著，标志着古文献学学科体系内又一独立的分支学科"古籍整理学"的成立，为古籍整理基础理论方法的研究开拓了更为广阔的空间。④

以上，综合考察各家通论性文献学教材可以看到：无论是基本概

---

① 参见来新夏《古籍整理讲义》，鹭江出版社 2003 年版，序言。
② 许逸民：《古籍整理释例》，中华书局 2014 年版。
③ 霍旭东：《中国古籍整理学学科建设刍议》，《古籍整理研究学刊》1988 年第 2 期。
④ 刘琳、吴洪泽：《古籍整理学》，四川大学出版社 2003 年版。

念、基本问题等基础理论部分，还是整理方法和文献学史的部分，古籍和古籍整理都是其中主要的论述对象，古籍整理的历史、成果、技术和方法始终是古文献学研究和总结的主要任务和内容；为了适应当代古籍整理事业的繁荣发展，古文献学界相继推出了关于古籍整理的专门论著，为古籍整理学成为独立的学科奠定了基础。

第二节　古文献学是古籍整理的历史总结与理论指导

如前所述，古籍整理为古文献学学科发展提供实践基础和动力资源；但另一方面，古籍整理工作的顺利开展与质量保证，也离不开古文献学研究的支持和规范指导。概括来说，古文献学对古籍整理的支持与规范指导主要体现在学术史总结、理论指导和问题研究几个方面。

一　古籍整理的学术史总结

前人在古籍整理方面做了大量的工作并积累了丰富的经验，譬如对古籍目录的编制、不同版本的搜集与鉴定、古籍文字的校勘与批注等。"自西汉刘向、刘歆父子校理群籍，编纂《别录》《七略》起，历代学者利用官私藏书进行学术研究的同时，也在进行着文献整理的实践，由此产生的目录学、校雠学、版本学等专学，于今滥觞为文献学。"① 古文献学作为一门学科，又以古籍整理作为主要内容与研究对象，自然也承担着对从古至今历代古籍整理发展历程、成果、经验进行总结的任务。

（一）古文献学是对历代古籍整理发展历程、成果和经验的总结

我国古籍整理的历史，源远流长。从先秦至明清，古籍整理成就

---

① 张晓红：《图书馆古籍工作与文献学研究》，《晋图学刊》2015 年第 5 期。

显著，古文献学史很大程度上可以说是古籍整理的发展史。当代各家文献学著作、教材对古文献学史的追溯，无一不是对历代古籍整理的研究和总结，并且大都通过对先秦至明清古文献学的时段划分，体现对古文献学发展阶段性及其特征的概括和把握。目前，学界关于古文献学史的历史分期问题，有分为四个时期、五个时期、七个时期等不同的主张和看法。如张家璠、黄宝权主编的《中国历史文献学》将古文献学史分为先秦、秦汉至唐初、中唐至明初、明中叶至清中叶四个时期。① 杨燕起、高国抗主编《中国历史文献学》（修订本）亦分为四个时期：先秦两汉为中国历史文献学的成立期，魏晋南北朝隋唐为成长期，两宋元明为繁荣时期，清为鼎盛期。② 谢玉杰、王继光主编《中国历史文献学》（修订版）也分为四个时期，但与前两者不同：先秦时期为历史文献学的产生，两汉时期为历史文献学的形成，魏晋至宋元为历史文献学的发展，明清为古典历史文献学的高峰。③ 黄爱平主编的《中国历史文献学》则将古文献学史分为五个时期：先秦至两汉为历史文献学的起源及奠基时期，魏晋南北朝隋唐为历史文献学的成长时期，两宋为历史文献学的繁荣时期，元明为历史文献学的持续发展时期，清代为历史文献学的鼎盛时期。④ 洪湛侯《中国文献学新编》分为七个历史时期，即先秦（起源期）、汉（奠基期）、魏晋至隋（变迁期）、唐五代（发展期）、宋辽金（兴盛期）、元明（中衰期）、清（恢复、鼎盛期）七个时期。⑤ 尽管各家论著、教材对于古文献学史的发展进程和历史分期的认识主张有所不同，但可以看

---

① 张家璠、黄宝权主编：《中国历史文献学》，广西师范大学出版社 1989 年版，第 320—326 页。

② 杨燕起、高国抗主编：《中国历史文献学》（修订本），北京图书馆出版社 2003 年版，第 59—156 页。

③ 谢玉杰、王继光主编：《中国历史文献学》（修订本），上海古籍出版社 2014 年版，第 316—362 页。

④ 黄爱平主编：《中国历史文献学》，中国人民大学出版社 2010 年版，第 203—362 页。

⑤ 洪湛侯：《中国文献学新编》，杭州大学出版社 1994 年版，第 238—374 页。

到历史分期问题是古文献学对中国古文献学史进行学术总结的重要问题，诸家论著基本都是按照古文献学的产生（或起源）、发展、鼎盛（或高峰）的脉络进行时段划分和概括总结的。

除了历史分期问题，在古籍整理历史上地位重要、成绩突出的代表性人物，也是古文献学进行历史总结的重要内容。如先秦时期被视为古文献学之开端，学界普遍认为这一时期古文献学的成就主要体现在孔子整理六经上，其"开创访求和整理文献之先河"，"创立了一系列整理历史文献的方法"，"对于文献整理的态度，为后世树立了典范"。① 汉代古籍整理的代表人物主要是刘向、刘歆以及郑玄。张舜徽对刘氏父子在校理群书方面的成就进行总结，将他们的工作归纳为六个方面：一是广罗异本，仔细勘对；二是彼此互参，除去重复；三是校出脱简，订正讹文；四是整齐篇章，定著目次；五是摒弃异号，确定书名；六是每书校毕，写成《叙录》。② 东汉郑玄遍注群经，包括《周易》《尚书》《毛诗》《仪礼》《周礼》《礼记》《论语》《孝经》等。清人段玉裁在总结郑氏之学时云：

> 郑君之学，不主于墨守，而主于兼综；不主于兼综，而主于独断。其于经字之当定者，必相其文义之离合，审其音韵之远近，以定众说之是非，而以己说为之补正。凡拟其音者，例曰"读如""读若"，音同而义略可知也。凡易其字者，例曰"读为""读曰"，谓易之以音相近之字而义乃了然也。凡审知为声相近若形相似二者之误，则曰"当为"，谓非六书假借而转写纰缪者也。汉人作注，皆不离此三者。惟郑君独探其本原。③

---

① 谢玉杰、王继光主编：《中国历史文献学》（修订版），上海古籍出版社 2014 年版，第 316—325 页。

② 参见张舜徽《中国文献学》，上海古籍出版社 2011 年版，第 201—203 页。

③ （清）段玉裁撰：《经韵楼集》，钟敬华校点，上海古籍出版社 2008 年版，第 188—189 页。

段氏在此高度评价了郑玄的校勘成就，并揭出汉代学者在校勘古籍时已有一些基本的规范或说共同遵循的原则。程千帆、徐有富《校雠广义·校勘编》亦曾指出此点①。这些校勘的原则也是古文献学需要加以总结的重要内容。

唐代著名经学家陆德明广集汉、魏、六朝音切，旁采诸家训诂，考证版本之异同，撰成《经典释文》三十卷。陆氏音释的书计有《周易》《尚书》《毛诗》《周礼》《仪礼》《礼记》《春秋左传》《公羊传》《穀梁传》《孝经》《论语》《老子》《庄子》《尔雅》共十四种。② 对于陆氏的校勘成就，张舜徽在《广校雠略：附释例三种》中指出："郑康成惟能博稽六艺，深造有得，故虽不以校雠名，而校书之业莫盛于郑氏。后之注述大典，而兼寓校雠流别之义者，惟陆德明博涉多通，为能仿佛之耳。"③ 足见陆德明在汉代以降校雠学领域的重要地位。

南宋郑樵则将汉唐以来的校雠学进一步向前推进。以往的校雠学家在古籍整理上的突出成就主要表现在厘定篇章、校对文字讹误、注解音义等方面，而郑樵将"书籍的存佚、类例以及收书、求书等问题"亦纳入了校雠学的范围，其主张集中见于《通志·校雠略》，使得校雠学成为专门之学。④

明代古文献学的发展突出表现在辨伪理论与方法的总结上，尤以宋濂、梅鷟、胡应麟等学者为代表。宋濂撰有《诸子辩》，专考先秦至宋代约四十种子书的真伪，故有学者称宋氏为"我国辨伪学史上专著一书以考辨群书的第一人"。⑤ 梅鷟在吸取前人考辨伪《古文尚

---

① 程千帆、徐有富：《校雠广义·校勘编》，齐鲁书社1998年版，第455页。

② 张舜徽：《中国文献学》，上海古籍出版社2011年版，第208—209页。

③ 张舜徽：《广校雠略：附释例三种》，载《张舜徽集》，华中师范大学出版社2004年版，第90页。

④ 张舜徽：《广校雠略：附释例三种》，载《张舜徽集》，华中师范大学出版社2004年版，第212、220页。

⑤ 杨绪敏：《中国辨伪学史》，天津人民出版社2007年版，第116页。

书》成果的基础上，又广搜材料，以更加审慎的态度，撰成《尚书考异》一书。其考辨方法可归纳为考察传授源流，考察材料来源，考察文章体例，考察相关史实四个方面。① 梅鷟的辨伪方法及考辨成果，不仅对伪《古文尚书》的定案起到了重要作用，亦对后世古籍的辨伪活动产生了很大影响。明代辨伪学的发展突出表现在胡应麟对辨伪学理论和方法的总结上。胡应麟所撰《四部正讹》首次系统总结了辨伪的方法：

> 凡核伪书之道，核之《七略》以观其源，核之群志以观其绪，核之并世之言以观其称，核之异世之言以观其述，核之文以观其体，核之事以观其时，核之撰者以观其托，核之传者以观其人。核兹八者，而古今赝籍亡隐情矣。②

胡应麟指出了辨别伪书的八条方法，为后来的古书辨伪提供了借鉴和指导，在辨伪学史上具有开创意义。

清代被认为是古文献学发展的鼎盛时期，也是大规模整理典籍文献时期。清代学者以文字、音韵、训诂为基础，对传统文献进行校勘、注疏、考释、集解以及辨伪、辑佚等多方面的整理，并取得了显著的成就。对此，张舜徽在《中国文献学》中总结道：

> 清代考证学家关于语言文字、经传、子、史各方面所进行的研究工作，成果辉煌；在整理古代文献的过程中，建树了不朽业绩，这是值得我们景仰和感谢的。他们整理文献的工作，一开始便和版本、校勘在一起，把古书的本子校对好了，然后进行考证、注释，使难读难懂的古文献，一变而为容易理解的读物，这

---

① 黄爱平主编：《中国历史文献学》，中国人民大学出版社 2010 年版，第 312 页。
② （明）胡应麟：《少室山房笔丛》，上海书店出版社 2015 年版，第 322 页。

是他们工作的一方面。另一方面，便是将零散的文献资料，经过去粗取精，去伪存真，然后组织这些资料，编述为适应客观需要的书。还有的人，对某一专门学问，进行长期深入钻研，确有心得，从中提出最精要的发明或发现，写成理论性的专著，以贡献于社会。①

实际上，除了"考证学家"，清代的藏书家亦为古籍文献的整理做出了很大贡献，如藏书名家鲍廷博、黄丕烈等不仅嗜藏书，而且喜欢校书刻书，并邀请或聘用擅长校勘的学者专为其校刻古书，使得大量旧本、珍本经过精校精刻而广为流传。

杨燕起、高国抗主编《中国历史文献学》曾指出："大规模的古籍整理，是中国历史文献学思想、理论和方法的一次伟大的实践，因此，学习和研究历史文献学，理所当然应该关注古籍整理的进展情况。"② 前人整理古籍贡献巨大，成果丰硕，为后世从事专门研究的人提供了帮助和便利。而前人整理古籍的方法、经验、思想，对后人的古籍整理活动亦有指导和借鉴意义，理应成为古文献学研究的重要内容而加以认真总结。

（二）古文献学也担负着对现当代古籍整理实践进行学术总结的任务

近百年以来，古籍整理事业较之以往，无论在整理方法、手段还是理论研究上，均有所突破和显著发展。除此之外，古文献学分支学科的成果和专著大量出现，古文献学这门学科的体例及理论框架逐步形成、完善，故有学者将现代视为文献学发展的"变革时期"③，或

---

① 张舜徽：《中国文献学》，上海古籍出版社 2011 年版，第 249 页。
② 杨燕起、高国抗主编：《中国历史文献学》（修订本），北京图书馆出版社 2003 年版，第 10 页。
③ 杨燕起、高国抗主编：《中国历史文献学》（修订本），北京图书馆出版社 2003 年版，第 157 页；黄爱平主编：《中国历史文献学》，中国人民大学出版社 2010 年版，第 363 页。

"总结、发展期"①。我们认为,这一时期对当今的古籍整理产生多方面的影响,应该对这一"变革时期"内的古籍整理实践活动给予全面的学术总结。

民国时期,罗振玉、王国维、梁启超、张元济、余嘉锡、陈垣、洪业等学者在古籍整理方面贡献甚大,如在古籍的校勘补注方面,著名者有王国维《水经校注》、陈垣《元典章校补》等;在古籍的影印出版方面,有张元济主持辑印的《四部丛刊》《百衲本二十四史》《续古逸丛书》等;在古籍的辨伪方面,有梁启超《古书真伪及其年代》、顾实《重考古今伪书考》等;在古籍索引制作方面,有洪业等人编制的各种引得,对于检索古籍内容十分便利。上述学者在古籍整理实践活动中所取得的成就以及积累的理论、方法,都属于古文献学的研究范畴,均应给予总结与研究。对此,张舜徽《中国文献学》一书第十编《近代学者整理文献最有贡献的人》,以张元济、罗振玉为代表,概括总结了二人在近现代文献整理事业上的突出贡献。其中,张元济在影印《百衲本二十四史》的过程中,亲自校勘史书,积累了丰富的校勘经验。张舜徽在书中特别总结了张氏在校史时订正讹误文字的六种方法:一是根据文字结构,以明讹体由形似而误;二是参证本书多篇,以明讹体由音近而误;三是按之情理,订正字形之误;四是稽之雅诂,订正字形之误;五是验以时制,而知形近之讹;六是核以经训,而知形近之讹。② 这种校勘史籍文字讹误的方法,对当今校勘古籍仍有很大借鉴意义,尤其是自 2005 年始,点校本"二十四史"及《清史稿》修订工程逐渐展开,张氏的校勘方法仍适用于正史的修订工作。

新中国成立以后,党和国家十分重视古籍整理工作,1958 年国务院成立了古籍整理出版规划小组,使得古籍整理与出版工作有了规

---

① 洪湛侯:《中国文献学新编》,杭州大学出版社 1994 年版,第 375 页。
② 张舜徽:《中国文献学》,上海古籍出版社 2011 年版,第 258—264 页。

划和方针。改革开放以来，尤其是在 1981 年中共中央发出《关于整理我国古籍的指示》之后，古籍整理事业获得新的生机，进入了快速发展的新阶段。有条件的高等院校，先后建立了古籍整理研究所，并开设古文献学等课程，培养了一大批古籍整理人才，加上各省、市、自治区古籍整理工作的积极开展，全国古籍整理、研究与出版呈现繁荣发展的新局面。面对种类多样、内容丰富的古籍整理实践和成果，古文献学担负起对中华人民共和国以来古籍整理工作的发展历程进行全面总结和反思的任务。

关于中华人民共和国成立后古籍整理发展历程，赵守俨在《建国以来古籍整理出版工作简述》一文中将其分为三个阶段：一是新中国成立以后到 1958 年古籍整理出版规划小组成立之前，二是从 1958 年古籍整理出版规划小组成立到"文革"时期，三是 1982 年规划小组恢复后出现的新局面。① 这种划分方式以古籍整理出版规划小组的成立与恢复作为主要节点，遵循了古籍整理发展的基本脉络。回顾新中国成立以后的古籍整理实践过程，2003 年杨牧之在《新中国古籍整理出版工作的回顾与展望》一文中指出，尽管中华人民共和国以后古籍整理工作并非一帆风顺，但总体而言是在曲折中发展，古籍整理"成绩斐然"，主要表现在：第一，新版古籍出版数量大幅度提升，并渐趋适度、稳定的态势；第二，新版古籍的学术质量提高，体现一代学术水平的成果集中出版；第三，古籍整理出版总体布局进一步扩大，古籍整理选题范围拓宽；第四，古籍整理专门人才的培养成绩显著；第五，古籍出版力量进一步壮大和充实；第六，全国范围古籍整理出版的规划和协调，逐渐显现出主导作用。新时期的古籍整理出版工作在有序进行的同时，也面临很多新的问题与挑战。对此，杨牧之也明确指出古籍整理出版工作接下来的任务，主要包括：清理

---

① 赵守俨：《建国以来古籍整理出版工作简述》，载杨牧之主编《古籍整理与出版专家论古籍整理与出版》，凤凰出版社 2008 年版，第 94—99 页。

总数，分清档次，采取不同的整理方式，进一步完善和落实古籍整理出版规划；评议已出古籍图书，推荐古籍整理新"善本"，减少重复出版和资源浪费；强化古籍整理出版的质量管理，全面提升古籍整理出版工作的整体水平；优化古籍整理图书结构，实施精品战略，处理好普及与提高的关系；走团结合作、集约经营的道路，以适应现代市场经济的要求；加速推进古籍整理出版工作的现代化、数字化进程。[①] 任继愈提出新时期的古籍整理要"与时俱进"，要体现出"现代科学整理的新方法新成果"，比如"古书中的民族语言、文字，过去只用汉字音译，有时不太准确，如能附上原书的原文，就增加了整理古籍的科学性"；"又如，古书中的计算公式、专用名称，如能用近代通用数学形式予以注解，今人读起来会更容易理解。古人不用百分比表达数量比例，古人不可能用现代图表，今人整理古籍都可以考虑采用新手段"[②]。这对当代古籍整理工作提出了新的要求，即古籍整理的理论、方法等应跟上时代发展的脚步，体现时代精神与特色。

1982 年古籍整理出版规划小组恢复工作以后，全国高等院校成为古籍整理的重镇，这一新型的古籍整理模式以及高校古籍整理工作的成就、方法、经验等亟待古文献学进行学术总结。杨忠主编的《高校古籍整理十年》[③]、曹亦冰主编的《辉煌十年——全国高校古籍整理研究成就》[④]、高敏伟的《高校古籍整理卅五年》等[⑤]，都是适应时代需要，对高等院校古籍整理工作进行全面总结的重要成果。另外，随着专科文献学，如中医文献学、科技文献学、少数民族历史文献学、戏曲文献学等理论的发展以及学科框架的搭建，以往所忽视的

① 杨牧之：《新中国古籍整理出版工作的回顾与展望》，《中国新闻出版报》2003 年第15 期。

② 任继愈：《与时俱进的古籍整理工作》，载杨牧之主编《古籍整理与出版专家论古籍整理与出版》，凤凰出版社 2008 年版，第 35 页。

③ 杨忠主编：《高校古籍整理十年》，江西高校出版社 1991 年版。

④ 曹亦冰主编：《辉煌十年——全国高校古籍整理研究成就》，上海古籍出版社 1994 年版。

⑤ 高敏伟：《高校古籍整理卅五年》，《中国出版史研究》2018 年第 1 期。

中医古籍、科技古籍、农业古籍、少数民族古籍等整理工作，在这一时期亦得到很好的总结。关于中医古籍整理，白永波《浅谈中医古籍整理》在肯定新中国成立后至 20 世纪 80 年代的中医古籍整理成就的同时，也指出了问题："就全部中医古籍而言，显然，以往的整理工作做得太少了。譬如中医经典著作，在中医学术上占有举足轻重的作用，但至今仍未整理出几个好的本子；历代中医名著，至今大多数尚未进行整理；以往出了一些中医古籍注释本、点校本、语译本、白话解本，又多为普及性质的门径书。"① 关于农业古籍整理，穆祥桐在《农业古籍整理出版工作的回顾与展望》中指出，农业古籍整理除了在选题上狠下功夫，版本上尽量选择好的底本，还要注意农业古籍整理出版工作的特殊性，如技术、地域的问题，因此"在选择作者上，注意选择那些在古籍整理校注方面有高深的造诣，同时又对农业生产技术等方面的知识有一定了解的学者"②。关于科技文献整理，林文照《科技文献整理出版摭谈》一文强调，古科技文献的内容比较分散，传统经史子集四部文献中均有存在，因此适合将同一内容或题材的古科技文献进行汇编整理，以方便读者。③ 可见，某些专科的古籍对整理者的文化素养提出了更高的要求，即除了掌握古籍整理的一般方法和知识，还需要整理者懂得一些诸如医学、农学、科技等方面的专业知识。

　　整体而言，与传统的古籍整理活动相较，现代古籍整理的理念、方法均有所发展乃至突破和创新，古籍整理实践活动取得了显著的成就，对此古文献学同样担负着历史总结与学术研究的任务。

---

① 白永波：《浅谈中医古籍整理》，载杨牧之主编《古籍整理与出版专家论古籍整理与出版》，凤凰出版社 2008 年版，第 164 页。

② 穆祥桐：《农业古籍整理出版工作的回顾与展望》，载杨牧之主编《古籍整理与出版专家论古籍整理与出版》，凤凰出版社 2008 年版，第 314 页。

③ 林文照：《科技文献整理出版摭谈》，载全国古籍整理出版规划领导小组办公室编《古籍整理出版漫谈》，上海古籍出版社 2004 年版，第 159—161 页。

二　理论指导与问题研究

古文献学作为一门学科，其学科理论与方法可为古籍整理提供系统的理论指导，同时对古籍整理实践中出现的问题加以研究，指陈得失，提出解决问题、规避失误的建议和方案，从而起到规范古籍整理实践，保证古籍整理成果质量的重要作用。

（一）理论指导

所谓理论指导，是指古文献学（包括古籍整理学）为适应古籍整理实践发展的需要，对古籍整理取得的成果，包括创造积累的经验、方法，形成的知识、观念等及时地加以理论归纳和总结，去粗取精，提炼完善，使之系统化、条理化，用以指导和规范古籍整理工作，丰富、更新古文献学学科的知识体系。

以往学者把理论研究视为文献学研究中的最高层次研究，如杨燕起、高国抗曾说："历史文献学是对历史文献的形成发展、整理利用进行研究，探索其规律，从而加以理论说明的一门学问。"[1] 然而，由于传统的文献学家往往比较重视古籍整理的直接经验而轻视理论总结，因此，过去文献学的理论及其研究都比较薄弱。随着文献学这门学科的发展，理论研究愈发重要，我们不仅要从传统的古籍整理实践中总结出理论，还要直接研究这些理论，深入挖掘其价值与意义。对于新时期的古文献学而言，其研究对象本身就包括理论研究与古文献整理实践两方面的内容，如陈树在《中国古典文献学的内容及研究方法》就指出："作为研究和整理中国古典文献及其历史的学问，中国古典文献学应至少包括两个大的方面，一是古典文献理论研究；二是古典文献整理与利用的实践。二者互相交融，密不可分，必须以理论来指导实践，又必须将实践经验进行理论上的归纳总结。"[2] 的确，

---

① 杨燕起、高国抗主编：《中国历史文献学》，书目文献出版社 1989 年版，第 7 页。

② 陈树：《中国古典文献学的内容及研究方法》，《文史博览（理论）》2010 年第 2 期。

古籍整理是一项实践性很强的学术活动，离不开理论与方法的指导，而古文献学通过总结历代古籍整理实践所获经验、方法，使之形成系统的理论，从而更好地为古籍整理提供指导。二者互相交融，互为作用，不可偏废，这就决定了在新时期我们更应该强调理论研究的重要意义。白寿彝先生在谈到古文献学学科建立的意义时就指出：

> 我们搞古籍整理研究，不管是文学、历史、哲学，总应有它的理论和方法。研究整理古籍，就是对古代历史文献进行研究整理。为了更好地进行整理研究，就需要建立一个新的学科，即历史文献学。没有这个学科指导，效果和进度都要差一点。既然想把古籍整理工作大规模地进行，这个学科的建立就很迫切。①

针对古文献研究的特点，白先生特别强调了理论研究的重要性，强调理论研究和实际工作的密切结合。他说："古籍整理工作很具体，需要比较广阔的知识，但也很容易使我们陷进具体工作里面，跳不出来，不考虑理论方面的问题。不考虑理论问题，是不利于我们这个工作的正常发展的。我们研究历史文献学，就必须提倡理论问题的研究。"② 那么，古文献学的理论研究主要包括哪些内容呢？对此，陈树在《中国古典文献学的内容及研究方法》一文中有过很好的概括：

> 理论研究包括传统古文献范围内的研究，如目录、版本、校勘、注释、辨伪、辑佚等，还有一些新的理论研究，如古典文献的保存与复制理论研究、古典文献的检索与利用理论研究、古典文献学的编制理论研究等；另外理论研究还应包括古典文献的收

①　白寿彝：《古籍整理和通史编撰》，载《白寿彝史学论集》，北京师范大学出版社1994年版，第576页。
②　白寿彝：《古籍整理和通史编撰》，载《白寿彝史学论集》，北京师范大学出版社1994年版，第577页。

藏研究、出土文献研究、考据研究、古典文献研究发展的历史研究、少数民族古典文献研究。而古籍整理与实践方面，包括了传统的文献整理、古籍保存与复制、古典文献学工具书的编制与出版、古典文献的检索与应用、出土文献整理、古籍电子化等。这其中很多时候理论研究与实践是同时的，是互为指导的。①

　　古文献学的分支学科，诸如目录学、版本学、校勘学、辨伪学、辑佚学等为古籍整理提供必需的知识和方法，因此有必要对这些学科知识及时地加以学术总结和理论提升，以更好地指导古籍整理实践。除了具体的方法，古籍整理所涉及的其他理论问题亦值得关注，"比如古籍整理学的对象、范围、意义、宗旨，它与现实的关系，提高与普及的关系，选题的原则，整理与研究的关系等"②。这些理论问题的解决关乎古籍整理学是否能够成为一门系统的学问，也影响着古籍整理工作的长远发展。

　　古文献学的理论指导还体现在对当代古籍整理中出现的新动向和热点问题的理论探讨和总结，如目前很多文献学论著、教材对古籍整理与研究的关系问题、影印古籍问题、古籍整理数字化等问题所作的论述和总结。以影印古籍问题来说，1986 年，李伟国发表《试论古籍影印的若干问题》一文，认为古籍影印是古籍整理出版的重要手段，在传播中国古代文化方面起了极大的作用。针对学术界、出版界在古籍影印的意义、重点和方法等问题上存在的不同观念和做法，作者从古籍影印的意义、选题、底本选择、内容提示、格局设计、描修加工、索引七个方面，对影印古籍做了相当全面的论述并提出自己的观点。③ 2002 年，许逸民发表《古籍影印出版的规范问题》一文，在

---

　　①　陈树：《中国古典文献学的内容及研究方法》，《文史博览（理论）》2010 年第 2 期。

　　②　刘琳、吴洪泽：《古籍整理学》，四川大学出版社 2003 年版，第 2 页。

　　③　杨牧之主编：《古籍整理与出版专家论古籍整理与出版》，凤凰出版社 2008 年版，第 602—612 页。原载《古籍整理出版情况简报》1986 年第 165 期。

简要回顾了古籍影印的历史之后，着重论述了"根据影印目的来确定相应的体例""影印本应该具备的学术范式""影印底本的选择与配补描润""影印说明的撰写"等问题，解说具体而全面，具有很强的指导规范作用。如关于"影印本应该具备的学术范式"，作者认为"一种包括了全部整理事项、符合古籍影印出版规范的新版古籍影印本，一般应具备以下几个条件：（1）所采用的底本具有一定学术价值或文物价值；（2）撰写有足以反映当代学术研究水平（包括观点与史料两个方面）的序文（或称前言、出版说明、影印缘起）；（3）编制有新的目录或索引；（4）正文有断句或新式标点；（5）参校他本，写有校勘记；（6）附录有必要的相关研究资料"。这六个条件，虽非每一种影印本都要求同时兼备，缺一不可，"但无论何种影印本，即使是着眼于珍本收藏者，至少前面两条是不可忽略的。假如影印是为了更好地为学术研究服务，则后面四条也就分外显得重要，有的条件甚至要成为不可或缺的了"①。再者，古籍整理数字化问题，给当代古籍整理出版工作带来巨大的变化和挑战，也为古文献学研究提出了新的课题。例如，在数字化时代，传统古籍整理方法如何与古籍整理的数字化、智能化很好地结合起来，各取所长，互相促进；如何继承发扬传统古籍整理的优良传统，有效地解决古籍数字化、智能化过程中出现的问题；如何培养新型的古籍整理人才等。新时期以来问世的很多古文献学论著，都对新技术带来的古籍整理手段的变化、对古籍数字化问题给予重视，以专门章节给予介绍讨论，② 体现了古文献学

---

① 许逸民：《古籍整理释例》（增订本），中华书局 2014 年版，第 315 页。案：该文原载全国古籍整理出版规划领导小组办公室编《古籍整理十讲》，岳麓书社 2002 年版，第 259—270 页。

② 杨燕起、高国抗：《中国历史文献学》，北京图书馆出版社 1989 年版，第 193—197 页；杨燕起、高国抗：《中国历史文献学》（修订本），北京图书馆出版社 2003 年版，第 225—239 页；张大可主编：《中国历史文献学》，陕西人民出版社 1991 年版，第 85—92 页；黄永年：《古籍整理概论》，上海书店出版社 2001 年版，第 156—162 页；刘琳、吴洪泽：《古籍整理学》，四川大学出版社 2003 年版，第 330—345 页；张三夕主编：《中国古典文献学》（第 2 版），华中师范大学出版社 2007 年版，第 298—307 页；董恩林主编：《中国传统文献学概论》，华中师范大学出版社 2008 年版，第 378—395 页。

对古籍整理实践中出现的新动向、新课题及时进行观察总结的学术
自觉。

古文献学对古籍整理提供理论指导的目的，就在于规范古籍整理
工作，保证古籍整理成果的质量，对此杨燕起、高国抗主编《中国
历史文献学·绪论》中有明确的论述：

> 整理古籍，就是要对文、史、哲、经、教、法等方面的典
> 籍，选择其中的一部分，进行标点、校勘、注释、翻译等工作，
> 以利于它们的流传和使用。这样，历史文献学在其历史发展过程
> 中所积累的经验，历史文献学各分支学科所要求的原则、方法，
> 就可以在实践的运用中发挥出学术指导的作用，从而能够提高整
> 理古籍的工作效益，保证古籍整理的成果质量。①

可见，古文献学对古籍整理的理论指导贯穿于古籍整理的各个环节，
一旦脱离古文献学的理论指导，古籍整理工作就容易出现问题。

有鉴于此，董洪利主编《古典文献学基础》提出古籍整理需要
古文献学研究的支持，在该书"总论"部分作者说：

> 古籍整理出版在拟订选题、确定版本、文本校勘、辑佚汇编
> 等方面，都需要借助古典文献学的研究支持，否则很难成为高质
> 量的古籍整理作品。近年出版的古籍整理作品中，有因缺乏目录
> 学知识而把普通古籍当做珍本善本者，有因选用底本不当而造成
> 缺卷者，有汇编总集全集而漏辑重要文献者，有辑佚缺乏辨伪造
> 成张冠李戴者，严重影响了作品质量。因此，从事古籍整理决不
> 可率尔操觚，而应先具备古典文献学的训练，熟悉相关文献，且

---

① 杨燕起、高国抗主编：《中国历史文献学》（修订本），北京图书馆出版社 2003 年版，
"绪论"第 10 页。

采取审慎认真的态度，方可进行。①

要想规范古籍整工作、全面掌握古籍整理的方法，就必须了解古籍整理发展的学术史，必须掌握与古籍整理相关的目录学、版本学、校勘学、辨伪学、辑佚学以及标点、注释、今译、影印等理论知识，这些均有赖于古文献学研究的支持。

（二）问题研究

问题研究，是指古文献学在对历史上或当代古籍整理工作的成绩、经验进行系统总结的同时，还需要依据其基础理论、基本方法、学术理念和知识体系，对古籍整理各个环节中出现的问题、疑难和争论，进行深入的分析研究，探求其根源、影响，提出解决问题、规避失误的建议和方案，因而具有明确认识、完善方法和批评建设的作用。问题研究是古文献学参与古籍整理工作的重要方式，没有这种学术研究的参与，古籍整理工作很难从理论的、宏观的角度，审视自身的发展与得失。也就是说，古文献学对于古籍整理除了系统的理论总结，还担负着批评与建设的责任，发现古籍整理实践过程中的问题，指出不足，并加以学理分析，为当代古籍整理提供借鉴。我们注意到，新时期以来一些古文献学论著对此具有较为明确的认识和很深入的讨论。例如，在当前古籍整理工作全面发展的同时，也存在轻整理，重研究的错误认识，"把古籍的整理和研究截然分开，认为研究比整理高一个档次"，"整理研究古籍不外是圈圈点点，注注译译或编编选选，不过在故纸堆里找学问，有多大的学术价值？"对于这些不利于古籍整理工作顺利开展的错误看法，学者霍旭东撰文指出："我们整理一部古籍，如果不对它的成书时代、作者的思想观点和该书所涉及的内容有所了解、有所研究，就不可能深入地理解它、掌握它，

---

① 董洪利主编：《古典文献学基础》，北京大学出版社 2008 年版，第 51 页。

仅从一般文字词汇、语法特点上去确定句读、注释其意，恐怕是靠不住的。""古籍整理研究在我国是一项具有光荣传统的学术活动，有着它自身产生、发展过程，也有着它自身的特点和规律，从理论基础和学科体系上来说，应该有它相对的独立性"，有鉴于此，他提出建立中国古籍整理学的建议及其具体设想。① 董洪利主编《古典文献学基础》亦认为："一部高质量的古籍整理作品，其价值丝毫不亚于一部原创性学术著作。"② 这些批评论述对于纠正轻视古籍整理实践工作的错误认识，具有积极的作用。

值得注意的是，古文献学论著对古籍整理基本原则和具体方法的规范指导常常体现在"需要注意的问题"等一类内容。这类内容是针对古籍整理具体工作中一些容易致误而需格外谨慎处理的环节所做的特别分析和提示，对各项古籍整理具体原则与方法的论述，具有重要的补充作用。如黄永年《古籍整理概论》"校勘"一章在论述"古抄本、石刻本在对校中的作用"时特别提道："敦煌莫高窟藏书被发现后，大量古抄卷子本随同佛经等流散出来，引起了学术界的重视，纷纷用这些古抄卷子本来对校隋唐以前的古籍。尽管其绝大多数已是残卷，但文字上确有佳胜之处可以撷取"，"但在利用所有的古抄本时，有一点必须注意，即这些古抄本不一定都是校勘精审的善本，更不能以罕见珍，把这些古抄本夸大为传世的唯一善本，因而认为宋以来的刻本、抄本统统不足取。在发现有异文时，也不能一概看作今本错而古抄本对"。如果"做过了头，以不误为误，就欠审慎了"③。在论及收集"旧序跋"编辑附录问题时，黄永年指出："今天除影印古籍外，整理古籍也可把原书旧序跋像古人那样移作附录，并广收其他版本的序跋编入附录。但有的旧序跋不是刻书序跋而是给本书或

---

① 霍旭东：《中国古籍整理学学科建设刍议》，《古籍整理研究学刊》1988 年第 2 期。
② 董洪利主编：《古典文献学基础》，北京大学出版社 2008 年版，第 51 页。
③ 黄永年：《古籍整理概论》，上海书店出版社 2001 年版，第 70、71 页。

本书注本写的序跋，有的还出于本书作者或注者之手，如杜预《春秋经传集解》的自序、后序，何晏《论语集解》的自序之类，就不宜移入附录。因为这些序已成为著述本身的有机组成部分。唐宋人修'正义'时已把这些序和经注一起作疏解，若移入附录对读者反不方便。"① 时永乐《古籍整理教程》论"古书的标点"时指出："引号的用法本身并不复杂，但在具体标点古书时，引号又是最容易出错的。"为了提醒注意，该书列举了使用引号最易出错的三种情况（按：详见上编第六章第二节有关部分）。在论述关于"编辑附录"的问题时，该书首先肯定了当代学者在"佚文"附录编辑方面的成绩，然后指出"辑录佚文需注意"的三个问题：第一，应该尽量丰富自己的文献目录学知识，对哪些文献中可能保存本书佚文大体做到心中有数。唯有如此，所辑佚文才可能比较完备，而不至于遗漏太多。第二，要注意辨别佚文的真伪。辑佚不仅要求全，还要求真。辑佚者必要时还要下一番辨伪的功夫，以确保佚文的质量。第三，要详细注明材料来源。所辑每一条佚文，均应注明书名、篇名或卷次、页次及版本，要让读者相信所辑有据，也便于读者复核原文。② 可见，"需要注意的问题"是古文献学对古籍整理工作具体原则与方法进行规范指导的有机组成部分，具有不可忽视的意义和作用。

古文献学的"问题研究"，还应包括适应时代与学术的发展，在继承前代学术传统的基础上对古籍整理的基本方法进行实事求是地再探讨，回顾反思，提出新见。如黄永年在《古籍整理概论》中对校勘所用底本和对校本的问题，对校是否不参己见、不校是非的问题，在继承肯定前贤学术成就的基础上，都做了一些新的探讨，提出个人的思考和看法。在论及校勘底本问题时，他说："校勘的底本还是选择善本为好。如果这个善本是宋元本、旧抄本以及今天看来也已很珍

---

① 黄永年：《古籍整理概论》，上海书店出版社 2001 年版，第 168—169 页。
② 参见时永乐《古籍整理教程》，河北大学出版社 2003 年版，第 253—254 页。

贵的明本、清本之类，可以用复印机先复印，然后在复印本上直接校勘并标点，完工后就可以马上发排，用不着重抄清本。如果旧本书纸张发脆怕受损伤，不便上复印机，也可用摄影等技术来解决。时代变了，物质条件改善了，就没有必要继续墨守旧时代的陈规。"① 此番意见即是针对过去学者在当时客观条件下所采取的做法，即在校书时，即便手头有好的宋元旧刻，也舍不得将其作为底本在上面批注、涂改，故那时校书多用通行本。如今社会发展，技术进步，宋元旧本可以复印，可以摄影，古籍整理在选择底本时则不必再拘泥于陈规，校勘的底本的选择当首选善本。再如，刘琳、吴洪泽《古籍整理学》在论述古籍校勘问题时说，"把对校法等同于'只校异同，不校是非'的'死校'，似乎不妥"，"我们更提倡既校异同、又校是非。因为校勘的根本任务在于通过比较异同来判断谁是谁非、谁真谁伪，以便恢复古书的本来面目。对校各本，列出异同，这只是手段，而不是目的"②。这些新讨论、新认识都是在陈垣"校法四例"基础上结合自己的古籍整理实践与研究，做出的进一步补充和完善。

综上所述，古文献学对于古籍整理的理论指导主要体现在两个层面：一是提供古籍整理所需的知识、方法和理论；二是对古籍整理工作中出现的新动向、新课题开展理论研究和学术探讨。在这里，我们还特别提出了"问题研究"一项。我们认为"问题研究"是古文献学对古籍整理工作提供"研究支持"的重要途径，具有很强的现实针对性，能够起到明确认识、完善方法和批评建设的作用。新时期以来，一些古文献学教材和论著在"问题研究"方面显示出很强的问题意识和批评精神，不仅能发现问题，究其得失，而且能提出具有建设性的观点和意见。"问题研究"既包括思想观念与基础理论方面的

---

① 黄永年：《古籍整理概论》，上海书店出版社 2001 年版，第 65—67 页。
② 刘琳、吴洪泽：《古籍整理学》，四川大学出版社 2003 年版，第 51 页。

问题，也包括具体古籍整理工作的原则与方法的问题，并且能够在批判继承前代古籍整理和古文献学历史遗产的基础上，改进完善，提出新见。可以说，"问题研究"是新时期古文献学深入开展的一个重要标志，对于当代古籍整理的健康发展和古文献学自身的学科建设，都具有积极的推动作用。

三　对理论与实践密切结合的几点思考

尽管古文献学对古籍整理具有理论指导的作用，但在现实的古籍整理过程中，古文献学与古籍整理实践仍存在一些脱节现象，如文献学教材老旧、结论过时，学生不懂古籍整理，等等，如何理论联系实际，学以致用，亦是新时期古文献学以及古籍整理学应该关注的问题。我们认为将古文献学理论与古籍整理实践密切结合，大体而言，可以从以下五个方面着手。

（一）要注意教材的编写与选择。古文献学内容丰富，涉及面广泛，教材的编写在内容上要注意取舍，而取舍的主要标准在于教材内容是否适用于教材的使用者。有些教材是为本科生编写的，适合入门者，教材就应以讲授基本知识为主，内容不要过于复杂，最好做到精简，层次清晰，难度循序渐进。有些文献学教材在导论部分就大谈文献学发展史，让一些从未接触过文献学的学生一开始就接触大量陌生的文献学词汇、术语，学生的学习热情很容易受到影响。文献学教材除了传授基本知识，还要突出"实践性"，如张三夕在《中国古典文献学》"前言"中说："古典文献学是一门实践性很强的学问，本教材力图强调实践性，希望同学们能在学习本课程时，了解大量的实际例证，增加对古典文献整理与研究的感性认识。"① 除了提供大量的"实际例证"帮助学生具体学习理解古籍整理的知识与方法，该教材

---

① 张三夕主编：《中国古典文献学》（第3版），华中师范大学出版社2018年版，"前言"第4页。

亦十分重视学生自主学习能力的培养，认为"自学也是一种实践，大学教育最根本的特征之一，就是要培养学生的自学能力"①。的确，自主学习就是亲身实践的过程。文献学教材应当通过设置练习题、思考题或讨论题，让学生对教材知识有个思考、消化的过程；还可以在教材每单元或书末开具相关的阅读书单或参考文献，引导学生自主学习，积极参与教学实践。再有，教材编写者要对旧说有所鉴别，同时要注意吸纳学界最新的研究成果，体现时代特色。教材编写出版的完成，不代表教材编写任务就完全结束了，应注意学界同行的评价以及学生的利用情况，最好将这些意见收集起来，借助再版的机会，对教材内容进行修订。近几十年，古文献学发展迅速，教材修订工作还是比较及时的，如杨燕起、高国抗主编《中国历史文献学》于 1989 年出版，2003 年修订；谢玉杰、王继光主编《中国历史文献学》于 1999 年出版，2014 年修订；曾贻芬、崔文印《中国历史文献学史述要》于 2000 年出版，2010 年增订；杜泽逊《文献学概要》于 2001 年出版，2008 年修订；张三夕主编《中国古典文献学》于 2003 年出版，2007 年、2018 年均有修订。对于高校古文献学专业而言，教材一旦出现修订本，应及时更换教材，这样才能保证教材内容、结论不过时，及时反映学术界最新的研究成果。

（二）规划课程设置，引导学生参与古籍整理的实践。各高校文献学专业负责人、学科带头人应重视学科建设，有长远规划，分层次制定本科、研究生的学习课程。早在 1984 年，在上海举行的全国古籍整理人才培养工作会议上，就已对古籍整理人才的理论、知识培养提出了相应的规划和建议："一般说来，四年制本科毕业生应该具有文、史、哲的基本知识，阅读古籍的基本能力和从事古籍整理研究及

_____

① 张三夕主编：《中国古典文献学》（第 3 版），华中师范大学出版社 2018 年版，"前言"第 4 页。

用书面形式表达研究成果的基本能力";"二年制以上的硕士研究生，应在具备本科毕业生应有的知识和能力的基础上，进一步做到初步兼通文史并有一门专长，能够独立地从事一般古籍的整理，独立进行学术研究。"① 根据这个规划和建议的要求，古文献学专业的本科生，除了要学习古文献学方面的基础课程，如中国古文献学概论、中国古文献学史以及目录学、版本学、校勘学等，还要学习中国历史文化、汉语言文字等方面的课程。有条件的高校单位还可以开设专门的古籍整理研究课程，系统学习古籍整理的方法，引导学生参与古籍整理的实践。鉴于一个学期的课程时间比较短，学生平时亦有其他的学习任务，不可能将课余时间都用于整理古籍，任课老师可选择一部篇幅适中的古籍，采取分工合作的办法，每位学生负责其中的几卷，利用课下时间校勘、标点、注释、翻译，课上则抽出一定的时间来讨论古籍整理中遇到的各类问题。一个学期下来，学生不仅学到了古籍整理的基本知识，同时也对古籍整理实践有所体会和感悟。古籍整理研究课程的期末考核形式也应多样化，不一定非得考试或者提交一篇学术论文，完全可以让学生点校、整理古籍中某一部分内容，作为期末考评的依据。

　　参与古籍整理项目也是培养古籍整理人才的有效途径。周林在谈到古籍整理人才培养问题时主张："大力培养古籍整理研究人才，充实现有的整理研究队伍，重点是多培养研究生。在老专家指导下，一边读书，一边参加整理研究，有利于快出人才。"② 研究生已经具备了一定的学科知识和研究能力，导师或专业内的老师可以引导有意愿的研究生参与各项古籍整理项目，在有关专家的指导下，在实际的工作中受到训练，增长才干。1983 年全国高等院校古籍整理研究工作

　　① 《高校古籍整理人才培养工作会议纪要》，载杨忠主编《高校古籍整理十年》，江西高校出版社 1991 年版，第 32 页。
　　② 周林：《周林谈古籍整理和培养古籍整理人才》，载杨牧之主编《古籍整理与出版专家论古籍整理与出版》古籍整理与出版》，凤凰出版社 2008 年版，第 737 页。

委员会成立后，即着手组织规划由各高校古籍所承担的"全"字号系列古籍整理编纂大工程，如《全宋诗》《全元文》《全明诗》等，到 1992 年，形成了"七全一海"的重大项目发展格局。[①] 这种大型的古籍文献整理活动，持续时间长，不少高校研究生曾参与其中，因而培养了很多年轻的古籍整理人才。近几年，高校古籍整理项目的申请更是如雨后春笋。据余春燕统计，自 2009 年至 2013 年间文献学领域荣获国家社科基金项目资助的课题数量可观，"用'整理'对立项课题进行检索统计，资助项目达到 19 个，且有 4 个重点项目。如果从广义的古籍整理来看，少数民族文献也属于古籍整理，资助项目则更多"[②]。因此，已成功申请到古籍整理项目的高校老师，可以利用自己从事古籍整理项目的机会让研究生参与到古籍整理工作中，合理分配任务，结合实际指导培养，可以有效地提高学生整理古籍的能力。我们注意到，近年来，很多高校古文献学、历史文献学专业研究生把古籍整理作为学位论文选题，在导师的指导下，实际从事一部古籍的整理与研究，都取得了很好的成绩。

（三）古籍整理专家应该将古籍整理与研究结合起来，同时加强内部协作。刘琳在《古籍整理学》"自序"中说："自己搞了几十年的古籍整理，或与古籍整理相关的教学与科研，虽然说不上有多大成就，但体味过其中的酸甜苦辣，也积累了一些经验与心得，算得上老马识途。我想，把这些经验和心得整理出来，或许可供对古籍整理有兴趣、想了解这方面知识的年轻同志参考，同时也便于向专家学者请教。"[③] 故在《古籍整理学》一书中，我们既看到了"古籍整理学的

---

① 参见林辰《精心策划 精心组织——访全国高校古委会》，《中国图书评论》1997 年第 2 期。

② 余春燕：《当前我国文献学研究的热点分析及研究展望——基于国家社科基金项目（2009—2013）的统计分析》，《四川图书馆学报》2014 年第 4 期。

③ 刘琳、吴洪泽：《古籍整理学》，四川大学出版社 2003 年版，"自序"第 1 页。

理论""古籍整理学的相关学科"这样的理论研究，也看到了"古籍
校勘""古籍标点""古籍注释""古籍今译""古籍辑佚"这些着重
论述古籍整理实践的内容，可以说刘琳将自己整理古籍的经验、心
得，撰写成《古籍整理学》一书，这本身就是古籍整理实践与理论
研究相结合的成果。再如，许逸民《古籍整理释例》收录的各篇文
章，是著者"1990年以来断续写成的一些工作体会和古籍整理经验
小结"①。著者曾在中华书局做古籍出版的编辑工作，业余时间从事
古籍整理的项目，后调任古籍整理出版规划小组办公室主任，退休后
又参与"点校本'二十四史'及《清史稿》修订工程"的组织和审
订工作，②在长期参与、组织古籍整理实践活动中积累了丰富的经
验，《古籍整理释例》一书就是著者多年从事古籍整理工作的经验以
及个人思考、研究的结晶。程毅中评价说："这里既总结了中华书局
多年工作的集体经验，也包含着他许多卓越的个人见解，是一次从实
践向理论的提升。"③古籍整理专家往往有丰富的古籍整理经验，懂
得古籍整理各环节中容易出现的问题，因此如果古籍整理专家注意理
论与实践的结合，及时对这些经验加以总结、研究，撰写成文，不仅
可以为年轻的学者提供有益的指导和借鉴，同时也是古籍整理专家实
现学术超越的途径。周国林认为古籍整理专家"不能满足于以往的
理论与方法，还要善于吸取其他学科理论的养分，以深化自己的研究
工作"④，实现学术超越。此外，古籍整理专家还应加强内部协作。
古籍整理的内容千差万别，涉及知识面十分广泛，需要很多相关学科
的专家协同努力才能处理好。白寿彝先生就曾指出："《氾胜之书》、

---

① 许逸民：《古籍整理释例》（增订本），中华书局2014年版，第343页。
② 参见程毅中《古籍整理释例》，载许逸民《古籍整理释例》，中华书局2014年版，"序"
第1—2页。
③ 程毅中：《古籍整理释例》，载许逸民《古籍整理释例》，中华书局2014年版，"序"第
2页。
④ 周国林：《历史文献学理论研究中的几个问题》，载《古代文献的考证与诠释——海峡
两岸古典文献学国际学，术会议论文集》，上海古籍出版社2006年版，第26页。

《齐民要术》的整理需要有丰富的农学知识……《算经十书》的整理，需要丰富的数学知识……其他如《梦溪笔谈》、《天工开物》等书的整理，更需要丰富的科学知识和工艺知识。历史文献的工作者不可能精通各种学科，但他最好能懂得一些比较多的学科。"① 尽管我们倡导古籍整理者需要尽可能广博地学习掌握多方面的古代历史文化知识和其他学科的理论、方法，但在实际的古籍整理工作中仍会遇到这样或那样的各种知识盲区，短时间内又不一定能够掌握解决，这时候，就需要依靠集体的智慧，需要不同领域的古籍整理专家或团队协作合作。这也是历史上很多成功的古籍整理活动为我们留下的宝贵经验。

（四）积极创办进修班或研究班。进修班或研究班招生应主要面向高校古籍整理所、国家及地方图书馆古籍部以及古籍出版社等文化单位的年轻学者，通过聘请国内古籍专家讲学，为年轻学者提供古籍整理方法与理论的短期培训，这样既方便年轻学者向专家请教，也有助于古籍整理专家将自己丰富的实践经验、科学的工作方法传授给年轻的学者。

（五）积极创（举）办学术期刊和学术会议。目前关于古籍整理与研究的学术期刊主要有国家图书馆主办的《文献》、东北师范大学古籍整理研究所主办的《古籍整理研究学刊》、全国高等院校古籍整理研究工作委员会主办的《中国典籍与文化》、中国历史文献研究会主办的《历史文献研究》等。创办学术刊物的好处在于，可以将古籍整理工作的得失以及古籍整理研究中的新的理论、方法、成果及时向学界公布，带动古籍整理的研究工作。同时，这些研究成果也可以更快地用于指导古籍整理实践。举办学术会议，可

---

① 白寿彝：《再谈历史文献学》，载《白寿彝史学论集》，北京师范大学出版社 1994 年版，第 561 页。

以将古文献学专家、学者聚集在一起，以专题报告、宣读论文、圆桌讨论等形式，对文献学的理论与方法、课程建设、人才培养等一些问题进行讨论，会后也可将会议论文集编辑出版，供学界借鉴。①学术会议的议题相对集中，举办时间灵活，可为专家、学者提供很好的交流平台。

　　总之，古文献学是一门实践性很强的学科，我们必须将学科的理论研究与实际的文献整理活动密切结合起来，从古籍整理的实践中总结经验，升华理论，再将理论用于指导具体的古籍整理工作，保证古籍整理成果的质量，实现学科自身的更新与进步。

---

　　①　如 2010 年 5 月中央民族大学少数民族语言文学学院举办了以古典文献理论与古籍整理方法为主题的学术会议，并将会议论文收入《古典文献学理论探索与古籍整理方法研究》一书中出版。

第 八 章
古文献学的研究对象和任务

目前与"文献学"相关的学科名称很多，有古文献学、古典文献学、历史文献学等传统意义上的文献学，有现代文献学、综合文献学、大文献学等借鉴西方意义上的文献学。无论哪一种称呼，目前文史学界所谓的"古文献学"应该是以研究古文献为核心的一门学问，是从中国古代"校雠学"发展而来的："我国古代，无所谓文献学，而有从事于研究、整理历史文献的学者，在过去称之为校雠学家。所以校雠学无异成了文献学的别名。凡是有关整理、编纂、注释古典文献的工作，都由校雠学家担负了起来。"①

文献学从古代校雠学发展到近代文献学，经历了一个演变过程。我国古代最早提出"文献"一词的当属孔子，即《论语·八佾》中的："夏礼吾能言之，杞不足征也；殷礼吾能言之，宋不足征也。文献不足故也。足，则吾能征之矣。"汉代刘向、刘歆父子首创"校雠"之名，开始进行校雠学理论的探讨。宋代郑樵《通志》一书将《校雠略》单独成章，第一次比较系统地总结了校雠的理论和方法。其后马端临首次以"文献"命名著作——《文献通考》，并赋予"文献"新的含义："凡叙事，则本之经史，而参以历代会要以及百家传记之书，信而有征者从之，乖异传疑者不录，所谓文也。凡论事，则先取当时臣僚之奏疏，次及近代诸儒之评论，以至名流之燕谈，稗官

---

① 张舜徽：《中国文献学》，河南人民出版社 1982 年版，第 4 页。

之纪录，凡一话一言，可以订典故之得失，证史传之是非者，则采而录之，所谓献也。"这里的"献"不再代指人，而是指诸儒名流的言语议论。这在一定意义上与现代"文献"的定义已十分接近。到清代章学诚作《校雠通义》将校雠学与学术史结合起来，突出强调其"辨章学术，考镜源流"的功用，将古代校雠学作了极大推进。在中国古代，虽然"文献"一词产生的时间很早，也十分注重对古文献的研究，但并没有出现"文献学"一词，人们一直用"校雠"来指称相关文献整理活动。到了近代，梁启超才首次提出"文献学"一词。从此"文献学"取代了中国古代的"校雠学"，成为研究古文献的学科名称。此后，"文献学"逐渐发展成为一门独立的学科。

20 世纪以来，中国与西方学界的接触日益增多，在引进西方现代图书馆学和情报学的学术思想的基础上，图书馆情报学和信息管理系统的一些学者提出了区别于传统文献学的现代文献学概念。有别于传统文献学中对文献本身的重视，现代文献学将文献的产生、流布、社会活动和影响，甚至文献工作也视为文献学的研究内容。在这种情况下，文献学研究领域出现了"百花齐放、百家争鸣"的局面。围绕古文献学研究对象、内容、范围和任务等各方面内容，各家纷纷著书立说，对文献学的基本理论问题提出了各自的意见和看法。

中国古代虽没有"文献学"之称，但具有相近指标和意义的"校雠学"发展已久。从刘向、刘歆父子首创"校雠"之名，校雠学经历了两千年的发展历史，到 20 世纪初才出现了取而代之的"文献学"。从梁启超首次提出"文献学"一词，到 21 世纪的今天，文献学进入了蓬勃发展的时期。

从 1912 年至今，我们将文献学的发展大致分为三个时期，每一时期的文献学研究都有自身的特点及意义。

第一阶段，从 1912 年到改革开放以前，属于文献学的初创阶段，以梁启超为开端，郑鹤声、郑鹤春为代表。梁启超将广义的史学称为文献学。郑氏兄弟的《中国文献学概要》一书当属中国文献学的开山之作。与梁启超所阐述的"广义的史学"有所不同，该书将"结集、审订和讲习"作为文献学的基本内容，涉及古籍形成与传播的主要过程，可谓文献学研究的创新之举，但这一观点在后来很长一段时间内并没有成为文献学主流观点。这一时期的所谓文献学研究主要从史学角度出发整理和利用古籍文献，大多数情况下将文献学视为史学的辅助学科，甚至辅助工具。郑氏兄弟以后，中国进入了持续动荡的年代。新中国成立后不久又经历了十年"文革"，文献学研究基本处于停滞时期，并无很大建树。

第二阶段，改革开放之初的十年，也就是 20 世纪 80 年代，属于中国文献学研究的方法论时代，以张舜徽及其《中国文献学》为代表。《中国文献学》是我国文献学学科的奠基之作，规范了文献的定义、文献学研究的范围（包括目录、版本、校勘等内容）和任务（研究、整理文献，为其他研究提供方便）。同一时期的其他几部文献学著作也都大同小异，如王余光的《中国历史文献学》[①]、杨燕起等主编的《中国历史文献学》[②]、吴枫的《中国古典文献学》[③]、罗孟祯的《古典文献学》[④]，等等。可以看出，20 世纪 80 年代的文献学研究已经逐渐走入正轨，文献学家们大都以"文献"为研究对象，也涉及文献学基本理论问题的讨论，但并没有跳出史学的范畴，文献学依然是一门辅助学科。另外，现代文献学的思想也引起了一部分学者的关注。

第三阶段，20 世纪 90 年代以后，文献学研究日益繁荣，呈现出多样化的趋势，进入了文献学发展的理论建设时期。"对文献学学科体系结构及文献自身发展规律的探讨，远远突破了原有文献学研究的藩篱。人们在前人对古典文献整理与利用知识和方法的基础上，扩大

---

① 王余光：《中国历史文献学》，武汉大学出版社 1988 年版。
② 杨燕起、高国抗主编：《中国历史文献学》，书目文献出版社 1989 年版。
③ 吴枫：《中国古典文献学》，齐鲁书社 1982 年版。
④ 罗孟祯：《古典文献学》，重庆出版社 1989 年版。

研究范围，把注意力转移到对文献的产生、发展、贮存、传递及利用规律诸内容的探讨上，并注意引进国外文献学研究成果。"① 这一时期文献学理论研究成为热点，文献学摆脱史学或文学的影响，发展成为一门独立的学科，逐步形成了一套较为完整的学科体系。

"特定的研究对象、具体的研究内容、精确的学科性质和完整的理论体系是衡量一门学科是否成熟的重要标准。"② 所以古文献学科的建立需要对这些问题进行讨论和研究。本章将对 1912 年以来古文献学基本理论研究做出梳理，重点讨论每一阶段文献学家们对古文献学研究对象和任务的理解，在此基础上对各种材料做适当的解析和归纳，提出我们对文献学基本理论的认识。

第一节　古文献学的研究对象

一　20 世纪 80 年代以前关于研究对象的探讨

（一）从"校雠学"到"文献学"

20 世纪初，各种西学思潮涌入中国，"西学东渐"之风也逐渐影响到社会各方面。古代"校雠学"向现代意义上的"文献学"的转变，就是在西学东渐的思潮之中，随着西方学科意识的传入而产生的。

20 世纪初，在中西方文化交融碰撞之下，学术环境的变化促使一批学者开始用批判的眼光看待中国古代社会及学术。在史学领域，"文献学"这一概念被广泛地提出。在这一过程中，梁启超扮演了重要的角色。"文献学"一词最早见于 1920 年梁启超的《清代学术概

① 谢灼华、朱宁：《20 年来我国文献学理论研究综述（1978—1998）》，《晋图学刊》1999年第 3 期。
② 明海、罗德勇：《20 世纪 90 年代的中国文献学研究》，《现代情报》2003 年第 5 期。

论》中："其后斯同同邑有全祖望，亦私淑宗羲，言'文献学'者宗焉。"① 1923 年在东南大学题为《治国学的两条大路》的演讲中，梁启超将研究国学的两条大路分为"文献的学问"和"德性的学问"，提出文献学问要达到"求真""求博""求通"三个标准。② 此后，他在《中国近三百年学术史》中又说："明清之交各大师，大率都重视史学——或广义的史学，即文献学。"③

这一时期的王国维、陈寅恪与李济之等人在治史原则与方法重点上也都强调，修史必以原始与最直接的史料文献为本，扩大文献的范围与种类，细心鉴别其真伪。他们认为探索文献史料之间的关系是非常重要的。④

（二）郑氏兄弟与《中国文献学概要》

民国时期，首先以"文献学"命名专著的是郑鹤声、郑鹤春兄弟。他们在《中国文献学概要》中对文献学的概念首次进行了厘定，指出："结集、翻译、编纂诸端，谓之文；审订、讲习、印刻诸端，谓之献；叙而述之，故曰文献学。"同时他们进一步阐明："典籍结集为文献学上最重大之事业，故首及之；结集而不施以审订，则无以取精而用宏、择要而弃微，故审订又次之。既审订矣，而不能'涉其流，探其源，采剥其华实，而咀嚼其膏味'。则结集、审订皆虚事，仍不能发扬其光辉，故讲习又次之。故结集表也，审订里也，讲习则表里相兼者也。"通过对结集、审订与讲习三者关系的分析可以看出，郑氏认为文献学研究的主要内容就是结集、审订和讲习，三者缺一不可。该著作虽然只有"结集、翻译、编纂、审订、讲习、印刻"六个小方面，但却涉及古代图书典籍形成（结集、翻译、编撰）

① 梁启超：《清代学术概论》，上海古籍出版社 1998 年版，第 18 页。
② 梁启超：《治国学的两条路（1923 年 1 月 9 日为东大国学研究演讲）》，载梁启超著，彭树欣选评《梁启超修身讲演录》，上海古籍出版社 2018 年版，第 208—214 页。
③ 梁启超：《中国近三百年学术史》，天津古籍出版社 2003 年版，第 96 页。
④ 张昳：《我国文献学研究的流变与境遇》，《情报资料工作》2010 年第 2 期。

和传播（审定、讲习、印刻）的主要过程，其中翻译和讲习两章成为颇具特色的一部分内容，这在后来的文献学著作中较少出现。不过，有学者认为该著作由于没有廓清中国文献的结构内涵，其实质上是中国文献的流布史；书中体系结构也缺少内在逻辑性，体现了古典文献学脱离"校雠学"之名初期理论研究的片面性和迷茫性，和真正意义上的文献学还有一定的距离①。

综上所述，20 世纪初期，由梁启超发声，中国古代的校雠学开始步入一个崭新的时代——文献学的初创时代。受西学东渐的影响，文献和文献学研究引起了学者的普遍重视。这一时期尚属文献学的初创阶段，各方面的研究刚刚起步。这一时期"梁启超的这一观点，代表了后来许多学者的共同看法，即文献学是研究中国古代文化的基础，所做的工作是校勘注释，去粗取精，去伪存真等，为各学科提供材料，而非是一门学科"②。民国到中华人民共和国成立之前的"文献学"研究主要是从史学的角度出发整理和利用古籍文献，对文献学理论的讨论略显薄弱。

20 世纪 40 年代至 80 年代初，"文献学研究经历了萌芽阶段的探索之后，并没有在学术进化史观造设的线性序列上迈出向前发展的一步，而是在中国特定的历史时期、受特殊的政治环境影响进入了一个相对沉寂的阶段"③。文献学理论的研究也相对衰落，在郑氏兄弟的《中国文献学概要》以后的 50 余年间，再无一部文献学理论著作出版。

二 20 世纪 80 年代关于研究对象的探讨

1978 年改革开放，是中国历史上的又一重大事件，也是中国历史的转折点。各种学术活动从沉睡中苏醒，文献学研究相对沉寂的局

---

① 王余光等：《中国文献学理论研究百年概述》，《图书与情报》1999 年第 3 期。
② 王余光等：《中国文献学理论研究百年概述》，《图书与情报》1999 年第 3 期。
③ 张昳：《我国文献学研究的流变与境遇》，《情报资料工作》2010 年第 2 期。

面也随之得到相应的改变，文献学受到学者的重视，一系列以"文献学"命名的书籍和文章也如雨后春笋般涌现。

（一）张舜徽和《中国文献学》

20世纪80年代，"文献学"被学界广泛接受，以"文献学"命名的著作纷纷问世，其中张舜徽于1982年出版的《中国文献学》可谓是我国文献学学科的奠基之作。

张舜徽开篇先讲明了文献学的范围和任务，划定了"文献学"中"文献"的范围："'文献'既是一个旧名词，自有它原来的含义和范围。我们今天既要借用这一名词，便不应抛弃它的含义而填入别的内容。近人却把具有历史价值的古迹、古物、模型、绘画，概称为历史文献，这便推广了它的含义和范围，和'文献'二字的原意是不相符合的。当然，古代实物上载有文字的，如龟甲、金石上的刻辞，竹简、缯帛上面的文字，便是古代的书籍，是研究、整理历史文献的重要内容，必须加以重视。至于地下发现了远古人类的头盖骨或牙齿，那是古生物学的研究范围；在某一墓葬中出土了大批没有文字的陶器、铜器、漆器等实物，有必要考明其形制、时代和手工艺发展情况，那是古器物学的研究范围。这些都是考古学家的职志，和文献学自然是有区别的。"[①] 张舜徽指明"文献"是历史词汇，既然我们使用历史上的词语，就应保留其原始意义，而不应加入过多新的内容、扩大其原有范围。针对20世纪80年代有些学者提出将文献的范围扩展到一切历史遗迹（包括历史古迹、古物、绘画等）的说法，张舜徽明确界定了文献的范围，认为应该将"文献学"的研究对象限制在那些古代存留下来的、有文字的图书资料（包括甲骨、金石、竹简、帛书）的范围内，而非一切历史遗迹。

该书包括文献学理论、文献本体、文献整理方法及文献学史四个方面的内容，对文献学的发展起到了规范性的作用，对此后文献学专

---

① 张舜徽：《中国文献学》，中州书画出版社1982年版，第3页。

著和教材的编写产生了重要影响。

（二）其他学者的相关论著

王欣夫的《文献学讲义》根据 1957 年至 1960 年其在复旦大学中文系讲授"文献学"课程的讲稿整理而成，于 1986 年出版。全书分为绪言、目录、版本、校雠四部分，对目录、版本和校雠的起源、重要性、历史演变及每个历史时段的重要著作都做了较为全面的总结。在第一章绪言中，作者也对"文献学"给出了自己的定义："文献"一词最早从孔子而来，演变到后来"凡是一切历史性的材料都称之曰'文献'"①。马端临所作的《文献通考》内容庞杂、无所不包，"可说是'广义的文献学'"。"既称为'文献学'，就必须名副其实，至少要掌握怎样来认识、运用、处理、接受文献的方法。"② 因此，王欣夫将目录学、版本学、校勘学列为文献学三位一体、不分伯仲的基本内容。从此看出，王欣夫认为"广义的文献学"应该是一门研究一切历史性材料的学问，是一门讲授文献整理方法的学问；"狭义的文献学"则主要包括目录、版本、校勘三方面的内容。

罗孟祯的《古典文献学》与王欣夫的著作相比，"篇章结构雷同。不同之处是该书的校勘学与目录学、版本学并列论述，较符合人们一般的认识。两书虽然都涉及了文献学的一些命题，但就总体而言仍属于校雠学"③。

白寿彝则以访谈问答的形式，对历史文献学的定义、范围和作用做了简要说明。在其《谈历史文献学——谈史学遗产答客问之二》中，提到"历史文献学是指关于历史文献的专业知识和研究历史文献的方法"。另外，对历史文献学的研究范围和内容，白寿彝也有深刻的思考："历史文献学，一直到现在，也没有一个人给他规定个范围。作为一门学科提出来，还是不久以前的事。我个人的意见，可以

---

① 王欣夫：《文献学讲义》，上海古籍出版社 2005 年版，第 2 页。
② 王欣夫：《文献学讲义》，上海古籍出版社 2005 年版，第 3 页。
③ 王余光等：《中国文献学理论研究百年概述》，《图书与情报》1999 年第 3 期。

包含这样的几个内容，一，目录学；二，版本学；三，校勘学；四，辑佚学；五，辨伪学；另外，还包含有一点汉语、古民族语文、甲骨文字、金石文字、年代学、历史地理学等。"① 在这之后，白寿彝并没有固守己见，而是在反复思考，不断修正。"我（白寿彝）在《史学史研究》1981 年第二期里的那篇文章里说：'历史文献学还包含有古汉语、古民族语文、甲骨文字、金石文字、年代学、历史地理学等。'这句话有毛病。这些学科都有它们的独立性或相对独立性。它们是历史文献学所要联系的学科，不能说它们是属于历史文献学的范围。"② 由此看出，白先生将目录、版本、校勘、辑佚、辨伪等内容视为历史文献学应该包括的范围，而古文字学、年代学、历史地理学等内容应该属于历史文献学的相关学科，而非历史文献学的范畴。这一观点无疑正确地框定了历史文献学的范围，防止文献学研究范围无限扩大等问题的出现。另外，白先生对历史文献学的学科建设也提出了自己的意见和设想："历史文献学这门学科还没有建立起来。从总的方面来讨论，是很需要的。但我也只能谈一点粗浅的意见。我想，历史文献学，或者更正确地说，中国历史文献学，可以包含四个部分。一，理论部分。二，历史的部分。三，分类学的部分。四，应用的部分。这样的分法，未必合适。现在这样分，也只是便于说明问题。"③ 这一设想包含了文献学的理论研究、文献学史和应用研究等内容，对当今古文献学学科建设大有裨益。

此外，还有其他一些观点。比如，桑榆说："古文献学偏重于文献的整理，偏重于文献的收藏研究，具有广义史学性质；现代文献学则不仅重视整理收藏，更特别重视文献检索与利用研究，现代文献工作的情报只能更充分。现代文献学是古代文献学的继承和发展，它有继承的一面，更重要的是开拓的一面。从继承的一面来说，它与校勘

---

① 白寿彝：《谈历史文献学——谈史学遗产答客问之二》，《史学史研究》1981 年第 2 期。
② 白寿彝：《关于历史文献学问题答客问》，《文献》1982 年第 4 期。
③ 白寿彝：《关于历史文献学问题答客问》，《文献》1982 年第 4 期。

学、版本学、目录学等有不解之缘；从开拓的一面来看，它又与现代图书馆学、情报学、数学、计算机科学等多种学科取得了更广泛更紧密的联系，更多地吸收着现代科学技术方法。"① 桑榆认为现代文献学应该为古文献学的继承和发展，是古文献学的延伸，要积极吸收西方文献学等相关学科的营养。

总之，20 世纪 80 年代后，学术界研究热情高涨，一些文献学家也逐渐涌现出来。这一时期的文献学理论研究表现出以下三个特点：第一，文献学相关理论研究受到专家学者们的普遍重视，产生了多部以"文献学"命名的著作。第二，这些著作尽管以"文献学"命名，且其中对文献学的理论研究也有所涉及，但仍以论述文献学的具体分支学科（如目录学、版本学、校勘学等）为主，侧重于讲述文献的整理方法。第三，西方"现代文献学"的概念逐渐引起学者们的关注。

由此看出，这一时期的文献学研究实际上还没有脱离中国古代"校雠学"的影响和古籍整理的框架，也没有摆脱从史学角度研究文献学的藩篱。这些著作对古文献学理论的论述仍然比较模糊，研究者们虽然对"文献学"做了大致的定义和规范，但对古文献学的研究对象和范围、古文献学的任务和目的等理论建设内容大都没有做出明确的解释和说明。20 世纪 80 年代的古文献学研究，仍然处于文献学发展的方法论时代，重视古文献学的方法研究，对古文献学的理论研究有所忽略。

三　20 世纪 90 年代以来关于研究对象的探讨

20 世纪 90 年代，中国古文献学研究在 80 年代取得丰富成果的基础上进入了一个承前启后、繁荣发展的时期。首先，到 20 世纪 90

---

① 桑榆：《文献学中有关概念的梳理》，《徐州师范学院学报》（哲学社会科学版）1988 年第 4 期。

年代，中国自身的学科体系经过初创阶段，已经步入了稳步发展的时期。文献学研究队伍日渐壮大，许多相关学科和边缘学科的学者开始转移到文献学的专门研究之中，为文献学的发展注入了一股新的活力。其次，文献学特别是文献学理论研究得到长足发展，文献学开始作为一门独立的学科受到重视。文献学学科的独立发展需要文献学基本理论的支持，由此，文献学研究者们也更加关注文献学学科的理论建设问题。另外，这一时期，西方"文献工作"的思想进一步影响我国文献学领域，一些学者增加了对这一领域的关注。从 80 年代开始，一些文献学工作者将"相关学科诸如信息学、传播学、社会学、数学等的理论方法应用于文献学特别是现代文献学领域的研究"，这些尝试"在 90 年代得到较为充分的系统性发展。文献学研究领域由此得以突破性拓展"①。总之，一方面文献学理论研究引起重视，涌现一大批以厘清文献学基本理论问题、建立文献学学科体系为核心内容的著作和论文；另一方面受到西方文献学的影响，对文献学基本理论问题的研究也出现了一些分歧，集中体现在对文献学的研究对象、内容和性质及文献学科体系等方面。在梳理相关论述的基础上，试将关于"文献学研究对象"的代表性观点分述如下：

（一）"文献和文献整理"说

洪湛侯的《中国文献学新编》是 20 世纪 90 年代较早出版的一部系统研究文献学体系的专著。洪湛侯在书中指出："文献学本是关于文献研究和整理的一门学问，文献形体本身的特点、文献整理的方法、文献学的历史、文献学的理论都应包括在内，简单地说，文献学应包括文献的体、法、史、论等几方面的内容，并把这些融为一体，进行系统研究，逐步建立文献学的完整体系。"② 具体来说，体即形体，包括文献的体裁、体例、载体等形式，即文献本身的研究；

---

① 明海、罗德勇：《20 世纪 90 年代的中国文献学研究》，《现代情报》2003 年第 5 期。
② 洪湛侯：《中国文献学新编》，杭州大学出版社 1994 年版，第 3 页。

"法"包括目录、版本、辑佚、辨伪等内容，即整理文献的方法；
"史"包括文献史和文献学发展的历史，即古文献学的学术史研究；
"论"包括文献学理论的发展过程、特点以及文献学家的思想，即文
献学理论的研究。可以看出，洪湛侯主张文献学的研究对象应该包括
与文献相关的四个方面内容，即文献本身、文献整理、文献学的学术
史和文献学理论研究。这些内容都是文献学的重要组成部分，都要进
行系统研究。《中国文献学新编》一书所论述的范围虽然主要还是在
传统文献学的范畴内，但洪氏将文献学的学术史和理论研究包括在
"文献学"研究之中，颇有新意。在此之前的文献学专著，一般比较
侧重于文献整理方法和步骤的论述，而对文献学理论则少有涉及。在
该书中，洪湛侯开始了建立一套完整的文献学体系的初步尝试。可以
说，《中国文献学新编》是较早的一部将文献学理论作为古文献学重
要内容加以专门论述的文献学专著。

赵国璋、潘树广在《文献学词典》中指出："文献学是研究文献
的产生、发展、整理和利用的科学……文献学可分为古典文献学和现
代文献学。"[①] 古典文献学指西汉刘氏父子开创的，又为历代学者不
断发展扩充的广义的校雠学。古典文献学以研究古籍的分类、编目、
版本、校勘、辨伪、辑佚、注释、编纂、校点、翻译和流通为主要内
容，其研究对象应该是古籍；现代文献学侧重于文献工作，运用图书
馆学和情报学等学科的理论和方法，以知识的组织和检索利用为基本
任务。

潘树广在其《文献学纲要》一书中，先说明古典文献学与现代
文献学的区别与联系："关于文献学的学科体系，历来有'古典'与
'现代'之别。古典文献学以古籍为主要研究对象，以目录学、版本
学、校勘学为三大支柱，以文史哲为主要学科领域。现代文献学则以
日新月异的多语种文献为研究对象，以现代信息技术尤其是计算机网

---

①　赵国璋、潘树广主编：《文献学辞典》，江西教育出版社1991年版，"前言"第1页。

络为依托，活动领域遍及自然科学与社会科学各学科，且更关注理、工、农、医、政、经、法。就专家群体而言，'古典'与'现代'形成两支队伍，有各自的研究队伍和出版物。两支队伍各有强项，也各有弱项。事实上，古典文献学与现代文献学两者虽有差异，但也有许多共通之处。首先，他们的研究对象都是文献——知识的载体。其次两者的研究内容都是文献的搜集、加工、传播、利用，有共同的规律可循。"① 然后提出现代意义上"文献学"的概念："文献学是以文献和文献工作为对象研究文献的产生、发展、整理、传播、利用及其一般规律的学科。研究内容有理论研究、应用研究和历史研究三个方面的内容。"②

（二）"文献（古籍）"说

这一观点将"文献（或古籍）"定义为古文献学的研究对象，其所谓"文献（或古籍）"并不是专指"文本"，而古文献学应该研究与文献（古籍）有关的方方面面。

张三夕教授提出，"古典文献学是一门讲如何对古典文献进行整理与研究的学问"，"古典文献学既是一门学科，同时又是一门课程，其研究对象都是古典文献。所谓古典文献是指 1919 年五四新文化运动白话文兴起以前产生的文献。它们基本上是以文言文和繁体字书写的文献。对于古典文献在书写、编集、著录、印刻、流传过程中诸环节的文本形式（包括物态形式，有时也涉及文本的意义内容）的研究，构成古典文献学的主体内容"③。张三夕将古文献视为古典文献学的研究对象，并提出了古典文献学的基本内容体系。这一观点并未突破传统的文献学体系，也未将文献学的发展史、文献学基本理论的讨论包括在内。

王余光教授认为："文献学应是一门以文献为直接研究对象的独

---

① 潘树广：《文献学纲要》，广西师范大学 2005 年版，"前言"第 1 页。
② 潘树广：《文献学纲要》，广西师范大学 2005 年版，第 14 页。
③ 张三夕：《中国古典文献学》，华中师范大学出版社 2003 年版，第 5 页。

立的学科。作为文献学的研究对象，文献首先是一个实体概念，包含有文献属性、类型、载体、体式等内容。其次文献属于社会文化范畴，包括文献生产、整理、揭示、传播、收藏和利用等一系列的社会运动过程，文献价值及其实现、文献与文化学术的关系等方面。再次，文献还是一个历史范畴，包括文献的起源、发展的过程和规律等。文献学是全面系统地研究文献的学科，其研究内容除了以上这些从不同层面和角度推衍出的文献涵义外，还应包括文献学基础理论，如文献学定义，研究对象，学科体系，文献学史等，一起构成动态的有机整体。所以无论是以古典文献整理为核心内容的古典文献学，还是强调研究现代文献社会传播和利用的现代文献学，都只是其中的组成部分。或者说所谓的古典文献学和现代文献学，只是文献学研究在不同时期的不同称谓，而非两个学科。"① 由此看出，王余光认为文献学的直接研究对象是文献，但是他把"文献"的内涵大大扩充了，即认为文献并不仅是文献本身，还应包括文献的产生、流传等社会内容和文献学基础理论等内容。另外，文献不仅是文献学的研究对象，还是文献学的研究手段和研究目的。历史学、文学将文献作为研究手段，而文献学研究文献，"目的就在于要揭示文献本身。文献作为文献学研究的主体，使文献学成为一门独立的学科有了可能"②。文献学有了自身的研究手段和目的，与历史学和文学等学科的研究目的有了区别，文献学也容易摆脱历史学和文学的束缚，成为一门独立的学科。王余光以"文献"为核心来构筑文献学学科的理论体系，试图使"文献学"能够脱离历史学或文学的附庸状态，成为一门独立的学科。

　　杜泽逊教授认为："文献包含着所有历史资料。文献学研究的范围也就涉及各式各样包罗古今的文献。从时代上说有古代文献、近代

---

① 王余光等：《中国文献学理论研究百年概述》，《图书与情报》1999 年第 3 期。
② 王余光：《论文献学》，《武汉大学学报》（社会科学版）1988 年第 6 期。

文献、现代文献、当代文献。从学科上则又有语言文献、文学文献、历史文献……，文献学主要是研究文献的形态、文献的整理方法、文献的鉴别、文献的分类与编目、文献的收藏、文献形成发展的历史、各种文献的特点与用途、文献的检索等。"① 杜泽逊似乎没有对研究对象下一个明确的定义，只讲文献学研究的范围是文献；又讲文献学研究的任务，并将文献的整理、分类、发展史等各方面纳入文献学的体系。

　　张大可和俞樟华合著《中国文献学》对"文献学"的研究对象和任务给出了自己的意见和看法。首先，辨明"文献学"与传统的目录、版本、校勘的关系，认为"'文献学'不是目录、版本、校勘的叠加，而是一门独立的学科。"② 文献学是以古今的一切文献，以及古今一切文献分支学科为研究对象，不能脱离目录、版本、校勘而独立存在。"中国古文献学由若干文献分支学科构成，它是不断发展丰富起来的，各文献分支学科均是各自独立的学科，古人并不称为'文献学'，当时也没有'文献学'的概念，但这些学科均以古文献整理为对象，是伴随大规模图书整理和群经、群籍的注疏而不断发展和丰富起来的。为了有别于综合型理论的'文献学'，于是把他们变成为分支文献学或中国古文献学。"③ 其次，提出 20 世纪文献学的概念，"泛言之，以文献的整理和研究为对象的学科，就是文献学"④。"以一切历史文献为对象，主要考察它的载体形式、内容类别、整理利用及其历史发展的一门学科，谓之文献学。这一定义规范了文献学作为一门独立学科的范围、目的和任务，它是对一切历史文献的历史发展、学科文献类别、整理利用进行研究，探索其规律，加以集中地说明的一门学问。研究对象是'一切历史文献'，打破了传统文献学

① 杜泽逊：《文献学概要》，中华书局 2001 年版，第 5 页。
② 张大可、余樟华：《中国文献学》，福建人民出版社 2005 年版，"自序"第 1 页。
③ 张大可、余樟华：《中国文献学》，福建人民出版社 2005 年版，第 12 页。
④ 张大可、余樟华：《中国文献学》，福建人民出版社 2005 年版，第 12 页。

以古文献为整理范围的藩篱，包容古今文献，以适应近现代历史文献
的发展。"① 并将文献学的目的和任务具化为研究一切历史文献的
"载体形式、内容类别、整理利用、历史发展"四个方面的内容。
虽然书中对文献学有不同的解释，但大致可以看出，该书将文献视
为文献学的研究对象，只是对文献的定义与其他论著相较略有不同
而已。

  孙钦善教授认为，古文献学是关于古文献整理、研究和利用的学
问，其研究对象即为古文献，"中国古文献包括传世古文献和出土古
文献，但以前者为主体，因此古文献学的研究对象虽然涵盖两方面，
并且产生了两方面结合、互相印证的'二重证据法'，但历来侧重于
前者"②。作为研究对象，古文献的内容和形式决定了古文献学研究
的内容和体系。"古文献内容和形式两方面的内涵和特点，决定了古
文献学是一门交叉、兼综的学科。古文献就形式而言，包括语言文字
和版本形态，涉及中国古代语言文字学（含文字学、音韵学、训诂
学）和古籍版本、目录、校勘、辨伪、辑佚学等。就内容而言，分
具体和抽象两个方面，具体包括人物、史实、年代、名物、典制、天
文、地理、历算、乐律等，涉及自然和社会、时间和空间诸多方面的
考实之学；抽象方面主要思想内容，需要紧密结合具体内容由浅入深
地剖析探求。"由于古文献包括具体和抽象两方面的内容，所以，古
文献学也应该包含考据和义理两方面内容。由此，孙钦善提出，"按
学术性质来分，古文献学又分考据学和义理学，有关形式方面的文
字、音韵、训诂、版本、目录、校勘、辨伪、辑佚诸学（其中目录、
辨伪、辑佚又与内容有关）以及有关内容的考实之学均属考据学，
有关思想内容的剖析探求属于义理学"③。孙钦善的这一说法极大地

---

  ① 张大可、余樟华：《中国文献学》，福建人民出版社 2005 年版，第 14 页。
  ② 孙钦善：《古文献学的内涵与意义》，《江西社会科学》2006 年第 8 期。
  ③ 孙钦善：《古文献学及其意义与展望》，《南昌大学学报》（人文社会科学版）2005 年第
2 期。

扩展了文献学的研究范围，将考证与义理之学全都包含进来。也就是说，古文献学不仅包括了古文献文字考证的部分，也包含了阐释古文献思想的内容。

（三）"文献文本形态"说

最早提出文献学的研究对象是"文献文本形态"这一说法的是董恩林教授。

针对大多数学者认为文献学的研究对象是"文献"这一说法，董恩林认为，这一说法实际上是不确切的，"因为，任何'文献'，除了形态之外，其'内容'实际上可以分为学术内容（或者说思想内容）、文本内容（或者说文字内容）两个层面。虽然两者有时是难以截然分开的，有时却是很不一样的……而我们文献学研究者关心的仅仅是其文本的文字内容是否有缺、有误有衍……文献学研究者平日所从事的校勘、辨伪、辑佚等等工作，所涉及的都只是某种文献的文本……可见，文献学研究者所整理研究的只是文献的文本形态与文本内容而不是全部。因此准确地说，传统文献学的研究对象是'文献的文本'"①。在这一认识基础上，董恩林给出了"文献学"的新定义："文献学是一门以文献文本为研究对象，旨在整理与研究传统文献各种文本的整理、保存、检索利用的规律与方法，以提高历史文献的完整性、准确性、普及性，确保人们对传统文献的传承与利用的应用性学科。"② 另外，在对比传统文献学与现代文献学之后，董恩林又总结道："传统文献学以文献文本形态为研究对象，现代文献学以文献工作为研究对象；传统文献学以文献文本的整理研究为目标，现代文献学以文献内容的开发利用为目标；传统文献学以'辨章学术、考镜源流'为宗旨，现代文献学以开发、检索文献内容为大众服务

---

① 董恩林：《传统文献学几个理论问题再探》，《陕西师范大学学报》（哲学社会科学版）2008 年第 5 期。

② 董恩林：《传统文献学几个理论问题再探》，《陕西师范大学学报》（哲学社会科学版）2008 年第 5 期。

为出发点。"①

由此看出，董恩林提出的"文献文本形态"说，主要针对文献学的研究对象是"文献"这一说法过于笼统而提出的。将"文献文本形态"作为研究对象是对"文献"说的进一步细化，将附着在文献之上的著作者的思想内容剔除出文献学的研究范围。这种说法与孙钦善的观点完全相反，因为孙钦善将文献中包含的具体文本内容与抽象思想内容都包含进来，而董恩林则认为文献学家研究的只是文献的文本现象，而不包括文献的思想内容。

"文献文本形态"说，一定程度上也可看作"文献整理说"的一种，故董恩林《中国传统文献学概论》甚至说："传统文献学就是文献整理学，就是文献整理方法论。"②

（四）"文本"说

王宏理教授提出文献学的研究对象为"文本"这一说法。王宏理首先提出文献的定义："文献是一切载体所记录的知识和信息。"③这一定义的新意在于对传统意义上"文献"概念的重新认知。学术界对于"文献"的概念一般采用《中国大百科全书·图书馆学情报学档案馆学》的定义：文献是"记录有知识和信息的一切载体"。"在此定义后，《大百科全书》又作了进一步阐述，指出定义由四个要素组成：1. 所记录得到知识与信息，即文献内容；2. 记录的符号，如文字、声音、图像等；3. 物质载体，如竹简、纸张、胶片等；4. 记录的方式、手段，如书写、印刷、录制等。"④ 王宏理则通过分析，将这四个要素的"后三个重新作一整齐排列：1. 无论以何种记录符号，只要记有知识、信息，都是文献；2. 无论以何种方式手段，只

---

① 董恩林：《论传统文献学的内涵、范围和体系诸问题》，《史学理论研究》2008 年第 3 期。

② 董恩林：《中国传统文献学概论》，华中师范大学出版社 2008 年版，第 4 页。

③ 王宏理：《古文献学新论》，中山大学出版社 2008 年版，第 5 页。

④ 王宏理：《古文献学新论》，中山大学出版社 2008 年版，第 2 页。

要记有知识、信息，都是文献；3. 无论以何种物质载体，只要记有知识、信息，都是文献。……可见，无论载体与记录符号、手段如何变化，其中不变的是文献内容"[①]。由此可以看出，文献其实是知识内容，而非知识载体。

王宏理进一步指出我们之所以会将文献定义为一种载体，是因为汉语语言在对象的指认上存在着模糊性。我们讲的文献的主要目的和任务，"就是为读书治学者提供一个文字准确无误的文本"，那么其中的"文本到底指物质载体还是文字内容"？[②] 通过上述重新整理排列的要素，可以说明，"记录符号、方式手段和载体，都是使知识信息物化（或者说'外化'）的途径"。由此，得出"文献"只是记录在如竹简、金石、纸张这些载体上的，但其本身却并不是载体，而是文字内容。既然"文献"被定义为一种"知识和信息"，是"文字内容"，所以文献学的重点研究对象应该是"文本"而非"载体"。王宏理认为："我们的基本工作，就是对历代经辗转传抄翻刻而造成诸多舛误的文献进行整理研究，则其关注的对象是文本而不是载体。"[③]

除以上四种说法，还有"文献和文献工作"说。这一说法主要是就现代文献学而言的，主要关注文献的社会活动、文献工作，属于现代文献学。

综上所述，我们可以看出 20 世纪 90 年代以来的文献学研究进入了一个新的发展时期。这一时期的文献学研究更加注重文献学理论和文献学史的研究。文献学逐渐发展成为一门独立的学科，学者们也有意建立一个比较完整的文献学体系。因此，围绕文献学理论的基本问题，如文献学研究对象、内容、范围、任务、目的等，各方专家学者也提出了不同的见解。

就学者们讨论相对集中的关于文献学研究对象的问题，大致可以

---

① 王宏理：《古文献学新论》，中山大学出版社 2008 年版，第 4 页。
② 王宏理：《古文献学新论》，中山大学出版社 2008 年版，第 4 页。
③ 王宏理：《古文献学新论》，中山大学出版社 2008 年版，第 12 页。

归纳为"文献研究和整理"说、"文献"说、"文献文本形态"说和"文本"说四种看法。总体来说，这四种看法都基本承袭了传统意义上的文献学研究，以古文献为主要研究对象，但在具体问题上略有分歧。相对来说，"文献"说、"文献文本形态"说以古文献的整理与研究为重心，更为准确地揭示了传统文献学的研究范畴。至于"文献和文献工作"说则吸取了西方文献学的思想，属于现代文献学的范畴，更加注重与文献有关的社会活动和文献工作。这种现代文献学的思想也开始逐渐影响到传统文献学领域，一些学者不再只关注版本、目录、校勘等传统文献学的内容，开始将古文献的生产、流布、利用和社会影响等方面的内容纳入古文献学的研究体系之中。这方面表现最为明显的当属方兴未艾的"新书籍史"（或称"书籍社会史"）研究。他们将书籍（在一定程度上可以理解为文献的一部分）"视为整体史的一部分，更注重用社会史、文化史的方法来研究书籍，并且注重开发以往书籍史涉略较少的领域（如传播、阅读等），进而通过书籍来研究社会、历史"①。这种新书籍史的研究当然还有其不成熟的地方，但不可否认"新书籍史研究提供了文献学研究的新思路，开创了文献学与史学等学科结合的一片新天地，让人有豁然开朗之感"②。

　　从以上的分析可以看出，如果仅就传统文献学而言，主要研究对象往往是文献本身或文献整理。但是，受现代文献学理论的影响，古文献学研究范围有所扩大，涉及文献的方方面面，包括文献生产、流通、收藏、整理、利用等。那么，我们又应该如何看待文献学的研究对象呢？

---

　　① 张升：《新书籍史对古文献学研究的启示》，《廊坊师范学院学报》（社会科学版）2013年第2期。
　　② 张升：《新书籍史对古文献学研究的启示》，《廊坊师范学院学报》（社会科学版）2013年第2期。

四　对古文献学研究对象的思考

首先，我们需要明确，古文献学的研究对象从大范围来讲可以说是古文献。但随之而来的问题是，我们要研究古文献的哪些内容？是关于古文献方方面面的内容，还是只研究其中一部分呢？以往学者的争议，主要集中在这个问题上。

对古文献学的研究对象来讲，学界提出的"文献"说显得过于笼统，因为"文献"一词本身包含的含义就比较丰富，有文献的文字内容、文献的学术内容、文献的"思想内容"（即文献作者的思想、读者的思想等）等方面。文献的学术内容肯定不是古文献学的研究对象，所以"文献"说就有进一步分析和细化的必要。王宏理提出的文献学研究对象为"文本"说和董恩林提出的"文本形态"说就是对"文献"说的再一次细化。

董恩林和王宏理二人都将文献学的研究对象细化到文献的"文本"之上。董恩林强调的是文献本身所包含的思想内容和文本内容两方面的对比意义；王宏理强调文献是"文本"而非"载体"的定义，研究对象是记录的知识，也就是文本内容，而非记录用的载体。虽然二者都提出"文本"这一概念，但两者的出发点不同，所强调的侧重点也大不相同。董恩林首先对传统的"文献"说进行突破，提出相对于文献思想内容而言的"文本形态"，具有一定的创新意义。但过于强调文本的"形态"而忽略了文本的文字内容。如果只关心文本形态，而不关心文字内容，就会容易出现忽略校勘、辨伪的可能性。相较起来，王宏理的"文本说"可能更加合理。其强调"文献"是一种知识、信息，而非物质载体，提出文献学的研究对象是"文本"这一说法，在一定程度上弥补了"文本形态"说的缺失。

由此来看，"文本"说是"文献"说细化以后比较细致合理的一种说法。但由于其过分强调知识、信息即文本在文献中的重要性，对于记录知识的"载体"只是简单地提及——"文献是知识和信息，但必须是记录在载体上才是，因为如果停留在脑海里，就不是"①，这在一定程度上忽略了记录载体在古文献学研究中的作用和价值，忽略了古文献研究中版本学的重要地位。

由此出发，我们是否可以得出这样的结论：古文献的文本，以及作为物质形态下的古文献，都应该是古文献学的研究对象。如果只关注文本，不关注载体，显然无法解释版本学在古文献学中的应用。当然，如果只关注载体，不关注文本，则更不可取，因为辨伪、辑佚、校勘、目录都需要以文本作为研究对象。此外，我们还应注意到，文献整理不能取代文献学。我们的课题本身就分两大部分：古籍整理与古文献学，这说明两者是不同的，不能互相取代。

也许有人会认为，以往文献学研究并不包括那么多的内容，只有目录、版本、校勘。事实上，文献学本身在不断发展，文献学研究的范围也是变化的，而且是不断扩大的。首先，文献学要与时俱进，适应时代的需要。周少川、陈祺《百年古籍整理事业与古文献学的历史性发展》指出："在新材料、新技术的推动下，古文献学的研究走向交叉与综合的发展前景。"② 文献学要不断挖掘丰富的新材料，拓宽研究视野等。周少川、陈晓华《中国历史文献学学科建设的思考》③ 一文对 20 世纪 20 年代开始的古文献学学科建设做出了宏观梳理，指出古文献学研究脱离和其他学科的联系、脱离与社会实际的联系等不足，同时对 21 世纪古文献学的发展提出了建议。周少川在《新世纪古文献学研究的交叉与综合》一文中进一步强调：文献学研

①　王宏理：《古文献学新论》，中山大学出版社 2008 年版，第 5 页。
②　周少川、陈祺：《百年古籍整理事业与古文献学的历史性发展》，《淮北师范大学学报》（哲学社会科学版）2011 年第 4 期。
③　周少川、陈晓华：《中国历史文献学学科建设的思考》，《历史文献研究》（总第 22 辑），华中师范大学出版社 2003 年版，第 1—8 页。

究要与社会发展的实际需要结合，对古文献学在未来发展中如何与其他学科结合、拓宽视野，提出了八方面的意见①。其次，古文献学要发展，要保持足够的开放性。我们的古文献学研究，要从我们的角度而不是古人的角度来研究古文献，研究的是关于古文献的学问而不能只研究古人对文献的研究。关于这一点，上述王宏理之著作也有讨论。如果只讨论古人关于文献的研究，其意义不大。

总之，古文献学应该是超越古籍整理的学问。例如，校勘本身不是古文献学而是古籍整理，但是，对校勘规律、原则等问题的研究就是古文献学。从这个角度来说，古文献学应该是研究古文献整理与发展一般规律的专门学科。其中"整理"，包括目录、版本、校勘等专学；"发展"，包括古文献的产生、流通、收藏、传播的全过程；"一般规律"，则是强调古文献学要超越具体的文献整理、利用等工作，探寻历史上文献整理与发展的普遍原则、方法和规律。因此，古文献学的研究成果，应对古籍整理有普遍的指导意义。

第二节　古文献学的研究任务

古文献学的研究任务，是针对研究对象开展的具体工作。关于这方面的内容，在以往的研究中明确加以论述的并不多，这说明关于古文献学理论研究还有不少薄弱之处。

一　历来有关古文献学研究任务的探讨

郑氏兄弟《中国文献学概要》并非单纯的文献学学术之作，其"在自序和导言中极论西学东渐对本国文化、文献之不利影响，痛心于所谓学人而不知本国文献之要略，指出：'典籍者，思想之结晶、学术所由寄'，外邦文化侵略常以典籍为要，无论何国要以文献保

---

① 周少川：《新世纪古文献学研究的交叉与综合》，《文献》2010 年第 3 期。

存、研讨为根本。可见郑氏所谓文献学，目的就是倡导在外邦侵略面前要全力整理民族的传统的文献，借以传承民族文化。"① 因此，我们可以认为，郑氏文献学的研究任务是全力整理传统文献，以传承民族文化。

对于文献学的研究任务，张舜徽指出："对那些保存下来了的和已经发现了的图书资料（包括甲骨、金石、竹简、帛书），进行整理、编纂、注释工作。使杂乱的资料条理化、系统化；古奥的文字通俗化、明朗化。并且进一步去粗取精，去伪存真，条别源流，甄论得失，替研究工作者们提供方便，节省时间，在研究、整理历史文献方面，作出有益的贡献，这是文献学的基本要求和任务。"② 张舜徽认为这只是工作的开端，而不是落脚点。文献学不能为研究而研究，为整理而整理，其研究的最终目的是在整理中国古代文献的基础上，著成一部全面完整的中国通史，让人民从中了解中国历史。可以看出，张舜徽的观点"与梁启超观点基本一致，主要是从史学角度考察文献学，构建其内容体系，他认为中国文献学就是古代校雠学的延伸和发扬，是文史研究者所必备的辅助知识和技艺，而并非一门独立的学科"③。张舜徽的研究任务可分为两个层次：其一是文献整理；其二是在文献整理的基础上进行史学研究。

白寿彝在谈历史文献学时指出："我们今天要研究历史，必须研究历史文献。既然要研究文献，就需要建立历史文献学这门学科。历史文献学可以帮助我们搜集、分析，并正确地运用历史文献，使我们的历史工作在文献方面具有良好的条件，这就是历史文献学的主要用处。"④

---

① 董恩林：《论传统文献学的内涵、范围和体系诸问题》，《史学理论研究》2008 年第 3 期。
② 张舜徽：《中国文献学》，河南人民出版社 1982 年版，第 4 页。
③ 王余光等：《中国文献学理论研究百年概述》，《图书与情报》1999 年第 3 期。
④ 白寿彝：《谈历史文献学——谈史学遗产答客问之二》，《史学史研究》1981 年第 2 期。

洪湛侯在《中国文献学新编》中提出："文献学的主要任务是文献研究和文献整理。"

杜泽逊认为，文献学研究的"目的在于：全面认识文献，学会在浩如烟海的文献中，用较少的时间，找到尽可能全的自己所需要的文献资料，同时还要有能力对这些资料的不同版本进行鉴别确定较早的、较安全的、较可靠的版本。而且有能力对原始文献作整理加工，自己使用以外，还可以供更多的人使用"[①]。从其对文献学目的的认知可以看出，这一理解其实并没有脱离文献学辅助学科的窠臼，认为文献学的任务和目的仍然在于可以尽快地处理好文献，寻找自己所需要的可靠资料，以便更加方便、准确地运用文献。

董恩林则把提供文献的便捷检索作为研究任务之一，提出："文本整理与检索利用是其（古文献学）两大主要任务。"[②] 潘树广也有同样的看法，他说："两者（古典文献学和现代文献学）的根本任务，都是实现知识的科学组织和有效利用。"[③]

王宏理比较具体地讨论了文献学的目标和任务。他在《古文献学新论》中说："我们整理研究文献的主要目的和任务，就是为读书治学者提供一个文字准确无误的文本。"[④] 并提出了"实现此工作目标的过程中的具体任务及其方法手段"，即"清晰、准确、全面、易懂"四个方面。其基本情况如下[⑤]：

"清晰"，即要为读书之学者厘清眉目，不至于盲目翻检，这是使文献由乱到整的梳理过程。"准确"，大的方面来讲，首先要弄清文献的年代，就需要断代；要对文本的优劣、真伪进行鉴别，需要运用版本学和鉴定的学问。这是"从假到真"的研究过程；小的方面

[①]　杜泽逊：《文献学概要》，中华书局 2001 年版，第 5 页。

[②]　董恩林：《论传统文献学的内涵、范围和体系诸问题》，《史学理论研究》2008 年第 3 期。

[③]　潘树广：《文献学纲要》，广西师范大学出版社 2005 年版，"前言"第 2 页。

[④]　王宏理：《古文献学新论》，中山大学出版社 2008 年版，第 4 页。

[⑤]　王宏理：《古文献学新论》，中山大学出版社 2008 年版，第 18—19 页。

则指同一内容的文本、版本、文字等会有出入，要经过校勘，才能达到"由错至对"的目的。"全面"，指的是"从无到有"的辑佚功夫。"易懂"，古代文献无标点，多异体字和各种典故，并不是人人都能读得懂，这就需要内容提要、注音注释、标点翻译等环节，这就是"从难到易"的整理研究过程。

王宏理虽然提出了文献学研究四个方面的任务，但通过其阐述可以看出，其根本出发点还是着眼于文献学几大分支学科的内容。所谓"清晰"对应目录学，"准确"对应版本学、校勘学、辨伪学，"全面"对应辑佚学，"易懂"对应注释学。从本质上来讲，这一理论基本上还属于传统文献学研究的范畴之中，缺乏创新性。

综合而言，以往对古文献学任务的探讨存在两点问题：其一，与研究对象混为一谈；其二，将文献学作为辅助学科，把文献学研究视为基础工作，主要任务是为史学研究服务。另外，有将古文献学研究任务扩大化的倾向。

二 对古文献学研究任务的思考

我们认为，古文献学的基本任务，从大的方面来说，应该是继承传统文化的宝贵财富，弘扬优秀的传统文化。从小的方面概要地说，古文献学应该是一门独立的学科，是研究古文献整理与发展一般规律的学科。因此，古文献学的研究任务应该包括：

其一，研究文献整理的一般规律。文献整理，包括编目（目录）、鉴定（版本、辨伪）、恢复（校勘、辑佚）、译注（注释、今译）、编集（汇编、类编、选编）。在这些方面中，最重要的是六大专学，即古文献学强调的六大分支学科：目录学、版本学、校勘学、辨伪学、辑佚学和注释学。

其二，研究文献发展的一般规律。包括文献生产、流通、收藏的全过程。

文献生产，指文献是如何形成的，包括文献的载体、记录符号、编撰、复制、体式等。在这些内容中，复制（主要是誊抄与刻印）在以往的研究中关注较多，其他方面则关注较少，尤其是记录符号和编撰，以往文献学著作较少涉及。

文献流通，从动态的角度研究文献的一生，即文献从生（形成）到死（亡佚）的过程。文献是活的，而且总在流通中，因此，书价、书商、书坊、书船、行业公约、行业神、公私流通、流通渠道（赐、赠、购等）等，都是我们的研究范围。

文献收藏，包括公私藏书、藏书机构、藏书楼、藏书习俗、藏书家、藏书数量与流散等。

在以上的两大任务以外，我们知道，每一门独立的学科都有学科史研究的任务，因此文献学中也必然有文献学史的部分，包括研究文献整理史、文献发展史等。

另外，每一门独立学科也必然有学科的基本理论，文献学也需要有文献学的理论研究，包括文献学的基本概念、研究对象、任务、方法、意义等，以及从古至今发展着的文献学思想的研究。

以上这些方面的研究，构成了完整的古文献学学科体系。至于古文献资源的开发与利用，可以属于文献发展的研究范畴之内。随着新资源、新载体的不断出现，这方面的内容还有许多可拓展的空间。

第 九 章
古文献学的学科性质和定位

学科性质规定了学科归属，而学科定位反映了学科与上下级学科的关系。明确学科性质和定位，将有利于该学科创建完整的学科体系和专业结构，有利于学科在明确边界的基础上拓展研究方向、拓宽研究视野，也有利于学科依据所属门类的定位，发挥学科作用，规划学科的发展策略。① 因此，学科性质和定位与学科的研究对象、任务一样，是学科理论的基本内容，必须有明确的认识。

第一节　古文献学的学科性质和特点

一　20 世纪以来对古文献学学科性质的讨论

"学科性质，就是学科的归属，是指一门学科在科学分类体系中属于哪种科学门类，具有哪门学科的基本特征。"② 学科性质决定了一个学科的特点、价值、定位等重要内容，其确立的过程也是这门学科理论完善的过程，在一门学科形成发展的过程中具有极为重要的意义。

我国的文献学从古代校雠学发展而来，是一门古老的学问，但直到近代才走上科学发展的道路，故又是一门年轻的学科。它既承袭了

---

① 宋显彪：《论音乐文献学的学科性质》，《黄钟（武汉音乐学院学报）》2010 年第 1 期。
② 宋显彪：《论音乐文献学的学科性质》，《黄钟（武汉音乐学院学报）》2010 年第 1 期。

两千多年的历史传统，又受到西方学术的影响，所以，文献学学科在创建之初，其性质和定位问题存在一些争议。例如，"古典文献学""历史文献学""古文献学""现代文献学""大文献学"等学科名称存在差异，"文献学"与"历史学""语言文学""图书馆、情报学"等学科的关系混淆不清。文献学是否可以建立为一级学科等问题，就是其学科性质不明确的反映。如果学科性质不够明晰，则可能会"致使一些学者套用理论学科范式，使文献学学科体系愈加乱象丛生"①，那么古文献学这一学科也不会形成完整的学科理论，更不会得到学术界和社会的广泛认可。相反，明确了学科性质，则有利于建立一套完整的学科理论体系，有利于拓展学科的研究方向，明确学科研究特点和科学价值，在众多学科中可以走出独具特色的一条发展之路。所以，古文献学理论体系的创建，必须首先明确古文献学的学科性质。

然而，对于文献学性质的探讨却经历了比较漫长的过程。郑氏兄弟的《中国文献学概要》作为我国首部文献学专著，并未提出对文献学性质的认定。此后的几十年间，受政治影响，文献学研究也一度落寞。直到20世纪80年代以来，学术研究重新走上正轨，无论是文献学基础理论问题还是分支学科问题的研究都引起了学术界的重视。"古文献学作为一门古老而年轻的学科，其发展的黄金时期也正是改革开放以来的三十余年时间。"② 尤其是90年代以来，文献学理论问题的研究更是掀起了一股热潮，先后出现了一批具有代表性的文献学著作和文章，学者们纷纷从不同学科、不同角度出发提出了各自的主张和观点。

对文献学的性质和学科结构的认知，我们可以从表9-1大致了解。

---

①　董恩林：《简谈历史文献学的定位定性及其面临的几个问题》，《淮北师范大学学报》（哲学社会科学版）2011年第2期。

②　周少川、陈祺：《百年来古籍整理事业与古文献学的历史性发展》，《淮北师范大学学报》（哲学社会科学版）2011年第4期。

表 9 - 1 　　　　　　　　　　**古文献学学科性质及体系**

学者	学科术语	性质	学科体系
郑鹤声 郑鹤春	文献学		包括结集、翻译、编纂、审订、讲习、印刻等六方面。这一体系从文献表现形式的角度将文献生产、搜集、整理与应用各个方面综合起来①
张舜徽	历史文献学	辅助史学	文献学理论、文献本体、文献整理方法、文献学史。隶属于历史文献学的范畴，是古代校雠学的延伸和发展
王欣夫②	文献学		目录、版本、校雠
罗孟祯	古典文献学		目录、版本、校勘是学科体系的主要部分
吴枫	古典文献学		古典文献学导论、古典文献源流与分类、古典文献的类别与体式、四部书的构成及其演变、类书、丛书与辑佚书、文献目录与解题、版本、校勘与辨伪、古典文献的收藏与阅读等。这一体系综合了校雠学、分类文献学和古代图书馆的知识
白寿彝	历史文献学	辅助史学	理论、历史、分类学、应用③
张君炎	文学文献学		文献类型、目录、校勘、注释、辨伪、各类具体文学文献④
谢元泰	图书馆文献学		理论文献学（文献学史、文献政策与管理、版本学、校勘学、文献统计学等）、应用文献学（文献工作原理和技术、文献系统工程）
洪湛侯⑤	文献学		法、体、史、论（整理文献的方法、文献本体、文献学的学术史、文献学基本理论），开辟了现代文献学研究的先河
赵国璋	古典文献学		古籍整理、古籍流通

① 陈光华：《关于中国文献学学科体系的研究综述》，《图书馆学研究》2006 年第 1 期。

② 王欣夫：《文献学讲义》，上海古籍出版社 2005 年版。

③ 白寿彝：《关于历史文献学问题答客问》，《文献》1982 年第 4 期。

④ 张君炎：《中国文学文献学》，江西人民出版社 1986 年版。

⑤ 洪湛侯：《中国文献学新编》，杭州大学出版社 1994 年版。

续表

学者	学科术语	性质	学科体系
王余光	文献学（包括古典文献学和现代文献学）	全面系统的学科	文献本体、文献社会运动、文献学基本理论①
张三夕	古典文献学		目录、版本、校勘、辨伪、辑佚、标点、注释、文献检索②
孙钦善	古文献学	交叉、综合性的学科③；实属基础学科④	
杨燕起、高国抗	历史文献学		文献学理论、文献学史、文献学分支学科
张大可	文献学		
董恩林	古文献学	应用性、技术性、基础性的学科⑤	形体认知、内容实证、文理注译、检索典藏、二次编纂五大版块⑥
潘树广	大文献学		理论研究、应用研究、历史研究。是古典文献学与现代文献学的结合

　　表 9-1 中，从郑氏兄弟到白寿彝基本代表了 20 世纪 90 年代以前文献学理论研究的成果。这一阶段，文献学体系为继承古代校雠学而来，以考证典籍源流为研究核心。无论在学科结构的建设还是学科内容的设置方面，文献学仍然围绕着传统"校雠学"这个中心开展，延续了古代校雠学的性质和基本理论体系。

---

　　①　王余光等：《中国文献学理论研究百年概述》，《图书与情报》1999 年第 3 期。
　　②　张三夕：《中国古典文献学》，华中师范大学出版社 2007 年版。
　　③　孙钦善：《中国古文献学》，北京大学出版社 2006 年版。
　　④　孙钦善：《古文献学及其意义与展望》，《南昌大学学报》（人文社会科学版）2005 年第 2 期。
　　⑤　董恩林：《简谈历史文献学的定位定性及其面临的几个问题》，《淮北师范大学学报》（哲学社会科学版）2011 年第 2 期。
　　⑥　董恩林：《关于文献学内涵、体系诸问题的再思考》，载《历史文献研究》总第 27 辑，华东师范大学出版社 2008 年版。

对于古代的学者而言，如果要利用和研究一部典籍，就要从目录中查询该书的著录、流传以及版本情况，再以不同的版本为基础进行校勘，最后得到一个较为可信的本子，以此作为研究典籍或历史的基础。因此，古代校雠学最基本的目的是为研究古代典籍和历史服务的。除此之外，中国古代的各类学术研究都有重实证而轻理论的弊端，尽管各类研究都有悠久的历史，但并没有形成相应的理论研究，各类学术也就很难形成理论体系。从两汉时期的刘氏父子，到清代章学诚的《校雠通义》为止，对古代校雠学的理论研究屈指可数。因此，继承"校雠学"而来的"文献学"，在学科形成的最初几十年中都将研究重点放在古文献整理的方法论之上，对古文献学基本理论的研究较为薄弱。从表中可以看出，20 世纪 80 年代及以前的文献学家们基本延续了古代校雠学的体系，注重方法论的研究。此时的文献学是一门有较强应用性的学科，其学科结构主要涉及古文献整理和研究的方法论问题。同时它又是一门基础学科，是整理和研究古文献的基础。

20 世纪 90 年代以后，大量的西方学术思想开始涌入我国，古文献学也不可避免地受到西方学术的冲击。古文献学科在构建自己学科体系的同时，西方文献学、文献工作的思想以及与文献相关的图书馆学、情报学等相关学科也传入我国，形成了现代文献学及其相关学科。现代文献学不限于研究文献本身，更加注重研究文献的产生、传播及其有效利用等文献本身以外的内容。这样一来，在文献学领域出现了古文献学和现代文献学并立的局面，传统的古文献学理论也受到了一定的冲击，一些学者开始尝试构筑新的理论体系。洪湛侯是从古文献学向现代过渡的代表人物之一，开辟了用现代文献学的方法研究古文献学的先河。

受到西方学术体系的影响，又深感现代西方学术体系给古文献学理论研究带来的混乱，文献家们逐渐意识到完善古文献学基本理论的重要性——只有在继承过去的基础上，建立起一套适合自己的基本理论体系，才不至于在现代文献学的冲击中迷失自我。20 世纪 90 年代以后，古文献学家开始突破传统文献学——目录、版本、校勘——"三位一体"对古文献学研究的限制，扩大古文献学的研究范围，尝试对古文献学的学科体系进行重建。在这一时期的研究中，古文献学不仅包括了关于古文献整理、研究方法论上的内容，文献学基本理论、文献学史、文献流通等方面的内容也被纳入古文献学的学科体系当中。大多数学者都赞同古文献学不再只是一门应用性的学科，而应成为一门综合性的基础学科的看法。

有一部分学者也提出了相反的意见。董恩林指出："对文献学的学科性质，一些学者惑于现代学科建设与理论思维的套路，自觉或不自觉地将文献学等同于现代如雨后春笋般的学科群体，总希望找出文献学独特的思辨理论，以求扩大文献学的发展空间，获得社会特别是学术界更高的认同。笔者以为这同样是不实际的，因为历代文献学家对历史文献的整理与研究历程告诉我们：文献学所涉版本、目录、校勘、辨伪、辑佚、典藏等，都是一种工作、一种工作程序、一种工作方法，文献学是一门应用性学科，不存在脱离实际应用的抽象思辨与理论。因此，文献学是一门以文献文本为研究对象，志在研究传统文献各种文本的整理、保存、检索利用的规律与方法的应用性学科。"①董恩林比较严格地恪守古代校雠学的范围，只是将文献文本形态的研究纳入文献学的体系之中，而不包括文献学理论、文献的社会运动、文献学史等内容。

在古文献学性质定位这一问题上，我们应该认识到当今的古文献学是从中国古代的校雠学发展而来的，有深厚的学术根基；而所谓"学科体系"的概念，是近代以来从西方传入的，是建立在西方学科之上的理论体系，并不一定全部适用于古文献学的研究。因此，我们

① 董恩林：《论传统文献学的内涵、范围和体系诸问题》，《史学理论研究》2008 年第 3 期。

在思考、重构自古就有的学科体系时，既要借鉴西方的学术分类方法，又要避免将西方学术方法直接套用到中国学术上来的倾向；既要继承传统文献学，又要避免一成不变、因循守旧的倾向。传统文献学以古籍整理为主要研究对象，主要涉及目录、校勘、版本、辨伪、辑佚、注释六大部分，属于应用性较强的学科。随着学科的不断发展，受现代文献学理论的影响，传统文献学也在不断实现自我突破，以往不被重视的文献学基本理论问题、文献学史、文献的社会运动（包括文献的产生、收藏、流通等方面）也逐渐加入文献学研究领域，为学者的研究开辟了一片新天地。所以，当今的古文献学应该是一门综合性的基础学科。

二　古文献学的特征和科学价值

（一）特征

各门学科都有自身的特征。同其他学科相比，古文献学有以下几个特征。①

1. 综合性

综合性，表明这门学科内容相当丰富，包含了许多不同层次的各种知识。古文献学运用到的理论、方法涉及诸多不同的边缘学科，例如文学、史学、训诂学、避讳学、年代学、历史地理学等。

2. 边缘性

边缘性，表明古文献学与其他学科有密切的关系，如与古代语言文字学、历史学等。而且，"各门学科赖以存在和发展的文献的演变形成了文献学发展的资料基础，因此各门学科都可以有自己的文献学"②。如文学有文学文献学，哲学有哲学文献学等。

---

① 参见考冯浩菲《文献学理论研究导论》，山东大学出版社 2009 年版，第1—3 页。
② 冯浩菲：《文献学理论研究导论》，山东大学出版社 2009 年版，第 3 页。

3. 交叉性

交叉性，表明这门学科所属的各种应用文献学（如前述的文学文献学、哲学文献学等）在内容上有不同程度的交叉现象。

4. 基础性

基础性，表明古文献学是其他学科研究和发展的基础。不论是史学研究还是古代文学研究都离不开古文献，离不开古文献学。从基础性上来讲，古文献学又具有服务性的特点，说明这门学科为其他学科的发展服务的。其中理论文献学从共性方面为各门学科的发展提供服务，应用文献学则从个性方面为各有关学科的发展提供服务。

5. 实践性

实践性，表明古文献学是一门强调实践，讲求致用的学问。"无论整理还是研究历史文献，都是实践性很强的工作，如版本、目录、校勘、辨伪、辑佚等都需要长时期的动手实践和经验积累，方能得其门径而取得成就。"① 古文献学各分支学科的性质决定了其不能只是空谈理论，而应注意实践。陈垣是一位文献学大家，尤其在校勘学、避讳学、史源学上有着巨大的贡献，其所著《元典章校补释例》（又名《校勘学释例》）、《二十史朔闰表》、《史讳举例》等书，就很少在理论上作长篇大论。

（二）科学价值

古文献学科的科学价值体现在学术和现实两个方面。

1. 学术价值

古文献学科对古籍整理与研究具有重要指导意义。古文献学学科理论的正误、研究水平的高低，直接关系到古籍整理水平的高低，甚至关系到古文献本身的存亡。我国自古以来就在实践中积累了丰富的关于文献整理的理论和方法，"逐渐形成了完整、科学的古文献学，

---

① 张子侠：《关于中国历史文献学基本理论的几点认识》，《安徽大学学报》（哲学社会科学版）2005 年第 4 期。

这对于古代文献典籍的保存、整理、流传和利用，起着重要的保障作用"。相反，如果不重视古文献学学科理论的建设，或者为错误的理论倾向所主导，古文献在流传中或将任其错乱、散失，日渐佚亡，或将被"乱行整理，妄加窜改，面目全非，同归于亡，甚至谬种流传，贻误后人……忽视古文献学，对古文献乱加整理而古文献亡，这是一个普遍规律"①，已为无数事实所证明，值得我们深思，并应引以为戒。除此之外，古文献学不仅与古文献整理、研究有关，而且与各种古代学术的研究有密切的关系。古代学术的研究必须依据相关古文献，而只要涉及古文献，就存在是否能够准确利用的问题，就与古文献的全面搜集、科学甄辨和正确理解有关。② 要做到这一点，必须依靠古文献学。以古代的显学经学为例，"一部经学的发展史，正是历代学者运用文献考校和辨释，为经学的前进开辟了道路，并赋予新的思想内容，从而完成了各个时代社会思想文化的新陈代谢"③。不仅经学如此，其他大门类如史学、子学、文学何尝不是如此。因此古文献学实为古代学术研究的基础。

2. 现实价值

20 世纪 80 年代以来，在中央的大力倡导和号召下，国务院成立古籍整理出版规划小组，高等院校成立古籍整理研究工作委员会，古籍整理事业得到极大推进。要推进古籍整理工作，首先就要有古文献学的相关理论作为指导。只有搞好古文献学学科建设，提供正确的理论指导，培养高质量的人才，才可能高质量地完成古籍整理工作，才能避免珍善本不分、底本选用不当、张冠李戴等情况的出现。

21 世纪以来，国家软实力、文化影响力对一个国家在国际发展中的作用越来越大，每个国家也越来越深刻地认识到文化建设对民

---

① 孙钦善：《古文献学及其意义与展望》，《南昌大学学报》（人文社会科学版）2005 年第 2 期。

② 孙钦善：《古文献学的内涵与意义》，《江西社会科学》2006 年第 8 期。

③ 周少川：《文献传承与史学研究》，北京师范大学出版社 2011 年版，第 9 页。

族、国家凝聚力和创造力的重要作用。党中央在党的十七届六中全会发出了"推动社会主义文化大发展大繁荣""建设社会主义文化强国"的号召，提出要增强社会主义意识形态的吸引力和凝聚力，弘扬中华文化。党的十八大又进一步明确了扎实推进社会主义文化强国的建设目标。要弘扬中华文化、培育民族精神，就离不开对我国优秀传统文化的继承。文化是无形的，存在于意识形态之中，只有将观念形态之中的文化具体化为物质形态，如语言文字、钟鼎器物，才能真正被看到、被感受到。作为古文献学研究对象的文本（古籍）是中华文化最主要的载体，直接体现着中华民族的知识与智慧。对古典文献的整理、进行学术层面的研究与应用，毫无疑问"应该是国家学术文化事业的重要组成部分"[1]。古籍是中华民族历史文化的主要载体，只有加强古籍整理工作和古文献学研究，才能更好地挖掘中华民族丰富的文化遗产，取其精华、去其糟粕，使之保持民族性，体现时代性，成为社会主义新文化建设的重要资源。因此，不断推进古籍整理事业，深入开展古文献学的研究和学科建设，是建设优秀传统文化传承体系，创新发展中华民族文化的基础性工程。[2]

第二节　古文献学的学科定位

一　关于古文献学学科定位的讨论

20 世纪 90 年代，古文献学科不断发展，成为学者整理研究古籍的方法论指导，也成为其他学科研究的基础。这就使学者们一方面认为文献学很重要，是一门基础性学科；同时，又认为它只是一门从属性的工具类学科，缺乏独立地位。除此之外，由于这一时期高校的学科学位体系中，文献学不能成为一级学科而分设于历史学

---

[1]　刘玉才：《古典文献学的定义、知识结构与价值体现》，《文献》2010 年第 3 期。
[2]　周少川：《论百年古籍整理与古文献学科发展史的梳理与意义》，《廊坊师范学院学报》（社会科学版）2013 年第 4 期。

和文学之下，故使人产生某种附属学科的印象。比如，研究历史文献学的学者会从历史学的角度，认为历史文献学是史学的辅助学科。在相当长的一段时间内，这种将文献学作为史学辅助学科的看法十分盛行，如同张舜徽所说的，文献学的要求和任务是在文献方面去伪存真，"替研究工作者们提供方便，节省时间，在研究、整理历史文献方面，作出有益的贡献……"其最终目的是在整理中国古代文献的基础上，著成一部全面完整的中国通史，让人民了解历史。白寿彝也在谈论历史文献学中说："我们今天要研究历史，必须要研究历史文献。既然要研究文献，就需要建立历史文献学这门学科。历史文献学可以帮助我们搜集、分析，并正确地运用历史文献，使我们的历史工作在文献方面具有良好的条件，这就是历史文献学的主要用处。"① 从史学角度构建文献学的体系内容，认为文献学是文史研究者必备的基础知识，而非一门独立学科的看法，是这一时期的主要观点。

20 世纪 90 年代以来，随着文献学理论探索的开展，一些西方的文献学思想传入我国，现代文献学的概念和理论流行起来。一批图书馆情报学、信息管理系统的学者纷纷加入到文献学研究的行列中来，也打破了文献学家即为文史学家的局面。一些古文献学著作接受现代文献学的理念，突破目录、版本、校勘统治古文献学的局面，将文献产生、流通、发展过程中与文献相关的社会史、文化史和学术史等方面的内容也加入古文献学研究之中，扩大了古文献学的研究范围，重新定义了古文献学的研究对象和研究任务，试图以此来建立一个独立的古文献学科。

例如，王余光提出："文献应当是文献学的研究对象或研究主体，就是说，文献学不仅是把文献作为自己的研究手段，同时也作为自己的研究目的。历史学、文学、哲学等许许多多的学科，它们都需

---

① 白寿彝：《谈历史文献学——谈史学遗产答客问之二》，《史学史研究》1981 年第 2 期。

要研究文献，然而，它们研究文献只是作为一种研究手段。如历史学，它研究大量的历史文献，目的在于通过这些文献资料去揭示某一历史规律或某种历史现象，文献成为它的研究手段。文献学则不然，它研究文献，目的就在于要揭示文献本身。文献作为文献学研究的主体，使文献学成为一门独立的学科有了可能。"① 王余光还认为，"文献"不仅可以作为文献学的研究对象和手段，同时也作为文献学的研究目的。这样就为文献学找到了学科自身的研究任务和目的，找到了区分文献学与史学、文学等其他学科的不同之处，为文献学成为一门独立的学科奠定了理论基础。

董恩林从文献学的研究对象是"文献的文本形态"上来说明文献学作为一门学科的独立性。他没有将文献学的研究对象笼统地定为文献，而是将其细化为文本文字内容和学术思想内容两部分："只要我们回溯一番历代文献学家的研究历程与研究内容，不难发现，'文献学'实际研究的仅仅是'文献的文本'，我们平日所津津乐道的版本、目录、校勘、辨伪、辑佚等，涉及的仅仅是文献文本的形式与文字内容，目的则是保证'文献'不同版本间文本的完整性、准确性、普及性，以便于文史哲等各学科致力于挖掘与研究'文献'的学术思想内容。"② 董恩林从文献在文字和思想内容的区分上，说明文献学的研究对象、任务和文史哲等学科的不同。文献学研究文献的文字内容，文史哲等学科则致力于挖掘文献的学术思想内容。这样一来，"确定了'文献学'的研究对象是'文献文本'这个主题和应用学科的定性，其理论体系便不难构建，与其他以'文献'学术思想内容为研究范围的学科诸如哲学、史学、文学等的界限便不难区别"③。

① 王余光：《论文献学》，《武汉大学学报》（社会科学版）1988 年第 6 期。
② 董恩林：《论传统文献学的内涵、范围和体系诸问题》，《史学理论研究》2008 年第 3 期。
③ 董恩林：《论传统文献学的内涵、范围和体系诸问题》，《史学理论研究》2008 年第 3 期。

文献学作为一门学科便有了自身的研究核心和学术体系，不再是辅助学科，而是一门有自身理论体系的独立学科。

王宏理在《古文献学新论》中，也从史学和文献学研究对象的不同上来区分二者："史学家是通过研究文献记载的内容，来研究历史的原貌；文献学家是通过研究文献经历代辗转传抄而产生的舛误，来研究如何恢复文献的历史原貌。前者是研究'历史的原貌'，后者是研究'文献的历史原貌'。即前者的研究对象是历史，后者的研究对象是文献，应说是泾渭分明。"①

虽然学者们在对文献学的研究对象上有不同意见，但对于古文献学作为一门独立学科的定位应该是毫无异见的。这是 20 世纪 90 年代至今文献学界普遍认同的观点。随着文献学研究对象、研究任务和学科性质的确立，学科体系的重新架构，文献学的基本理论在不断完善，文献学摆脱其他学科的附庸，成为一门独立学科的定位也逐渐明确起来。

二　文献学在当今高校学科中的设置及存在的问题

文献学性质和定位问题的纷争，一定程度上是文献学在当今学科体系中定位模糊的直接反映。"从当今学科分类和设置方面来看，根据国际技术监督局于 1992 年 11 月 1 日发布的《学科分类与代码》（GB/ T3745—92）（即'国标'），有四类文献学学科，即属于历史学的历史文献学（代码为 770 · 20），图书馆、情报与文献学的文献学（代码为 870 · 20），中医学与中药学所属中医学之下的中医文献学（代码为 360 · 1067），宗教学所属宗教学理论之下的宗教文献学（代码为 730 · 1150），前二类属于二级学科，后两类属于三级学科。后来，教育部根据上述'国标'和高校的实际情况，在高教系统共设置了三类文献学学科，即中国语言文学所属中国古典文献学、历史学

---

① 　王宏理：《古文献学新论》，中山大学出版社 2008 年版，第 17 页。

所属历史文献学、图书馆情报与文献学所属文献学，均属于二级学科。"① 除了分别在三个学科之下设立的文献学之外，有些高校还成立了与古籍相关的专门研究所或研究院，如北京师范大学的古籍与传统文化研究院、复旦大学的古籍整理研究所、华东师范大学的古籍研究所等。

下设在三个学科之下的文献学、古典文献学和历史文献学，目前都已经形成了较为系统的人才培养队伍和模式，组建起了比较完整的教育体系。在本科、硕士、博士三个层次上，每年都培养出一大批分属于不同专业的优秀人才，对促进我国古籍整理和整个文献学的发展产生了重要意义，对推动国家的文化建设发挥着重要作用。

在我国高校教育系统中分属于三个学科的文献学虽然取得了一定的成绩，但仍然存在一些问题，这些问题也引起了文献学界的广泛关注。

最突出的问题是这三类文献学学科多有相同之处，却无共属的上位学科，显得有流无源，不利于学术研究和学科发展。特别是历史文献学和古典文献学二者本质基本是一致的，如研究对象均为各种文献，也都包括目录、版本、校勘、注释、辨伪、辑佚等传统文献学的内容。但是作为二级学科中国古典文献学隶属于中国语言文学之下，历史文献学设在历史学之下，文献学所属的一级学科是图书馆、情报学与文献学三合一学科。这些名称相类的文献学却没有一个与之对应的一级学科的统筹，显得杂乱无章。这样的设置，势必导致文献学在学科设置和课程设置方面出现盲目性和杂乱性的问题。② 学科建设缺乏一致性和规范性，"对这三类文献学专业各自的特点及专业内容尚没有统一的认识和标准，基本上是由各校自定。许多院校的这些专业在设置三级学科和课程时，往往不是以专业需要为根据，而是根据本

---

① 冯浩菲：《文献学理论研究导论》，山东大学出版社 2009 年版，第 8—9 页。
② 参见冯浩菲《文献学理论研究导论》，山东大学出版社 2009 年版，第 9 页。

单位教师的特长而定，因此往往应该设的学科没有设，不应该设的却设了。这样做影响了学科建设和人才培养，乃至打乱了国家专业设置的整个计划"①。这一点尤其是中国语言文学下的古典文献学和历史学下的历史文献学体现得更加明显。

三个分属不同门类的二级学科，均有文献学之名，所辖三级学科名目又有相当程度的交叉。但是，因为所属一级学科不同，学术出发点和教学内容又有很大差异。因此，在目前的学科体系之下，文献学很难形成普遍认同的内涵与外延。这也是导致目前学术界对文献学的性质、定位等问题的纷争的主要原因之一。对此，刘玉才指出："既然文献学定义的纷乱有其学术分科的背景，在现行学术体系暂时无法改变的情况下，任何统一文献学的内涵与外延，使之涵盖古典文献学、历史文献学与图书文献学三个二级学科的意图，大概都是徒劳的。因此，我们并不主张纠缠于众说纷纭的笼统定义，而是在不改变现行学科体系的前提下，明确三个学科各自的知识架构，特别是核心知识的组成。具体而言，就是通过知识分层的方式，划分出各自的核心层面、一般层面和专题层面知识，以及背景知识……在核心知识层面，三个学科具有显著的差异，而在一般知识、专题知识和背景知识层面，三者则有较多的交叉。"②

从学理上来讲，我们认同文献学应该成为一门独立的一级学科，这对于消弭文献学界内的分歧大有益处。但是在现行学术体系和学科建设暂时无法改变的现状下，过分纠缠于三者合而为一的意图，在短期内大概都是无法实现的。我们所要做的，是梳理前人对文献学的解读和认识，提出比较切实可行的计划，期望对未来文献学学科建设有所助益。

---

① 冯浩菲：《试论中国文献学学科体系的改革》，《文史哲》2002 年第 1 期。
② 刘玉才：《古典文献学的定义、知识结构与价值体现》，《文献》2010 年第 3 期。

三　古文献学与其他学科的关系

（一）古文献学与历史文献学、古典文献学

目前文献学界对于从传统校雠学发展而来的中国传统文献学的名称有不同的表述，如"古文献学""历史文献学""古典文献学""传统文献学"等。对于这类名称上的分歧，我们可以通过追本溯源的方法加以辨明，明确它们之间的关系。

"文献学"一词最早由梁启超提出，而郑氏兄弟的《中国文献学概论》首次以"文献学"命名著作时，文献学前面并没有冠之所谓"古典"或"历史"之称。新中国成立以后为了培养古籍整理与研究的人才，北京大学最早设立古典文献专业，翦伯赞发表文章《从北大古典文献专业谈到古籍整理问题》指出其设立目的："设置这个专业的目的是培养整理中国文化遗产的人才，主要是整理中国古典文学、史学、哲学方面的文献。"① 其后，1979 年张舜徽在广西桂林发起成立"中国历史文献研究会"，首次提出了"历史文献学"的名称。随后以"历史文献学"和"古典文献学"命名的论著纷纷出现，如罗孟祯的《古典文献学》、吴枫的《中国古典文献学》、杨燕起的《中国历史文献学》，等等。虽然他们以不同的名称命名著作，但我们仔细观察就会发现其内容大体一致，即都基本延续了古代校雠学的内容，由目录、校勘、版本、辑佚、辨伪、注释等组成文献学主干部分，并加入了一些文献学基本理论问题的介绍。所以就研究对象和研究内容、范围来讲，20 世纪 90 年代以前，学者的观点基本相同。他们的"历史文献学"或"古典文献学"大概并不是现代意义上的学科之分，而仅仅是指有别于现代文献学的，用来研究古代文献的一门学问。张舜徽在《与诸同志再论历史文献的整理工作》中指出：

---

① 转引自罗家湘《文献含义与古典文献学学科建设》，《中国大学教育》2014 年第 1 期。

"'历史文献'四字，自可理解为'古代文献'。"① 黄永年在《古籍整理概论》中指出："历史文献学者，是研究历史上的文献而非当前的文献，和古典文献学、文献学应该是一回事。"在《古文献学四讲》中，黄永年即用"古文献学"之名代替"历史文献学"，并在前言中指出："当年听我讲课的有历史文献学硕士生，但为什么不叫《历史文献学四讲》呢？因为不明底细的人会当作是讲历史、地理的历史学科的文献。其实'历史文献'本是指历史上的文献，和'古文献'是一个意思，为避免误解起见，用'古文献'比'历史文献'更好一些。"② 由此看出，老一辈学者所指的"历史文献学"和"古典文献学"应该是现在意义上的"古文献学"，而不是现行学科分类中的两类学科。直到现在，也仍然有学者将研究古籍的学科称为"历史文献学"或"古典文献学"。他们虽然没有称为"古文献学"，但翻阅其论著就可以看出其所谓的"历史文献学"或"古典文献学"一如20世纪90年代以前的老一辈学者一样，其实都是对传统文献学的一种笼统称呼，如张子侠的《关于中国历史文献学基本理论的几点认识》③、张三夕主编的《中国古典文献学》④ 等。

另一些研究文献学的学者，提出了将"历史文献学"和"古典文献学"视作专科文献学的意见，认为在"历史学"和"中国语言文学"两个一级学科之下的历史文献学和古典文献学类似于"中医文献学""宗教文献学"的专科文献学。例如，李晓菊提出"明确历

---

① 张舜徽：《与诸同志再论历史文献的整理工作》，载《中国历史文献研究集刊》（第三集），岳麓书社1982年版。

② 黄永年：《古文献学四讲》，鹭江出版社2003年版，"前言"第2页。

③ 张子侠：《关于中国历史文献学基本理论的几点认识》，《安徽大学学报》（哲学社会科学版）2005年第4期。

④ 张三夕《中国古典文献学》（华中师范大学出版社2007年版）在前言中道："'古典文献学'和'历史文献学'在专业称谓上的差异，说明两者的侧重点有所不同，前者的叙述和举例可能侧重于文学文献，后者可能侧重于历史文献。不过，作为一门具体课程，这种区别只是相对的，古典文献学和历史文献学的基本框架和知识体系大体上是一样的，比如都必须讲到版本学、目录学和校勘学。"

史文献学为一门专科文献学"的观点，指出"改革开放以来中国文献学发展的大趋势表明，专科文献学是现代学术发展的需要，是新时期文献学发展的重要增长点；历史文献学的学科性质在这一发展过程中也越来越凸显出来，历史文献学同文学文献学等一样，是中国文献学统一的学科体系内与综合文献学相并立的专科文献学。……在现行学术管理体制下，古文献学、历史文献学和文献学三家合并为统一独立的文献学学科的构想在短时期内尚难以实行，三家仍将在一个很长的时期内各自发展，那么明确把握各自的学科性质和学科定位，努力建构具有自身特色的学科体制和基础理论，应该是未来各家文献学，尤其是历史文献学努力的方向"①。在一些学者构建的文献学学科体系中，也将历史文献学、古典文献学作为专科文献学。②

　　此外，黄爱平在《历史文献学学科基础理论与教材编写的思考》③一文则指出，"历史文献学"不同于"古文献学"或"古典文献学"，也不同于"传统文献学"，不能用"古文献学"或"古典文献学"来涵盖"历史文献学"。"所谓'古文献''古典文献'，乃至'传统文献'，其范围均指20世纪以前或1919年'五四'新文化运动之前产生的文献，并不包括20世纪以来的各种文献。而'历史文献'则可以囊括古往今来的所有著作和所有文献。据此延伸，则'古文献学''古典文献学'，乃至'传统文献学'，大体相当于传统的校雠学，而'历史文献学'则在一定程度上超出了传统校雠学的范围，而包含了现代文献的有关内容及其整理的理论方法。"④ 文章主要从研究对象的时间范围角度认为，不能用"古文献学"来代替"历史文献学"，因为历史文献学包括现代文献，范围更广。

　　20世纪80年代以前，无所谓这样的区分，不管是"历史文献

---

① 李晓菊：《历史文献学的学科地位》，《中国社会科学报》2011年9月15日第8版。
② 如冯浩菲《试论中国文献学学科体系的改革》，《文史哲》2002年第1期。
③ 黄爱平：《历史文献学学科基础理论与教材编写的思考》，《文献》2013年第1期。
④ 黄爱平：《历史文献学学科基础理论与教材编写的思考》，《文献》2013年第1期。

学"还是"古典文献学"都只是对古代校雠学的称呼。90 年代以来，随着学科意识的不断增强，人为地将文献学划分到两个学科下面，形成了历史文献学和古典文献学两个二级学科。因此，现在有些学者将二者当成文献学分支学科的认识是以现实为参照的。在当前学科体系无法统一的情况下，二者只能以专科文献学的面貌呈现，"历史文献学"和"古典文献学"作为当前高校专业设置的术语，任何一方都不能取代对方。"在目前'文献学'还未能成为一级学科的情况下，无论从历史文献学与历史学的渊源关系而言，还是从现行学术管理体制规定的学科体系而言，将历史文献学定位为历史学的分支学科应是比较妥当的做法。"① 这一思路同样适用于古典文献学的定位——中国语言文学下的分支学科。

"历史文献学"与"古典文献学"在一些根本问题上应该是一致的，都是以古代文献为研究对象，其研究方法也大致相同——包括目录、校勘、版本、辨伪、辑佚、注释。无论是命名为历史文献学还是命名为古典文献学的论著，其内容大体是一致的，都以几大分支学科为主干，再加上文献学基本理论或文献学史概述构成，其不同之处仅在于各自加入了一些本专业的相关内容。因此，就"历史文献学"与"古典文献学"的根本性质而言，两者首先应该属于文献学的范畴，其次才是史学和文学下的文献学。另外，全国高校古籍整理研究工作委员会在发布文件时，通常将"中国古典文献学"和"历史文献学"统称为"古文献学"，设立的奖学金也命名为"中国古文献学奖学金"，主持编辑的专业图书为《中国古文献研究丛书》和《中国古文献学系列教材》。在教育部人文社会科学重点研究基地中，也使用"北京大学中国古文献研究中心"这一名称。所以，建立一个独立的一级学科——"古文献学"来统筹双方，不失为一个可行的

① 周少川：《当前历史文献学学科建设刍议》，《淮北师范大学学报》（哲学社会科学版）2012 年第 6 期。

方法。

（二）古文献学与现代文献学

20 世纪 90 年代以来，随着现代图书馆情报系统的建立，隶属于图书馆学、情报学的现代文献学的概念和理论流行起来。一批图书馆情报学、信息管理系统的学者纷纷加入文献学研究的行列中，打破了文献学家即为文史学家的格局，对古文献学的研究产生了冲击。目前，一些学者试图借鉴现代文献学体系来构建古文献学，因此，我们有必要先厘清古文献学与现代文献学的关系。

有学者认为古文献学与现代文献学没有本质区别。例如，王余光主张两者"只是文献学研究在不同时期的不同称谓，而非两个学科"①。现代文献学与古文献学只是在研究和运用文献的手段和方法上有所不同而已。

潘树广从现代文献学与古典文献学的异同点出发，分析二者的关系。其在《论古典文献学与现代文献学的交融》一文中指出，二者在研究对象、研究的根本任务上是一致的，二者的不同则主要是在重视的领域不同（古典文献学注重传统文史领域，现代文献学注重科技文献；古典文献学重视文化底蕴，现代文献学重视新技术的应用）。从二者本质问题上的统一性证明建立"大文献学"学科的可能性和必要性。将"大文献学"定义为"将古典文献学与现代文献学融为一体的广义的文献学"②。

另外一些学者认为，两者"名同实异"。董恩林认为，现代文献学和传统的古文献学存在本质上的区别，二者从研究对象、任务到内容、范围都大不一样。"传统文献学以文献文本形态为研究对象，现代文献学以文献工作为研究对象；传统文献学以文献文本的整理研究为目标，现代文献学以文献内容的开发利用为目标；传统文献学以

---

① 王余光：《再论文献学》，《图书情报知识》1997 年第 1 期。
② 潘树广：《论古典文献学与现代文献学的交融》，《苏州大学学报》（哲学社会科学版）2000 年第 4 期。

'辨章学术、考镜源流'为宗旨，现代文献学以开发、检索文献内容为大众服务为出发点。两者区别颇大，不宜混为一谈。"① 他指出，一些学者忽略了传统文献学与现代文献学的应有区别，试图将传统文献学与现代文献学糅合在一起，建立无所不包的大文献学概念与体系，以加强学科阵容与声势是不合适的。"研究传统文献学者也有意无意地混淆了传统文献学与现代文献学的界限，不适当地借助现代文献学的理论来丰富和发展传统文献学体系，从而使传统文献、传统文献学的定义与体系变得庞杂不定。"②

王宏理认为，古典文献学与现代文献学除了研究对象都是文献以外，"两者的根本区别除了前者为'古典'的，后者为'现代'，其研究内容、研究方法和手段包括研究目的等都几乎是完全不同的……现代文献学和古代文献学根本不是一回事"③。

赵国璋在《文献学大辞典》中指出："（文献学）在我国通常有两个含义，一指传统意义上的文献学（或称古典文献学），一指现代文献学。古典文献学以研究古籍的分类、编目、版本、校勘、辨伪、辑佚、注释、编纂、校点、翻译和流通为主要目的；现代文献学侧重于文献工作、应用图书馆学和情报学等学科的理论和方法，以知识的组织和检索利用为基本任务，是尚在发展与逐步完善的科学。"这一定义对理解古文献学与现代文献学的关系很有帮助。古文献学和现代文献学在研究对象和范围上都有不同的侧重点，古文献学以古文献为对象，现代文献学主要围绕现代文献展开研究。古文献学和现代文献学最本质的区别在于研究对象的不同。古文献学的研究对象是古文献，在其漫长的历史形成过程中，文献的文本内容可能已经发生了变化，历史语言、社会语境等方面的变化更让古文献蒙上了一层不易拆

---

① 董恩林：《论传统文献学的内涵、范围和体系诸问题》，《史学理论研究》2008 年第 3 期。

② 董恩林：《关于文献学内涵、体系诸问题的再思考》，《历史文献研究》总第 27 辑。

③ 王宏理：《古文献学新论》，中山大学出版社 2008 年版，第 28 页。

解的"面纱",而古文献学的任务之一便是要揭开这层面纱,尽可能恢复其本来面貌,并掌握其发展流传的过程。进而通过对古文献的解读,了解古代社会的历史发展状况。这也就决定了古文献学人文学科的属性,因为历史无法再现,我们对其遗留的古文献唯一能做的就是整理和解读。但是现代文献学则不同,它的研究对象一般是现代文献及其产生、传播、整理和利用,侧重于文献的有效检索和利用。在这个意义上来说,古文献学可以说是人文科学,而现代文献学则是强调实用的社会科学,这正是古文献学和现代文献学的本质区别。

　　虽然古文献学与现代文献学有着本质的区别,但两者并不是截然相反或对立的。一方面,在现代文献学快速发展的今天,古文献学要完全不受其影响显然是不可能的。例如,当今社会已经进入电子信息时代,科学技术的发展使文献载体和传抄形式发生了一系列变化,在对古籍文本的研究之中,不可避免地会接触到现代网络、电子等新的载体,而计算机技术的应用则极大地方便了古籍检索和利用。现代文献学所关注的文献利用和文献社会运动也将极大地扩展古文献学科的研究范围和研究意义。另一方面,古文献学中的分支学科也可以为现代文献学研究中的信息检索和利用提供经验。由此可见,在明确古文献学和现代文献学学科定位的前提下,把握二者的本质区别,认识二者的联系,加强相互之间的借鉴与交流,对二者自身的学科建设均大有裨益。

　　(三) 古文献学与图书馆学、档案学

　　文献学与图书馆学。图书馆学是研究图书馆的发生发展、组织管理,以及图书馆工作规律的科学。在 1992 年国家发布的《学科分类与代码》中,"图书馆学、情报学与文献学"三者合并成为一个一级学科,可见图书馆学与文献学有一定的渊源,二者既有联系也有区别。首先,从研究对象来看,两者有许多交叉重叠的地方。两者都是以"文献"作为最基本的研究对象,但是在具体侧重点上又有不同。文献学以一切"文献"本身和文献整理为研究重点,图书馆学以馆藏文献的实用性为重点，并更加注重馆藏文献的开发、利用及受众群体的研究。其次，从研究方法来看，古文献学的目录学、版本学与图书馆学的编目、检索、版本鉴定有异曲同工之效，二者可以相互借鉴。但是二者也有一些独自的研究方法，如古文献学中的训诂、传注、校勘等方法，图书馆学中的咨询、导读、图书馆管理等。

文献学与档案学。档案学是以档案为研究对象，探索档案、档案工作和档案事业的发展规律，研究档案信息资源的管理、开发的理论、原则与方法的学科。两者既有联系，也有一定的区别。作为二者研究对象的"档案"和"文献"就有十分紧密的联系。"档案"也是"文献"的一部分，尤其是在古代，有相当一部分文献就是官府所存的档案文书，而现存"档案"也是古文献学研究不可或缺的重要对象。档案学与文献学的区别在于其学科性质的差异，古文献学属于基础性的人文学科，档案学属于应用性的社会学科。档案学的研究对象——"档案"，从社会实践中产生；档案学的研究任务主要是在分析以往档案及档案工作的基础上，总结档案学及档案管理的相关理论，以便更好地服务于当代的档案管理实践，提高档案管理水平。档案学的研究对象和任务的社会实践性决定了档案学是一门应用性社会学科，更注重实用性和实践性。古文献学以古文献文本为研究对象，以去伪存真、恢复古文献真实面貌、为其他学科提供基础性服务为主要任务，这些方面决定了古文献学是一门基础性的人文学科，更注重基础性和综合性。

古文献学、图书馆学、档案学三者的研究对象都与"文献"有关，尤其是在古代，图书和档案并没有明确的界限，所以三者在追溯历史时，不可避免地有共同话题，界限也比较模糊。"但此三者自应各有侧重。因与'图书'相对应的学科是'图书馆学'，自然应时时关注一个'馆'字；而'档案学'自然不可无视'档案'这一名词独有的含义，'文献学'，关心的自是文献本身。……'图书馆学''档案学''情报学'的基本工作是：收集（进）—整理（存）—查

（借）阅（出）；而'文献学'的基本任务只是中间一个环节，即整理研究。前者是'广'，后者是'深'。但这里并无学术档次的高低之别，只是工作性质不同，或说分工有别。"① 由此可以看出，古文献学比起图书馆学和档案学更重视对"文献"本身的整理和解读，后者更注重"文献"的"收集"和"查阅"，注重相关馆藏的管理和应用，也就是与文献工作相关联的内容。古文献学是一门基础性的人文学科，而图书馆学和档案学与现代文献学相似，是一门应用性的社会学科。

（四）古文献学与历史学②

从两汉时期到乾嘉时期，在中国古代学术体系之中，文献学与历史学一直处于交叉重叠、不分彼此的状态。近代以来，受西学的冲击，中国传统的学术格局逐渐被打破。但是，传统学术的强大生命力实现了与西方近代学术精神和科学方法的有效对接。因此，清学尤其是乾嘉之学的模式在一定程度上继续影响着民国以后的古典学术研究。在此情势之下，历史学与文献学的胶合状态也就延续下来了。民国时期尤其是"五四"以来，中国历史学的一个重要趋向就是历史学的文献学化。以胡适为代表的实证史学，特别是"古史辨"派，是传统"文籍考订学"的现代版。

从胡适的"实证主义史学"到顾颉刚的"古史辨"再到席卷学术界的"整理国故"运动，他们的主张大致仍然属于文献考证的范围之内，即使是胡适、顾颉刚推崇的历史研究的根本方法"历史演进的方法"，"实质上只是以版本学为核心的史源考辨术的扩充和升级，……换句话说，胡适和顾颉刚所着重处理的，其实只是传说或故事版本的翻新变异，而非故事或传说本身所著录、附着或反映的原始

---

① 王宏理：《古文献学新论》，中山大学出版社 2008 年版，第 21 页。

② 本部分主要参考陈峰《文本与历史：近代以来文献学与历史学的分合》，《山东社会科学》2010 年第 1 期。

事实"①。也就是说，他们所做的历史研究相当程度上是对文献的考证，而非真正意义上对历史事实、真相的考证。"在胡适、顾颉刚、傅斯年等学界领袖的提倡诱导之下，在王国维、陈垣、陈寅恪等学坛巨擘的师表之下，在大批精深厚重的具体成果的示范之下，民国历史学的主流进入到文献学的轨道。"②

　　这种文献学与史学胶合不分的状态，产生了两种倾向：有以考据为主，以考据史料代替史学；有贬低文献学，称为故纸堆之学，认为其为学术末流。这无论对文献学还是对历史学的发展来讲都产生了不利的影响。从 20 世纪 80 年代开始，文献学和历史学开始真正分离开来，独立发展。张舜徽的《中国文献学》初步构建起了文献学的学科理论体系，随后罗孟祯、吴枫、白寿彝等学者都纷纷著书立说，文献学开始走上独立发展的道路。但是，由于这一时期文献学家大多为史学家，也使得文献学在学科定位上出现了成为史学辅助学科的倾向。从史学角度构建文献学的体系内容，认为文献学是文史研究者必备的基础知识，而非一门独立学科的看法，是这一时期的主流思想。

　　直到 90 年代以后，文献学发展成为一门独立学科的时机逐渐成熟，加之一批图书馆情报学、信息管理系统的学者纷纷参与到文献学研究的行列中，文献学家即为史家的局面也被打破，文献学也逐步摆脱了文史学科的附庸地位，成为一门的独立的学科。

　　文献学虽然脱离了史学，成为一门独立的学科，并不意味着两者分道扬镳、互不往来。文献学致力于古籍文献的整理、研究和利用，历史学则致力于历史事实、历史真相的研究，为当代提供借鉴和帮助。就如文献学与别的学科的关系一样，文献学可以为史学提供更加可信的古籍文献，史学可以为文献学提供历史认识，辅助文献整理。二者虽分途发展，却形成了比之前更加相辅相成、和谐共存的良性互动关系。

---

　　① 许冠三：《新史学九十年》，岳麓书社 2003 年版，第 170 页。
　　② 陈峰：《文本与历史：近代以来文献学与历史学的分合》，《山东社会科学》2010 年第 1 期。

第　十　章

古文献学的学科体系与学术体系

第一节　古文献学的学科体系

一　学科的发展与内涵

　　民国以来，学界开始尝试建构古文献学的学科体系。这一变化与近代以来西方学术对我国传统学术的冲击有关，也与当时反思传统文化的思潮有关。在 20 世纪初的"新文化运动"中，"科学"地"整理国故"成为传统学术向现代学术转型的一项重要活动。胡适在 1919 年 12 月《新青年》第 7 卷第 1 号《"新思潮"的意义》一文中提出"研究问题、输入学理、整理国故、再造文明"的口号，拉开了"整理国故运动"的序幕。同年，北京大学国文系下设语言文字、文学、整理国故三科，使得古文献学在高等教育学术体系中有了位置，并成为培养学科人才的基地，可以说"整理国故运动"极大地推动了构建古文献学科工作的发展。在学科发展初期，研究者仅是将传统学术中相关部分抽离出来，逐步形成以目录学、版本学、校勘学为主体的古文献学学科体系。真正的大发展是从 20 世纪 80 年代开始的，从那时起，陆续有古文献学专著面世，各分支学科的研究也都有长足进展，更重要的是一些学者开始讨论学科体系建构的问题，甚至出现试图整合继承传统学术的古文献学和从西方舶来的现代文献学的尝试。这些都表明了古文献学研究者带着强烈的自觉意识开始构建古文献学学科体系，推动学科逐步走向独立化、建制化。

但我们也应该看到，古文献学学科体系至今还有待完善，在这一问题上学界仍未达成共识，这当然对古文献学的发展不利。首先，对古文献学研究者来说，面临着回答诸如此类的问题：本学科与其他学科的区别是什么？其研究领域界限在哪里？本学科有哪些独特的理论和方法？这些问题实际上是学科认同问题。其次，古文献学的学科架构是什么？其各分支领域的关系如何？其核心研究领域又是什么？不弄清这些，我们就无法深入探索本学科的核心领域，使其能够良性地快速地发展。再者，古文献学与其他古典研究学科的关系如何？古文献学在古典研究中的地位和作用又如何？古文献学是否仅是服务于古典研究的应用性学科？这又关系到整个古典研究领域的认识和整合问题。安平秋就指出，完善的学科体系，不仅有助于促进古文献学研究的全面发展，对于人才培养、课程设置等起到指导作用，同时还有助于提高古文献学科的"自我认同"与"社会认同"程度。①

学科是现代学术体制下学术分类划分的产物，现代学术体系从整体上划分为自然科学、社会科学与人文科学，各自统辖不同的学科群：自然科学有数学、物理学、化学等；社会科学有政治学、经济学、法学等；人文科学有文学、历史学、哲学等。虽然有时学科的划分不是绝对的，但一般情况下，一个学科的成立相对其他学科除了要有独特的研究对象或属性，还要有独特的理论和方法。否则，我们可以把研究对象不断细分下去，就会衍生出无数的新学科，但实际上并非如此。我们通常使用的"某某学"中的"学"很多时候并不是指一个相对独立的学科，如"红学"实际上就是《红楼梦》研究，它并不独立在文学之外，因为它的理论和方法还没有超越文学范畴。应该说古文献学不是这种意义上的"古文献研究"，它有自己独特的理

① 安平秋：《〈古文献学新论〉序》，载王宏理《古文献学新论》，中山大学出版社2008年版，"序"第1页。

论与方法。

二 学科体系构成的讨论

20 世纪 80 年代，白寿彝较早发起有关古文献学基本问题的讨论，他指出："历史文献学这门学科还没有建立起来。""中国历史文献学，可以包含四个部分：一，理论的部分。二，历史的部分。三，分类学的部分。四，应用的部分。"① 分类学与其他三部分不在一个层级，应划入理论部分，实际上这已相当于提出了理论、历史、应用三部分构成的学科体系框架。

张舜徽在《关于历史文献的研究整理问题》一文中，开篇就讨论了"何谓文献？它的概念，整理对象是什么"，并指出有文字的材料才能称为文献，而"研究历史文献的任务，主要是对那些保存下来了的和已经发现了的图书、资料（包括甲骨、金石、竹简、帛书）进行整理、编纂、注释工作，使杂乱的资料条理化、系统化，古奥的文字通俗化、明朗化，并且进一步去粗取精，去伪存真，条别源流，甄论得失，替研究工作者们提供方便，节省时间，使之不走弯路错路，这便是研究、整理历史文献的重要职责"②。对于张舜徽把文献整理看作文献学的主要内容，王余光提出不同的看法："（一）文献整理，内容包括辨伪、版本、校勘、辑佚、注释、目录等，是具体的学术活动，不应看成是文献学的本身。（二）如果把文献学看作是研究文献整理的理论与方法的一门学科，那么，这至少是不全面的看法，这样的文献学是传统的文献学，或者称为文献整理学更为准确。"他进一步指出，"文献应当是文献学的研究对象或研究主体，就是说，文献学不仅是把文献作为自己的研究手段，同时也作为自己的研究目的。历史学、文学史、哲学史等许许多多的学科，它们都需要研究文献，

---

① 白寿彝：《关于历史文献学问题答客问》，《文献》1982 年第 4 期。
② 张舜徽：《关于历史文献的研究整理问题》，载《中国历史文献研究集刊》（第一集），湖南人民出版社 1980 年版，第 1—2 页。

然而，它们研究文献只是作为一种研究手段"。"文献学则不然，它研究文献，目的就在于要揭示文献本身。文献作为文献学研究的主体，使文献学成为一门独立的学科有了可能。"① 王余光的这一观点正回应了作为一门独立的学科，首先要有其独特的研究对象或属性的问题。

在 20 世纪 80 年代的讨论中，王余光认为古文献学"包括历史文献本身，文献整理方法和内容，文献整理的历史三部分；张家璠、黄宝权认为它包括历史文献及其演变、整理和流传，历史文献学的历史四部分；杨燕起、高国抗认为历史文献学体系包括其理论、发展线索、分支和相关学科三部分；吴枫认为它包括历史文献及其演变、整理方法三部分"②。洪湛侯认为："文献学本是关于文献研究和整理的一门学问，文献本身的特点、文献整理的方法、文献学的历史、文献学的理论都应该包括在内，简单地说文献学应包括文献的体、法、史、论等几个方面的内容。"③ 杨燕起、高国抗的体系与白寿彝是基本一致的，其他学者对文献学要以文献作为研究主体构建学科体系则有共同的认识，以洪湛侯的体系为代表将文献作为研究主体单列，并指出包括文献的载体、体裁和体例等内容，但实际上文献作为研究主体不仅涉及纵的方向上其构成层次，还包括横的方向上文献的生产、传播、整理与利用的全过程，纵横两条对文献本体认识的线索应纳入理论部分并且与应用部分密切相关。王余光在这方面一直有清晰的认识，他指出，"文献学要揭示文献的属性与构成，阐述文献的制作、流传、收藏的全过程"，基于这种认识他将文献学的研究内容概括为六部分：文献的属性，构成，编作、流传与收藏，积累与兴衰，整理

① 王余光：《论文献学》，《武汉大学学报》（哲学社会科学版）1988 年第 6 期。
② 王余光：《中国文献学理论研究百年概述》，《图书与情报》1999 年第 3 期。
③ 洪湛侯：《古典文献学的重要课题——兼论建立文献学的完整体系》，《杭州大学学报》1987 年第 2 期。

与揭示，与文化的传播和继承。① 他不仅从物质文化的方面来看文献，还关注了文献与社会文化的互动。后来他又提出新的体系，包括文献研究、文献制作研究、文献工作研究、文献发展研究、文献价值研究、综合研究六大部分。② 两种体系虽然看起来内容很充实，但体系结构的内在逻辑不够清晰，原因是没有区分应用部分的学科分支与理论、历史部分是在不同层次，这个问题在下面相关部分还要进一步讨论。

潘树广等《文献学纲要》③ 提出文献学的应用研究、理论研究和历史研究的三分体系，是对这一合理框架的回归。周少川总结指出："自白寿彝先生提出历史文献学应包括的四部分内容之后，很多历史文献学专著都将学科理论、学科历史、专业知识作为学科体系的基本组成部分。目前看来，这种结构还是合理的，但是各部分之中的具体内容仍然值得讨论。"④ 可以说学界对古文献学的学科体系由理论、历史和分支学科三部分构成有了基本共识。

第二节　古文献学的分支学科与相关学科

一　分支学科

我国古代以目录学、版本学、校勘学为核心形成的传统文献学，随后又拓展出很多分支领域，如辨伪学、辑佚学等。这种思路至今仍然是描述古文献学学科分支的主要模式，如王欣夫的讲稿《文献学讲义》基本内容围绕目录、版本、校雠三方面展开，这大体反映了20 世纪60 年代前后学界的认识。⑤ 20 世纪80 年代以来出版的古文献

---

① 王余光：《论文献学》，《武汉大学学报》（哲学社会科学版）1988 年第 6 期。
② 王余光：《中国文献史》（第一卷），武汉大学出版社 1993 年版，第 66—67 页。
③ 潘树广等：《文献学纲要》，广西师范大学出版社 2000 年版。
④ 周少川：《当前历史文献学学科建设刍议》，《淮北师范大学学报》（哲学社会科学版）2012 年第 6 期。
⑤ 王欣夫：《文献学讲义》，上海古籍出版社 2005 年版。

学著作一方面仍以目录、版本、校勘为核心，另一方面又大大拓展了
其分支领域。如白寿彝认为古文献学包含目录学、版本学、校勘学、
辑佚学、辨伪学。① 张舜徽《中国文献学》不仅论述了前人整理文献
的具体工作：注释、翻译、考证、辨伪、辑佚等内容，还介绍了文献
的编撰及散亡。② 吴枫《中国古典文献学》则论述了文献的聚散、类
别体式、辑佚、辨伪、典藏和阅读等内容。③ 罗孟祯认为："标点、
注释、翻译、流通、管理、保藏、修缮还有辨伪书、辑佚书，这些都
是古典文献学应有的内容。但是，目录学、版本学、校勘学，则是古
典文献学不可或缺的主体部分。"④ 杨燕起、高国抗主张："历史文献
学既包括传统的目录学、版本学、校勘学、辑佚学、辨伪学、传注
学，又有新提出的史源学、历史文献编纂学。"⑤ 孙钦善指出："古文
献学本身又有许多分支，诸如注释、校勘、目录、版本、辨伪、辑
佚、编纂等。"⑥ 洪湛侯《中国文献学新编》方法编列出了目录、版
本、校勘、辨伪、辑佚和编纂六种方法。曾贻芬、崔文印《中国历
史文献学》则包括文献的著录、版本、校勘、注释、辨伪、辑佚等
几个部分。⑦

　　以往讨论的古文献学学科分支众多，包括类别体式、编纂、目
录、版本、校勘、辑佚、辨伪、注释、翻译、典藏、聚散、阅读、考
证、史源、避讳等。对于这些学科分支，我们还是可以利用认识文献
本体的两条线索，即以文献的构成层次为纵向线索，以文献的生命过
程为横向线索来重新划分和整合，如图 10-1 所示。对于这种划分试

　　① 白寿彝：《谈历史文献学——关于历史文献学问题答客问之二》，《史学史研究》1981 年
第 2 期。

　　② 张舜徽：《中国文献学》，中州书画社 1982 年版。

　　③ 吴枫：《中国古典文献学》，齐鲁书社 1982 年版。

　　④ 罗孟祯：《古典文献学》，重庆出版社 1989 年版，第 9 页。

　　⑤ 杨燕起、高国抗主编：《中国历史文献学》，书目文献出版社 1989 年版，第 8 页。

　　⑥ 孙钦善：《中国古文献学史》，中华书局 1994 年版，"绪言"第 3 页。

　　⑦ 曾贻芬、崔文印：《中国历史文献学》，学苑出版社 2001 年版。

做说明如下：

	生产	传播	整理	利用
物质形式	版本	流通	典藏	
内容信息	编纂（辨伪）		整理（辑佚）	注释
		目录		
	校勘			

图 10 - 1　古文献学分支学科的整合

（1）版本分支即文献的物质文化史，包括文献物质形式相关的内容。传统文献学中的版本学是这一分支的主要内容，所以用版本来概括。避讳的研究主要是为了分析文献写印的年代，属于此分支。

（2）典藏分支包括研究文献的收藏、聚散以及修复、保护等方面的内容。

（3）流通分支是文献在社会中的传播和接受史，包括物质形式的流通如出版发行，内容方面的流通即阅读接受等。这一分支在传统文献学中少有独立涉及，需要加强研究。

（4）编撰分支是研究文本的形成过程，包括两个部分：其一，研究文献材料来源、编撰者、编撰时间及体例等问题。这个部分主要是研究文献生产阶段的编撰情况。其二，文献在形成以后还存在增删、改编等种种情况，从而形成同源的不同文本，而这些文本之间有一种层累的叠加过程，将这种过程按照其形成层次重新解析也是编撰学的任务。这个部分主要是研究文献传播阶段的编撰情况。传统文献学的辨伪、史源学也属于此分支。

（5）校勘分支研究文本还原问题，也就是上文所说的文本分析。文本分析是为了钩沉出文本的发生过程。与编撰分支中的同源文本间的层次分析不同，这里主要分析文本在传播、整理过程中的层累构造。传统版本学中与版本源流相关的部分属于此分支。

（6）整理分支研究文献信息的挖掘、资料的重编等整理问题，如对古文献的重新编纂，编制索引、辑佚、汇注汇评以及编撰各种分类资料汇编等。古文献数字化、统计分析、传统文献学的辑佚等属于此分支。

（7）目录分支对应传统目录学，包括研究古文献的分类、编目等内容。

（8）注释分支是研究文本解读问题。这里之所以不称解释而称注释，是因为在古文献学研究中我们主要涉及文本的字面意义和文本所表达的内容，而古典研究的上层学科如文史哲等主要是研究文本所表达的内容以及文本蕴含的精神世界，尤其是文本蕴含的精神世界。在这个意义上，我们将古文献学中的文本解释称为注释，而将人文研究中全方位的文本解释称为解释学。这一分支还包括文献的翻译。

总体看以上这些学科分支的划分，典藏和流通的研究视角在于文献与社会的互动，实际上就是文献的社会研究，而其他几个分支则构成文献的本体研究。其中版本研究文献的物质形式，编撰与校勘共同构成文献形成研究，注释是文献的文本解读，这三个分支是针对文本形成和解读的层次的。目录和整理共同构成文献的整理研究，是文献利用的重要基础。

周少川认为："历史文献学的分支学科只包括目录、版本、校勘、辑佚、辨伪、注释等六门专学。其他的一些专学，应分属于边缘学科和相关学科。所谓边缘学科，是指由两个或两个以上学科为基础发展起来的，同两种或两种以上学科都有交叉关系的学科。比如，以文献学和图书馆学为基础的典藏学。据此而论，典藏、编纂、考证、史源、避讳等专学皆应属于历史文献学的边缘学科。"① 实际上，边缘学科就是由学科交叉生成而定义的学科。因此我们认为，古文献学

---

① 周少川：《当前历史文献学学科建设刍议》，《淮北师范大学学报》（哲学社会科学版）2012 年第 6 期。

最主要的分支学科是目录、版本、校勘、辨伪、辑佚、注释六大
专学。

二　相关学科

古文献属于古代史料，而古代史料是古典研究的材料基础，我们
对古代社会文化的认识都源于此。上文提到根据史料的记录或流传的
方式不同可以分为口头史料（如民间传说、风俗习惯等）、实物及图
像史料（如文物、遗迹、绘画等）以及文献史料。对古文献的研究
构成了古文献学，对实物、图像史料的研究构成了考古博物馆学和艺
术史，对口头史料的研究构成了民俗学、人类学，这些古典研究学科
就共同构成了古典研究的基础。同时这些基础学科中又包含了对该类
史料的文化史研究。文学、历史学、哲学等上层学科的研究都依赖于
基础学科。周少川指出："文字、音韵、训诂、金石、档案等专学应
属于历史文献学的相关学科。"① 张子侠也指出方志学、金石学、简
帛学、敦煌学等也是历史文献学的重要相关学科。② 杨燕起、高国抗
主编《中国历史文献学》专设章节讨论历史文献学的相关学科，有
金石学与各类出土文献、历史档案学、地方文献等。③

首先，传统的小学即文字、音韵、训诂之学是古文献学最重要的
相关学科，它属于语言文字学。解读古文献要求熟练掌握传统小学的
知识，包括给古文献标点断句、注释翻译。由于传统小学是研究文献
的语言学，也可以称为文献语言学。王燕玉在《中国文献学综说》
将传统小学作为提高学科进行专门章节的论述。④

其次，甲骨学、金石学、简帛学、敦煌学等出土文献学是古文献

① 周少川：《当前历史文献学学科建设刍议》，《淮北师范大学学报》（哲学社会科学版）
2012 年第 6 期。
② 张子侠：《关于中国历史文献学基本理论的几点认识》，《安徽大学学报》（哲学社会科
学版）2005 年第 4 期。
③ 杨燕起、高国抗主编：《中国历史文献学》，书目文献出版社 1989 年版。
④ 王燕玉：《中国文献学综说》，贵州人民出版社 1997 年版，第 188—267 页。

学的重要相关学科。出土文物的研究应属于考古学，但由于其上有文字史料，所以与古文献学非常相关。王国维在《最近二三十年中国新发见之学问》中指出："古来新学问起，大都由于新发见。有孔子壁中书出，而后有汉以来古文家之学；有赵宋古器出，而后有宋以来古器物、古文字之学。……自汉以来，中国学问上之最大发现有三：一为孔子壁中书，二为汲冢书，三则今之殷墟甲骨文字、敦煌塞上及西域各处之汉晋木简、敦煌千佛洞之六朝及唐人写本书卷、内阁大库之元明以来书籍档册。此四者之一，已足当孔壁汲冢所出，而各地零星发见之金石书籍，于学术有大关系者尚不及与焉。故今日之时代，可谓之发见时代自来未有能比者也。"① 周少川认为传世文献的研究要和出土文献相结合，"上个世纪以来，随着考古学的发展，大批地下文物和文献被发掘出来，珍贵秘籍重见天日。……大批出土文献的发现，大大开阔了学术界研究资料的范围和研究视野，在开展传世文献和出土文献的结合研究上，途径是多方面的"。"一是可以利用出土文献的新资料，结合传世文献，开展对古代政治、经济、法律、思想等多方面的研究。……二是可以通过出土文献的实物，对古文献载体材料的形制、质地的发展变化有重新认识。三是可以深入开展传世文献与出土文献的比勘研究，尤其是一些名著名篇，通过传世本、简牍本、帛书本等多种传本的比勘、校异，甚至笺证，可以深入分析文本变异、差异的原因，以及学术思想的渊源流变，等等。四是针对出土文献，展开古文书学的研究。……五是开展古文字学的研究。"②

再次，是历史档案学。上面王国维的文章已经提到明清内阁大库的档案。档案是一种特殊的文献，属于档案学的研究范畴，而档案学也是古文献研究的重要相关学科。杨燕起等指出："档案是由各级政

---

① 参见方麟选编《王国维文存》，江苏人民出版社 2014 年版，第 744 页。
② 周少川：《新世纪古文献学研究的交叉与综合》，《文献》2010 年第 3 期。

府、各个部门以及各种单位在工作中形成的文件转化而来的。这些文件在消除了现行作用之后，经过选择、整理、归档等技术处理，最后被集中保存起来，就成了档案。我国30年代形成的档案学，就是从形式、内容、源流以及功能、价值等方面对档案进行全面研究的学问。""历史档案是历史文献的一部分。历史文献学的理论和方法，为历史档案的整理、公布，提供了极大的帮助。可以说，档案编纂学的理论基础和方法论基础，是由历史文献学奠定的。反过来，历史档案学对于历史研究的深化提高，对于历史文献内容的充实和丰富，也做出了一定的贡献。"①

最后就是方志学和族谱学。张舜徽指出："方志是保存社会史料的渊薮，那里面的丰富记载，是在其他史籍中不能看到的十分珍贵的考古资料。"② 地方志滥觞于《华阳国志》，成熟于宋代，到明清是其发展的鼎盛时期。留存至今的上万种方志文献是历史文献的大宗。族谱的历史就更为久远。起源于《世本》等谱牒类文献，现今留存下来的就更多，尤其是在民间多有收藏。方志和族谱都是具有中国特色的历史文献，它们有自己的编纂体例和规范，而对其研究形成的方志学和族谱学，也是古文献学重要的相关学科。

第三节　古文献学的理论

周少川指出③，对于古文献学的理论探索，历来有一种观点，认为文献学研究只有方法，没有理论，也不需要理论。受此影响，多年来文献学的理论建设比较薄弱，这种现象必须改变。因为从根本上

---

① 杨燕起、高国抗主编：《中国历史文献学》，书目文献出版社1989年版，第351—352页。

② 张舜徽：《关于历史文献的研究、整理问题》，《中国历史文献研究集刊》（第一集），湖南人民出版社1908年版，第6页。

③ 此段与第一小节参考周少川《新世纪古文献学研究的交叉与综合》，《文献》2010年第3期。

讲，文献学研究的实践，如果没有理论总结，就不可能有本质的、规律性的认识和系统化的传承，也不可能有持续的创新发展。在这方面，陈垣先生为我们做出了典范，他的《校勘学释例》用近代科学的理论，将此前纷繁杂乱的校勘方法概括为对校、本校、他校、理校的"校勘四法"，使得校勘学成为一门可以传承，并借以不断创新的专学。由此可见，理论建设不是空洞的说教，而是实实在在的学理法门。除了立场、观点等一般性的指导理论，学科理论更多的是从错综复杂的专业知识中对法则和学理的提炼，因而我们必须充分重视。

一　古文献学理论的构成

文献学研究不仅要有实证技能，还要有理论研究。正如老一辈文献学家刘乃和所说的："要把文献工作当作一门学问，只作事务是不行的；要把文献工作当作具有科学性的学问，只凭技术也是不行的。"她指出"研究历史文献，不可避免地要涉及理论和观点的问题"。那么，古文献学理论要包括哪些内容呢？我们认为至少要包括理论基础、理论遗产、基本理论等三大部分。

第一，理论基础是文献学理论体系赖以存在的科学依据，是指导文献学理论不断发展的方针。"我们研究历史文献必须以马克思主义理论作指导，首先就是要指导研究方向的问题。"[①] 在当前，马克思主义的世界观、唯物史观、认识论和方法论，就是古文献学的理论基础。

第二，理论遗产是指我国古代的文献学思想。在文明社会，任何理论都具有继承性，当代古文献学理论的建设不仅要从实践中总结，还要继承先贤的思想遗产。古代文献学家不仅为我们留下大量文献整理的遗产，而且在文献整理研究中积累了大量经验，总结了有益的方

---

① 刘乃和：《历史文献工作和理论指导》，载白寿彝主编《史学概论》，宁夏人民出版社1983年版，第120—122页。

法和理论，形成了丰富的文献学思想。孔子就有不少关于文献整理研究的独到见解，如"述而不作，信而好古""多闻阙疑""多见阙殆"，以及"毋意、毋必、毋固、毋我"。孟子也有关于"不以文害辞，不以辞害志，以意逆志，是为得之"的文献阐释思想，以及知人论世、文献疑辨的思想。此外，还有众所周知的，《汉书艺文志》以降的"辨章学术，考镜源流"思想；郑樵的"求书八法"；胡应麟的"辨伪八法"，等等。总之，古代的文献搜求与典藏思想、分类叙录思想、校勘思想、辨伪思想、文献阐释理论、金石考史观念，积累是非常丰厚的，值得做深入的发掘和阐发。中国古代文献学思想的研究一直是文献学研究的薄弱环节，必须结合文献学史的研究加以总结。古代文献学思想的研究，既可丰富文献学史的内容，又可深化对于古代文献学内涵和价值的认识；此外，还可以为建立当代的文献学理论体系提供思想来源和理论依据，可以为当前的文献整理和研究提供直接的借鉴，因此是具有重大理论价值和实践意义的。

第三，基本理论包括本体论、认识论和方法论三个方面。基本理论的产生不是无本之木、无源之水，其内涵是在继承古代文献学思想遗产的基础上，结合当代人文社会科学的理论认识而丰富发展形成的。由于基本理论是古文献学学科理念的主要构成，因此以下将用几个专题分述其本体论、认识论和方法论。

二　古文献学的本体论

古文献学理论体系的本体论主要在于文献观，要解决文献概念、文献的本质和特征、文献的形态、文献的价值和功能等主要问题。以下主要就古文献的本质、特征、形态演变等方面谈谈对文献观的思考。

（一）文献的构成层次

文献的构成层次反映了文献的性质。在这方面，王余光有详尽的论述，他在《论文献学》一文中"文献的构成"小节里指出："文献是一定的物质属性（具体形态）与一定的知识内容（抽象形态）的统一体。文献的具体形态主要由如下四个部分组成"：文字形式、载体形式、书写形式与印刷形式、装帧形式；"抽象形态包括文献的知识、体裁与体例"①。其将文献看成物质形式和内容信息的统一体的认识非常合理。

《中国大百科全书·图书馆学、情报学、档案学》将"文献"定义为"记录有知识和信息的一切载体"，并进一步解释说文献由四个要素组成：（1）所记录的知识和信息，即文献的内容；（2）记录知识和信息的符号，文献中的知识和信息是借助于文字、图表等记录下来并为人们所感知的；（3）用于记录知识和信息的物质载体，如竹简、纸张、胶卷、胶片等，它是文献的外在形式；（4）记录的方式或手段，如铸刻、书写、印刷、复制、录音、录像等，它们是知识、信息与载体的联系方式。② 文献是其内容信息和物质形式的统一体，物质形式又分为记录符号、记录方式以及载体形式，而王余光提出的装帧形式可以并入载体形式，这样文献在物质形式上还是三个层次。

这里需要说明的是，记录内容信息的符号体系可归为物质形式，而由记录符号组成的具体文本则是内容信息的形式，也就是说文献的内容信息也有其构成层次。洪湛侯和王余光都注意到了这一点，并初步区分为知识、体裁和体例。在这一问题上，董恩林有自己的看法，他将文献的内容信息分为学术思想内容和文本文字内容，认为传统文献学的研究对象仅是"文献的文本"，而不宜笼统地说成"文献"，而文献的学术思想内容是文学、历史学、哲学等学科的研究范围。③ 这里"文献的文本"包括记录符号、记录方式、载体形式以及"文

---

① 王余光：《论文献学》，《武汉大学学报》（哲学社会科学版）1988 年第 6 期。
② 《中国大百科全书·图书馆学、情报学、档案学》，中国大百科全书出版社 1993 年版，第 465 页。
③ 董恩林：《论传统文献学的内涵、范围和体系诸问题》，《史学理论研究》2008 年第 3 期。

本文字内容"，所排除的仅是学术思想内容。那么，如何来理解"文本"的概念呢？一方面，载体形式和记录方式可以算作文本的物质形式而包含在"文本"的概念中；另一方面，文本还包括了有文字固定下来的具有一定系统的话语实体。这种划分的尝试恰恰说明文献内容信息也有构成层次的问题，即它有构成话语实体的文本，以及蕴含在文本之内的含义。

（二）古文献的分类

古文献的分类反映了古文献的各种特征。实际上，分析清楚文献的构成层次之后，其分类特征也就迎刃而解了，而我们平时对文献的分类正是依据其构成层次。例如，有时以文本含义区分，如"文学文献"；有时以文本信息区分，如"批校本文献"；有时以文献载体区分，如"简帛文献"；有时以记录符号区分，如"汉语文献"；有时又以记录方式区分，如"写本文献"。

另外，王余光指出史料包括文字史料、实物史料和口传史料，古文献就是文字史料的那一部分。① 与古文献相比，史料是一个更大的范畴，根据其记录或流传的方式不同可以分为口头史料（如民间传说、风俗习惯等）、实物及图像史料（如文物、遗迹、绘画等）以及文献史料。实际上文献史料从载体形式上看是一种特殊的实物史料，它同样为我们展示了其载体形式所记录的古代物质文化，但是文献史料所记录的文献信息才是其核心的部分。因此，"文献"与其他史料相比核心的种差是"记录符号"，我们可以称为"文献符号"。

按照记录方式的特点可以将文献分为三类，即典籍、文书档案和题铭（如甲骨刻辞、钟鼎铭文等）。在古文献研究中这种区分很重要。但这三类也不是截然不同的，如作者的稿本可以看作档案资料，石经既可以看作题铭，也可以看作以石为载体的典籍。其中在古文献学中占主体地位的是典籍，这是因为一方面典籍数量巨大，内容丰

---

① 王余光：《中国历史文献学》，武汉大学出版社1988年版，第1页。

富，另一方面文书档案和题铭经过整理都可以转化为典籍。不过在研究题铭和文书档案时，需要注意它们的独特之处。

（三）文献的产生演变过程

对文献的认识除了其纵向的构成层次，还有一条横向的线索，王余光就指出："文献属于社会文化范畴，包括文献生产、整理、揭示、传播、收藏和利用等一系列的社会运动过程。"① 文献的整个生命过程包括文献的生产、传播、整理和利用的过程。我们应当注意文献的生命过程是螺旋式的，在传播和整理过程中再生产、传播、整理，反复交错在一起。文献的存在不是静态的，也不是一成不变的，相反，它在传播和利用中不断变异，形成新的层次。可以说，每一部文献都有一部自己的历史。

古文献学要研究"古文献"，那么这个"古"的断限是何时呢？我们一般将其定在清王朝灭亡的公元 1911 年，也就是说民国之前的文献称为"古文献"。但也有不同的意见，比如吴枫提出以五四运动为划界，"我们所说的古典文献，一般指'五四'运动以前雕版、活字版和手抄的古籍文献，同时包括文书、卷册、碑铭、拓本等"②。王宏理认为这么处理的原因可能"暗含了现代白话文之前的文言文阶段的文体界限"③，同时指出以文体划界有其问题，这是因为白话文文体也是连续发展的，很难这么简单地断限。另外将民国时的文献称为"古文献"，就其时代而言也不合适。而曾贻芬、崔文印认为："（古代文献）在我国，其时间跨度大体指上自殷周'有册有典'之后，下到 1840 年鸦片战争之前或稍后。"④ 这样处理可能考虑了中国历史的划分，1840 年以后为近代，之前为古代。但我们知道清末诞生了不少古典研究的重要文献，这样划分存在更大的麻烦。因此，还是

①　王余光：《中国文献学理论研究百年概述》，《图书与情报》1999 年第 3 期。
②　吴枫：《中国古典文献学》，齐鲁书社 1982 年版，第 2 页。
③　王宏理：《古文献学新论》，中山大学出版社 2008 年版，第 12 页。
④　曾贻芬、崔文印：《中国历史文献学》，学苑出版社 2001 年版，第 1 页。

用民国之前这个时限最方便合理。当然"古文献"的"古"是相对的概念，比如数百年后，现在的文献就成为"古文献"。"古"是历时性的，古文献学的核心任务就是要解决"古文献"的历时性问题。

王余光指出："文献整理的内容和方法主要要解决三个问题：一是要实证文献的真实性、原本性与完整性，这就有了辨伪、版本、校勘、辑佚等方法，我们称为文献的实证；一是要解释文献的语言、内容，这就有了标点、注释、翻译等，我们称为文献的解释；一是要解决文献的排列顺序，为人们认识和研究文献提供方便。……这就有了书目和索引，我们称之为文献的整序。"① 郭英德、于雪棠也认为："文献在长期的流传和积累过程中，出现三个突出的问题：一是文献的原本性和完整性，二是文献的可读性和可解性，三是文献的庞杂性和无序性。"② 他们概括的前两项都与历时性相关，其中原本性和完整性问题正是由于文献的生产、传播甚至整理过程的中编纂、散失、错乱、变易形成的，而可读性和可解性问题主要是因为古今语言、社会文化的不同和语境的变迁造成的。至于庞杂性和无序性问题，则是针对文献的整理和利用。

从以上分析中我们可以看出古文献学的基本任务正是要解决文献演变过程中产生的种种问题，因此，理解这些问题就非常关键。

三　古文献学学科认识的拓展

古文献学的认识论，是指要明确学科的定位及古文献学的学科结构；要讨论古文献学本身及所属各门专学（目录、版本、校勘，等等）的研究对象和任务、实践意义和历史发展规律；要思考古文献学与传统文化，古文献学与当代文化建设等课题。由于其研究对象、学科定位等问题前文章节已经讨论过了，这里主要谈一下对古文献学

① 王余光：《中国历史文献学》，武汉大学出版社1988年版，第19页。
② 郭英德、于雪棠：《中国古典文献学的理论与方法》，北京师范大学出版社2008年版，第5页。

科性质认识的拓展。

古文献学在 20 世纪建立之初，就不可避免地受到西方学术的影响，而在古文献学构建自己学科体系的同时，西方文献学及其相关学科图书馆学、情报学也迅速传入我国，并形成现代文献学及其相关学科。而古文献学与现代文献学有怎样的关系呢？我们说古文献学是"古文献"之"学"，而不是"古"之"文献学"。古文献学与现代文献学的区别不仅是时代古今那么简单，董恩林已经指出传统文献学和现代文献学名同实异。① 在当今的学科体系中，现代文献学属于社会科学，而古文献学则属于人文科学，这正体现了两者学术旨趣和视角的不同。相应地，不同的学术旨趣和视角也导致两者有着各自迥异的核心研究方法。古文献与现代文献的本质区别在于古文献的历时性，因此我们对古文献的研究核心任务就是要解决古文献的历时性问题。只有解决了这些历时性问题，我们才能对古文献进行人文解读，从而了解古代社会的历史和思想文化。同时，历时性也决定了古文献学作为古典研究学科的人文性质，因为历史无法再现，对其遗留的古文献唯一能做的就是整理和解读。而现代文献学则不同，它不是研究文献的生产、传播、整理、利用及其一般规律的学科，其基本任务是指导文献工作以便更有效地利用知识，因此它不关注文献文本的历时性问题以及文献的人文解读。在这个意义上，古文献学的学科性质具有"人文文献学"的色彩，现代文献学的学科性质具有"社会文献学"的色彩。与其说两者之区别是时代古今的区别，不如说是人文科学与社会科学的区别。

四 古文献学的基本方法

古文献学的方法论，首先要总结传统文献学的方法。郑鹤声、郑

---

① 董恩林：《论传统文献学的内涵、范围和体系诸问题》，《史学理论研究》2008 年第 3 期。

鹤春《中国文献学概要》全书以结集、审订、讲习、翻译、编纂、刻印六个方面讨论文献学的内容。① 洪湛侯认为："目录、版本、校勘、辨伪、辑佚、编纂，都是文献整理的重要方法，再辅以标点、注释、翻译、资料搜集、文献保护等方面的知识和方法论的完整内容。"② 程千帆、徐有富《校雠广义》则按照目录、版本、校勘、典藏四种方法展开论述。③ 董恩林主编的《中国传统文献学概论》按照形体认知、内容实证、文理注译、检索典藏、二次编纂五个方面对古文献学的方法论展开论述。④ 郭英德、于雪棠《中国古典文献学的理论与方法》从形态学、版本学、校勘学、目录学、注释学、考证学、编纂和检索学八个方面总结文献学的方法。⑤ 王记录在《中国史学思想会通：历史文献学思想卷》中按照六个方面概括历史文献学的思想方法，即"信而好古，广收博采"，文献搜求和典藏的思想；"辨章学术、考镜源流"，分类叙录的理论；"实事求是、订误存真"，文献校勘的观念；"疑古惑经、正讹考信"，文献辨伪的观念；"传注训解、疏通疑难"，文献阐释的特色；"求实致用、证经考史"，金石学与文献考证的成就。⑥ 以上都对我们有启发意义，而其中古文献物质形态的研究可以放入古文献发展史中。我们认为可归纳为四大方法，即辨章学术、考镜源流：分类叙录的方法；实事求是、订误存真：校勘考订的方法；正讹考信、梳理层次：分析辨伪的方法；传注训解、疏通疑难：注解诠释的方法。

首先是辨章学术、考镜源流：分类叙录的方法。目录学在我国有着优秀的学术传统，郑樵强调目录分类的作用，认为"类例既分，学术自明，以其先后本末具在"。当然他也强调目录学的学术史功

① 郑鹤声、郑鹤春：《中国文献学概要》，商务印书馆 1933 年版。
② 洪湛侯：《中国文献学新编》，杭州大学出版社 1994 年版，第 8 页。
③ 程千帆、徐有富：《校雠广义》，齐鲁书社 1997 年版。
④ 董恩林：《中国传统文献学概论》，华中师范大学出版社 2008 年版。
⑤ 郭英德、于雪棠：《中国古典文献学的理论与方法》，北京师范大学出版社 2008 年版。
⑥ 王记录：《中国史学思想会通：历史文献学思想卷》，福建人民出版社 2018 年版。

用："学术之苟且由源流之不分，书籍之散亡由编次之无纪。"① 在这一点上，章学诚是完全赞同郑樵的，如他提出的著名论断："校雠之义，盖自刘向父子部次条别，将以辨章学术，考镜源流。"但是他更看重分类之外阐明学术流变的小序的作用："古人著录，不徒为甲乙部次计。……盖部次流别，申明大道，叙列九流百氏之学，使之绳贯珠联，无少缺逸，欲人即类求书，因书究学。"② 余嘉锡总结目录的体制："综其体制，大要有三：一曰篇目，所以考一书之源流；二曰叙录，所以考一人之源流；三曰小序，所以考一家之源流。三者亦相为出入，要之皆辨章学术也。三者不备，则其功用不全。"③ 这正是传统目录之学的管钥。的确，目录不是简单书目罗列的账本，也不限于分类部居，还有部类的小序，阐述学术的源流嬗变。每部书往往又有叙录，详细介绍书的作者、内容以及学术评价等情况，从而构成了传统目录学分类叙录的方法。目录既成，自然就成为读书治学的门径，故王鸣盛《十七史商榷》卷一中的总结最为精当："目录之学，学中第一要紧事，必从此问途，方能得其门而入。"正因如此，张之洞等编《书目答问》作为指导读书的目录。此外，余嘉锡还指出目录有断书之真伪、考篇目之分合、定古书之性质、访求阙佚、考亡佚之书等功用④。李学勤指出学术史不仅要从思想、义理的角度去写，还要从文献、史实的角度去写，两者不可偏废。⑤

　　其次是实事求是、订误存真：校勘考订的方法。我们研究一种古文献，如果能够看到作者的手稿是相当幸运的。虽然仍要凭借手稿对文本的形成进行分析，但毕竟这是文本的原貌。现实中我们往往只能获得经过历史流传形成的文本，而这些文本往往需要被校勘。传统学

---

① 郑樵：《通志二十略》，中华书局 1995 年版，第 1806、8 页。
② 王重民：《校雠通义通解》，上海古籍出版社 1987 年版，第 1、15 页。
③ 《余嘉锡说目录学》，上海古籍出版社 2001 年版，第 30 页。
④ 《余嘉锡说目录学》，上海古籍出版社 2001 年版，第 16—19 页。
⑤ 李学勤：《谈清代学术的几个问题》，《中华读书报》2001 年 8 月 15 日。

术中对应这项工作的是版本分析和校勘学，版本分析的目的是建立起文本流传的谱系即版本源流，为此要依据文献的载体、刻印、序跋、文本异文等诸多因素共同分析，其中文本异文对勘是校勘学的内容。版本源流不仅揭示了文献流变形成的复杂过程，也为进一步校勘还原文本奠定选择底本和参校本的基础。类似地，西方学术亦先后形成"折中法""谱系法"和"底本法"等文本还原方法。值得一提的是西方学术中校勘学对应的英文术语为"textual criticism"，《大英百科全书》的释义为"将文本尽可能接近地恢复其原始形式的一门技艺"①。这一定义将校勘学的文本还原原理讲得非常清晰。我们必须明确需要还原的是文本的原始面貌，而并非所谓"正确"的面貌。关于这一点，清代学者段玉裁即有清楚的认识，他说："校书之难，非照本改字不讹不漏之难也，定其是非之难。是非有二，曰底本之是非，曰立说之是非。必先定其底本之是非，而后可断其立说之是非。二者不分，轇轕如治丝而棼，如算之淆其法，实而瞀乱，乃至不可理。何谓底本？著书者之稿本是也。何谓立说？著书者所言之义理是也。"②实际上区分二者很难，对文本异文，我们常常难于判断是立说之非还是版本之非。一般情况只能谨守底本家法，在没有确切的版本依据之前不轻易改动底本，即顾广圻所谓的"不校校之"。陈垣在《校勘学释例》中将校勘方法概括为对校、本校、他校、理校的"校勘四法"，是对传统校勘考订方法的卓越总结。

再次是正讹考信、梳理层次：分析辨伪的方法。文本流传过程中的文本变异仅是文本形成过程中的一种情况。有的文本变异是出于有意的篡改，包括内容损益和顺序的调整，这种篡改可能还不止一时一次，因此历史流传下来的文本构成相当复杂，体现了一种层累的叠加。文本变异还有一个重要的原因，就是校勘活动本身，如宋学者周

---

① 苏杰编译：《西方校勘学论著选》，上海人民出版社 2009 年版，"编译前言"第 3、12 页。

② 段玉裁：《经韵楼集》，赵航、薛正兴整理，凤凰出版社 2010 年版，第 332—333 页。

辉在《清波杂志》中称"盖校书如扫尘，旋扫旋生"，就是说这种情况。校勘过程中的误改性质介于流变和篡改之间。实际上，古文献的形成也往往不是单一层次的，而是多时代和多作者的叠加。由于掌握的材料有限，大多数情况下我们只是"尽可能"地恢复文本的原始面貌而已，但是这并不妨碍我们对文本形成过程的认识。不断被解析出来的文本形成的层层叠加情况即是文本的发生过程，它蕴含了文本形成过程中的编纂史、研究史、社会史、思想史等诸方面问题，这与恢复文本的原始面貌一样重要，并行不悖。文本层次分析的方法包括史源分析、辨伪等传统文献学的方法。随着对文本形成过程复杂性的深入认识，李零指出，所谓"辨伪"之学从方法上来说就有问题；前人所论真伪判断，不但标准难以成立，作伪动机、诱因和手段的分析也多属误解；其实理应用"古书年代学"去代替辨伪学。[①] 实际上，所谓的辨伪无非是要弄清文本的形成年代，再就是作者归属的问题，所以一方面要分析年代，另一方面要通过文体风格分析以帮助考察作者的问题。这方面拓展的空间依然很大，许多基础的工作尚待开发。例如，对文本的年代分析可以使用的手段不少，如特征词语、用字、音韵、专有名词、特征内容等，但前提是对汉语词义及使用、汉字字形演变和用字习惯、音韵嬗变等已有全面的历史认识，否则仓促使用难免疏失。另外，一些新的方法如文本风格学等也值得借鉴。

　　最后是传注训解、疏通疑难：注解诠释的方法。注释包括注释对象和方法两方面。注释的对象包罗万象，大体可归纳为文本事实和义理批评两大类，其中文本事实类最为复杂。根据性质不同，这些对象又可分为文本单元、语言单元和知识单元三种情况，其中文本单元包括文本的异文，语言单元包括语言方面的内容，而知识单元则包括上述两项以外的名物、典制、文献、史实、典故等。典籍注释的对象和

　　① 李零：《读〈孙子〉札记》，载《孙子新探——中外学者论孙子》，解放军出版社1990年版，第189页。

方法之间有密切的联系，最能体现这种关系的就是注释术语。对于某种注释对象而言，针对它的专用注释术语的出现和不断规范化，是典籍注释实践走向成熟的表现。另外，注释的体裁也是注释方法的重要方面，如有单注、注疏、集注、串讲、校注、评注、译注等。注释还涉及方法论问题，即文本解释，就是解读古文献的理论和方法。实际上解释学是人文科学最基本的方法，狄尔泰就认为："理解和解释是各门精神科学所普遍使用的方法。在这种方法中汇集了各种功能，包含了所有精神科学的真理。在每一点上，理解都打开一个世界。"①从我们的思想到文献的形成中间经历了两次转化，即思维到语言再到文献的转化。"言意之辨"在中国拥有悠久的传统，"言不尽意"而又能产生"言外之意"，所以我们必须"得意忘言""以意逆志"。但我们所追求的"意"究竟是什么呢？传统的文献学认为即作者原意。董洪利指出这是不可实现的，除了"言意之辨"的原因，解释的本身离不开读者自身的"前理解"，而读者与作者的"前理解"无法完全重合，同时解释更离不开作者言说的语境，而这一语境也无法再现。解释本质上是一种创造性的理解活动，其创造性就在其解释过程之中。伽达默尔将这一过程称为"视界融合"，即解释者视界与作品视界二者相融合成的一个新视界。当然这不意味着解释活动是完全主观的，因为作品视界，包括作者的"前理解"与言说的语境虽然无法完全再现，但它毕竟是一种客观存在，解释者视界的活动范围受限于此，解释活动的目的即是将解释者视界与作品视界无限逼近。②同样地，我们既然清楚解释是创造性的活动，那么在解释的过程中就需要尽量排除"先见"等因素，做"同情之理解"或者说"回到事实本身"，这与解释无法达到作者原意并不矛盾。创造性与还原性正是文本解释学内部张力所在。按照埃米利奥·贝蒂的看法，这种主观

---

① 洪汉鼎：《诠释学——它的历史和当代发展》，人民出版社 2001 年版，第 93 页。
② 参见董洪利《古籍的阐释》，辽宁教育出版社 1993 年版，第 41—82 页。

因素与客观要求的二律背反正构成解释过程的辩证法并提供了一般解释理论的出发点。① 如何无限逼近地再现作品的视界就成为文本解释这一方法论的关键问题，我们要尝试再现作品所在时代从社会到个人的物质和精神世界，创造性地还原它们，试图理解它们。这必将涉及各个方面，因此社会生活史、知识与思想史、观念与心理史等都是我们需要还原和理解的，它们又彼此互相关联。其实在方法论层面上这与传统学术是异曲同工的，"知人论世说"即是还原性的理解方法，而"以意逆志说"则是创造性的理解方法。文学理论家艾布拉姆斯提出艺术批评的四大要素，即作者、作品、读者、世界，② 其理论对理解、分析文本解释的过程，构建文本解释学理论都极具参考价值。

实际上，我们对一部现代小说做人文解读和文学研究时，一样需要运用目录学、版本学和校勘学等古文献学方法；而我们对古文献所记录的信息进行分析、统计和组织时，一样需要运用统计学、知识挖掘和组织等现代文献学方法。正如现代文献一样需要人文解读，古文献也需要研究其生产、传播、整理以及利用的一般规律，其目的是描绘出一部古代文献文化史。古文献学既然以古文献为研究主体，就同样要拓展其研究方法，如周少川指出的：要研究"文献学对当代科技成果和国外文献学研究方法的吸收等问题。要考虑如何利用当代科学技术成果、引进相关学科和国外文献学学科的理论与知识来更新我国文献学的研究方法，同时也要考虑如何改进和发展文献学研究的传统方法"。③ 古文献学研究"不仅要继承弘扬我国传统的文献学方法，还要注意了解、学习国外的文献学研究理论和方法。西方近代的文献

---

① 洪汉鼎：《诠释学——它的历史和当代发展》，人民出版社 2001 年版，第 262 页。

② ［美］M. H. 艾布拉姆斯：《镜与灯：浪漫主义文论及批评传统》，郦稚牛译，北京大学出版社 1989 年版，第 5 页。

③ 周少川：《当前历史文献学学科建设刍议》，《淮北师范大学学报》（哲学社会科学版）2012 年第 6 期。

考据早在 14 世纪文艺复兴时期便初见端倪，当时有一批学者关于古希腊、罗马经典的考证，他们的考辨目的和方法影响了后来欧洲的文献考据学派。随着 18 世纪法国碑铭文献学院成立、19 世纪法国著名的巴黎国家文献学院成立，欧洲的文献考据盛行，而法国的文献考据学则具有一流的水平。20 世纪中后期，文献考据学成为西方史学的主导学派，德国的兰克学派就因高度重视对各类公私档案、文件、契约、信函、证件等史料的考证整理，去伪存真，而以史料学派著称，对西方史学产生了长期的影响。虽然在进入 20 世纪中期以后，各种史学新流派纷纷兴起，西方的文献考据学派逐渐没落，然而文献考据工作作为史学研究的一个基本方法仍发挥着重要作用，至今从西方汉学研究的著述中仍可以看到许多文献考据的成果。国外的文献学理论和方法源流有自、积累不凡，需要我们深入了解，进行必要的比较研究，取其精华，以丰富我国的文献学理论"①。苏杰编译的《西方校勘学论著选》《分析书志学纲要》为我们初步打开了西方文献学的大门，是有益的开始。②

第四节 古文献学的历史研究

白寿彝清晰地指出："象很多事物有自己的发展史一样，历史文献也有自己的发展史。""历史文献学本身也有它的发展史。"③ 正是如此，古文献学的历史研究包括两个部分，首先是古文献的发展史，这包括古文献的物质文化史、典藏保护史等方面；其次是古文献研究的发展史。

---

① 周少川：《新世纪古文献学研究的交叉与综合》，《文献》2010 年第 3 期。
② 苏杰编译：《西方校勘学论著选》，上海人民出版社 2009 年版；《分析书志学纲要》，浙江大学出版社 2014 年版。
③ 白寿彝：《关于历史文献学问题答客问》，《文献》1982 年第 4 期。

一　古文献发展史

首先，应该对古文献的历史进行研究。白寿彝指出："一般的看法，好象历史文献都是很死板的东西，只有这一文献跟那一文献的不同、这一时期的文献跟那一时期的不同，而谈不到有什么发展史。这种看法只是看到文献是一个一个的存在，而没有注意到历史文献自出世以后所经历的长时期的变化。每一历史文献不能脱离它的时代，不能不带有时代的烙印。每一时期的历史文献不能不受前一时期的影响，也不能不影响后一时期的历史文献。联系不同时期的历史文献来看，它们也是从低级到高级发展，每一历史文献都是变化发展过程中的个体。对历史文献也必须历史地看，要从各方面的联系中看它，才能比较深刻地理解历史文献在社会生活中的作用，在史学工作中的作用。"① 洪湛侯虽然把古文献史混同在古文献学史中，但他在"体、法、论、史"的古文献学体系下对"体"有详细的阐述，分为载体、体裁和体例三个方面，其中体例类似于余嘉锡《古书通例》的意思，体裁则是指文集、图谱、类书等图书内容的编撰体式，载体方面包括记录和复制的技术以及书籍制度等方面。② 这其实是一个比较全面的古文献史的内容框架。

这方面的研究有一个"中国书史"的传统。最早以"书史"命名的是 1931 年商务印书馆出版的陈彬龢、查猛济撰写的《中国书史》，而影响较大的是刘国钧 1949 年后出版的讲义《中国书史简编》，很长时间作为图书馆学"中国书史"课程的教材使用。这一传统重点放在文献技术方面，包括记录的文字符号、载体变迁以及记录和复制方式，如简帛载体、造纸和印刷技术等，还包括书籍制度等方面。其后代表性的著作还有郑如斯、肖东发《中国书史》，钱存训

---

① 白寿彝：《关于历史文献学问题答客问》，《文献》1982 年第 4 期。
② 洪湛侯：《古典文献学的重要课题——兼论建立文献学的完整体系》，《杭州大学学报》1987 年第 2 期。

《书于竹帛——中国古代的文字记录》等。另外，古文献学专著对古文献史的内容也多有涉及。张舜徽《中国文献学》、张家璠等《中国历史文献学》、张三夕《中国古典文献学》讲述了古文献载体以及版本学的内容，吴枫《中国古典文献学》、董恩林《中国传统文献学概论》除上述之外还专门写了古文献的体裁、体例方面的内容。杨燕起等《中国历史文献学》、黄爱平《中国历史文献学》则在版本学中述及古文献的发展史。洪湛侯《古文献学新编》设立"形体编"详述古文献的载体、体裁、体例和体式四个方面发展史。王余光《中国文献史》（第一卷）① 序言中称将写绪论、先秦文献至清代文献等十编，但第一卷只完成前两编。不过绪论部分介绍了作者对古文献史内容的界定和历史分期的意见，其中"中国文献史研究"一节回顾了 20 世纪 90 年代以前的相关研究。关于古文献史的阶段划分方面，大多学者认为可以从文献形态的演变角度来划分，即先秦两汉的简帛时代、魏晋隋唐的写本时代、宋元明清的刻本时代以及近现代的新技术时代。

古文献史即文献的物质文化发展史，包括文献物质形式的发展史、典藏保护史等。张家璠、黄宝权认为"历史文献学应研究历史文献产生和发展的历史"以外，还要"考察它与社会的政治经济等诸方面的相互关系"。② 也就是还要研究古文献的社会文化史。周少川根据自身研究私家藏书文化史的经验指出："从多重视角来研究私家藏书，便可将其作为一种文化现象，置于社会历史环境的总相中进行考察，分析社会历史环境中生产技术、经济水平、文化风尚、人文地理诸因素，与这一文化现象彼此间的相互关联，作用与反作用。比如，考察其与社会生产经济因素的关系时，可从'造纸术'的发明、'印刷术'的发明，看典籍生产技术的变化对私家藏书的影响，认识私家藏书事业两次飞跃发展的原因。""把私家藏书作为一种文化现

---

① 王余光：《中国文献史》，武汉大学出版社 1993 年版。
② 张家璠、黄宝权：《中国历史文献学》，广西师范大学出版社 1989 年版，第 7 页。

象，还可深入探讨私家藏书在长期活动中逐步形成的文化积淀。并从文化的视角，对藏书楼、藏书印、图书交易等物态文化，对藏书措理之术、藏书风尚和藏书习俗等行为文化，对藏书楼命名的目的、藏书印文反映的意绪、藏书的心态等心态文化进行分析，从而得出一些新的答案。比如，揭示藏书楼的虚拟与实构对私家藏书习俗和藏书家嗜好作出有异于前人的、较为合理准确的解释透过表象，挖掘藏书家深层的文化心态，区分其正面的、积极的心态，或者消极的、变异的心态，由此把握私家藏书不同发展路向的根源阐释私家藏书在促进不同文化层之交流和保存、传播文化遗产的巨大社会功能，等等。总之，从多重视角研究私家藏书，具有深远的意义，它不仅为藏书史、书史研究开辟了新道路，而且为文化史、社会史的研究增添了新内容。"①张升提出西方新书籍史不仅开创了文化史研究的新角度，更重要的是对我国古文献史的撰写富有启发意义。我们传统的文献学只强调整理和收藏，而西方新书籍史强调对流通的关注，"文献只有放在流通中考察，才有生命力。这样，就能扩大文献学的研究视野，书价、书商、书坊、书船、行业公约、行业神、公私流通、流通渠道（赐、赠、购）等等，都应进入我们的研究范围"。西方新书籍史还更多关注读者角色和接受的历史，不只关心藏书家的文献学，还关心普通民众的收藏和阅读，关心普通书籍如通俗读物、小册子等的生产、流通等情况，关心下层的印刷工人和书贩。而书籍作为流通对象的基本属性就是其商品性，它不仅是文化的载体，更是满足人们阅读需求的商品。另外，正如西方其他人文学科一样，西方新书籍史受自然科学和社会科学方法的影响很大，在研究中广泛应用计量和多学科交叉的方法，这些都给我们很多启示。② 赵益也指出西方新书籍史启发我们拓展"文献文化史"研究："第一，以'文献'取代'书籍（书本）'，

① 周少川：《新世纪古文献学研究的交叉与综合》，《文献》2010 年第 3 期。
② 张升：《新书籍史对古文献学研究的启示》，《廊坊师范学院学报》（社会科学版）2013年第 2 期。

扩大对象范围，涵括从近代的'印刷书籍'一直到'惟殷先人'的'典册'的整体文献。""第二，在'书籍'的社会性内涵之外，更加关注中国古代文献的'文化性'亦即文献与知识、思想、学术、文学、政治、权力等之间的互动，以及文献对中国传统的深层作用。""第三，推进方法的借鉴、继承与融合。海外汉学中国书籍史研究的重要贡献就是引领了中国古代文献图书史研究的社会、文化转向，采用了丰富的社会学和文化人类学方法。""第四，突破人为限定的畛域，极大地扩充材料。""这些拓展在根本上是从'文献史'的传统继承到'书籍史'的参照借鉴、再到'文献—文化'视野构建的结果，是在深刻理解对象自性并从中发现问题的基础上引发的。"[1]

二　古文献学发展史

对古文献学发展史的研究非常重要，它可以帮助我们了解古文献研究的学术源流，而只有不断梳理总结、继承发扬古文献学的学术遗产，才能更好地推进古文献学科的持续发展。

在以往的专著中有不少对古文献学发展史的总结和梳理。杨燕起、高国抗《中国历史文献学》一书"中编"用六章详细阐述了古文献学的发展史，将发展史分为先秦两汉、魏晋南北朝隋唐、两宋元明、清、近现代和当代六个阶段。黄爱平《中国历史文献学》的阶段划分与此基本相同。王余光《中国文献学史要略》[2]，收在《国学知识指要》中，非常简略，其分期也与杨书大致相同，只不过补充了各个分期的描述：古典文献学的形成（先秦秦汉）、发展（魏晋南北朝隋唐）、继续发展（五代宋元明）、昌盛（清）、当代文献学的形成（20世纪以来）。张家璠、黄宝权《中国历史文献学》有"历史文

① 赵益：《从文献史、书籍史到文献文化史》，《南京大学学报》（哲学·人文科学·社会科学版）2013年第3期。
② 王余光：《中国文献学史要略》，载《国学知识指要》，广西人民出版社1993年版，第521—578页。

献学研究的回顾和展望"一章，则将发展史分为先秦、秦汉至唐初、中唐至明初、明中叶至清中叶、近现代五个阶段。孙钦善《中国古文献学史》是目前唯一一部内容充实的古文献学史专著，分为先秦、两汉、魏晋南北朝、隋唐五代、宋辽金、元明、清及近代七个时段。在每个时段前面有一个概述，介绍学术背景、各类典籍整理概况以及这一时段取得的学术成就，其后是以学者为纲的详细论述，构成展现古文献学发展史的内容主干。洪湛侯《中国文献学新编》历史编的划分与孙书类似，补充了每个分期的描述：先秦（起源期）、汉（奠基期）、魏晋至隋（变迁期）、唐五代（发展期）、宋辽金（兴盛期）、元明（中衰期）、清（恢复、鼎盛期）、近当代（总结、发展期）。

古文献学发展史的时间断限与古文献的发展史稍有不同，因为对古文献的研究自古至今是贯通的，当代研究仍然在继续，所以总体上是从先秦到当代。具体可以划分为七个时段：即先秦（起源期），这一时期从汉字的诞生到先秦文献的编纂和集结，后期已经出现《吕氏春秋》这样编纂成书的文献，也出现《尔雅》这种注释群经的专著。其后是两汉（奠定期），这一时期最重要的就是刘向、刘歆父子遍校群书，是我国历史上第一次大规模的古籍整理活动，并生成一种古籍整理的范式为后世效仿，比如在校勘重编群书的基础上撰写叙录。接下来是魏晋南北朝（发展期），这一时期的学术尤其是私人学术快速发展，纸的流通加速了这一进程，催生了四部典籍的形成和汇聚。隋唐五代（整合期）则主要消化整合前代的学术和典籍，出现《五经正义》、开成石经、前三史新注、《一切经》、《一切道经》、《群书四部录》等，成为历史上第一个集大成时期。接踵而来宋辽金（拓展期）时期受疑经思潮的影响，学术非常活跃，出现了金石考古之学以及郑樵的《通志二十略》，文献形态也从写本过渡到刻本，文献流通大繁荣。而元明（调整期）时期，学术思想逐渐固化失去活力，典籍却加速向民间生活渗透，但也不乏梅鹭、胡应麟这种灵光一现的重要学者。清代（总结期）尤其是乾嘉时期朴学大盛，传统文献学达到顶点，进行了全面的总结。清末至现今（开创期），随着西方学术的涌入，传统文献学鼎故革新，重新创业，包括在学术机构内的学科建制化，逐渐形成如今古文献学的学术生态。至于各时段发展特点的写法，我们认为孙钦善的方式比较可取。首先要写这一时段的历史和学术背景，尤其是与这一时段古文献学发展的互动关系。其次要写清楚这一时期古文献学发展的成就，以人为纲或者以书为纲都可以，还要兼顾重大的文献学活动，如《四库全书》的编撰；以及一些机构制度方面的情况，如国史馆、秘书监等的设置和运作。最后需要概括这一时段古籍整理的概况，尤其是列举代表性著作。这样大概可以全面反映各个时期古文献学的发展情况和特征。

　　另外，还有一些著作专门撰写或者包含古文献学学科分支发展史的内容，如姚名达《中国目录学史》、来新夏《古典目录学》、曹之《中国古籍编撰史》、杨绪敏《中国辨伪学史》、曹书杰《中国古籍辑佚学论稿》、潘树广《古籍索引概论》、汪耀楠《注释学纲要》等，撰写综合的古文献学史时应该吸取这些研究成果。与古文献发展史研究一样，古文献学史的研究也要与社会史、文化史相结合，故周少川指出："文献学的发展是与社会发展、历史文化发展密切相联的，因此，文献学史的研究如能与社会史、文化史的研究相结合，会相得益彰，有利于加强文献学史研究的分量。"①

　　总之，尽管古文献学学科理论还有待完善，但一些基本的理论与认识已为学界所认可与接受，如古文献学学科由理论、历史及其分支学科三部分构成等。其中理论方面最重要的共识是对文献构成的静态层次和生命过程的动态层次的认识。古文献学的分支主要包括传统文献学发展中逐步形成的六大分支，即目录、版本、校勘、辨伪、辑佚、注释。古文献学的历史包括古文献和古文献学的发展史。以上的共识是我们完善学科体系建构的重要基础。

――――――――――

① 周少川：《新世纪古文献学研究的交叉与综合》，《文献》2010年第3期。

第 十一 章

古文献学的学科建设

古文献学由来已久，但作为一门现代学科进行建设，则是 20 世纪后半叶的事情。20 世纪 50 年代末，为有序培养新中国古籍整理人才，在齐燕铭等老一辈学者的努力下，经国家相关部门批准，北京大学在全国高校中率先开设古典文献专业，为古文献学学科创建迈出了坚实一步。又经过二十多年的发展，至 1982 年张舜徽《中国文献学》、吴枫《中国古典文献学》等构建有比较完善学科思想体系的古文献学专著的相继出版，标志着中国文献学科的正式建立。

第一节　古文献学学科建设的内容

学科建设是学科教育的立足之本，没有学科建设作为支撑，任何学科都难以实现自身的良性发展。没有一流的学科建设，就难以培养一流的专业学生。古文献学要想得到持续的发展，并在国家的学科学位体系中形成自身的独立门类，对古文献学学科建设的关注势在必行。从发展规律来看，"学科是在科学发展中不断分化和整合而形成的。只有认识学科发展的历史，把握学科建设的内容和特点，才能推动学科的创新建设"①。明确古文献学研究对象及范围是进行古文献

---

① 周少川：《当前历史文献学学科建设刍议》，《淮北师范大学学报》（哲学社会科学版）2012 年第 6 期。

学学科建设的首要一步，也是进行古文献学学科系统构建的逻辑基点。古文献学研究内容是古文献学知识建设的主体和中心环节，是文献学研究范畴的逻辑延伸，也是进行文献学分支建设的主要依据。一切有关古文献学学科建设的理论和设想都需要借助学科建设的实际运作来发挥作用，缺少相关的管理和制度保障，所有的设想都将会是"空中楼阁"与"纸上谈兵"。因此，古文献学学科建设的内容大体可分为三个层面：一是关于学科的基本理念，二是学科知识和理论体系，三是学科的运作与保障，即学科制度、研究机构和学术组织的建设等。

其实，任何一门科学都有它独特的学科理念、知识理论体系和相关保障系统，三者既有联系又有所区别。所谓学科理念，是对该学科所研究对象的本质特征或概念内涵简单而又确切的说明；知识理论体系，是对研究对象内部逻辑关系的规范；学科保障是对学科理念和学科理论逻辑的"具体实施"，也是推动学科建设理论联系实际的重要举措，三者统一于学科建设之中。古文献学是文学、史学和国学研究的基础，不充分了解古文献学的内涵，就不能真正理解什么是"文献"和"文献学"；不熟悉古文献学的学科体系构成，同样也不能实现古文献学及其相关学科的良性互动；不注重古文献学学科的理论建设，也就不能有效指导古文献学学科制度建设，不能充分发挥古文献学在推动古代典籍文化研究中的应有作用。所以，古文献学作为一门学科的建设，必须有研究基础、实际意义，还必须有系统的理论及研究方法相佐之。

关于古文献学的范畴，前辈学者多有论述。1933 年，以"文献学"命名的著作开始问世，即上海商务印书馆出版的郑氏兄弟所著《中国文献学概要》。该书紧扣"文献"的特征，将书籍主体内容设定为结集、审订、讲习、翻译、编纂、刻印六章，拉开了古文献学学科建设理念的序幕。随后，陈垣、陈寅恪、顾颉刚等史学家在文献考据、目录学、校勘学、避讳学、史源学以及文献训解等专学中进行了有益探索，为古文献学学科的建立奠定了坚实基础。经过长时间准备，1959 年秋天，在国家相关部委领导支持下，由齐燕铭、翦伯赞、金灿然报中宣部、高教部批准，北京大学中文系古典文献学专业开始招生，迈出了文献学学科建设的坚实一步。古文献学科的理论建设也一直为学者所关注。20 世纪 80 年代初，北京师范大学白寿彝以答客问形式先后撰写完成《谈历史文献学》《再谈历史文献学》，就历史文献学的作用、历史文献学和历史理论的关系、历史文献发展史、历史文献和历史文献学的范围等进行了全面阐释，并进一步提出历史文献学包含四个部分，即理论部分、历史部分、分类学部分、应用部分①。1982 年，张舜徽的《中国文献学》和吴枫的《中国古典文献学》相继问世，二者对文献的定义范围、文献学的基本要求、学科体系和学科任务以及对有关古籍文献的源流、数量、考释、注疏、版本、校勘等进行了较为系统的梳理，确立了初具规模的文献学学科体系，② 进一步奠定了历史文献学学科理论构建的基础。20 世纪 90 年代至今，古文献学工作者在前辈学科理论基础上继续深耕，且更为注重文献载体的形成与流通。

　　梳理古文献学研究发展脉络，可见古文献学学科的研究者就古文献学的基本理念和范畴进行了深入的探讨。如前所述，这些讨论涉及了古文献学研究对象、研究任务以及古文献学学科定位等理论范畴，从而奠定了古文献学基本理念，完成了学科建设的首要任务。

　　古文献学学科的知识和理论体系在古文献学基本理念的影响下逐步建构起来。学科体系的确立是科学成熟的标志。"按照科学发展的规律，知识积累是学科建立的前奏，没有丰富的实践来源和理论来源，不可能有科学丰富的知识单元，体系则是建立在这些条件之上的

---

①　余敏辉：《白寿彝先生与中国历史文献学学科建设》，《回族研究》2004 年第 2 期。

②　余敏辉：《白寿彝先生与中国历史文献学学科建设》，《回族研究》2004 年第 2 期。

概念。"① 以郑氏兄弟、张舜徽、吴枫为代表的学者继承传统校雠学的理念,认为文献学是以图书分类、版本、目录、辑佚、辨伪、校勘、注释等为研究对象。

随着研究的深入,又出现有"现代文献学体系""大文献学""专科文献学"体系等以适应文献学发展的新变化。自张舜徽的《中国文献学》基本构建历史文献学的内容、框架,白寿彝提出历史文献学应当包括理论、历史、分类学、应用四部分内容以来,很多古文献学专著都将学科理论、学科历史、分支学科作为学科体系的基本组成部分。目前来看,这种结构还是合理的,大多历史文献学的教材编写都不出此范围,只是对于三大结构中各部分具体内容的表述存有一些不同。比如,一些学者认为专业知识主要包括目录、版本、校勘、辨伪、注释、辑佚六门专学的同时,又将其在文献整理的基础上加以整合,认为是以"历史文献的实证(包括辨伪、校勘、考证、辑佚)、历史文献的解释(史注)、历史文献的整序(目录、索引)构成历史文献学的体系和内容"②。当前古文献学学科体系存在的主要问题如学科界限不明确、范围不统一等,是古文献学分属不同的学科的现实造成的。例如,"在教育部的学科体系划分中,一级学科'中国语言文学'下列二级学科'中国古典文献学',一级学科'历史学'下列二级学科'历史文献学',一级学科'图书馆、情报与文献学'下列二级学科'文献学';而在全国哲学社会科学规划的学科体系划分中,中国语言文学学科下却无'中国古典文献学'……"③ 长期以来,这种不统一的"分家"现象,阻碍了古文献学学科体系本身的健康发展。

此外,古文献学学科的运作保障是古文献学学科理念与知识体系

---

① 柯平:《关于文献学体系的来源——文献学理论研究之一》,《河南图书馆学刊》1995 年第 1 期。

② 黄爱平:《历史文献学学科基础理论与教材编写的思考》,《文献》2013 年第 1 期。

③ 王国强:《图书馆古籍整理人才培养问题的思考》,《山东图书馆学刊》2011 年第 5 期。

得以实施的有效保证。古文献学学科理论与体系的合理与否，需要经过具体实践进行检验，并在古文献学科具体运作过程中不断完善。古文献学学科的具体运作和保障，体现在"学者的职业化、固定的教席和教学培养计划、学位点、学会组织、专业期刊，以及与之配套的学术制度"等方面，而如果将古文献学的基本理念和学科体系看作是关乎学科建设的软件部分的话，则学科的运作和保障就对应是学科建设的硬件部分。① 鉴于学科运作与保障对于古文献学学科发展的重要性，很多文献学学者对此都予以足够重视，其中最为突出的当属张舜徽。1979 年，张舜徽创立了文献学的首个全国性学术组织——中国历史文献研究会，并创办学术集刊《历史文献研究》（曾名《中国历史文献研究集刊》）。1983 年，由教育部直属的全国高等院校古籍整理研究工作委员会（简称"古委会"）成立，全国古籍整理事业尤其是高校古文献学学科建设进入全新时期，而"古委会"的职责主要是负责全国高等院校古籍整理研究与人才培养工作。在"古委会"统筹和支持下，全国众多高等院校先后成立独立的古籍所，由"古委会"直接联系的教学科研单位共 26 家，它们由"古委会"每年提供固定的研究或教学经费、图书资料经费和设备更新费，并可向"古委会"直接申请科研项目立项和项目经费。此外，各省市自治区高校及有关大学还有"古委会"间接联系的研究机构 62 家。

总之，一切学科理念、知识体系和学科运作保障都要回归到古文献学学科建设上来，三者是一个有机整体。我们要不断地认识学科建设内容，完善古文献学学科体系，还要优化学科环境。20 世纪 80 年代以来，随着文化事业的繁荣和国家对古籍整理工作的大力提倡，古文献学得到了较快发展，而伴随古文献学专业迅速发展所进行的关于古文献学学科内涵、学科属性、学科体系以及学科运行与保障的设想

---

① 周少川：《当前历史文献学学科建设刍议》，《淮北师范大学学报》（哲学社会科学版）2012 年第 6 期。

与讨论都将成为古文献学学科建设的一部分，并最终推动古文献学学科建设的不断发展。

第二节   古文献学学科的运作与保障

古文献学学科建设是一个系统化的工程，需要各类学科人才的支撑，其健康运行和可持续发展离不开梯队人才的培养，而教师队伍建设是学科人才培养的基础性工作。可以毫不夸张地说，古文献学教师队伍建设的成败，决定着古文献学学科的兴衰，是进行古文献学学科建设所必须关注的关键性问题。在具体实施上，"要按照培养拔尖人才，引进急需人才，用好已有人才，储备未来人才"[①] 的人才梯队建设方针，不断完善用人机制，营造育人环境，构筑古文献学学科高素质人才聚集的高地。

一   教师队伍建设

在古文献学学科建设发展过程中，人才队伍培养是关键，教师队伍建设是基础。没有合格的教师，就无法培养出优秀的专业人才，学科建设之路也将无从谈起。因此，素质优良、结构合理的教师队伍建设一直是古文献学学科建设的重要内容。

（一）古文献学专业学位点分布及教师情况

因学科设置理念不尽相同，全国范围的古文献学科多以古典文献学、历史文献学专业的形式附属于汉语言文学和历史学之下。据不完全统计，自 1959 年北京大学首设古典文献学本科专业起，截至 2011 年，全国高等院校或科研院所共计有 160 余[②]家单位开设有古典（历史）文献学专业（或设有博士、硕士、学士学位点），具体情况如表

---

① 苏均平：《学科与学科建设》，第二军医大学出版社 2014 年版，第 306 页。
② 此为笔者依据各个学校官网得出的数据。因官网数据更新的问题，故所得数据较实际数据难免会有部分出入。

11 – 1。

表 11 – 1　　　　　　　　**全国古典（历史）文献学专业学位点论总**

具有古典（历史）文献学博士学位点高校	安徽大学、安徽师范大学、北京大学、北京师范大学、北京语言大学、东北师范大学、福建师范大学、复旦大学、哈尔滨师范大学、河北大学、河北师范大学、河南大学、黑龙江大学、湖北大学、湖南师范大学、华东师范大学、华南师范大学、华中科技大学、华中师范大学、吉林大学、暨南大学、江西师范大学、兰州大学、辽宁大学、南京大学、南京师范大学、南开大学、内蒙古大学、清华大学（含北京协和医学院）、曲阜师范大学、厦门大学、山东大学、山东师范大学、山西大学、陕西师范大学、上海大学、上海师范大学、首都师范大学、四川大学、四川师范大学、苏州大学、天津师范大学、武汉大学、西北大学、西北师范大学、西南大学、西南交通大学、新疆大学、扬州大学、云南大学、浙江大学、中国人民大学、中国社会科学院研究生院、中山大学、中央民族大学、郑州大学等
具有古典（历史）文献学硕士学位点高校	安庆师范大学、北方民族大学、北华大学、北京第二外国语学院、北京外国语大学、渤海大学、重庆大学、重庆师范大学、大连大学、大连理工大学、大连外国语学院、东华理工大学、东南大学、赣南师范学院、广东外语外贸大学、广西大学、广西民族大学、广西师范大学、广西师范学院、广州大学、贵州大学、贵州民族大学、贵州师范大学、海南大学、海南师范大学、杭州师范大学、河南师范大学、湖北师范学院、湖南大学、湖南科技大学、华侨大学、淮北师范大学、吉林师范大学、吉首大学、集美大学、济南大学、江南大学、江苏师范大学、解放军外国语学院、喀什师范学院、辽宁师范大学、聊城大学、鲁东大学、牡丹江师范学院、南昌大学、南通大学、内蒙古民族大学、内蒙古师范大学、宁波大学、宁夏大学、青岛大学、青海民族大学、青海师范大学、三峡大学、山东理工大学、山西师范大学、陕西理工学院、汕头大学、上海财经大学、上海交通大学、上海社会科学院、上海外国语大学、深圳大学、沈阳师范大学、四川省社会科学院、四川外语学院、天津外国语大学、同济大学、温州大学、西安外国语大学、西北民族大学、西藏大学、西藏民族学院、西华师范大学、西南民族大学、湘潭大学、新疆师范大学、信阳师范学院、烟台大、学延安大学、延边大学、伊犁师范学院、云南民族大学、云南师范大学、漳州师范学院、长春理工大学、长沙理工大学、浙江工业大学、浙江师范大学、中国传媒大学、中国海洋大学、中国矿业大学、中南大学、中南民族大学、中央财经大学等
开设古典文献学本科专业高校	北京大学、浙江大学、南京师范大学、陕西师范大学、上海师范大学、河北大学

从表 11 – 1 内容来看，古典（历史）文献学学位点分布呈现出"覆盖面广、布局均衡、全面发展"的特点。博士点大多分布于以文科

见长的综合性大学或建置比较完善的科研院所，全国各方位区域均有博士点分布，硕士点更具有"遍地开花，欣欣向荣"之势。相较于古典文献学专业多设于汉语言文学之下，历史文献学专业则多从属于历史学学科。从历史学所属二级学科来看，虽没有历史文献学本科专业，但历史文献学博士、硕士点却并不少见。此外，出于整合学术资源、突出团队效果的目的，多数设有文献学学位点的高校都或大或小地组建有文献学学术团队，有的挂名于文学院之列，名曰"古典文献学教研室"，有的挂名于历史学院之列，名曰"历史文献学教研室"，而更有实力的院校，则直接成立古籍研究所或古籍研究院等。

至于从事古文献学教学与研究的教师，据笔者依开设古典文献学和历史文献学的高校官网数据进行不完全统计，现从事古文献学教学的全国高校教师有近 2000 人，[①] 其中，教授、副教授以上职称者约有800 人，女性约占总体人数的 20%，年龄在 40 岁以下的青年学者约有400 人，40—50 岁的中年学者有 300 余人，50 岁以上学者有 1200 人左右。总之，古文献学教师年龄结构呈现"老—中—青"黄金搭配结构，总体态势良好。但是，我们也不可否认，虽然目前文献学学者看似基数很大，但是其中大多学者为研究其他领域的"兼职人员"，古文献学学科梯队人才建设，尤其是学科带头接班人也出现"青黄不接"的危机，这些都是今后亟待解决的问题。

（二）代表成果评价及职称评定

量化考核是目前高校日常工作与职称评定的通行方法，其考核的重要指标主要包括授课课时与科研成果两大类。通俗来讲，就是考核周期内完成有多少授课时长、参与或申请立项（或结项）有多少课题、出版有多少专（译）著、发表有多少数量的期刊论文，等等。

受制于当前国内文化环境与期刊评价机制影响，古文献学由于研

---

①　此数据是笔者依据设有文献学学位点高校官网中教职工信息推算得出。因各院校官网信息更新有迟缓，故所得数据与实际数据难免会有部分出入。

究内容偏冷与征引率偏低的缘故，使得该专业在论文发表方面面临着无法掩饰的窘境。譬如，在 CSSCI 来源期刊阵容中几乎找不到一种纯粹的文献学刊物，即使由国家图书馆主办作为文献学顶级刊物的《文献》期刊，也在现行国内期刊评价体制中上下浮沉，甚至一度从 CSSCI 正刊中跌至扩展版序列。文献学论文很少在学术评价体系中处于高级别的刊物上发表，而主要由各种学术集刊来发表。虽然有很多集刊的质量相当高，为古文献学研究论文提供了难得的发表机会，但对于不少学者而言仍然要面临着学术评价的难题，最为直接的例子就是古文献学毕业生在求职过程中会遇到部分高校不大认可集刊甚至 CSSCI 来源集刊论文成果的尴尬情况。

毋庸讳言，项目评审、机构评估、人才评价乃至职称评定中过度看重论文成果的不良导向，势必会影响高校教师无法很好兼顾科研与教学间的平衡，而且，核心期刊版面资源的有限与核心论文发表的庞大需求量之间的冲突又不可避免地滋生学术不端，乃至学术腐败问题。正如清华大学历史系教授仲伟民所认为的，不统一的学术评价规则、过于迷信各种评价机构的数据影响以及行政对学术科研的过多干预是当前中国高校及科研院所面临的学术评价困境。[①] 面对频出的论文造假、"网红教授"等不良现象，社会各界对此议论纷纷。为纠正中国学术界论文造假不正之风，重塑科研评价体系，教育部先后发布《关于进一步改进高等学校哲学社会科学研究评价的意见》《关于深化高等学校科技评价改革的意见》《关于深化高校教师评价制度改革的指导意见》《关于分类推进人才评价机制改革的指导意见》以及《关于深化项目评审、人才评价、机构评估改革的意见》等系列文件对学术评价机制加以规范调整，以期改变当前学术不良风气。这些系列文件的出台，也将学界评议已久的"代表作"制度推向台前。

---

① 仲伟民：《关于人文社会科学学术评价的几个问题——从学术评价的实质性标准谈起》，《学术界》2004 年第 7 期。

　　所谓"代表作"，是指最能体现作者学术水平的学术成果。就人文社科类学科而言，"学术代表作通常可认定为学术专著或者学术论文，往往反映了学术研究人员的学术积累和研究水准"[①]。"代表作"制度则是在匿名评审状态下由本学科领域内同行专家对科研人员代表成果的评审机制。从前期效果来说，该评价机制的推行在一定程度上能够改善当前学界评价不够客观、过分追求数量的学术风气，促进学术评价从注重期刊向注重学术成果本身的积极转变，激发学术创新活力，为优秀年轻学者破格晋升职务提供契机。在肯定"代表作"评价机制积极方面的同时，也应该看到此机制的缺陷，诸如对配套保障机制的绝对依赖与代表性成果评价缺乏依据、专家评审存在的认知偏差以及评审过程中存在的人为因素等都有可能影响该机制的公平性。

　　对于古文献学学科而言，考虑到专业研究领域与学科关注视野的特点，不少学者将其定位于工具性基础学科不是全无道理。不再追求影响因子的"代表作"制度的推行能够有效改观专业论文发表难的局面。而且在此制度下，古文献学研究者可以致力于以往不受评价体系重视的"偏枝末节"研究，在推进古文献学研究领域深度化的同时，为目录、版本、辑佚、辨伪、校勘、注释等相关分支学科的深研提供支持。当然，与其他学科相似，"代表作"制度的推行同样也会使古文献学在学科评价中面临如何切实有效实施的问题。

　　如前所述，古文献学学科因其特殊的专业属性，在成果评估与科研评价方面容易引起争议，其中最有代表性的就是古籍整理成果应该如何被看待。需要说明的是，所谓古籍整理，是指文献学工作者对中国古籍进行审定、辑佚、校勘、注释等加工整理以便于现代人阅读使用的工作。在职称评定之时有不少人会对古籍整理工作的定位过低，认为古籍整理工作很简单，不过是校对文字、标点、翻译，只要是粗

---

① 汪智佳：《一流大学教师职称评审中的代表作评价研究》，硕士学位论文，吉林大学，2020年。

通古文即可从事。这也导致部分高校和科研机构轻视古籍整理成果，甚至直接将其排除在科研成果序列之外，严重挫伤了古籍整理工作者的积极性。轻视古籍整理工作学术性的人，显然对于古籍整理工作乃至古文献学学科缺乏深刻认知。假若真正熟悉了解古籍整理与古文献学科专业特点之后，他们就会发现该专业从业者所做工作不仅有学术深度，而且意义重大。

第一，古籍整理工作是对中国传统文化的系统发掘与科学保护。中国是具有灿烂文化史的文明古国，历史上所产生的古籍浩如烟海。在漫长的岁月中，受到各种自然或人为因素影响，不可计数的前人著作都消失不见，至今存世的古籍无论其内容、形制如何，都应该成为后人保护的文化遗存。这些幸存的古籍，不仅为当代学者研究相关历史提供了可靠资料，也是中华文明延绵不断的文化象征，因而保护古籍十分必要。鉴于古籍文物的珍贵性与特殊性，所以培养专业的古籍整理工作者也十分必要。从现今古籍工作者的业务范围来看，古籍整理不仅包括古籍修复、影印、数据化等基础工作，还包括辑佚、校注、辨伪、校勘等深入研究。可以说，古籍整理工作是对中国传统古籍的系统性整理与研究，对于优秀典籍的保护与传统文化的弘扬来说意义重大。

第二，古籍整理工作是相关研究工作的必要前提。从史学研究角度来讲，无论是政治制度史还是经济文化史研究，均是建立在史料基础之上的，缺乏必要的材料支撑，这些研究都终将会是无源之水，举步维艰。而古籍整理工作正是针对现存史料的整理发掘工作，其辑佚、校注、辨伪都是对相关研究工作所依赖的史料的整理。只有先进行辨伪工作，才能使史学研究建立在正确可靠的史料基础之上，进而保证相关研究工作的科学完善。假若没有汉唐时期的各家注疏，我们就很难理解和把握儒家经典的思想内涵；假若没有清代乾嘉学者的搜辑、考据之功，我们同样也很难了解很多文本的真相。再如，古籍整理的代表性成果《宋会要辑稿》，就是清代学者徐松从类书《永乐大典》中辑佚出来的，成为后世学者研究宋代典章制度的重要参考史料。

此外，古籍整理工作也并非简单意义上的标点、翻译、搜辑与排版印刷，而是需要难度极大、含金量极高的艰辛工作。从中国封建社会早期的《周礼》郑玄注、《尚书》孔安国注、《史记》裴骃注，到当今社会的二十四史点校工程，无一不是倾注优秀文献工作者大量心血而成的不朽之作。因而，古文献学学科成果应当引起人们足够重视，尤其是在成果评价体制中被合理正确对待。

值得高兴的是，一些高校在科研成果认定与登记条款中已将古籍整理成果纳入量化考核范畴之内。例如，中国社会科学院大学在2018年10月新发布的《中国社会科学院大学科研成果认定与登记办法（试行）》第二章"科研成果类型"第七条中就对古籍整理认定成果范围予以明确，"古籍整理作品是指对中外古籍的点校、汇编、注释、辑佚等形成的学术作品"①。相同或相似的规定也可见于苏州大学2017年印发的《关于印发〈苏州大学科研成果认定与登记办法（人文社会科学类）〉的通知》、中国政法大学2018年印发的《中国政法大学科研成果认定和登记办法》、山东师范大学2019年印发的《科研成果、项目及获奖等级认定办法（试行）》等文件。在具体量化上，古籍整理成果多以点校、辑佚或整理字数为标准，超过最低限定字数的成果就可以量化认定。虽然与专著等学术成果相比，古籍整理类成果仍然归档偏低，但高校和研究机构将古籍整理成果分类划等地纳入量化考核成果，表明人们对于古籍整理成果的认识正在不断改进。

二　课程设置及培养方案

（一）课程设置

新中国成立之后，国家加强了对传统文化的保护，古籍整理工作

---

① 　中国社会科学院大学官网，https：//ky.ucass.edu.cn/info/1059/1436.htm.

被提上日程。1958 年 1 月，国务院科学规划委员会成立以齐燕铭为首的"古籍整理出版规划小组"，全面负责指导全国古籍整理规划工作。1958 年 2 月 7 日，中央宣传部在《加强我国古籍整理出版工作的报告》中提出全国古籍整理出版规划小组的具体任务：一是确定整理和出版古籍的方针，二是领导制订整理和出版古籍的长远规划和年度计划，三是拟订培养整理古籍人才的方案，明确提出要"拟定培养整理古籍人材的方案"①。全国古籍小组成立后，即开始着手人才培养工作。随着古籍整理工作的深入开展，出版任务日趋加重，作为古籍专业出版社和古籍小组的依托单位，中华书局尤其感到专业人才特别是青年人才的紧缺。为此，齐燕铭、金灿然和时任北京大学副校长的翦伯赞经过商议，筹划在北京大学设置古典文献专业的具体方案。之后又多次邀集有关专家学者就此事进行磋商。

1959 年秋天，在齐燕铭、金灿然、翦伯赞等人的努力下，经中宣部、高教部批准，在北京大学中文系率先设置了古典文献专业。从此，我国有了培养古籍整理、研究、出版人才的专业和基地，这在教育史和学术史上都具有重要意义。1959 年 7 月 19 日翦伯赞在《光明日报》发表了《从北大古典文献专业谈到古籍整理问题》，对该专业的名称、专业的培养目的等进行了说明②。从翦伯赞关于该专业的定位来看，古典文献学专业不仅与古籍整理密切相关，而且是一门涵盖版本、校勘和古文字等知识的综合性学科，整理古典文献工作也是一种科学。在学制上，北京大学古典文献专业学制原定为五年，后改为四年；课程包括文学、历史、哲学各方面的内容。

当时拟订的教学方案中，课程分为三大类③：

---

① 《齐燕铭关于古籍整理和出版工作加强领导全面规划问题给中央宣传部的报告》，载袁亮主编《中华人民共和国出版史料》（9），中国书籍出版社 2004 年版，第 336—341 页。

② 转引自翦伯赞《史学理念》，重庆出版社 2001 年版，第 59—64 页。

③ 课程设置内容参照阴法鲁《北京大学古典文献专业的建立与中华书局》，载中华书局编辑部《回忆中华书局（1912—1987）》，中华书局 2001 年版，第 107 页。

1. 政治理论课。

2. 专业课。

（1）一般基础课——现代汉语、古代汉语、外语（日语）、写作、中国通史、中国文学史、中国哲学史等。

（2）专业基础课——古籍整理概论、中国文字学、中国音韵学、训诂学、目录学及实习、版本学及实习、校勘学及实习、工具书使用及编纂法、古籍整理史等。

（3）专书讲读课——诗经、楚辞、论语、孟子、左传、史记、淮南子等。

（4）专题课——汉语史、目录学史、中国古代文化史、国外汉学研究等。

3. 古籍整理综合实习、专题研究、撰写毕业论文等。

北京大学古典文献学专业总的方向是培养在古典文献学方面掌握坚实理论基础，能够从事古籍整理工作及教学和科研能力的专业型人才，因此，这个授课方案以现代教育科学体系为基础，又吸收了我国传统的文史研究方面的治学方法，具有以下几个鲜明特点：第一，注重学生文字、音韵、训诂，目录、版本、校勘功底的训练。第二，重视学习古籍原著，让学生通过阅读、研习《诗经》《楚辞》《论语》《孟子》《左传》《史记》这些基本典籍，从而能够准确地领会中华优秀传统文化的精髓。第三，重视"中国通史""中国文学史""中国哲学史"的教学，在打好专业基础的同时，扩大学生的知识面，增强他们的学术贯通能力。四，重视古籍整理实践能力，教学方案中的第三部分"古籍整理综合实习"，就是在学期中安排学生（数人）校点一部古书，以训练学生的动手能力，从而尽早地让他们掌握整理古籍和编辑书稿的本领。五，尽量地学会一门外语，当时除俄语、英语，古文献专业还鼓励学生选学日语。

这个教学方案充分地体现古典文献专业的学科特色，勾勒了古文献专业教学的新体系，十分切合当时培养古籍整理和出版人才的目标，适应了国家的需求，并在以后的几十年中仍然具有引领和指导作用。

随着文献学的发展，古文献专业的培养目标逐渐朝着多元化方向发展，要求学生既是古籍整理的专门人才，还可以从事传统文化的教学、研究。为此，古文献学专业的课程设置、教学计划以古文献学基本理论为基础，向传统文化领域纵深延续。专业本科生除了要修读基本的政治、英语等公共必修课，现代汉语、古代汉语、文字学、音韵学、训诂学等汉语言文字课程以及中国通史、文学史、版本学、目录学、校勘学等历史文献学课程，还有古籍整理实践、历史文化实地考察等基本技能训练课程。与此同时，有条件的学校还开设了专书选读课程，诸如四书五经、二十四史经典选读等。鉴于开设文献学课程的学校数量很多且所设课程内容相似，不再一一赘述，兹举要如下①：

（1）古典文献学专业本科课程（专业课）。

北京大学：（理论课）汉语音韵学、文字学、编译原理、校勘学、古典文献学基础、古文选读古典文献学史、敦煌文献概要、中文工具书及古代典籍概要，（实践课）中文工具书、古典文献实习。

浙江大学：中国古典文献学导论、中国古典文献学、中国古代文学文献学、中国文献学、古典与诗学、近代汉字研究、古音学、文字学、汉语音韵学、训诂学、版本目录学。

上海师范大学：中国文学史、中国史、文字学、目录版本学、校勘学、编辑出版学、文史典籍、先秦学术概论、历史地理、中国文化史、中国思想史、唐诗研究、明清小说研究、中国经济史、旅游与中国文化、旅游美学、礼仪文化、海外汉学研究、历史文化名城等。在校期间，组织学生赴历史文化胜地考察。

（2）古典文献学专业硕士研究生课程（专业课）。

北京大学：（理论课）古文献学史、文字学、音韵学、训诂学、

---

① 下列文献学课程内容部分参考王净净《略论古典文献学课程建设》，载朱崇先主编《古典文献学理论探索与古籍整理方法研究》，民族出版社 2013 年版，第 297 页。

版本学、目录学、校勘学、哲学要籍解题、古籍整理概论、中国古代文化、古代汉语、现代汉语、中国古代史，（实践课）中国古代文学史、中文工具书使用方法。

复旦大学：（理论课）古代汉语研究、版本目录学、古籍校释学、海外汉学概论、中国文学文献学、中国美术文献学、古代文献与数据库，（实践课）古籍整理实践、古籍校释学实践、目录版本学实践。

浙江大学：（理论课）古音学、文字学、训诂概论、中国古代制度文化、中国古典文献学、中华文化经典导读、中国传统文化专题研究、敦煌学、中国礼文化、中国学术史、文献学要籍导读。

中山大学：（理论课）古代文献典籍导读、古典文学阐释学、戏曲文献典籍导读、诗歌文献研究、戏曲文献专题研究、小说文献研究、古籍版本学、诗词格律与音韵、出土文献学概论、出土文献比较研究、经学史、目录学、文献考证、古典文献学、古籍整理理论与实践。（实践课）古文献校勘整理。

北京师范大学：（理论课）中国古典文献学、文字音韵学、古典文献要籍点读、中国古籍注释学、中国古代文学研究、中国传统文化概论、中国古代文化要籍导读、中国古文论研究、金元思想与文学研究、元代集部文献研究、明代诗文研究、《昭明文选》研究、苏轼研究、战国竹简概述。

中央民族大学：（理论课）中国古典文献学、民族古文献概览、中国少数民族文化史、民族古典文献学、少数民族语文、校勘学、版本学、目录学、训诂学、民族古文字概要、中国少数民族文学比较、文化人类学，（实践课）民族古籍编辑与出版、古籍文献检索方法、翻译理论与实践、古文献调查与整理方法。

（3）历史文献学专业硕士生课程（专业课）。

北京师范大学（古籍研究所）：（理论课）古籍目录学、版本校勘学、文字音韵训诂学、历史文献学概论、中国古代学术史、历史文献学史、古代经典研读、中国历史文献研读、陈垣史学与思想研究、宋明理学史、中国古代藏书史、地方志研究、古籍的装帧与修补。

从目前高校针对文献学方向的学生所开设的课程来看，无论是本科生课程还是研究生课程几乎都是以理论课为主，除了必要的文献学相关分支学科，诸如版本学、目录学、校勘学，还注重增加传统文化的课程，如古文字学等。各个学校依据自身情况，还开设独具特色的课题研究或课程，如中山大学中国古文献研究所与本校中文系合作展开"全明戏曲""中国文体学研究""非物质遗产研究"等系列课题，与香港中文大学合作成立"华南文献研究中心"，共同展开对华南传统文献的整理与研究；中央民族大学在开设传统的中国古典文献学相关课程的同时，还重点加强学生对少数民族古籍文献及其整理方法。

从狭义范畴来讲，"古文献是用文字记载的、以书面形式存在的文本，以书面语言为载体"①，因而古文献学需以小学为基础，重视对语言文字学的训练。清代是古文献学发展的辉煌时期，从前期的顾炎武、戴震、王念孙到后期的俞樾、孙诒让等，无不重视小学。正如晚清名臣张之洞《书目答问·国朝著述诸家姓名略·叙言》所述："由小学入经学者，其经学可信；由经学入史学者，其史学可信；由经学、史学入理学者，其理学可信。以理学、经学、史学兼词章者，其词章有用；以经学、史学兼经济者，其经济成就远大。"② 小学是治学之基础，只有懂得了每个字的形、音、义，才能够读懂诸经及其他文献，加强对文献内容的理解，进而实现治学与经世的目的。

按照目前课表进行学习的古文献学专业学生，多可具备扎实的功底和开阔的视野，不仅能够胜任古籍整理出版工作，而且可以从事文史哲等领域的古籍研究。但是也要注意，我国绝大多数高校中的文献

---

① 孙钦善：《关于古文献内涵的全面认识与具体贯彻》，《文献》2010 年第 3 期。
② （清）张之洞撰，范希曾补正：《书目答问补正》，上海古籍出版社 2019 年版，第298 页。

学课程设置对于文献学实践环节重视不够，而过度堆积理论课程容易使学生在精神上对文献学产生厌倦，认为自己没有学到实际有用的知识。因此，加强学生在古籍整理、古籍修复、古籍版本鉴赏方面的动手实践，不失为一剂改善良方。

（二）培养方案（业务要求和培养目标）

教学培养方案是各学校或科研单位为培养相关人才所专门制定的计划，它规定了各门学科的目的、任务、内容、范围、体系、教学进度、时间安排以及对教学方法的要求等，既是对学科理念的深化，又是具体教学实践活动的指导性纲领，还是学科建设的重要组成部分。一般来说，各教学单位中的各学科都会制定专门的教学培养方案，古文献学科也不例外。早在 1959 年，北京大学始设中国古典文献学之际，翦伯赞在《光明日报》发表了《从北大古典文献专业谈到古籍整理问题》，开头即确定这个专业的名称："北京大学今年新设了一个专业，名曰'古典文献专业'"，接着说明设置这个专业的目的"是培养整理中国文化遗产的人材，主要是整理中国古典文学、史学、哲学方面的文献"①。当年暑假，古典文献学如期进行招生，因限于名额，只录取了三十名新生。专业学制原定为五年，后改为四年。次年又开始招收研究生。随着古文献学的发展壮大，越来越多的院校相继开设文献学专业，同时制定出多种教学培养方案。因开设文献学专业院校众多，且培养方案内容太多，不能悉数罗列，故将部分院校文献学培养方案中的业务要求和培养目标举要如下。②

1. 古典文献学（本科）

北京大学：本专业主要学习古籍整理和中国古典文献学方面的基本知识，受到有关理论、发展历史、研究现状等方面的系统教育和业务能力的基本训练。培养具备中国古籍整理与古典文献学全面系统知

---

① 转引自翦伯赞《历史问题论丛》（合编本），中华书局 2008 年版，第 41 页。
② 所列院校培养方案内容系笔者查阅该院系官网所得。

识，能在教育、文化、出版部门，从事古籍整理、传统文化方面的实际工作、古典文献教学与研究工作的文献学高级专门人才。

浙江大学：学生主要学习汉语言文学、古典文献方面的基础知识，接受有关理论、发展历史、研究现状等方面的系统教育和业务能力的基本训练。培养厚基础、宽口径、具有比较深厚的古典文献学功底和汉语言文学基础、具有良好的人文素养和科学素养，能在学校、科研机构、新闻出版部门以及机关企事业单位从事文献整理与研究、编辑、出版、教学、宣传等方面实际工作的复合型高级人才。

上海师范大学：弘扬、发展中华优秀传统文化，是实现中国梦最深厚的软实力。本专业的培养目标是具有良好的品质，能以现代手段从事古文献的整理与研究，能致力于从事传统文史科研、教育、管理事业，能胜任现代社会需要的古代文史文献的研究、编辑出版、图书和档案管理、中小学教育的工作。

河北大学：培养具备中国古籍整理与古典文献学全面系统知识，能在教育、文化、出版部门，从事古籍整理、传统文化方面的实际工作、古典文献教学与研究工作的文献学高级专门人才。

2. 古典文献学（硕士研究生）

北京师范大学：培养能从事中国古代文献研究、整理、教学的专门人才。要求具备古文献基础理论，能够运用文字学、音韵学、训诂学、目录学、校勘学等方法进行古籍整理和研究，较为熟练地掌握一门外国语和计算机运用，德智体全面发展的人才。学位获得者可在一般院校和科研院所从事教学和研究工作，也可在相关的文化、出版等部门工作。

复旦大学：掌握马克思主义的基本理论和专业知识，热爱祖国，具有良好的道德品质、较强的事业心、创新能力和献身精神，愿为国家现代化建设服务的高层次、高素质的专门人才；具有扎实的中国古典文献学理论基础和较高的理论素养，系统掌握中国古典文献学专业知识和专业特长，熟练掌握科学研究的思路、方法和研究文章的写作技巧。能够在高等院校、科研机构、政府机关、新闻单位、出版机构、图书馆、企业等部门独立地承担相关工作；较为熟练地掌握一门外国语和计算机应用。

山东大学：培养德智体全面发展的高层次专门人才，具体要求是坚持四项基本原则，树立正确的世界观、人生观和价值观，具有古代文献学的基础理论和专门知识，了解本学科的学术动态和最新成果，较为熟练地掌握一门外国语和计算机应用，能够独立承担中国古代文献、中国传统文化以及书刊出版等方面的教学、科研、宣传和管理工作。身心健康。

武汉大学：本专业培养德智体全面发展，具有较坚实理论基础和系统专业知识和技能的高素质人才，具体要求如下：坚持党的基本路线，具有正确的世界观、人生观、价值观，具有较强的事业心和责任感，思想端正，品德良好，愿为社会主义现代化建设事业服务；具有较坚实的国学、域外汉学理论知识，具有系统的古典文献、古典语文学专业知识，能利用现代技术研究典籍材料。毕业后能独立从事科学研究，胜任高等院校和其他部门的相关工作；掌握一门外国语，能较熟练地阅读该门外国语之本专业及相关专业的文献资料，并有一定的听说写作能力；身心健康。

上海师范大学：本专业培养德智体全面发展的人才，培养具有较坚实的古代汉语基础、古代文献理论基础和较强的古文阅读能力，能够运用文字学、音韵学、训诂学、目录学、校勘学等研究手段，进行古籍整理和古籍研究的人才。学位获得者可在一般院校和科研机构从事教学或研究工作，也可以在相关的文化、出版部门工作。

华中师范大学：本专业主要培养能适应国家文化教育事业的发展需要，具有坚实的专业基础和较高的理论素养，能胜任在高等院校和文化机构从事中国古典文献学教学和科研工作的高层次专门人才。要求掌握一门外语，并能使用现代科技手段进行文献检索和整理研究。

3. 历史文献学（硕士研究生）

北京师范大学：培养国家建设需要的，适应面向现代化、面向世界、面向未来的要求，德智体全面发展、遵纪守法、品行端正，具有丰富的中国历史文献学专业知识和技能的专门人才。本专业硕士毕业生能够在高等院校、科研单位、出版社、图书馆等部门承担相关的教学、科研、出版等工作。掌握计算机的操作和运用，熟练地掌握一门外国语。

华中师范大学：培养德智体全面发展，人格完善，适应社会主义现代化建设的本学科高层次专门人才。他们应掌握本学科坚实的基础理论和系统的专业知识，具有相对完善的知识结构和独立研究能力，能够从事本学科的研究与教学工作，胜任文化、文物、出版、古籍整理、图书管理、文化资源保护与开发等方面的工作。

中央民族大学：培养国家和边疆少数民族地区建设需要的，适应面向现代化、面向世界、面向未来的要求，德智体全面发展、遵纪守法、品行端正，具有丰富的中国历史文献学专业知识和技能的专门人才。掌握计算机的操作和运用，熟练地掌握一门外国语。就业方向为高等院校、科研单位、出版社、图书馆等部门相关教学、科研、出版等工作。

从上述各学校文献学培养方案我们不难发现：

第一，从各培养方案内容来看，无论是中国古典文献学或是历史文献学，其学科定位均是为从事古籍整理和传统文化工作培养专业人才，这与我国设置文献学专业的初衷相一致。

第二，无论是本科生或是研究生培养方案，不仅注重学生德智体美的全面发展，而且主张学科理论素养与专业知识的同步学习，还强调理论与实践相结合以及重视现代技术对古文献研究的重要性，切实培育社会主义古籍整理事业的合格接班人。

第三，从就业方向设定来看，无论是古典文献学或是历史文献学，都有较为宽泛的就业领域，在古籍整理、图书出版、传统文化保护与开发方面优势明显。

第四，所有院校均提出合格毕业生应具备的知识和能力标准，要求学生掌握关于古籍整理、文献学的基本理论，能够熟练运用所学文献知识进行文献检索、资料查询，能初步开展古籍整理科研和从事文献学教学活动。

总体而言，现阶段的高校文献学培养方案设置以社会需求为导向，贯彻以人为本、因材施教的原则，符合学生自身特点，具有可行性。当然，学科培养方案是具体学科专业的指导性纲领，在保证学科教学活动正常进行的前提下，也必须坚持与时俱进的思想，在具体实施中，可依据学科理念、社会需求的新变化进行适当调整。

三　优化学科建设的措施

（一）合理配置学科资源，培育重点学科

目前，古文献学研究力量比较分散。"在高等院校机构设置上，这类教师和研究人员的编制分别分布在古籍所、文史哲研究院、文学院、文化研究中心、图书馆等。这不仅影响到研究生的招生、培养和就业，还涉及本学科教师、科研人员的科研经费以及机构设置等诸多问题，严重影响到本学科的发展。"[1] 一个学科的资源毕竟是有限的，因此，对于古文献学科资源要进行合理配置，提高最大利用率，加强重点学科的培养力度，以发挥其模范作用。例如，要结合史料开展深入的分支学科研究，这些分支学科主要包括版本学、目录学、校勘学、辨伪学和辑佚学等。在原有研究基础上对这些文献学分支学科进行深入研究，不仅可以深化以往研究内容，创造新的生长点，而且还可以丰富古文献学学科理论。

在市场经济为主流、实用主义盛行的现代社会，人文类专业容易受到人们轻视，而作为冷门专业的古文献学更是如此。因而古文献学

---

① 李夏：《论我国文献学学科体系设置》，《聊城大学学报》（社会科学版）2006 年第 2 期。

学科建设需要具备特色，需要进行重点学科培养，并且也只有发展重点学科，具备鲜明亮点，才能形成独特竞争力，保证学科的可持续发展。考虑现阶段古文献学学科无法得到全面有效发展之情况，依托学校资源，借鉴社会主义建设"先富带后富""集中力量办大事"的经验，进行重点专项建设也是带动古文献学整体发展的良策之一。在此方面，部分高校也已经做出了表率。例如，吉林大学古籍所依托自身先秦史、秦汉史传统优势学科的基础上注重文献资料研究，将出土文献与传世文献结合起来，重点培养古文字学、中古文献和古代书法文献特色专业；山东大学儒学高等研究院充分发挥自身优势，将先秦文献整理尤其是经学文献与经学史作为重点发展方向；兰州大学成立敦煌学研究所，将历史学、考古学与宗教学结合起来，开设敦煌文献专题、敦煌佛教艺术专题、敦煌壁画研究等研究方向，并在利用敦煌文献和石窟史料的基础上开展中古西北区域史研究；厦门大学注重开展民间文献的收集和整理工作，成立民间历史文献研究中心，在保存珍贵民间历史文献和传承传统文化基础上，还与美国哈佛大学费正清研究中心合作建设"中国地方史数据库"并陆续出版《民间历史文献论丛》等。此外，暨南大学的华侨文献研究、华中师范大学的荆楚文献研究、东北师范大学的东北民族和古文献研究以及安徽大学的徽学文献研究等也都各具特色。

总之，在现阶段古文献学科理论、学科体系还未得到广泛统一的情况下，充分利用地方资源，加大古文献特色专业建设，对于古文献学科的现代建设来说是明智之举。我们有理由相信，依托古文献学重点学科的示范带动作用，古文献学其他相关分支学科也会得到联动发展，而当所有分支学科都得以良好发展，古文献学科的整体建设目标也终将全面实现。

（二）加强学科内部联系，突出时代特点

古文献学科不是一个简单的、孤立的学科，而是由众多分支学科所组成的综合性学科，它既有丰富的理论体系，又有版本、目录、辑佚、辨伪等一众有机单元，还有古籍整理等实践环节。因此，在古文献学学科建设过程中，一定要整体看待古文献学各分支学科与相关相近学科的联合发展，突出该学科的时代特色。早在 20 世纪 80 年代，高振铎就曾指出当时古籍整理"缺乏时代感"，要注重"贴近现实，参与现实，使研究富有时代感"①。随着文献学的纵深发展，20 世纪末以来的文献学渐渐呈现"文献学研究脱离与其他学科的联系和交叉"，"文献学学科研究与实际生活严重脱节，很多经济方面的、科技方面的古代文献等着我们去研究"等新问题，这在某种程度上说明我们现阶段的文献学有脱离社会现实的倾向存在。时至今日，越来越多的考古文物和地下文献被发掘，为古文献学研究提供了新的资料来源。因此，现阶段古文献学学科建设要充分解放思想，加强古文献学学科与相近学科尤其是古文献学内部分支学科间的联系，促进古文献整理与研究相结合、传世文献与出土文献相结合。

古文献学以古籍为主要研究对象，而在具体古籍整理过程中，往往需要借助于古籍版本、辨伪、鉴定、史源等多种知识的综合运用，因此，在古文献学知识学习和学科建设中也要加强学科内部联系，注重分支学科的综合发展。可喜的是，综合性学科知识的教育已被古文献学的教育者重视，这在各高校文献学所设置的专业课程表中得到体现。至于各高校文献学专业课程，前文已多有交代，在此不再赘述。我们从课程设置中可以看到：第一，无论是古典文献学或是历史文献学，都注重对文献学史的学习，以便从历史上已有的古文献学研究成果中汲取范例和经验。第二，古典文献学专业在安排有版本学、目录学、校勘学、辨伪学等课程外，还往往加强学生对中国古代史内容的补充学习；历史文献学专业则在安排学习历代文献史料知识的同时，还增加对学生古文字学、音韵训诂学知识的传授。第三，古典文献学和历史文献学的授课老师并非来自同一个学科领域，而往往来自于文

---

① 高振铎：《古籍整理要面对现实》，《古籍整理研究学刊》1988 年第 1 期。

学、史学和图书馆学等不同学科领域，这种交叉性也有利于学科建设中多种专业知识的交融和综合。古文献学课程的设置不仅是学者对于古文献学理论的进一步诠释，也是对于加强古文献学学科内部联系的重要性认识之具体实践。

此外，在学术组织上成立协调机构或者学术共同体，也是加强学科内部联系的重要举措。例如，全国高等院校古籍整理研究工作委员会（简称"古委会"）的成立对古文献学学科建设具有划时代的历史意义。"为了贯彻落实中共中央关于整理我国古籍的指示，教育部于一九八三年九月廿七日批准成立了全国高等院校古籍整理研究工作委员会。"① 20 世纪 80 年代后期以来，在"古委会"的统筹和领导下，陆续开展以《全唐五代诗》《全宋文》《全宋诗》《全元文》《全元戏曲》《全明文》《全明诗》《清文海》等所谓"七全一海"为代表的古籍整理工程，对培养古文献学尤其是古籍整理人才作用明显，并由此形成了一个又一个具有鲜明特色的学术中心。

1979 年 4 月，由张舜徽倡导发起的中国历史文献研究会在桂林正式成立，研究会挂靠华中师范大学，张舜徽担任第一任会长。中国历史文献研究会成立 40 年来，每年召开一次学术年会，对于加强古文献学学科内部的学术交流、教学交流，推动古文献学研究的发展，发挥了重要作用。学术共同体的积极意义值得重视。21 世纪是信息化的时代，作为新兴的现代文献信息学，以互联网为依托整理文献信息，是对古文献学内涵的重大拓展，为我们现阶段古文献学研究解放思想有推动作用。我们要做好充分准备，迎接现代信息技术的挑战，努力实现古文献学研究手段和思想的现代化，突出其时代特色，把古文献学推向新的历史发展阶段。

（三）合理制定评价指标，加大行政扶持

同企业管理相似，古文献学学科建设也需要合理制定评价指标。

---

① 参考"中华古籍网"，http：//www.guji.cn/web/c_0000000300010004/d_8347.htm。

通过修订和完善各层次人才选拔、引进、考核、培养、管理制度，大力加强古文献学学科带头人以及学术骨干队伍建设；通过加大科研资助力度，努力提高古文献学工作者生活待遇，实行合同管理等灵活机制，构建新型师资管理模式和激励约束机制，切实加强青年教师队伍建设，使古文献学学科人才梯队建设进入快车道发展。

在古文献学学科建设过程中，高校要对古文献学学科建设进行整体科学规划与指导，保障学科建设的有序进行。一方面，要兼顾古文献学学科的重点发展和整体建设，理顺学科整体建设与重点发展的关系，重点发展的目的在于找到阶段性学科建设的突破口，整体建设则是学科发展的最终目标。另一方面，要有意识地通过制定学科评价标准，优化资源配置，合理布局古文献学学科群，加大行政扶持，给予古文献学者更多发展自主权，促进古文献学学科机构的有效调整，使古文献学的发展与社会需求相适应；通过提高学科水平使其更加高效服务社会。

在具体实施上，首先，要加强对学科建设的管理，在古文献学研究项目的立项、评估及验收上组织相关专家严格把关，学科建设经费做到专款专用，公平立信。其次，制定合理评价标准，坚持公平正义。这里的评价对象主要为古文献学工作者。在具体的教师考核中要统一尺度，实行"按劳分配"，兼顾公平，维护古文献学研究团体内部的和谐。再次，出台相应措施，鼓励拓展古文献学研究新领域。最后，不断加大资金投入，更新软件、硬件设施，改善古文献学研究环境，扩大研究平台。

此外，各个高校在谋局古文献学科建设之时，也要注重发挥地方资源优势，突出地域特色，集中区域内的高素质人才，寻找具有地方文化建设和经济发展助推力的优势学科，重点建设古文献学特色专业，壮大古文献学的根基。

总体而言，古文献学科建设还有待深入。虽然古文献学学科建设已取得诸多可喜成就，理论框架基本形成，人才培养规模、科学研究水平正在平稳向前发展，也形成了合理的知识体系，建立了较为完善的学科体系，但同时也存在一些问题，如学界对于古文献学基础理论缺乏一个统一的、清晰的科学认识，并由此导致高校学科设置和课程设置上较为混乱，缺乏规范性，存在"各自为营"的情况，对专科文献研究还很薄弱，等等。今后，我们还要在加强文献学史、文献学理论研究，建立和完善古文献学学术资料库，理顺人才队伍培养机制，规范学术评价等方面多做努力。

第十二章

古文献学分支学科的理论探讨

第一节　目录学

我国治目录之学，自汉代刘向、刘歆至今已有两千多年的历史。目录一词最早见于《七略》："《尚书》有青丝编目录。"① 这里的目录是指《尚书》一书的目录而言。刘向校书时的"条其篇目，撮其旨意，录而奏之"是指编次一书目录的过程，这里的目指篇名，录是对某书或某篇章旨意、要点的说明。周少川在其《古籍目录学》一书中指出："目录是目和录的合称，将书的书名、篇名与说明合在一起就是目录。"② "目录学"一词最早出现于北宋初年，北宋苏象先纂述其祖父苏颂遗训遗事的《苏魏公谭训》卷四载："祖父谒王原叔，因论政事。仲至侍侧，原叔令检书史。指之曰：此儿有目录之学。"③

可见，目录学在北宋初期已经作为指代一门学问的专词。目录学形成于宋代的另一个标志就是南宋时期目录学家郑樵撰写了目录学理

---

① 任彦昇：《为范始兴作求立太宰碑表》注引《七略》，谭国清主编《昭明文选》卷38，西苑出版社2003年版，第223页。
② 周少川：《古籍目录学》，中州古籍出版社1996年版，第4页。
③ （宋）苏颂：《苏魏公文集·魏公谭训》，王同策、管成学、颜中其等点校，中华书局1998年版，第1141页。

论著作《通志·校雠略》。在此略中，郑樵论述了图书的搜求、整理、编目过程，分析了目录工作的编目、分类、小序、叙录等理论问题，较为系统地总结了西汉至宋的目录工作经验和方法，并提出了自己的见解。目录学的出现，促进了目录事业的发展。由宋至清，大批官私目录不断出现。到了清代，目录学成为一时的"显学"。清代学者王鸣盛在《十七史商榷》中指出："目录之学，学中第一紧要事，必从此问途，方能得其门而入。"① 此语肯定了目录学是指导读书治学的入门之学。但是，从宋代以来，有些学者却仍认为目录只是记撰人、分篇帙、识书名、别版本而已。例如，郑樵撰《通志》，立《校雠略》论图书的搜求、整理、编目等事；清代学者全祖望、章学诚、朱一新等人皆认为目录无须作为专门之学；近人张舜徽则主张用校雠大名统目录小名，而不采取目录学的专名。近代目录学家余嘉锡对朱一新等人的观点表示了异议，他说："据《风俗通》引刘向《别录》，释校雠之义，言校其上下得谬误为校，则校雠正是审订文字。渔仲（郑樵）、实斋（章学诚）著书论目录之学，而目为校雠，命名已误。朱氏之说非也。特目录不专是校雠、版本耳！"② 因此，目录学自可独立成学，无须代以校雠学之名。20 世纪 80 年代古文献学科建立以来，目录学作为古文献学的六大分支学科之一，也是古文献学的支柱之一，有很重要的意义。白寿彝在《谈历史文献学》一文中说"目录学是掌握历史文献的入门学问"，"一个研究工作者，必须懂得他这一门学科的目录学，一个历史工作者必须懂得史籍的目录学"③。近年来，目录学研究主要集中在以下三个热点上：一是数字化时代下的目录学；二是宋代目录学史研究；三是章学诚"辨章学术，考镜源流"研究。

---

① （清）王鸣盛：《十七史商榷》，黄曙辉点校，上海古籍出版社 2013 年版，第 1 页。

② 余嘉锡：《目录学发微》，岳麓书社 2010 年版，第 9 页。

③ 白寿彝：《谈历史文献学》，《史学史研究》1981 年第 2 期。

一　数字化时代下的目录学

数字化时代下的目录学是近年来目录学研究的一大热点。近几年，伴随着网络的兴盛，计算机和网络技术在文献的制作、流通、保存和检索方面引发了空前的变革。很多技术的出现扩展了文献的外延，丰富了文献的内涵。因此，在我们以新的方式使用文献的同时，考察文献及其与文献有关的学科正在发生改变的特征，以及这些发展、改变对于个人和社会必将产生的影响，也变得越来越重要。在数字化的冲击下，传统目录学是应该继续遵循以纸质为媒介的发展，还是将其与数字化结合起来，发展为一门新的目录学以适应新时代人们对目录学的要求，这是一个很重要的问题。曾伟忠、董畅在《数字时代目录学的历史使命和未来发展的思考》一文中指出："数字时代目录学的发展是一个继往开来的过程，这个过程包含两个重要方面，'继往'是完成时代赋予目录学的重要历史使命，是传统目录学功能在数字时代的升华；'开来'是目录学面向未来正在和将要发挥出来的新的功能，是在信息服务的深度和广度上发挥更大的作用。"①

20 世纪 80 年代以来，我国目录学家一直在寻求目录学发展的新突破。随着数字化时代的到来，彭斐章指出："如何科学地解决数字时代信息资源的生产、聚集、组织、传播、开发和利用等方式方法的问题，是 21 世纪我国目录学研究面临的重要问题。可以说，目录学研究正进入数字时代。"② 因此，建立一门专门的目录学——数字目录学是很有必要的。数字目录学是研究数字环境下的数字资源与网络书目情报工作，解决数字资源的组织与开发利用等问题，为发展信息资源管理和信息服务提供支持的一门目录学新兴学科。③

---

① 曾伟忠、董畅：《数字时代目录学的历史使命和未来发展的思考》，《图书与情报》2012年第 2 期。
② 彭斐章：《目录学》，武汉大学出版社 2003 年版，第 3 页。
③ 柯平：《数字目录学——当代目录学的发展方向》，《图书情报知识》2005 年第 3 期。

在数字时代，传统目录学与数字目录学既有区别又有联系，并且有着各自独特的优势和局限，各自扮演着不同的角色，满足我们在不同情况下的需求。首先，从功用上来看。传统目录学的两大功能即"指导读书"和"辨章学术，考镜源流"。我国历史悠久，文化发达，图书典籍浩如烟海，面对众多的古籍文献，要从事古文献的学习、整理与研究，如果没有各种图书目录做指引，只能是困难重重，无从下手。反之，若以各类图书目录做指引，便可得其门而入，探究历代学术源流，考辨书籍真伪，鉴别版本优劣，核实典籍聚散。这是因为我国的图书目录向来具有综合群书，类居部次的传统。其中解题性的目录，除著录书名、作者、卷数、存佚之外，更有解题，用以概括阐明内容要旨、作者生平、学术源流、版本优劣，或考订篇章次第、文字舛讹等，人们检阅目录便能"览录而知旨，观目而悉词"①。关于数字目录学的功用，柯平在《中国目录学的现状与未来》一文中则认为，其功能在于"主要解决电子资源的分类编目与检索问题，包括数字图书馆目录、网络编目、联机编目、文后电子资源著录、网络资源分类、网络资源组织、网络信息资源的二次开发等问题"②。此外，从知识的角度进行分析，数字目录学还具备两种功能，一是知识记忆与导航功能，二是科学报道与评价功能。③ 虽然这是从现代目录学角度提出的概念，但也是传统目录学值得深思或改进的地方。

其次，从二者所研究的对象来看。传统目录学的研究对象是浩瀚的纸质书籍，是如何科学合理地编制书目和有效地利用目录，是通过对已有的群书进行考订，确定书名、作者、篇目、版本、真伪，分类编目，撰成目录或叙录，揭示图书面貌，反映学术源流。数字目录学的研究对象是数字资源，包括网上数字资源和非网上数字资源，是对

①　杨燕起、高国抗：《中国历史文献学》，北京图书馆出版社 2003 年版，第 244 页。
②　柯平：《中国目录学的现状与未来》，《图书馆杂志》2005 年第 3 期。
③　柯平：《数字目录学——当代目录学的发展方向》，《图书情报知识》2005 年第 3 期。

各式各样的资源进行揭示与组织、报道与传播。①

最后，从二者的载体来看。传统目录学的载体是纸质书，数字目录学的载体是计算机。人们普遍认为数字设备的迅速发展会影响到数字时代纸张的使用及其所扮演的角色。但是事实证明，数字时代人们对纸张的需求仍然在稳步增长，数字时代给纸张带来的挑战并不是淘汰它，而是促使人们更好地去管理它。在很多情况下，纸张仍然是一种相对较好的载体，便于携带。尽管计算机可以存储大量的信息，但是一旦离开电力系统，就无法操作。因此，数字时代纸张不可能消失，因为阅读印刷媒体的习惯是根植于传统之中的，也正因如此，传统目录学不会被数字目录学所代替，二者是互相促进发展的。

尽管传统目录学与数字目录学有着很大的区别，但是二者也有着紧密的联系。首先，数字目录学的建立是以传统目录学的发展为前提的，只有建立在传统目录学的实践研究与理论研究的基础上，利用网络信息技术，数字目录学的产生才能得以实现。例如，传统目录学的范畴是"图书—书目"，数字目录学将其范畴扩大到了"文献—信息"。其次，数字目录学必须继承传统目录学的学术传统，将"辨章学术，考镜源流"这一学术理念深入到知识层面，将传统目录学的一些方法如提要、类序等与网络和数字技术、智能技术结合起来。最后，数字目录学与传统目录学一样，都具有指导读书治学的功能。不同的是，数字目录学指导的是电子阅读。数字化时代下，电子阅读逐渐成为一种趋势，成为人们一种新的阅读习惯。电子阅读这一新的模式具备的特征是人们在浏览、扫读、关键词定位、一次性阅读、非线性阅读和更有选择性的阅读上面花费更多的时间，在深度阅读、专注阅读上花费更少的时间，持续的注意力不断在降低。② 因此，数字目

---

① 柯平：《数字目录学——当代目录学的发展方向》，《图书情报知识》2005 年第 3 期。

② 刘子明：《从纸张到数字——信息时代的文献》，王昉译，大象出版社 2013 年版，第 5 页。

录学要适应阅读环境的变化，研究人们读书治学的新特征，研究电子阅读习惯、阅读行为和阅读心理学。数字目录学还要建立学习资源库和学习平台，为用户提供学习培训和阅读方法的指导。

在数字环境下，传统目录学对读书治学的指导作用却没有得到很好地发挥，针对这一问题，研究者们纷纷撰文对此进行思考。例如，鞠明库在其《古籍数字化与传统文献学》一文中指出："虽然当前对于古籍数据库建设而言，按照经、史、子、集四部分类法进行排列仍然是迄今为止最好的解决方案，但对于普通读者和研究者来说，查找古籍不是首先去翻阅《汉书·艺文志》《隋书·经籍志》《四库全书总目》等目录学著作，而是从古籍数据库中直接进行检索。"① 这其实是数字目录学针对纸本阅读发挥检索和查寻作用。他进一步举例说："我们想从四库系列丛书中寻找一部古籍，看它是否被收录，具体收在哪部丛书之中，位置如何，如果去图书馆一一翻阅每部丛书的目录，那就有些落后了。我们首先会想到的是如何从古籍书目数据库中寻找线索，如复旦大学图书馆古典文献数据库'四库系列图书综合索引'就可以解决这一问题。"② 尽管当前各种类型的古籍数据库多具有强大的检索和查询功能，读者可以通过电脑很快检索到自己所需的资料。但是我们需要注意的是，古籍数字化所带来的强大检索功能并不能代替传统目录学"辨章学术，考镜源流"的功能和优良传统。因此，鞠明库指出："我们面临的一个重要问题就是如何把中国传统目录学那种'辨章学术，考镜源流'示人以治学门径的功能与数字化古籍数据库穷尽式的检索能力结合起来？这一问题在建设大型古籍数据库和专题数据库时更显重要。近年来，较为流行的古籍类数据库也体现出检索功能强，而分类和导引功能较弱的特点。如何有效

---

① 鞠明库：《古籍数字化与传统文献学》，《清华大学学报》（哲学社会科学版）2011 年第 5 期。

② 鞠明库：《古籍数字化与传统文献学》，《清华大学学报》（哲学社会科学版）2011 年第 5 期。

解决这一问题，需要学界进一步探讨。"①

2013 年 5 月，由文化部主办、国家古籍保护中心承办的"全国古籍数字化建设与服务工作研讨会"在北京召开。会议就我国古籍数字化合作服务机制、国内外古籍数字化保护利用、古籍数字化成果共享方式和古籍数字化标准规范等问题进行了充分讨论，并明确从《国家珍贵古籍名录》入手，推进中华珍贵古籍数字资源库建设。针对古籍数字资源库的建设，葛怀东撰文肯定了古籍目录学对古籍数字资源库建设的意义，并在其《古籍目录学与古籍数字资源库建设》一文中认为，"对于内容庞杂的古籍数字资源库而言，古籍目录学中的四部分类法仍有着不可替代的作用"，因此他主张"将传统目录学所积累的学科规范与数字化信息技术有机结合，才能更好地适应古籍数据库的建设"。②

综上所述，数字化时代下的目录学正面临着机遇和挑战，目录学既要继承"辨章学术，考镜源流"的优秀传统，又要紧跟时代的步伐，适应数字时代人们学习研究的变化，冲破目录学研究中的束缚，进行目录学领域的深刻变革。这既符合时代的精神，也是目录学研究领域最为迫切的任务。

二　宋代目录学史研究

目录学史研究在我国目录学研究领域一直十分活跃，它的主要关注点是历代目录学思想的发展和理论成果。近几年来，断代目录学史研究取得较大的突破和发展。中国古代目录学自汉代以来不断发展，到宋代正式出现了目录学一词，而宋代学者在目录学理论上也做出了很大贡献，如郑樵《通志·校雠略》；同时大量的公私书目著作也在宋代出现，如《崇文总目》《郡斋读书志》《直斋书录解题》《遂初

---

① 鞠明库：《古籍数字化与传统文献学》，《清华大学学报》（哲学社会科学版）2011 年第 5 期。

② 葛怀东：《古籍目录学与古籍数字资源库建设》，《情报探索》2014 年第 3 期。

堂书目》等，所以，宋代的目录学向来受到众多学者的关注，而关注的热点主要集中在以下几个方面。

（一）宋代目录学的成就

宋代是我国封建经济发展较为快速的时期，国家的基本统一、中央集权的加强、农业生产的恢复和发展以及手工业和商业的发达为社会经济的繁荣奠定了坚实的基础，加之实行比较开明的文化政策，学术思想相对自由，在客观上为宋代文化的高度繁荣创造了条件。这些有利的条件使宋代的目录学逐渐兴盛起来。宋代目录学所取得的成就对后世影响较大，起到了承上启下的作用，因此，宋代目录学成就对我们现在的图书编目工作和古籍辑佚整理工作有着参考和指导意义。

余嘉锡在其所著《目录学发微》之《目录学源流考》一节中，曾简单述及宋代目录学，提及了宋代馆阁校书与目录编纂情况，但对宋代目录学理论的发展没有讨论，对郑樵的《校雠略》亦无详细评述。姚名达《中国目录学史》则对宋代的五次校书情况、史志目录的编纂如《国史·艺文志》《宋史·艺文志》等做了较为全面的介绍。汪辟疆《目录学研究》一书，收录其目录学论文六篇，探讨了目录学中的几个关键问题，如对目录、目录学的界定，对汉魏六朝目录的考略等，但并没有对宋代目录学进行单独讨论，而是将唐宋元明清之目录学合并论述。乔衍琯曾著有《宋代书目考》一书，对两宋的部分目录著作进行了较为全面的考证。20世纪90年代初，乔好勤出版了《中国目录学史》一书，总结了中国目录学发展的分期，并从学术文化思想的角度阐述目录学的演变过程，受到了学术界普遍认同。稍后，1998年，余庆蓉与王晋卿撰有《中国目录学思想史》一书。这是我国第一部全面系统研究和阐释中国目录学思想发展史的著作，是20世纪末目录学史研究领域最有影响的成果之一。但此书对宋代目录学思想史的研究并不充分，尤其是谈到宋代学术与宋代目录学关系的时候，仅从学术思想活跃这一背景下论述，甚为简单，留下了进一步研究的空间。2006年，张富祥出版了《宋代文献学研究》

一书，其第二章即论述了宋代目录学的发展情况，该章对官私藏书目录、史志目录与综合参考目录、专科目录与阅读参考目录进行了总述，对图书分类法在宋代的变革做出了详细的理论分析，并以《通志·校雠略》为例，分析了其在目录学发展史上的意义。该书对宋代目录学所取得的理论成果的论述是目前最为全面系统的。2014 年，白金《北宋目录学研究》一书出版，该书在对北宋目录编纂工作的考察及全面系统梳理的基础上，总结了北宋目录学在分类思想、编纂体例、目录学理论建设等方面取得的突破性成就，并提出了北宋目录学在上述几个方面存在的一些问题。学位论文方面，2006 年，郑州大学硕士研究生段莹的学位论文《宋代目录学研究》，重点论述宋代书目编纂事业取得的辉煌成就，总结宋代目录学思想，揭示宋代目录学发展特点。2008 年，山东大学硕士生艾雯的学位论文《宋代目录学的成就及其影响研究》，在介绍宋代目录学成就的基础上，对宋代目录学的著录方法、分类思想做了论述，进一步分析了宋代目录学发展对版本学研究、目录学史发展等方面的影响。除此之外，尚有一些论文值得关注，如汪新华、拓夫的《从目录学名著看宋代目录学的成就——宋代目录学研究之三》[①]，从目录著作的编纂入手，论述了北宋目录学的繁荣景象；邓洪波的《北宋时期的图书整理与目录工作——宋代目录学研究之一》[②]《南宋时期的图书整理与目录工作——宋代目录学研究之二》[③]，从两宋馆阁藏书整理与官修、私修目录事业的兴盛方面总结了宋代目录学的成就；段莹的《论宋代目录学繁荣的历史动因》[④]，分别从政治、经济、文化方面论述了宋代

[①] 汪新华、拓夫：《从目录学名著看宋代目录学的成就——宋代目录学研究之三》，《湖南大学学报》（社会科学版）2002 年第 3 期。

[②] 邓洪波：《北宋时期的图书整理与目录工作——宋代目录学研究之一》，《高校图书馆工作》2002 年第 5 期。

[③] 邓洪波：《南宋时期的图书整理与目录工作——宋代目录学研究之一》，《高校图书馆工作》2002 年第 6 期。

[④] 段莹：《论宋代目录学繁荣的历史动因》，《新世纪图书馆》2011 年第 6 期。

目录学繁荣的原因；张琰的《孔子与郑樵目录学思想异同浅论》①，分析孔子和郑樵的目录学思想，在"兼收并蓄"与"详今略古、存佚皆取"的收书原则、"分门别类"与"类例既分、学术自明"的编次思想、"述而不作"与"泛释无义"的揭示旨趣三个方面，既有相同点又有不同点，体现了我国古代目录学搜求广深、重视分类、精究提要的传统特征。

根据上述研究者对宋代目录学的研究，可以将宋代目录学的成就概括为四个方面。首先，在书目编撰上，宋代的目录数量众多。根据《宋史·艺文志》《宋史艺文志补》《秘书省续编到四库阙书目》《中兴馆阁书目》等统计，约有 120 余种部，800 余卷。② 书目类型包括官私藏书目录、史志目录以及各种专科目录。不管是数量上还是类型上，宋代目录成就都是前代无法相比的。其次，"目录学"这一概念在宋代正式出现。虽然此前目录相关工作早已出现，但是"目录学"一词是直到宋代才出现的。再次，宋代学者并没有固守经、史、子、集四部分类法。例如，郑樵《通志·艺文略》、王应麟《玉海·艺文》等均非四部分类法。而且，虽然《崇文总目》《新唐书·艺文志》等官方目录采用了四部分类法，但是在小类的划分、具体的图书归类、部类名称的取舍方面，与传统的四分法还是有很大的区别。由此可见，宋代目录学是在继承与创新中不断前进。最后，宋代的郑樵在理论上对目录学的发展进行了总结，将目录学从实践上升到了理论高度。可以说，郑樵的《通志·校雠略》是目录学史上非常重要的一篇理论著作。

（二）《郡斋读书志》研究

《郡斋读书志》是学界研究宋代目录学的一个关注点。《郡斋读书志》作为我国现存的第一部私人解题目录，在目录学史上有着重要的

① 张琰：《孔子与郑樵目录学思想异同浅论》，《甘肃教育学院学报》2003 年第 4 期。
② 白金：《北宋目录学研究》，人民出版社 2014 年版。

地位与价值。南宋陈振孙对《郡斋读书志》的评价很高，他在《直斋书录解题》史部目录类著录了《晁氏读书志》二十卷，解题云："昭德晁公武子止撰。其序言得南阳公书五十箧，合其家旧藏得二万四千五百卷。其守荣州，日夕雠校，每终篇辄论其大指。时绍兴二十一年也。其所发明有足观者。南阳公未知何人，或云井度宪孟也。"① 清代学者钱泰吉称《郡斋读书志》为"宋以来著录家之首"②。乾隆年间，四库馆臣编纂《钦定四库全书总目》，其中史部目录类关于《郡斋读书志》之提要，比较详细地介绍了晁公武的得书经过，《读书志》衢、袁二本的产生及流传经过，《经籍考》引用《读书志》的情况等，最后云："书虽非旧，而梗概仍存，终为考证者所取资也。"③ 近现代以来，学术界对《郡斋读书志》的研究比较多，如陈寿祺所撰《宋目录学家晁公武陈振孙传》（《国粹学报》第六十八期），简单介绍了晁公武的事迹。随后，刘兆祐的硕士论文《晁公武及其〈郡斋读书志〉》重点研究了《读书志》的版本、体例，并将晁公武的籍贯定为清丰，纠正了陈寿祺关于晁氏籍贯在巨野之说法，为研究晁氏生平的一大发现。1990 年，孙猛《郡斋读书志校证》出版，该书对《郡斋读书志》做了标点、校勘、疏证、考订四个方面的工作，其考订翔实，内容丰富，为后人继续研究《郡斋读书志》提供了极大的方便。由此发端，研究《郡斋读书志》的单篇论文越来越多，研究集中在《郡斋读书志》的成书过程、体例、版本的流传以及解题特点等几方面。例如，毕鲁燕的《山左学者晁公武的目录学成就》一文，从《读书志》的版本源流、分类体系、体例结构、解题特点四个方面探索了晁公武的目录学成就，得出结论："《郡斋读书志》完备的书目结构体例和丰富的解题内容，对于我们学习研究中国文化

---

① （宋）陈振孙：《直斋书录解题》卷 8，上海古籍出版社 1987 年版，第 235 页。

② （清）钱泰吉：《甘泉乡人稿》卷 9《曝书杂记》下，《续修四库全书》本，上海古籍出版社 1995 年版，第 113 页。

③ （清）纪昀等：《钦定四库全书总目》卷 85，中华书局 1997 年版，第 1130—1131 页。

史、学术史和目录学史，均有很高的借鉴价值，无愧为中国古代目录学的宝贵遗产。"① 除此之外，研究者也从《郡斋读书志》与其他书目的关系入手，分析《读书志》的分类特点。如郝润华《〈郡斋读书志〉的分类及其与〈崇文总目〉的关系》② 一文，针对清朱彝尊《经义考》和《四库全书总目》所说的《郡斋读书志》在体例上取法《崇文总目》的说法，详加分析比对，认为《郡斋读书志》的分类是在充分吸收和参考《隋书·经籍志》《古今书录》《旧唐书·经籍志》《新唐书·艺文志》《崇文总目》及北宋私家书目的基础上确立的，并非如前人所说只依据了《崇文总目》。这一说法使我们对《读书志》的图书分类法有了更加科学的认识。与此同时，郝润华还为晁公武撰写了评传，对晁氏生平、家族、学术渊源以及《郡斋读书志》的学术价值首次做出系统全面研究。③ 学者们对晁公武及《郡斋读书志》的研究成果比较丰富，要想在此研究领域有新的突破，必须另辟蹊径。2010 年杨大忠的博士学位论文《〈郡斋读书志〉研究》在此方面做了尝试。他论述了《郡斋读书志》在辨伪学上的成就，并且对孙猛校证的《郡斋读书志校证》加以补证，取得了有意义的成果。

（三）宋代目录学研究的新突破

长期以来，对宋代目录学著作的研究主要集中于《崇文总目》《中兴书目》一类的官修书目和《郡斋读书志》《直斋书录解题》《遂初堂书目》等私家书目，而《玉海·艺文》则长期未能进入学者的研究视野之中。由南京大学古典文献研究所武秀成教授及其学生赵庶洋博士合作撰写的《玉海艺文校证》，成为宋代目录学研究中的新

---

① 毕鲁燕：《山左学者晁公武的目录学成就》，《津图学刊》2004 年第 6 期。
② 郝润华：《〈郡斋读书志〉的分类及其与〈崇文总目〉的关系》，《史林》2006 年第 5 期。
③ 郝润华、武秀成：《晁公武陈振孙评传》，南京大学出版社 2006 年版。

突破。对于这一突破，郝润华认为，"从性质上说，《玉海》是一部类书，是王应麟为应博学宏词科考试所编撰的，所以大体上看《玉海》与目录学并无联系。但是具体到《艺文》一门，全部是关于书籍文献的内容，而且其编排的方式以及其中引用的材料，都与目录学著作有着千丝万缕的联系"①。王重民早在 1963 年即发表《王应麟的〈玉海·艺文〉》一文，最早从目录学角度对《玉海·艺文》进行探讨，在文中特别提出，"如果把《艺文》从《玉海》中提出单行，是一件很有意义的工作"②。现在，《玉海艺文校证》一书将《艺文》从《玉海》中单独提出，并对其进行了详细的校证，对宋代目录学研究作出了很大贡献。郝润华在《评〈玉海艺文校证〉》一文中指出："《玉海艺文校证》一书在当今的目录学理论研究上有着重大的创获，提出的'辑考体'目录一说，为中国古代目录学理论增添了新的内容。同时在《玉海·艺文》文字内容的标点、校勘与考证方面也多有精彩之处，不仅在宋代目录学研究方面做出了巨大成就，对于整个中国古代目录学研究来说也是一项重要的成果。"③

三　章学诚"辨章学术，考镜源流"研究

近年来，学术界对章学诚及其目录学思想的研究一直都在持续着，这是由于章学诚关于目录学思想、分类方法、著录方法及索引理论的创新思想，至今仍具有重要的参考价值。研究者对章学诚目录学思想的探讨大体从三个方面进行：一是对章学诚目录学思想体系的研究，相关论文有王新凤《试论章学诚对中国古代目录学理论的贡献》④、李

---

① 郝润华：《宋代目录学研究的新突破——评〈玉海艺文校证〉》，《古籍整理研究学刊》2015 年第 1 期。
② 王重民：《王应麟的〈玉海·艺文〉》，《学术月刊》1964 年第 1 期。
③ 郝润华：《宋代目录学研究的新突破——评〈玉海艺文校证〉》，《古籍整理研究学刊》2015 年第 1 期。
④ 王新凤：《试论章学诚对中国古代目录学理论的贡献》，《延安大学学报》（社会科学版版）1995 年第 2 期。

瑞霞《试论章学诚的目录学思想》①、傅荣贤《"辨章学术,考镜源流"层次论》② 等;二是对章学诚的"辨章学术,考镜源流"的目录学思想的批判,相关论文有王国强《"辨章学术,考镜源流"之评判——中国古典目录学价值重估》③、《"辨章学术,考镜源流"之再评判》④、程焕文《中国目录学传统的继承与扬弃》⑤、李冰《"辨章学术,考镜源流"批评》⑥;三是对章学诚与其他目录学家目录学思想的比较研究,其中主要与刘歆、郑樵、余嘉锡、刘咸炘等的比较研究,相关论文有沈焱《郑樵、章学诚目录学思想评估》⑦,王艺《从刘歆、郑樵到章学诚》⑧,杨义勇《简评刘氏父子、郑樵、章学诚目录学思想》⑨,谢伟涛《章学诚与余嘉锡目录学思想比较研究》⑩,王化平、周燕《刘咸炘和章学诚的目录学思想比较研究》⑪ 等。

　　章学诚"辨章学术,考镜源流"的目录学思想一直是目录学研究的热点。研究者争论的焦点在于"辨章学术,考镜源流"是不是中国传统目录学的精髓所在,是否就是中国传统目录学的最主要功能,以及"辨章学术,考镜源流"在现代目录学中是否还有其存在价值。王新凤在《试论章学诚对中国古代目录学理论的贡献》一文中,肯定了章学诚对古代目录学的主要贡献在于他第一次明确提出了目录学的主要职能,即"校雠之学,自刘氏父子渊源流别,最为推

---

　　① 李瑞霞:《试论章学诚的目录学思想》,《河南图书馆学刊》1997 年第 4 期。

　　② 傅荣贤:《"辨章学术,考镜源流"层次论》,《四川图书馆学报》1997 年第 5 期。

　　③ 王国强:《"辨章学术,考镜源流"之评判——中国古典目录学价值重估》,《郑州大学学报》(哲学社会科学版) 1991 年第 3 期。

　　④ 王国强:《"辨章学术,考镜源流"之再评判》,《图书与情报》1994 年第 1 期。

　　⑤ 程焕文:《中国目录学传统的继承与扬弃》,《图书馆工作与研究》1996 年第 4 期。

　　⑥ 李冰:《"辨章学术,考镜源流"批评》,《图书馆学研究》1998 年第 6 期。

　　⑦ 沈焱:《郑樵、章学诚目录学思想评估》,《四川图书馆学报》1994 年第 5 期。

　　⑧ 王艺:《从刘歆、郑樵到章学诚》,《晋图学刊》1995 年第 1 期。

　　⑨ 杨义勇:《简评刘氏父子、郑樵、章学诚目录学思想》,《怀化学院学报》(社会科学版) 2002 年第 6 期。

　　⑩ 谢伟涛:《章学诚与余嘉锡目录学思想比较研究》,《图书馆》2004 年第 3 期。

　　⑪ 王化平、周燕:《刘咸炘和章学诚的目录学思想比较研究》,《四川图书馆学报》2009 年第 2 期。

见古人大体。校雠之义，盖自刘向父子部次条别，将以辨章学术，考镜源流，非深明于道术精微，群言得失之故者，不足与此"①。

"辨章学术，考镜源流"是章学诚校雠学理论的宗旨，也是其目录学思想核心，是古典目录学精华之一。这种强调从学术史的角度去研究揭示文献目录的方法起到了类似今天学术史的作用。尽管章学诚尚未以科学眼光对古代图书整理实践活动进行全面总结，但探索古代目录学理论思想渊源，不应把现代学科概念与古人的概念硬性地配套。我们应该用系统分析的方法把古代目录学家的活动实践、理论与思想分别加以全面总结，并注意他们之间的依存关系。②

王国强对"辨章学术，考镜源流"这一理论进行了评判和再评判。在其《"辨章学术，考镜源流"之评判——中国古典目录学价值重估》一文中，王国强认为章学诚这一理论的来源即学术性书目及其理论，"他使之明确并从理论上详尽阐述，认为书目编制宜遵循该原则，'非深明于道术精微群言得失之故者不足与此'，否则即一掌故足以胜任的'甲乙部次'工作，简直无资格称作书目"③。然而，古典目录内容并不仅于此。王国强指出"古典目录学是沿着两个方向发展、齐头并进的。只是学术性书目影响大，而另一个方向，即藏书性书目和明代书目影响较小"④。王国强认为藏书性书目的出现是以记载和提供检索藏书为目的，检索极简便，而这才是书目的真正功能。也就是说，"辨章学术，考镜源流"并不是所有书目的主要任务。柯平也有相似的论述："过去以为中国古代目录学的核心思想是

---

① （清）章学诚著，王重民通解：《校雠通义通解》，上海古籍出版社 2009 年版，第 1—2 页。

② 王新风：《试论章学诚对中国古代目录学理论的贡献》，《延安大学学报》（社会科学版）1995 年第 2 期。

③ 王国强：《"辨章学术，考镜源流"之评判——中国古典目录学价值重估》，《郑州大学学报》（哲学社会科学版）1991 年第 3 期。

④ 王国强：《"辨章学术，考镜源流"之评判——中国古典目录学价值重估》，《郑州大学学报》（哲学社会科学版）1991 年第 3 期。

'辨章学术，考镜源流'，虽然中国古代目录学在学术史上确有成就和贡献，但还不能将目录学与学术史等同起来，在史志学派那里，是以'辨章学术，考镜源流'为宗旨和最高境界。然而，在目录学的其他学派，如藏书目录学派、佛藏目录学派、版本目录学派，辨章学术并不是主要任务"①。在王国强的另一篇文章中，他对"辨章学术，考镜源流"这一理论再次进行了评判，认为"辨章学术，考镜源流"是传统中国目录学对于目录学的局部认知，是经验时代中国目录学有价值的总结，符合传统中国文化的要求。"然而，绝对化导致了它成为一种封闭的自我循环系统，它的内在局限是没有涵盖目录学的基本内容，没有解释目录学基本现象，含有否定目录学学科价值的危险。"②

　　傅荣贤在《"辨章学术，考镜源流"层次论》中认为，由于后人没有对"辨考"进行深入的研究，因而扩大了"辨考"在目录学实践中的整体性功能，使得目录学成为学术史。他进一步指出："学术史只是辨考思想的一个方面，从更为广泛而深刻的意义上说，辨考应包括三层逐级递进的内容，第一层是对文献文本的整理和维护，第二层是对文献文本内容的梳理，第三层是对文献的超文本内涵之'道'的梳理。"③ 由于章学诚更多地阐述了第二层内涵，使人们误以为这就是"辨考"思想的全部了。因此，傅荣贤提出："只有讨论'辨考'的真正内涵，才能深入了解章学诚的目录学思想，并对充分认识传统目录学的一般理论、技术和方法也有积极意义。"④

　　程焕文在《中国目录学传统的继承与扬弃》一文中，对传统目录学的特点归纳为五点：一是着眼辨章学术，忽视学科建设，而学科

---

　　① 柯平：《论中国古代文献学的流派》，《郑州大学学报》（哲学社会科学版）2002 年第2 期。

　　② 王国强：《"辨章学术，考镜源流"之再批判》，《图书与情报》1994 年第 1 期。

　　③ 傅荣贤：《"辨章学术，考镜源流"层次论》，《四川图书馆学报》1997 年第 5 期。

　　④ 傅荣贤：《"辨章学术，考镜源流"层次论》，《四川图书馆学报》1997 年第 5 期。

建设的忽视使得目录学存在着先天性的不足；二是重道轻器，古代目录学家们大多以通过类例、类序、解题等来追求至善至美的"辨章学术，考镜源流"的"小道"境界，而且更重要的是人们还以这一"小道"来最终"申明大道"，也就是为古代社会的正统"大道"服务；三是重书目的学术价值，轻书目的情报功能；四是在价值取向和社会心理上存在着崇古守旧的特点；五是在心理层面上妄自尊大，一方面被誉为中国古代目录学大师的郑樵、章学诚多多少少总表现出不自觉的妄自尊大，而另一方面，由于传统影响，今人总是不自觉地拔高目录学的学术地位，夸大书目的作用。①

那么，我们到底应该如何对待"辨章学术，考镜源流"呢？首先，我们要肯定"辨章学术，考镜源流"在传统目录学发展上的重要意义，其"辨考"理论作为编纂图书目录的指导思想在当时是有进步意义的。在当代，我们在对古文献进行整理与研究时，"辨考"理论仍然对我们有指导作用，只有掌握了学术源流，才能通过文献研讨学术，发挥目录学的学术史功能。其次，对"辨章学术，考镜源流"既要继承，也要创新。在研究方法上广泛吸收信息论、系统论等与目录学紧密联系的理论方法，开拓和完善目录学的理论和方法，将整个目录学放置于整个社会信息之中来认识。最后，其贯穿"辨考"思想的提要、小序等方法也要适应现代目录学的发展而进行创新，要继承目录学的致用之道，服务于我们读书治学的社会需要，不仅为研究者，也为普通人提供便利的检索方法。

四　总结与思考

百年以来，特别是近三十年来，中国的目录学研究取得了很大的成就，现代研究者们不仅完成了近代目录学家未竟的事业，使古典目录学走上了现代化的进程，而且还顺应历史潮流和时代要求，在学科

---

① 程焕文：《中国目录学传统的继承与扬弃》，《图书馆工作与研究》1996 年第 4 期。

建设方面也使目录学有了新的突破和进展。但是在目录学研究取得进步的同时，目录学研究领域仍然存在一些不容忽视的问题。通过对目录学研究热点的分析，我们有以下几点认识。

（一）目录学的研究对象和研究方法仍然比较单一。在研究对象方面，仍然比较注意国家书目、正史目录、著名的私藏目录等传统的、常见的研究对象，缺乏更多更新的开拓。像方志目录、书业目录的研究仍然较少，这是值得深入挖掘的对象。其实，方志目录常常可以考察一地人士及与当地相关人物的著述状况，以补充大型目录的不足。古旧书业目录则时常有一些罕见古籍出现，著名学者、藏书家郑振铎就很注意对这类目录的搜集，以期了解有关古籍的流通情况。近年来学界关注中国典籍在东亚、东南亚的流传，明清时期的"舶载书目"对当时汉籍的外传就有详细的记载。

我国目录学的研究方法基本以历史方法为主，其表现就是学者们过于集中在目录学史的领域里进行细致的研究，削弱了目录与时代、目录与学术、目录与文献、目录与读者、目录与新技术诸多关系的深入研究。虽然现代许多目录学家运用了一些新的方法研究目录学，但是传统的、单一的研究方法并没有改变。这种单一的以历史方法为主的研究方法是远不能满足时代的要求的，取而代之的将是多种方法的综合运用。第一，我们可以将数学的方法运用到目录学研究中。数学化是目录学发展的趋势，我们可以运用计量法、统计法以及计算机技术，使目录学研究从定性分析转为定量分析，这也是信息时代目录学研究的特征。第二，我们可以运用比较法来研究目录学。这种比较不应局限于目录学家、目录学思想之间的比较，而应扩大到国内与国外目录学的比较。西方目录学发展迅速，其理论与实践都远超我们，将我国目录学与西方目录学相比较，不仅可以总结出我国目录学研究落后的原因，而且可以知己知彼，总结出可供借鉴的经验，来发展我国的目录学。第三，适当地运用心理学的研究方法。"以人为本"是现代社会的理念，我们应认识到不同时代的目录学家由于处在不同的社会中，其阶级观点、社会态度、思维方式等都会有所不同，因此从心理学的角度去分析、研究目录学家可以很好地从"人"出发，分析目录学家的目录学思想，同时这种分析方法也能运用到分析现代读者对目录学的需求上。

（二）目录学如何面对数字化的发展。在大数据、云计算等新技术手段运用时代，目录及目录工作的数字化、智能化发展趋势是目录学研究者不能忽视的重要方面。传统目录学研究应该抓住数字化发展的机遇，将传统目录治学门径的功能与古籍数字化结合起来，既便于学者的学术研究，也便于一般读者的检索利用。在这方面，王锦贵提出："我们应该从行动上冲破以书籍为载体的传统目录学的局限，立即把重心调整到网络信息目录工作及其检索工具上来，也就是说，诸如数字化的数据库，控制网络信息的目录工具网络目录，以及相关的搜索引擎等先进事物，应当从现在起成为当代目录学研究的重要内容。"[①] 因此，研究者要守正创新，与时俱进，要树立现代化、信息化、网络化的新观念，冲破旧观念的束缚，积极运用现代科技手段来进行目录学的学习与研究。但同时，我们也应该谨记一点，尽管新的技术给目录学提供了新的发展条件，使目录学萌生出新的希望、塑造着新的行为，当然也燃起了新的竞争，但我们要注意的是，数字化也有局限。第一，数字化信息的保存。为保存数字信息而对设备或软件产生的依赖可能会导致访问信息时的不方便以及对数字化保存的不信任。例如，如果保存信息的优盘坏了，但又没有备份，那么这就不如纸张来的可靠。第二，对阅读设备的依赖。数字化信息要依赖阅读设备而进行，一旦缺少阅读设备，那么数字化的文献将无法被阅读及使用。总之，我们要始终明确的是，新的技术要服务于目录学，而不是指导目录学或是支配目录学，因为技术不能解决所有问题，它只是目录学在新时代中迎接挑战的一种手段。

---

① 王锦贵：《论章学诚的目录学知识创新》，《大学图书馆学报》2003 年第 4 期。

（三）目录学与其他学科的关系。首先是目录学与文献学内其他学科的关系。历史文献学包含六个主要分支学科，即目录学、版本学、校勘学、辑佚学、辨伪学、注释学。目录学作为历史文献学的基础，与其他几个学科有密切的联系。版本学包括书籍的刊刻、版本的流传、鉴定等，要提高书目的质量，就要利用版本研究的成果，否则历史书目仅仅是记录，而没有去伪存真，评价版本优劣。目录学与校勘学也有密切联系，校勘需要目录学的知识，校勘的成果为目录学提供了新的内容。目录学与辑佚、辨伪学更是息息相关。进行辑佚或辨伪时，所用的本子是真是假，是否在历史上真的亡佚了，都要利用目录学的知识。因此，对目录学的研究也要考虑其与其他学科的关系，而从这一角度入手，会有新的启发和思考。其次是目录学与图书馆学、情报学、档案学等学科的关系。一方面，目录学与这些学科在内容上相互交叉，并产生了交叉学科，例如计量书目学、档案目录学。另一方面，目录学同这些学科在方法上可以互相借鉴，促进本学科的发展。因此，对目录学的研究也要利用这些交叉学科的理论和方法，不能盲目守旧；要冲破传统目录学的束缚，进行目录学领域新的变革。

第二节　版本学

版本之学，由来尚矣。早在先秦时期，版本意识就伴随着书籍流传和同书异本现象的出现而萌芽。经过西汉、两宋、清代几个重要的发展时期，版本学逐渐走向兴盛，其研究内容和研究方法也逐渐明确。近百年来，版本学承接自古以来的学术渊源，又有了新的发展，涌现出叶德辉、王国维、罗振玉、钱基博、傅增湘、张元济、王重民等一批声名显赫的版本学家。特别是 20 世纪 80 年代以来，版本学研究突飞猛进，成果如林：有善本的复制，有善本书影的汇编，有版本目录，有对专书版本的研究，有关于版本学理论的研究和对版本研究方法的总结等。其中，有关版本学理论的研究和对版本研究方法的总结，尤其代表了百年来版本学研究的新面貌和新成就。在这一进程中，版本学不仅承袭传统，聚焦于典籍本身，更在此基础上，被灵活广泛地运用到一些学术热点的研究中，取得了一批相当有价值的研究成果，与此同时也拓展了自身的研究范围。本节即围绕版本学理论的研究和版本学方法的运用，述评百年来版本学研究中的几个中心问题。

一 正名为先：何谓"版本"

随着学术的发展，版本学的内涵越来越复杂，这使得当今学者对如何定义"版本"仍持有不同观点。曹之、司马朝军的《20 世纪版本学研究综述》①（以下简称《综述》）一文将学者们的观点归纳为印本说、合称说、总称说、实物形态说、广狭二义说五种，较为全面。这里在《综述》基础上进一步分析评述。实际上，诸说除了第一种外，后四说在本质上并无差别。约而言之，学者们对"版本"概念的阐述可以分为两类：一类是继承传统，以版本专指印本；一类扩大"版本"概念的传统内涵，认为版本所指并不局限于印本，而是包括了广泛的书籍载体形态，而至于具体包括哪些书籍载体形态，则言人人殊。以下分别介绍这两类观点。

（一）沿袭传统观点的"印本说"

"版""本"二字，早期都有与文字载体相关的义项。"版"，亦作"板"，指写字的木板。《管子·宙合》云："故退身不舍端，修业不息版。"②《仪礼·聘礼》云："百名以上书于策，不及百名书于方。"郑玄注："方，板也。""本"字用来指称书籍，可追溯至西汉

---

① 曹之、司马朝军：《20 世纪版本学研究综述》，《图书与情报》1999 年第 3 期。

② （唐）房玄龄注，（明）刘绩补注：《管子》，刘晓艺校点，上海古籍出版社 2015 年版，第 68 页。

刘向《别录》中"一人持本，一人读书"①，指用来校书的底本；后也指版本，如《梁书·刘之遴传》中就有"古本""今本"之语。"版""本"二字连用，始于宋代，指雕版印本。沈括《梦溪笔谈》云："板印书籍，唐人尚未盛为之。自冯瀛王始印《五经》，已后典籍皆为板本。"②朱熹《晦庵集·与方伯谟》云："《韩文考异》大字以国子监板本为主。"③陆游《老学庵笔记》载："尹少稷强记，日能诵麻沙版本书厚一寸。"④由此可见，"板本"或"版本"一词，在最早的语境中，就是指印本。

以"版本"为印本的"印本说"，就是沿袭了这样的传统，持此说者以张舜徽为代表。张舜徽云："'版'的名称，源于简牍，'本'的名称，源于缣帛……后世因合二者而连称'版本'，用为书册的通名。自从有了雕版印刷术以后，许多人习惯用'版本'二字作为印本的代称。"⑤

（二）"版本"内涵的扩大

"版""本"二字连用，最早特指印本，但其内涵随着书籍生产方式的丰富和版学研究的发展而扩大。"版本"一词，逐渐也可兼指稿本、抄本、活字本，乃至金石、竹帛等。将"版本"的内涵扩大，首推清代叶德辉《书林清话》，他说："雕板之谓板，藏本之谓本。藏本者，官私所藏，未雕之善本也。自雕板盛行，于是板本二字合为一名。"⑥即将雕板与未雕的写本合为一名，这一观点为施廷镛继承并明确："所谓版本，实写本与刻本的合称。"⑦

亦有学者从同书异本的角度定义"版本"，《综述》中归纳的

---

① （汉）刘向、刘歆：《七略别录佚文》，上海古籍出版社 2008 年版。
② （宋）沈括撰：《梦溪笔谈》，施适校点，上海古籍出版社 2015 年版，第 118 页。
③ （宋）朱熹：《晦庵先生朱文公文集》卷 44，《四部丛刊》景明嘉靖本。
④ （宋）陆游：《老学庵笔记》卷 5，清嘉庆十年刻本。
⑤ 张舜徽：《中国文献学九讲》，中华书局 2011 年版，第 44 页。
⑥ 叶德辉：《书林清话》，上海古籍出版社 2012 年版，第 21 页。
⑦ 施廷镛：《中国古籍版本概要》，天津古籍出版社 1987 年版，第 2 页。

"总称说"和"实物形态说"即为此类。持"总称说"者以顾廷龙为代表，他认为："版本的含义实为一种书的各种不同的本子，古今中外的图书，普遍存在这种现象，并不仅仅限于宋、元古籍。"① 持"实物形态说"的代表是姚伯岳，他说："版本就是一部图书的各种实物形态。"② 顾氏以版本为一种书的不同本子，所谓"本子"，即写本、刻本、活字本、石印本等形态，而姚氏所说的"实物形态"，不仅可以包括各种"本子"，亦将金石、竹帛等书籍的存在形式囊括进来，更能反映同书异本的现象，进一步扩大了"版本"概念的内涵。

"广狭二义说"则是对若干年来"版本"定义的总结，以严佐之为代表。他在《古籍版本学概论》中指出，"版本"有广狭二义。"狭义的古籍版本专指雕版印本，广义的古籍版本泛指包括写本、印本在内的，用各种方法制作而成的古代图书的各种本子。"③ 兼顾了"版本"一词的传统义项和在学科发展中衍生出的新内涵。

《综述》的作者在文中对诸说进行了评价，认为"印本说"和"合称说"忽略了"版本"概念扩大的事实，不可取；"总称说"以"本子"解释"版本"，有循环论证之嫌；"广狭二义说"则是对"印本说"和"总称说"的折中。诸说之中，以"实物形态说"最接近事实。这样的评判，不可谓不精到。

不过，在《综述》一文的基础上，我们不妨从"版本"内涵的历史发展来考量诸学者对版本的定义。"版本"的最初意义是雕版印本，并不包括抄本、写本。随着学术研究的发展，学者们逐渐将研究雕版印本的方法迁移到对书籍的其他载体形式如抄本、写本乃至简帛的研究中，"版本"的含义也就随之扩大了。较之评判哪位学者的观点是"妥当的"或者"片面的"，"版本"内涵的变化和这种变化所

① 《顾廷龙全集》编辑委员会编：《顾廷龙全集·文集卷》（上），上海辞书出版社 2015 年版，第 258 页。

② 姚伯岳：《版本学》，北京大学出版社 1993 年版，第 6 页。

③ 严佐之：《古籍版本学概论》，华东师范大学出版社 2008 年版，第 1 页。

反映的版本学的发展趋势更值得关注。

二　学科界定：版本学的研究对象与研究内容

研究对象与研究内容是界定一门学科的两个重要依据。关于版本学的研究对象，学界虽然已经达成了一定共识，即版本学是研究某种书籍形态，但在一些具体的范围与细节上，尚未形成统一认识。

（一）研究对象

由于对"书籍"或"古籍"内涵的认识不同，学者们关于什么是版本学的研究对象也持不同意见。部分学者对版本学的研究对象做了严格的界定，认为只包括我国的汉字古籍，且一定是雕版印刷出现之后的书籍。如黄永年说："古籍版本学这门学问的研究对象应该是：我国用汉文书写的古籍，即从春秋末战国初我国汉文书籍的正式出现开始，大体到清末为止的古籍，但并不管它的内容，而只管它的版本。而这版本又不包括过去的竹木简书、帛书和卷子本，只包括雕版印刷通行以来的刻本、活字本、抄本、批校本。"① 这一类定义，将版本学的研究对象限定为宋代以后的，以纸张为载体，以印刷和手抄为生产方式，以蝴蝶装、包背装、线装为主要装帧形式的古代书籍。

部分学者对版本学研究对象的界定较为宽泛。如李致忠认为："中国古书版本学的研究对象是中国古代图书。"② 戴南海认为："版本学的研究对象是包括一切形式在内的各种古籍图书。"③ 这两位学者将古籍版本学的研究对象界定为中国古代的图书。而如何定义"书"则又是一个较为复杂的问题。有些学者认为，"图书"的载体应该是纸质的，竹书、帛书等并不是书籍。但钱存训、李零等学者认为，定义"图书"的标准应是其性质而非载体形式，竹书、帛书等

---

① 黄永年：《古籍版本学》，江苏教育出版社 2005 年版，第 9 页。
② 李致忠：《论古书版本学》，《吉林省图书馆学会会刊》1979 年第 1 期。
③ 戴南海：《版本学概论》，巴蜀书社 1989 年版，第 8 页。

也是书籍，竹简、帛书等早期载体形式的书籍也就被纳入版本学的研究范围之中。

综上所述，版本学最初的研究对象显然是宋元以来的写本、刻本。不过，随着出土文献等新材料的发现，不少存世的纸质文献有了简本或帛书本，学者们用研究宋元本的方法研究这些新发现的文献，版本学的研究对象也就扩大了，不再局限于雕版印刷通行以来的、以纸张为载体的书籍。

（二）研究内容

"版本学"之名，一般认为是叶德辉在《书林清话》中首次提出，用以指研究宋元旧本的学问。叶德辉说："自宋尤袤遂初堂、毛晋汲古阁、及康雍乾嘉以来各藏书家，断断于宋元本旧抄，是为板本之学。"① 经过百年来的发展，版本学的研究内容日渐丰富，到今天已远不止于对旧刻、旧抄的研究。

有一种观点认为，版本学的研究内容就是书籍的不同存在形态。如程千帆、徐有富说："版本学所研究的内容无不与书的物质形态有关，因此可以概括地说版本学是研究书的物质形态的科学，是校雠学的起点。"② 而严佐之、郭松年等学者则认为，研究书籍的物质形态只是整个研究过程的第一步，更进一步的目标在于研究不同版本的价值及其对书籍内容的影响："鉴定版本时代也好，考订版本源流也好，其最终目的还在于比较、确定版本内容的优劣，在于研究版本'在反映原书内容的特殊作用上'。从这一意义上讲，版本学乃是以研究版本文献价值为主的一门科学。"③ "古籍版本学是从古籍的版本源流和相互关系中，研究古籍版本的异同优劣，鉴定古籍版本的真伪，评定古籍版本的功用价值，并从中总结工作的规律性和方法的一

---

① 叶德辉：《书林清话》，上海古籍出版社 2012 年版，第 21 页。
② 程千帆、徐有富：《校雠广义·版本编》，齐鲁书社 1991 年版，第 9 页。
③ 严佐之：《古籍版本学概论》，华东师范大学出版社 2008 年版，第 7 页。

门科学。"①

基于以上观点，我们认为，对书籍不同存在形态的研究显然是版本学研究的核心内容，而随着版本学的发展，对版本学史的叙述和对版本学理论的归纳总结也逐渐被纳入版本学的研究范畴。版本研究又与书籍的形制、刊刻、出版等息息相关，近年来，学者们对书籍史和出版史也颇多关注，进一步扩大了版本学的研究范畴。

曹之在《中国古籍版本学》中对版本学研究内容进行了总结，他指出，古籍版本学的研究内容有以下五个方面："第一，古籍版本学的基本理论，包括古籍版本学的研究对象和研究内容，古籍版本学和相关学科的关系，研究古籍版本学的学术意义和方法。第二，古籍版本学的发展历史。古籍版本学的发展阶段，各阶段的理论和实践、代表人物。第三，古籍制作方式的演变源流，包括写本源流、刻本源流。第四，单种（含丛书）图书版本的演变源流，其中包括版本数量、版本系统、版本优劣。第五，古籍版本鉴定的规律，其中包括内容和形式两个方面。"② 这样的概括，基本囊括了当今版本学研究的诸方面内容。

综上所述，随着学科的发展和新材料的不断发现，"版本"和"版本学"的内涵都已经超越了其最初的范围，纳入了诸多新内容。

三　追根溯源：版本学的成立时间

版本学作为一门学科成立于何时，各家观点不尽相同，有先秦、西汉、宋代、清代、当代诸说，其中又以持西汉说、宋代说、清代说的学者为多。

持"西汉说"者以钱基博、顾廷龙、郭松年等学者为代表，他们主张扬雄、刘向、刘歆等人的大规模校雠活动，是版本学创始的标

---

① 郭松年：《古籍版本与版本学》，《吉林省图书馆学会会刊》1980 年第 4 期。
② 曹之：《中国古籍版本学》（第 2 版），武汉大学出版社 2007 年版，第 9—10 页。

志。钱基博《版本通义》说："版本之学，所从来旧矣！盖远起自西汉，大用在校雠。"① 顾廷龙《版本学与图书馆》说："版本之学，始于何时？观于商周彝器，秦诏莽量，往往有同文异范的，如《虢叔钟》《史颂敦》之类，此可谓版本的权舆。直至西汉则扬雄、刘向用不同本子的书籍，大事校雠……实亦为版本学之创始者。"② 郭松年《古籍版本与版本学》指出："从版本学发展的历史看，在西汉刘向、刘歆父子总校群书时，已经是广搜异本、雠正一书，讲求版本之学了……所以说汉刘向不仅是校雠学的创始人，实际也是版本学的创始人。"③

　　"宋代说"的认同者最多，影响也最大，持此观点的代表有叶德辉、张舜徽、刘国珺、李致忠等人，并多以尤袤《遂初堂书目》著录不同版本为版本学的发端。叶德辉认为："近人言藏书者，分目录、板本两种学派。……私家之藏，自宋尤袤遂初堂、明毛晋汲古阁及康雍乾嘉以来各藏书家，断断于宋元本旧抄，是为版本之学。"④ "自镂版兴，于是兼言板本。其例创于宋尤袤《遂初堂书目》。目中所录，一书多至数本"；"同时岳珂刻九经三传，其沿革例所称，有监本、唐石刻本……合二十三本。知辨别板本，宋末士大夫已开其风"。⑤ 张舜徽说："像这一类的直称印本为版本，在两宋时已盛行了……于是出现了'版本学'的专门研究，成为校雠学的内容之一。"⑥ 李致忠《古书版本学概论》中指出，宋代之后，雕版盛行，同书异本大量出现，读书人为了获得真知，开始比勘不同版本。为了适应读书人的需求，目录学开始改进编目体例，著录版本。自宋代尤袤制《遂初堂书目》起，始在一书之下著录多种不同的版本。版本

---

① 钱基博：《版本通义》，岳麓书社 2010 年版，第 1 页。
② 顾廷龙：《版本学与图书馆》，《四川图书馆》1978 年第 11 期。
③ 郭松年：《古籍版本与版本学》，《吉林省图书馆学会会刊》1980 年第 4 期。
④ 叶德辉：《书林清话》，上海古籍出版社 2012 年版，第 21 页。
⑤ 叶德辉：《书林清话》，上海古籍出版社 2012 年版，第 4 页。
⑥ 张舜徽：《中国文献学九讲》，中华书局 2011 年版，第 45 页。

学"就这样在目录编制的过程中悄然萌芽、成长并慢慢形成了"。①

版本学成立于清代之说，又可分为两种。一种以黄丕烈为版本学的建立者。汪辟疆《目录学研究》指出，尤袤《遂初堂书目》因一书兼载数版，开后世版本学研究之先河，但是，黄丕烈也许才是版本学的真正建立者②。胡道静亦持此观点，他将版本研究分为四种类型：A 型，关注版本价值，侧重于鉴定真伪优劣、判断刻印时代、识别完缺异同；B 型，关注学术价值，侧重于进行精细校勘、查漏补缺、解疑辨惑；AB 型兼有二者；O 型则在 AB 兼能的基础上，考量版本的艺术价值。而黄丕烈属于 O 型，是"能够掌握全能型版本价值的开创人"③。一种以《天禄琳琅书目》的编订是版本学建立的标志性事件。吴枫在《中国古典文献学》中说："（《天禄琳琅书目》）以版本时代分类，将宋版、元版、明版、影宋版、抄本，各从其类，分别叙列并对刊刻时代、地点、收藏家姓名和印章题记，详加考证。从此，各藏书家关于宋元旧刊和名人手抄，展开了广泛的研究讨论，逐渐形成古籍版本学。"④

以上三说，是目前学界关于版本学成立时间的主流看法。也有学者主张将版本学的成立时间提前或推后。提前的，如曹之将版本学成立时间划定于先秦时期。他在《中国古籍版本学》中说："早在先秦随着同书异本的大量出现就产生了版本学。汉代刘歆、刘向等人的版本学是在先秦版本学研究的基础上发展起来的。"⑤ 指出古籍版本学的发展也像人一样要经历从"童年""青年"到"成年"的成长过程，清代是版本学的"成年"时期，但早在先秦时代，同书异本的现象就已经存在，孔子、子夏等也都研究过版本异同，版本学就已经

① 李致忠：《古书版本学概论》，北京图书馆出版社 1990 年版，第 1 页。
② 汪辟疆：《目录学研究》，上海商务印书馆 1934 年版。
③ 胡道静：《从黄荛翁到张菊老——150 年来版本学的纵深进程》，《古籍整理研究学刊》1987 年第 4 期。
④ 吴枫：《中国古典文献学》，齐鲁书社 2005 年版，第 181 页。
⑤ 曹之：《中国古籍版本学》，武汉大学出版社 1992 年版，第 47—50 页。

产生。① 在《版本学探源》一文中，他从先秦授书、抄书、公私藏书、校书等方面又进行了详细论证。② 严佐之则主张将版本学成立的时间推后到当代。他认为，版本研究虽然有着悠久的历史，但其成为现代意义上的专门学科的时间却不久，直到当代，作为以辩证唯物主义、历史唯物主义为指导的科学版本学才刚刚着手建立。③

学者们对版本学成立时间划定的不同见解，源于他们对版本学如何才能算作一门独立学科的标准的不同认识。尽管划定版本学的成立时间还有待讨论，但学者们的相关研究已为我们揭示了版本学发展的重要历史阶段：先秦时期，出现了同书异本和研究版本异同的现象，这是版本学的萌芽；西汉，刘向、刘歆父子进行了规模、影响较大的古籍整理活动，版本学的方法也被进一步地使用，这是版本学的发展；宋代雕版印刷发达，《遂初堂书目》始著录版本，是版本学的兴盛；清代研究版本的学者众多，研究方法日臻完善，这是版本学的成熟；及至当代，版本学的研究范围扩大，学者们不仅用版本学方法来进行研究古籍，还着眼于版本学理论的研究、版本学史的总结以及版本学学科体系的建立，版本学这门古老的学问仍然极具生命力。

四 理论构建：版本鉴定方法的演变

无论在古文献研究还是在版本学研究中版本鉴定都十分重要。只有对书籍的版本信息做出正确的判定，才能确定书籍在学术史上的地位，从而进行更为深入的探讨。因此，几乎所有的版本学教材都会列专章归纳版本鉴定的方法，除此之外，还有不少专讲版本鉴定的著作，如魏隐儒的《古书版本鉴定丛谈》④、李致忠的《古书版本鉴定》⑤ 及

---

① 曹之：《中国古籍版本学》，武汉大学出版社1992年版。
② 曹之：《版本学探源》，《晋图学刊》1989年第3期。
③ 严佐之：《古籍版本学概论》，华东师范大学出版社1989年版。
④ 魏隐儒编：《古籍版本鉴定丛谈》，山西省图书馆印1978年版。
⑤ 李致忠：《古书版本鉴定》，北京图书馆出版社2007年版。

陈正宏、梁颖主编的《古籍印本鉴定概说》① 等。学者们所列的版本鉴定方法，往往多达十几种乃至几十种，又常将写本、印本、活字本分别论述。约而言之，其鉴定方法主要有以下几种。

（一）根据书籍的风格面貌鉴定

研究者接触到一部古籍，首先可以感受到的就是这部古籍的风格面貌。从风格面貌鉴定版本，很容易令人联想到"眼学""观风望气""经验之谈"等描述，只可凭经验积累而意会，难以借理论分析而言传。近年来，越来越多的学者认识到，一部书的风格面貌，必然是由一些具体而微的元素构成的，对构成古籍风格面貌的具体元素进行分析归纳，是由凭借经验鉴定版本走向构建版本鉴定科学方法的必经之路。学者们多以时代和写刻方式为标准对古籍进行划分，条列某一时间段、某种写刻方式的古籍在开本、版式、刀法、字体、用纸、墨色、装帧、避讳、用字等方面的具体特点，由此形成了一系列具有可操作性的、凭书籍风格面貌鉴定版本的理论。

（二）根据书籍的出版信息鉴定

在古籍的序跋、刊语、牌记等内容中，会涉及一些古籍出版时的情况，故可以通过这些内容进行版本鉴定。例如，上海图书馆王宏的《刊语、牌记与古籍鉴定》（见陈正宏、梁颖编《古籍印本鉴定概说》第三编第一章）对如何借助刊语、牌记鉴定古籍做了介绍，还指出要重视刊语、牌记的辨伪。又如，刻工姓名在鉴定宋元版古籍中常能发挥作用。由于物勒工名的传统，不少宋元版古籍有在版心等位置标记刻工姓名的特点。由于一名刻工的活动时间、地点是有限的，通过统计古书中出现的刻工的活动时间、地点，也可以对古籍出版的时代做出大致的判断。

（三）根据书籍的收藏、流传信息鉴定

目录的著录、书中题跋、藏书印等皆可视作与书籍收藏、流传相

---

① 陈正宏、梁颖编：《古籍印本鉴定概说》，上海辞书出版社 2005 年版。

关的信息，是进行版本鉴定时值得参考的资料。古籍的收藏者多会撰写题跋、编订版本目录、撰写叙录，在这些题跋等中常有涉及书籍版本信息的内容；藏书家喜爱在古籍上钤盖藏书印，而古籍的产生年代，不会晚于它上面最早的藏书印的年代，研究者可就此按图索骥，搜集、取舍相关资料，进而鉴定古籍版本。

（四）根据书籍中的内容鉴定

依据书籍内容鉴定版本，是指根据书中所记载的时、人、地、事等信息，大致推断出一部书的成书时间。运用这种方法一般不能得出明确的结论，但可以为版本鉴定提供有力的线索和启示。李致忠《古书版本鉴定》一书中对依据古籍内容鉴定版本有较为详细的介绍。

（五）利用新技术进行鉴定

近年来，随着科学技术的发展，一些科技手段也被运用到古籍鉴定中。例如，鉴定古籍的用纸是版本鉴定中的重要环节，鉴定者通过观察纸张的颜色、厚度、质地、帘纹等来判定所用为何种纸张，而肉眼观察不免有局限性。若利用显微分析的技术，就可以更为细致地观察纸张的内部结构，从而做出更为准确的判断。另外，国内一些科研单位也在借鉴国外利用人工智能技术识别鉴定欧洲中世纪古抄本的经验，让人工智能对不同时期、不同风格的雕版印刷版本进行认知和记忆，在此基础上鉴定中国雕版印刷古籍的版本。

以上五点，是对近年来学者们所归纳的版本鉴定方法的再归纳。在众多学者的倡导和推动下，版本鉴定的方法已经基本实现了由经验论到科学研究的转变。不过需要指出的是，虽然关于版本鉴定方法的归纳已日臻完善，但鉴定经验对版本鉴定来说仍然十分重要。例如就书籍的风格面貌来说，写刻的精致与否是其中一个方面，然而何谓写刻精美，何谓写刻粗糙，难以有一个可量化的标准，鉴定者还需经眼大量古籍，才能做出符合实际情况的判断。故在版本鉴定的方法上，还需将实践经验与科学研究结合起来，不可偏废。

五　旺盛生机：版本学与经学研究

在版本学的发展历程中，对古籍版本进行调查、研究、鉴定、考订，既是版本学的经典研究方法，也是研究成果的重要呈现方式。在当今的一些热点研究领域，学者们自觉运用版本学方法推进相关研究，得出重要结论，这充分说明版本学这门古老的学科具有旺盛的生命力与美好的发展前景。

经学以儒家经典为主要研究对象。汉代以来，儒学成为官方确立的正统学术，而在政治因素的影响下，经学也成为古典学术研究的主流，绵延两千余年而不衰。随着五四运动的兴起，经学逐渐离开了历史舞台的中心。近年来，由于传统文化的复兴、新材料的发现、新方法的运用和域外学者的影响，经学研究重又进入研究者的视野。文献是经学研究的基础，桥本秀美在《基于文献学的经学史研究》一文中，提出了一套说明文献学与文史研究之联系的理论模型，指出现阶段的经学史研究必须以文献学为重点，否则各种议论都会因为忽视文献学层面的问题，无意中得出错误的结论[①]。版本学作为文献学的重要分支之一，自然也在经学史研究中发挥着重要的作用。

用版本学方法进行经学史研究，比较有代表性的著作是张丽娟《宋代经书注疏刊刻研究》。[②] 此书将现存版本实物与文献记载相结合，将版本考察与文本比勘相结合，通过对宋刻经书注疏传本的全面考察，结合文献记载与书目著录，厘清今存宋刻经书版本的类型、源流，各版本刊刻时地、体例演变，从而呈现了宋代经书注疏刊刻的全貌，揭示了经书文本在宋代由经注本、单疏本向经注附释文本、纂图互注重言重意本、注疏合刻本演变的历程；通过各版本之间、各版本与今通行本之间的文本校勘，解释它们的体例特点和文本差异，从而

---

① 　[日] 桥本秀美：《基于文献学的经学史研究》，《儒家典籍与思想研究》2009 年第 1 辑。
② 　张丽娟：《宋代经书注疏刊刻研究》，北京大学出版社 2013 年版。

考察各版本的文献价值，为对经书注疏做新的校勘整理工作提供了依据；通过考察宋代经书刊刻、流传情况，获得在单一版本研究中不易获得的更深入的认识，挖掘出这些刊本的版本价值和文献学价值，为宋代出版史、版本学乃至经学的研究提供了借鉴。

从版本学的角度进行研究，还可以窥见学术变迁的特点。顾永新《经学文献的衍生和通俗化——以近古时代的传刻为中心》①从传统文献学切入，以版本研究为重心，通过对相关著录及现存版本实物的考察，着力探求"正经注疏"和"五经四书"两大主干系统的经学文献在传刻过程中通过内容重编、体式改造、翻刻覆刻而实现的衍生和通俗化，兼及其他系统、其他载体或其他流播途径的经学文献，进而探寻其背后的学术史层面的动因和规律性。虽然，作者言此书"无意于进行深入的理论探讨，遑论构建宏观的理论体系"，但其通过对版本实物和相关著作的考察，通过使用传统文献学的研究方法，厘清了版本源流，辨析了文本系统，形成了理论层面的整体观照。

综上所述，在经学研究这个当今的热点研究领域，版本学发挥着重要的作用。循此类推，版本学也可以在其他学术史研究中发挥出类似的作用，应当得到关注。

六　"大版本学"：版本学与域外汉籍

域外汉籍是指存藏于中国之外的用汉文书写、刻印的各类古籍，大致又可分为三类。第一，存藏在域外的中国古籍写本与印本，包括传世唐写本、敦煌卷子、《永乐大典》残卷、历代刻本和活字本等，过去称为海外佚籍，其中有许多孤本佚书和国内不存的版本。第二，中国古籍的域外刊本和抄本，以及域外文人编纂的中国古籍选本、注本等。第三，历史上域外文人用汉文撰写的古籍，这些作者主要集中

---

① 顾永新：《经学文献的衍生和通俗化——以近古时代的传刻为中心》，北京大学出版社2014 年版。

在东亚、东南亚汉字文化圈内，另有少量来自欧美的传教士。日本学者将这三类汉文古籍分别命名为"汉籍""和刻本汉籍"和"准汉籍"，我们统称为"域外汉籍"。

（一）域外汉籍研究中版本学方法的运用

版本学和域外汉籍研究发生联系，首先体现于在域外汉籍的研究中使用版本学方法。如前文所述，域外汉籍中有许多不存于国内的版本，有些甚至是孤本，要想把这些版本纳入已知的古籍版本体系中，就必须利用版本学的方法，考证这些书籍的成书经过、版刻源流，探讨它们的版本特征，确定它们的版本价值。版本学方法应用于域外汉研究，主要有以下两方面。

1. 延续传统：版本学方法与域外汉籍的调查、研究

对存藏于海外的汉籍进行全面的版本调查，摸清这些汉籍的存藏情况，鉴定它们的写刻年代，确认它们的版本价值，进而编订版本目录，是域外汉籍研究中的重要内容，而这些都离不开版本学的研究方法。目前，学界对域外汉籍的版本调查与研究成果众多，尤以对存藏在东亚和美国的汉籍的版本调查最为全面，比较有代表性的有日本学者岛田翰著《汉籍善本考》①、黄华珍著《日藏汉籍研究》②、卢伟著《美国图书馆藏宋元版汉籍研究》③ 等。《汉籍善本考》是考察中国传统典籍经、史、子、集各部书的版本源流、钞印刊刻及传布流播状况的版本目录之作，对日藏汉籍之旧抄本、旧刊本、元明清及韩刊本均有精细考证、校核。《日藏汉籍研究》论述存藏于日本的宋元版书籍，介绍宋元版在日本的流布、藏存，探讨日藏宋元版的地位及其影响，并为一些重要的图书撰写提要。《美国图书馆藏宋元版汉籍研究》考述美国国会图书馆、哈佛燕京学社图书馆、伯克莱加州大学东亚图书馆等机构所收藏的宋刻本、元刻本、金刻本，撰写提要，并

---

① ［日］岛田翰：《汉籍善本考》，北京图书馆出版社 2003 年版。
② 黄华珍：《日藏汉籍研究》，中华书局 2013 年版。
③ 卢伟：《美国图书馆藏宋元版汉籍研究》，北京大学出版社 2013 年版。

对《碛砂藏》《文章正宗》进行了具体研究。在这些研究工作中，版本的选取、版本价值的确定、提要的撰写，都与版本学的研究方法密不可分。在对域外汉籍的研究中，版本学发挥了重要的作用。

2. 择优而用：重要版本资料的复制

为了使相关学者能够方便地获得域外汉籍研究资料，复制版本资料很有必要。近年来，研究者、出版社、图书馆等协同作用，在域外汉籍的复制上做了许多工作，也取得了可观的成果。

金程宇在《近十年中国域外汉籍研究述评》①中，对域外汉籍研究资料建设方面的成果进行了全面的总结。他以国别为序，对这些成果加以述评。以金程宇研究为基础，结合近年来域外汉籍影印的实际情况，我们可以看出，目前对域外汉籍的复制已经有了非常多的成果。其中既有大型的丛书影印，如《大仓文库粹编》（北京大学出版社 2020 年版）、《日本宫内厅书陵部藏宋元版汉籍选刊》（上海古籍出版社 2013 年版）、《日本所藏稀见中国戏曲文献丛刊》（黄仕忠、金文京、乔秀岩主编，广西师范大学出版社 2006 年版）、《美国哈佛大学哈佛燕京图书馆藏中文善本汇刊》（广西师范大学出版社 2003年版），也有某种重要书籍版本的影印本，如《唐钞〈文选集注〉汇存》（周勋初编，上海古籍出版社 2000 年版）、《宋本〈太平寰宇记〉》（中华书局 2000 年版）等。从内容上看，所影印的古籍涉及经、史、子、集各部，经书、文集、方志、戏曲、金石、书画、宗教等门类一应俱全。

资料影印工作看起来简单，实际上却并非如此。底本选择是影印工作的基础，目前已出版的优秀的域外汉籍影印成果，无不在底本选择上下大功夫。2013 年，北京大学图书馆完成了日本大仓文化财团集古馆藏书的回购工作，这批典籍共 931 部，28143 册，其中中国古籍 715 部，25432 册。回购之后，北京大学图书馆从中选取有代表性

---

① 金程宇：《近十年中国域外汉籍研究述评》，《南京大学学报》2010 年第 3 期。

的典籍，出版为《大仓文库粹编》。《大仓文库粹编》选本精当，从各个角度反映出"大仓文库"典藏的特点与面貌。又如人民文学出版社 2012 年影印的《南宋刊单疏本毛诗正义》，复制日本杏雨书屋所藏的宋刊单疏本《毛诗正义》，弥补了国内《毛诗》传刻版本体系的不足。

（二）创建"汉籍版本学"的实践

版本学与域外汉籍发生联系，还体现在创建"汉籍版本学"的构想与实践上。随着域外汉籍研究广度和深度的拓展，从版本学角度进行的研究也越来越多，传统版本学的研究方法也被更为全面地应用在域外汉籍的研究上。基于此，建立以全部汉籍为研究对象的"汉籍版本学"就成为可能。

汉籍最主要的流传范围是在亚洲东部。以中、日、韩、越为中心地区，是汉籍交流和汉籍研究最先开始、研究也最充分的地方。因此，汉籍版本学的建立也必然始于东亚。陈正宏首先提出要建立东亚汉籍版本学，并著有《东亚汉籍版本学初探》① 一书，提出了建立"东亚汉籍版本学"的构想。

陈正宏在《东亚汉籍版本学初探》一书的序言中指出，中、越、朝、日四国所存藏的汉籍，在刊印内容、刊印技术、成品的装帧形式等方面都具有共同点，这是"东亚汉籍版本学"成立的依据。他还提出了东亚汉籍版本学的基本研究方法：厘定东亚汉籍版本的基本术语；在世界范围对东亚汉籍做系统的版本调查；对既往东亚汉籍版本的刊印历史作通观的梳理；对学界已有的研究成果作进一步的归纳整理；编制世界各地庋藏有东亚汉籍的机构的指南，以便研究者按图索骥，并为日后条件成熟时编纂综合性的全球现存东亚汉籍总目奠定基础。开展东亚汉籍版本学研究有重要的学术意义，将东亚汉籍版本作为一个整体加以比较细致深入的考察，既可以解决一些以往难以解决

---

① 陈正宏：《东亚汉籍版本学初探》，中华书局 2014 年版。

的具体问题，还可以开发出不少崭新的研究课题。正如石祥所评价的那样，陈正宏"从更为宏观开阔的视角，提出了崭新的学术命题，赋予作为传统学术门类的版本学以新的研究视域，昭示了东亚汉籍版本学所蕴含的巨大学术可能性"。①

推而广之，存藏于世界范围内的汉籍，同样也在刊印内容、刊印技术、成品的装帧形式等方面都具有共同点，故此，将本土古籍和存藏于世界范围内的汉籍整合起来，以海内外全部汉籍为研究对象的"汉籍版本学"也可成立。将域外汉籍纳入版本学研究，拓展了版本学的研究范围，丰富了版本学的研究成果，对版本学的发展大有裨益。

综上所述，近百年来，版本学研究取得了巨大的成就，主要体现在学科内涵的拓展和研究方法的总结、革新上。当今版本学的研究范围，相比清代以前已有了很大的不同。写本、出土文献、金石竹帛、域外汉籍，逐渐被纳入版本学的研究视野中；对某一种书籍的版本学研究，可以囊括海内外可见的所有载体形态；而版本学与学术史的结合，更开拓了版本学研究的视野。版本鉴定的方法超越了观风望气的经验之谈，而体现为在理论层面作科学的归纳。虽则前文已明言，版本学的成立时间仍有待讨论，但是我们仍然可以说，现在学科意义上的版本学无疑应是成立于当代。

当今的版本学研究，还出现了不少以前我们从未遇到的新情况，而这些情况又引发了一些值得思考的新问题。比如，在版本鉴定的方法上，如何处理传统的"眼学"方法和当今理论总结之间的关系，使二者更好地结合起来，从而使古籍鉴定更加精准？又如，在域外汉籍、出土文献等新材料大量出现的今天，如何处理新材料和已有材料的关系，如何构建如有些学者设想的"大版本学"？相信随着版本学

---

① 石祥：《通观与比较：评陈正宏〈东亚汉籍版本学初探〉》，《天一阁文丛》第 14 辑，2016 年。

的进一步发展，我们会对这些问题有更为恰当的解答。

第三节　校勘学

早在西汉时期，刘向刘歆父子已开启校勘实践。至清代，校勘事业达到鼎盛。古代长期的校勘实践留下了丰富的校勘成果，但也存在一个显著不足，即对校勘实践缺乏理论总结，更遑论建立系统的校勘学理论体系。直到 1934 年陈垣《元典章校补释例》（后改名为《校勘学释例》）的出现，我国的校勘学才真正走上了理论化的道路。胡适为《元典章校补释例》作序言认为，"这部书是中国校勘学的一部最重要的方法论"，"是中国校勘学的第一次走上科学的路"。[1] 其后的校勘学专著在此基础上不断进行理论总结与探索。随着 20 世纪 80 年代以后一批校勘学专著的问世，校勘学以及校勘学理论体系逐渐建立起来。可以说，校勘学理论体系的逐步建立与完善是 20 世纪我国校勘学取得的重要成就。

在实践方面，学界普遍将校勘视为古籍整理工作的重要内容。如 20 世纪二三十年代商务印书馆影印《百衲本二十四史》时，便附有校勘记，而张元济则据以撰成《校史随笔》一书。20 世纪六七十年代中华书局出版的点校本二十四史和《清史稿》，除《史记》《明史》《清史稿》情况特殊，其余各史均进行了较为完善的校勘，形成了高质量的文本，同时也积累了丰富的校勘经验。

以下就近百年来我国在校勘及校勘学研究的重要理论问题上取得的成就做一简要回顾与梳理，以期更好地总结过去，促进校勘学的不断发展。

---

[1] 序言后以"校勘学方法论"为题收入《胡适论学近著》（第一集），商务印书馆 1935 年版。

一　校勘与校勘学

（一）校勘、校雠、校对

1. 校勘

校勘，专指校正文字，校勘工作很早就开始，但"校勘"一词最早出现在五代时期。宋王溥《五代会要》卷八载："（世宗）显德二年二月，中书门下奏：'国子监祭酒尹拙状称：准敕校勘《经典释文》三十卷，雕造印板，欲请兵部尚书张昭、太常卿田敏同校勘。'敕：'其《经典释文》已经本监官员校勘外，宜差张昭、田敏详校。'"① 曾贻芬、崔文印《古籍校勘说略·再说校勘学》对"校勘"下过这样的定义："通过一书的不同版本（包括唐以前的写本、刻本、抄本等），他书有关记载及一书前后有关文字的对比，发现并尽可能地清除这部书在流传过程中所产生的讹误、衍脱、倒置、错简及其他诸类问题，以恢复古籍和有关记载的本来面目，这就是校勘。"② 这个定义符合我国现代校勘学对校勘的普遍看法。

2. 校雠

"雠校"一词最早见于汉代刘向的《别录》。《文选注》引应劭《风俗通义》云："案刘向《别录》：'雠校，一人读书，校其上下，得谬误为校；一人持本，一人读书，若怨家相对，故曰雠也。'"（《文选注》无末四字，后人据《太平御览》卷六一八引刘向《别录》补。）校雠、雠校最初的含义即是校正文字，此时的校雠与现代"校勘"意义相当。但自从宋代郑樵作《通志·校雠略》，经过清代章学诚《校雠通义》的进一步发挥，校雠的含义发生了变化，开始将刘向刘歆父子整理图书的各项工作全部列入"校雠"之下，甚至主要突出其中分类编目的内容。余嘉锡在《目录学发微·目录学之

---

① （宋）王溥：《五代会要》，中华书局 1985 年影印《丛书集成初编》本，第 96—97 页。
② 曾贻芬、崔文印：《古籍校勘说略·再说校勘学》，巴蜀书社 2011 年版，第 195 页。

意义及其功用》中即指出，"渔仲（郑樵）、实斋（章学诚）著书论目录之学，而目为，校雠，命名已误"①。

近代以来，校雠具有了广义与狭义两种用法。广义的校雠包括校勘、目录、版本在内。张舜徽《中国校雠学叙论》一文即认为，校雠"实际上包括了版本、校勘、目录三方面的内容。这三者便是校雠学的具体组成部分"②。胡朴安、胡道静《校雠学》则认为："自其广义言之，则搜集图书，辨别真伪，考订误谬，厘次部类，暨于装潢保存，举凡一切治书事业，均在校雠学范围之内。"③则是将校雠学等同于治书之学。程千帆、徐有富著《校雠广义》亦取此义。

狭义的校雠则专指校正文字，即校勘。戴南海 1986 年出版的《校勘学概论》即持此说。王叔岷《斠雠学》亦在这个意义上使用"校雠"一词："据此，则校雠之义，正在'校订字句'。而章氏所斥'世之论校雠者，惟争辨于行墨字句之间'，为昧于名义之论矣。然校雠名义之乱，实自郑樵《校雠略》始，章氏《校雠通义》继之，变本加厉，此不可不辨正者也。"④

3. 校对

倪其心所著《校勘学大纲》于 1987 年出版，是北京大学古典文献专业的第一部校勘学教材。书中比较分析了校勘与校对的不同，极为简明：校对是书刊出版中的一项专门工作，是有明确可靠的底稿本作为断定刊印本正误的依据，原则上不涉及书籍内容。校勘是古籍整理中的一项专门工作，需搜集各种版本，比较分析它们的异同，考证原稿的文字语句，判断正误。甚至需要在没有直接材料作为依据的情况下，力求对错误、疑难作出符合原意的判断，同时又不可替古人修

---

① 余嘉锡：《目录学发微　古书通例》，商务印书馆 2011 年版，第 14 页。
② 张舜徽：《中国校雠学叙论》，《华中师院学报》（哲学社会科学版）1979 年第 1 期。
③ 胡朴安、胡道静：《校雠学》，商务印书馆 1931 年版，第 1 页。
④ 王叔岷：《斠雠学》，中华书局 2007 年版，第 4 页。

改文章。①

经过学者们的不断讨论与辨析，校勘的含义逐渐明确，与校雠、校对之间的关系也取得了较为一致的认识。

（二）校勘的任务与态度

关于校勘的任务，有两种不同的认识。一种观点认为校勘只是校订文字，另一种观点认为校勘除校订文字，还需要校订古籍所载内容。现具体分析如下。

1. 底本之误与立说之误

清代学者段玉裁在《与诸同志书论校书之难》中提出："校书之难，非照本改字不讹不漏之难也，定其是非之难。是非有二：曰底本之是非，曰立说之是非。""不先正注、疏、释文之底本，则多诬古人；不断其立说之是非，则多误今人。"② 段玉裁认为校书既需校订一书的文字，又要涉及所载内容。因此，校勘的任务便包含两个层次：一是校订文字的讹、脱、衍、倒，二是考订所载内容的是非。孙钦善也持有相同的理念，认为，"就狭义而言，校勘的任务是校正古书在流传过程中产生的种种讹误，以期恢复古书上的文字、篇章的原始面貌。就广义而言，也包括校正原书取材、立说的谬误，或考察记载异辞在内"③。王欣夫认为，"这是校雠学的更进一步，须有科学分析的精神"。④ 曾贻芬、崔文印的《再说校勘学》一文，则从审核史实的角度提出："无论如何，校勘的范围必须包括审核内容，这正是从长期校勘实践中总结出来的，是校勘学术水平之所在。"⑤

2. 存真复原

胡适在为陈垣《元典章校补释例》所作序言中，阐述了自己对

---

① 倪其心：《校勘学大纲》，北京大学出版社 2004 年版，第 1—2 页。

② （清）段玉裁：《与诸同志论校书之难》，见徐世昌主编《清儒学案》卷 91《懋堂学案》，中华书局 2008 年版，第 3661 页。

③ 孙钦善：《古代校勘学概述》（上），《文献》1981 年第 2 期。

④ 王欣夫：《文献学讲义》，上海古籍出版社 2005 年版，第 252 页。

⑤ 曾贻芬、崔文印：《古籍校勘说略·再说校勘学》，巴蜀书社 2011 年版，第 197 页。

校勘的一些看法："校勘学的任务是要改正这些传写的错误，恢复一个文件的本来面目，或使他和原本相差最微。校勘学的工作有三个主要成分：一是发现错误，二是改正，三是证明所改不误。"胡适在这里强调的是"传写的错误"，主张不可替作者修改文章。

倪其心《校勘学大纲》对校勘的任务规定为："校勘古籍的目的和任务是力求存真复原，努力恢复古籍的原来面貌，提供接近原稿的善本。因此，从理论上说，校勘的根本原则就是存真复原。凡不合作者本意、歪曲原作真貌的，都违反校勘的根本原则。"①

随着校勘学论著的问世，学界对"校勘"定义的认识越来越清晰，一般认为校勘工作只校订古书在流传过程中产生的讹误，不校古籍本身存在的史实见解方面的问题，不能替作者改文章。不过，考订古籍原貌与替作者改文章之间有时候并没有非常明确的界限。需要注意的是，在考订古籍内容时，如非明显错误，则应当有版本依据方可改字。所以，考订古籍内容可以作为校勘的一种辅助方法。

3. 孔子校书的阙疑之法

《论语·卫灵公》记载孔子对于史书残阙的态度："吾犹及史之阙文也。有马者，借人乘之。今亡矣夫。"孔子赞赏这种对古书残阙宁可保留原状的严谨态度，被我国现代校勘学确立为校勘者应具有的正确态度。

本着恢复古籍原貌的原则，不以臆增删修改，这是在校勘一部古籍之前需要确立的态度。

（三）校勘学的建立

我国历史悠久，文献浩如烟海。校勘学作为读书治学，考求善本、珍本的一门辅助类学科，在实际治学中起到了不可小觑的作用。其本身在经过长时间的发展与演变，至宋代已颇具规模。来新夏在《校勘与校勘学》中认为："宋代随着目录、版本诸学的发展，校勘

---

① 倪其心：《校勘学大纲》，北京大学出版社2004年版，第85—86页。

也大盛，并在前人经验基础上制定条例，提出方法。又有专门的从事的人才，校勘至此可以说已成为一门独立的学问——校勘学。"①

发展至清代的校勘学更是盛极一时，达到了顶峰，取得了令人瞩目的巨大成就。梁启超在《清代学术概论》中对于校勘有这样的论述："清儒之有功古学者，更一端焉，则校勘也。古书传习愈稀者，其传抄踵刻，伪谬愈甚，驯至不可读，而其书以亡，清儒则博征善本以校之，校勘遂成一专门之学。"②

1934 年，陈垣《元典章校补释例》（后称《校勘学释例》）问世，这是一部独立的校勘学著作。此书全面归纳总结校勘通例及校勘学的理论与方法，初步建立了我国校勘学的理论体系。《校勘学大纲》称《校勘学释例》"全面总结了校勘一种古籍的理论、方法、原则和通例，初步建立了校勘学体系"，"它继往开来，影响深广，是标志校勘学建立的里程碑"③。

1972 年，王叔岷《斠雠学》④ 问世，进一步完善了校勘学的理论体系。全书分作释名、探原、示要、申难、方法、态度、通例七章，较全面地论述了校勘及校勘学的重要问题。关于校勘的方法，该书未采用《校勘学释例》的"校勘四法"，而是主要从校勘所据材料的角度进行归纳，分为选择底本、广求辅本、参覈本书注疏、检验古注类书、佐证关系书（凡一书引用某书，或因袭某书，则二书谓之关系书）、熟悉文例、通达训诂七条方法。

20 世纪 80 年代以后，我国陆续出版了几种校勘学专著，如戴南海《校勘学概论》，倪其心《校勘学大纲》，钱玄《校勘学》，王云海、裴汝诚《校勘述略》，谢贵安《校勘学纲要》，管锡华《校勘学》，林艾园《应用校勘学》，程千帆、徐有富《校雠广义·校勘

---

① 来新夏：《校勘与校勘学》，《历史教学》1981 年第 9 期。
② 梁启超：《清代学术概论》，东方出版社 2012 年版，第 52 页。
③ 倪其心：《校勘学大纲》，北京大学出版社 2004 年版，第 77 页。
④ 王叔岷：《斠雠学》，台北："中研院"历史语言研究所 1972 年版。

编》，张涌泉、傅杰《校勘学概论》等。我国校勘学理论体系逐渐走向完善，学者对校勘学有更多共同的认识，如管锡华认为："校勘学是现代在历代校勘实践以及对这种实践的理论总结的基础上产生出来的一门科学。它以古籍的校勘为自己的研究对象，其目的和任务是总结历代学者校勘古籍的经验和教训，研究校勘古籍的法则和规律，以指导校勘的实践。"①倪其心同样也认为："作为一种专门的科学，校勘学既然以古籍的校勘为自己的研究对象，其目的和任务便是总结历代学者校勘古籍的经验，研究校勘古籍的法则和规律，为具体进行古籍校勘提供理论指导。"②

当代学者普遍认为，校勘学是古文献学的重要分支学科，有着与版本学、目录学同等重要的地位。例如，张舜徽《中国文献学》将校勘与版本、目录一同视作整理古代文献的基础知识；王欣夫《文献学讲义》一书则分列目录、版本、校雠作为文献学的三项内容。

二　古代文献的错误类型及致误原因分析

我国现代校勘学体系的建立，是在总结历代校勘实践与校勘成果的基础上实现的。对于古籍错误类型（即校勘通例）的总结，更体现了这一点。自南宋彭叔夏《文苑英华辨证》始，至清代洪亮吉《上石经馆总裁书》、王念孙《读书杂志》、王引之《经义述闻》、俞樾《古书疑义举例》，再到陈垣《校勘学释例》等，历代学者对校勘通例不断地进行总结，但总体来看不外乎讹（或误）、脱（或夺）、衍、倒四种基本类型，以及同时发生两种及两种以上错误的情况。相对来说，现代校勘学专著对校勘通例的总结更加细致、全面。陈垣《校勘学释例》把古籍之误分为五大类：行款误、通常字句误、元代用字误、元代用语误、元代名物误，这是由所校《元典章》一书的

---

① 管锡华：《校勘学教程》，北京大学出版社2013年版，第5—6页。
② 倪其心：《校勘学大纲》，北京大学出版社2004年版，第5页。

特点决定的。其虽然具有一定的特殊性，但同样具有普遍的指导意义。这些校勘通例的总结，有利于校勘者对古书错误类型及规律形成更全面、深入的认识，对校勘实践具有重要的指导意义。

此外，倪其心《校勘学大纲》将错误类型分为误、脱、衍、倒、错简五类，并以通例的方式对这五类作了详细的分析。程千帆、徐有富《校雠广义·校勘编》则将错误类型总结为：单项错误（如讹、脱等），两重错误（如既讹且脱等），三重错误（如既讹且脱又衍等）。这些归类也有一定的参考价值。需要注意的是，校勘其实还要校疑误和异文，对于这样一类"问题"，我们并不能简单地以"误"或"致误"以概括之。

至于古籍产生如此多讹误的原因，学者亦有不同的看法。例如，有的认为，致误通例就是致误的原因；有的从自然破损、抄刻错误、有意窜改、校勘致误等方面分析原因；有的认为，致误原因可分无意、有意两种情况，如王欣夫《文献学讲义》即认为："古书之有误字，它的原因，一是无意的，一是有意的。"① 其实，自然破损、抄刻错误、校勘致误，可以视为无意之错；有意窜改则可视为有意之错。古书在流传过程中，常有破损、缺失、错简等情况发生，校勘当然首先要面对这样的问题。至于"书三写，鱼成鲁"，则是指古书在传抄、翻刻过程中产生的错误。校勘致误的情况更复杂，如不明词义而误改例，因形近而误例，不知繁简同形字而误例等，所在多有。有意窜改，是指后人出于一定的目的在抄刻古书中改变一些字词甚或篇章，例如，《四库全书》编修时馆臣就对其中一些讳忌之字词（如胡、虏等）做了改动。

目前来看，最为详尽讨论致误原因的著作是程千帆、徐有富《校雠广义·校勘编》，该书分别将致讹原因析为十七类，致脱原因析为十五类，致衍原因析为十九类，致倒原因析为十二类，并通过举

---

① 王欣夫：《文献学讲义》，上海古籍出版社 2005 年版，第 161 页。

例加以说明,① 颇便参考。

三 校勘的材料、必备的知识与程序

（一）校勘的材料

校勘材料在校勘当中占有重要的地位。黄光《顾广圻校勘学思想论述》② 一文指出，素有"清代校勘第一人"的学者顾广圻最重要的校勘理念便是广求古本、旧本、宋本和善本，强调以接近原版的版本为依据。程千帆、徐有富《校雠广义·校勘编》将校勘的材料分为三大部分：本书异本，如稿本、钞本等；他书的引文，如古类书的引文等；其他资料，如甲骨文等。其中最为重要的当然是第一部分的材料。可以说，所有的校勘归根到底还是版本的校勘，因此，校勘必须要广搜异本进行比较。历代学者校书都强调对校法的重要性，而对校法即要求尽可能地搜集到所校之书最早的版本，如陈垣、胡适均是如此。

胡适在《元典章校补释例序》中提出："校勘之学无处不靠善本，必须有善本互校方才可知谬误，必须依据善本方才可以改正谬误，必须有古本的依据方才可以证实所改的是非，凡没有古本的依据而仅仅推测某字与某字'形似而误'，某字涉'上下文而误'，都是不科学的校勘。"胡适主张对文字的校改必须有善本的依据，并需得到古本的证实。这体现了对我国校书传统的继承。胡适进而提出："王念孙、段玉裁用他们过人的天才与功力，其最大成就只是一种推理的校勘学而已。推理之精者，往往也可以补版本之不足。但校雠的本义在于用本子互勘，离开本子的搜求而费精力于推敲，终不是校勘学正轨。"并强调"用善本对校是校勘学的灵魂，是校勘学的唯一途径"，反对推理的校勘。王绍曾对此曾总结道："胡适的校勘学方法，

---

① 程千帆、徐有富：《校雠广义·校勘编》，齐鲁书社 1998 年版，第 133—234 页。
② 黄光：《顾广圻校勘学思想论述》，《郑州大学学报》（哲学社会科学版）2009 年第 6 期。

用一句话来概括，就是对校法。"① 胡适充分肯定善本的重要性、对校法的重要性是完全正确的，但是其轻视对校法以外的其他校勘方法，忽略我国校勘史上理校所取得的重要成就，就不免过于片面了。

（二）校勘必备的知识

校勘看似简单，但其实对校勘者有极高的要求。奚椿年《校勘史之辩证发展》认为："校书并非人人都能为之，这不仅有方法问题，学识更不应该忽视。从事这项工作的人，必须广见博识，多读善思，有较强的考辨才能。这样才会从字字句句的细微处发现问题来。"② 倪其心《校勘学大纲》对于校勘者提出更为具体的要求："在理论上，从事校勘必须懂得三个方面的有关学科的一般理论：一是关于文献古籍的理论，主要是文献学、目录学和版本学；二是关于语言文字的形、音、义的理论，主要是文字学、音韵学和训诂学；三是关于所校勘的古籍的专业知识理论，一般地说，应由各科专门家校勘各自本科的古籍。"③ 程千帆、徐有富则认为，从事校勘所应具备的知识包括：语言学知识，如文字、音韵、训诂等知识；校雠学知识，如版本、目录知识。总之，从事校勘者最重要的是应具备文献学和古汉语方面的知识。

此外，倪其心在其著作中还强调，校勘者在校勘之前要做好准备工作，如了解所校古籍的基本构成和流传情况、基本内容和结构特点、基本文体和语言特点等。

（三）校勘的程序

元初校刻家岳浚《刊正九经三传沿革例》从书本、字画、注文、音释、句读、脱简、考异七个方面分别论述其校勘去取的原则，并提供了一整套校勘程序：（1）广征异本，（2）精审字画，（3）订正注

① 王绍曾：《目录版本校勘学论集》，上海古籍出版社 2005 年版，第 668 页。
② 奚椿年：《校勘史之辩证发展》，《学术论坛》1993 年第 3 期。
③ 倪其心：《校勘学大纲》，北京大学出版社 2004 年版，第 120 页。

疏，（4）详明音释，（5）点定句读，（6）查明脱落，（7）考定异同①。该校勘程序对后世校勘实践有着重要的影响。

倪其心《校勘学大纲》则从搜集资料、发现疑误、解决讹误等方面论述了校勘工作的整个过程，② 较之以往的论述更为详细而全面。

首先，要尽可能全面地搜集校勘对象的版本，并借助目录学、版本学的知识，对其版本进行梳理，明确校勘对象的版本源流，确定各版本的优劣及校勘价值，进而选定校勘底本、对校本、参校本。

其次，还需尽可能多地搜集与校勘对象相关的其他资料，以供他校。前人的校勘成果也应尽力搜集。

再次，对校各本，列出异文，发现疑误。如果说之前的程序更多是准备工作的话，那么，这可以说是具体校勘工作的第一步。寻找异文的方法主要是对校法和他校法：首先，对读本书各种版本，以底本为基础，对读祖本及别本；其次，随原文对读有关的他书材料。

最后，分析异文，解决疑误，审定正误。即根据存真复原的校勘原则，综合运用各种校勘方法，具体分析致误的原因；以所搜集到的校勘材料为依据，审定是非，做出合理的论断。这是校勘实践中最主要、最关键的一个步骤，此前的一切工作都是为此而准备的。

当然，在完成分析异文和解决疑误之后，还要将这些成果表达出来，这就需要写校记了。撰写校记是整理具体校勘成果的一项重要工作。

四　校勘的方法

近代以来，我国学者对校勘方法进行了系统的总结与归纳，具有

① （宋）岳珂、[（元）岳浚]：《刊正九经三传沿革例》，中华书局 2011 年影印《丛书集成初编》本，第 185—203 页。

② 倪其心：《校勘学大纲》，北京大学出版社 2004 年版，第 204—259 页。

代表性的是以下三家：

（一）叶德辉："死校"与"活校"

1911 年，叶德辉在《藏书十约》论校勘之法时首次提出"活校""死校"之说。具体是：

"死校"者，据此本以校彼本，一行几字，钩乙如其书，一点一画，照录而不改。虽有误字，必存原本。顾千里广圻、黄荛圃丕烈所刻之书是也。

"活校"者，以群书所引改其误字，补其阙文，又或错举他刻，择善而从。别为丛书，板归一式。卢抱经文弨、孙渊如星衍所刻之书是也。

简言之，"死校"即版本对校，旨在罗列诸本异同，代表人物是顾广圻、黄丕烈；活校则要求有根据地改字，代表人物是卢文弨、孙星衍。王欣夫《文献学讲义》称这样的区分是根据洪亮吉的藏书家有数等之说①。但叶德辉对两种校勘方法水平的高低并未做出比较，而王欣夫《文献学讲义》则认为："死校的功绩在于保存了不少宋刻孤本，而且死校也是活校的基础。"② 对死校的重要性做了充分肯定。

叶德辉对校勘方法的这种区分，为后世不少校勘学著作所沿用，具有一定的影响。

（二）梁启超

梁启超在《中国近三百年学术史》中把清人的校勘方法总结为五种：

第一种校勘法，是拿两本对照，或根据前人所征引，记其异同，择善而从。这种工作的成绩也有高下之分，下等的但能校出"某本作某"，稍细心耐烦的人便可以做；高等的能判断"某本作某是对的"，这便非有相当的学力不可了。

---

① 王欣夫：《文献学讲义》，上海古籍出版社 2005 年版，第 179 页。
② 王欣夫：《文献学讲义》，上海古籍出版社 2005 年版，第 180 页。

第二种校勘法，是根据本书或他书的旁证反证校正文句之原始的讹误。这种办法又有两条路可走，第一条路是本书文句和他书互见的，虽然本书没有别的善本，然和他书的同文，便是本书绝好的校勘资料。第二条路是：并无他书可供比勘，专从本书各篇所用的语法字法注意，或细观一段中前后文义，以意逆志，发见出今本讹误之点。这种方法好是好极了，但滥用它，可以生出武断臆改的绝大毛病，所以非其人不可轻信。

第三种校勘法，是发见出著书人的原定体例，根据它来刊正全部通有的讹误。若是全部书抄刻颠倒紊乱，以至不能读，或经后人妄改，全失其真，那么唯一的救济法，只有把现行本未紊未改的部分精密研究，求得这书的著作义例。然后根据它来裁判全书，不合的便认为讹误。所以这种方法的危险程度比第二种更大（做得好比他成绩亦更大），万不轻易用。

第四种校勘法，是根据别的资料，校正原著之错误或遗漏。换言之，不是和抄书匠刻书匠算账，乃是和著作者算账。

以上四种，大概可以包括清儒校勘学了。别有章实斋《校雠通义》里头所讨论，专在书籍的分类簿录法，或者也可以名为第五种。但既与普通所谓校勘不同，故暂不论。

前五种中，前三种算是狭义校勘学，后两种算是广义校勘学。真正意义上的校勘只包括前三种①。

从上述梁启超校勘方法的总结中，我们可以隐约看到陈垣"校勘四法"的影子。梁启超把清人的校勘方法总结为五种，并将其分别指向狭义校勘与广义校勘，而前三种所指向的狭义校勘，与我们今天讨论的"校勘"内容是一样的。不过，梁启超对校勘方法的总结也存在一些弊端，如杨翔宇《民国校勘学理论与方法的嬗变》② 一文

---

① 梁启超：《中国近三百年学术史》，东方出版社 1996 年版，第 250—253 页。
② 杨翔宇：《民国校勘学理论与方法的嬗变》，《史学史研究》2015 年第 1 期。

认为，梁启超提出的概念与名称还不是足够准确，且某些校勘法由于缺乏实例佐证而有所抽象，但梁启超将传统经验的东西上升至理论维度，其贡献不可抹杀。

（三）陈垣：校勘四法

陈垣《校勘学释例》在我国校勘学上的最大贡献是将校勘方法总结为"校勘四法"。"校勘四法"现为学界普遍接受，具有广泛的影响，故此有必要进行详细引述。《释例》从校勘所用材料的角度将校勘之法总结为如下四种：

对校法：以同书之祖本或别本对读，遇不同之处，则注于其旁。此法最简便，最稳当，纯属机械法。其主旨在校异同，不校是非，故其短处在不负责任，虽祖本或别本有讹，亦照式录之；而其长处则在不参己见，得此校本，可知祖本或别本之本来面目。故凡校一书，必须先用对校法，然后再用其他校法。

本校法：以本书前后互证，而抉摘其异同，则知其中之谬误。此法于未得祖本或别本以前，最宜用之。

他校法：以他书校本书。凡其书有采自前人者，可以前人之书校之，有为后人所引者，可以后人之书校之，其史料有为同时之书所并载者，可以同时之书校之。此等校法，范围较广，用力较劳，而有时非此不能证明其讹误。

理校法：遇无古本可据，或数本互异，而无所适从之时，则须用此法。此法须通识为之，否则卤莽灭裂，以不误为误，而纠纷愈甚矣。故最高妙者此法，最危险者亦此法。①

《释例》对校勘方法的总结，一方面是基于作者校勘《元典章》的实践，另一方面是基于对前人校勘成果的总结。王欣夫《文献学讲义》认为，"校勘四法"中"对校法，即以前所称的死校，本校、

---

① 陈垣：《校勘学释例》，中华书局 1959 年版，第 144—149 页。

他校、理校三法，即以前所称的活校。"① 较之"死校""活校"的说法，"校勘四法"的总结更清晰实用，所以被其后的校勘学著作普遍接受采用。

另有学者在"校勘四法"的基础上进一步提炼、归纳，尝试总结出更为科学、准确的校勘方法。例如，倪其心《校勘学大纲》将校勘的一般方法概括为比较、分析和科学考证②。然而就实际校勘工作中的操作性、指导性而言，该方法还是略嫌笼统。

五 校勘成果的表达

校勘记又称校记、校字记、考异，是校勘成果的内容和呈现形式。程千帆在《校勘略说》③ 中对校勘成果的体例（呈现形式）作了全面的总结，分为以下几种类型：（1）定本，即把校勘成果直接运用于原文写成定本，没有校勘记。（2）底本附校勘记，即不改动底本，将校勘记附在底本上的形式。（3）定本附校勘记，校勘者将原文写成了定本，并在校勘记中说明校改根据。（4）单行的校勘记，即只摘录出校的原文，附以校语，没有底本。（5）与注释混合的校勘记，即有校有注的著作，校勘记大多与注混合在一起，也有一些是校、注分开的。（6）杂在读书笔记之中的校勘记。（7）用单篇文章发表的校勘记。也有学者把校勘成果的体例归纳为：（1）夹校式，即随文标注，把校语夹在正文之中，置于需要出校的字词或句子之后。（2）页校式，把校语放在一页之尾，在正文与校语中用相应的数字标明顺序。（3）条（或篇）校式，把校语放在每条（或篇）的后面。（4）卷校式，把校记汇总之后放在每卷的后面等④。此外，还有专书性的校勘记，如《四库全书考证》、阮元《十三经注疏校勘

---

① 王欣夫：《文献学讲义》，上海古籍出版社2005年版，第276页。
② 倪其心：《校勘学大纲》，北京大学出版社2004年版，第102页。
③ 程千帆：《闲堂文薮·校勘略说》，齐鲁书社1984年版，第205—207页。
④ 参见张涌泉、傅杰《校勘学概论》，江苏教育出版社2007年版，第123页。

记》、卢文弨《群书拾补》、俞樾《古书疑义举例》等，其中《古书疑义举例》汇集了俞氏一生校书中所抽选的公例，如古书中的错、脱、衍等，是带有总结性质的校勘专著。

关于校勘记的内容，一般会包括校、证、断三个层次的内容。校就是比对异文，提出问题。证，也可称为"按"，是对问题进行分析。断，就是得出结论。管锡华《校勘学教程》则从不同角度对校勘记的内容进行了分类，例如，从对结论的把握程度的角度分出是非校勘记（对校正讹误有完全的把握的校勘记）、倾向校勘记（对校正讹误没有完全把握的校勘记）、存疑待考校勘记、异同校勘记（只出异文的校勘记）；从校勘成果获得者的角度分出引用前人成果的校勘记、今人成果的校勘记、合用前人和今人成果的校勘记；从校勘著作的目的分出一般校勘记（供一般的读者阅读和研究的校勘著作）、集校校勘记（供专门研究的校勘著作）①。这些认识很有道理，可供相关研究者参考。

至于校勘记的文字表述形式，古籍整理者也一直努力使其趋于统一。目前来看，比较切合实际操作的是许逸民在《古籍整理释例》中总结的"校勘记撰写细则"②，其不但详细区分不同种类的校勘记（包括讹、脱、衍、倒、错简、两通、存疑、避讳、不校等），而且通过大量的例证予以说明，甚便参考。例如，对于"讹"类校勘记，可写为："某，原作某，今据某本改"，或"某，原作某，某书引作某，今据改"；对于"脱"类校勘记，可写为："某下某字原阙，今据某本补"，或"某下某字原阙，按某书作某，今据补"。

总之，我们认为，就古籍整理的规范性而言，校勘记的位置、内容和表述形式应该基本统一，既便于操作、翻检，又体现出整理的科学性。许逸民总结的"校勘记撰写细则"就值得肯定，应该在校勘

---

① 管锡华：《校勘学教程》，北京大学出版社 2013 年版，第 185—189 页。

② 参见许逸民《古籍整理释例》（增订本），中华书局 2014 年版，"校勘记撰写细则举例""校勘记撰写细则补充举例"。

实践中加以推广。

六　存在的问题与思考

以上对百年来我国校勘学发展取得的重要成就做了较全面的梳理与回顾。在总结成就的同时，我们对于校勘学发展中存在的不足之处，也不必讳言。

（一）对我国校勘历史的梳理有待完善与深入

对我国校勘实践及校勘学历史的梳理，其中涉及较为重要的一个问题就是，现有校勘学论著对我国校勘学的分期存在较大分歧。如王欣夫《文献学讲义》将校勘分为汉晋、南北朝唐、宋元明、清、现代五个时期，倪其心《校勘学大纲》则分为先秦、西汉、汉末、魏晋、南北朝、唐代、宋代、元明、清代、近代十个阶段。应该以什么样的标准对我国校勘历史作分期，这是我们应该思考的首要问题。至于每一个分期如何进行分析总结，则是我们应该思考的另一个重要问题。以上两书虽然对我国校勘历史做了一定的梳理，但是其中很多问题仍然值得进一步深入地研究。如王书有"唐代重视校雠"一目，倪书则有"唐代不重校勘的倾向"一节，从中可看出，学界对于唐代校勘实践的认识还有较大的分歧。

又如，对 1949 年以来校勘实践的梳理与总结，则少有校勘学著述涉及。值得一提的是曾贻芬、崔文印《再说校勘学》一文，对 1973 年讨论《隋书出版说明》时明确固定下来的"底本校勘""非底本校勘"做了说明总结："底本校勘是一种保持版本源流系统的校勘，它的特点是以不损害底本的基本面貌为前提"，"非底本校勘，则是一种不必保持版本文字源流系统的校勘，它的特点是兼采诸本之长，拼成一个既非甲本，又非乙本的新本子……这种类型的校勘，诸本之间无主无从，其版本校可真正做到择善而从，这是与底本校勘的重要区别。"① 而且该文特别强调这种区别的重要性，认为对二者的认识清晰与否，直接影响所整理古籍的质量。该文是对新中国成立以来古籍校勘实践经验总结的一种有益尝试。总之，对 1949 年以来大量的高质量的古籍整理成果作系统的分析研究，全面总结我国古籍校勘中的得失，对于未来古籍整理工作无疑具有重要的指导意义，但目前这方面的工作还比较欠缺，是今后我们需要努力改进的一个方向。

（二）中西校勘方法与理论的比较研究有待开展

胡适在《元典章校补释例序》中对中西校勘学进行了初步的比较，他说："以上三步功夫，是中国与西洋校勘学者共同遵守的方法……所不同者，西洋印书术起于十五世纪，比中国晚了六七百年，所以西洋古书的古写本保存的多，有古本可供校勘，是一长。欧洲名著往往译成各国文字，古译本也可供校勘，是二长。欧洲很早就有大学和图书馆，古本的保存比较容易，校书的人借用古本也比较容易，所以校勘之学比较普及，只算是治学的人一种不可少的工具，而不成为一二杰出的人的专门事业，这是三长。在中国则刻印书流行以后，写本多被抛弃了，四方邻国偶有古本的流传而无古书的古译本，大学与公家藏书又都不发达，私家学者收藏有限，故工具不够用，所以一千年来够得上科学家的校勘学者不过两三人而已。"② 胡适这种比较中西方校勘学不同的思路是具有开创性的，但是最后得出的结论未免有些妄自菲薄了。后来胡适又在《胡适口述自传》中进一步指出："中西校勘学的殊途同归的研究方法，颇使我惊异。但是我也得承认，西方校勘学所用的方法，实比中国同类的方法更彻底、更科学化。"③ 胡适以后，学界长期无人专门对此问题进行深入研究。直到 2009 年，上海人民出版社出版苏杰编译的《西方校勘学论著选》，该

---

① 曾贻芬、崔文印：《古籍校勘说略·再说校勘学》，巴蜀书社 2011 年版，第 220 页。
② 胡适：《校勘学方法论——序陈垣先生〈元典章校补释例〉》，载严云爱编《胡适学术代表作》（下），安徽教育出版社 2006 年版，第 173 页。
③ 唐德刚整理、翻译：《胡适口述自传》，安徽教育出版社 2005 年版，第 135 页。

书选取了七部（篇）具有代表性的西方校勘学论著进行整理翻译，第一次系统地介绍了西方校勘学成就。译者在《序》中谈道"谱系法"时，对中西校勘方法做了简要的比较：

> 他们（按，指拉赫曼等人）首先将校勘过程分为"对校"（recensio）和"修正"（emendatio）两个环节。"recensio"从词源上讲是"审查"的意思，我们译为"对校"。这与陈垣在《校勘学释例》中所说的"对校"既有联系也有区别。陈垣说："对校者，即以同书之祖本或别本对读……其主旨在校异同，不校是非。"拉赫曼所说的"对校"（reensio），也是"校异同，不校是非"，但却并不止步于此，而是进一步通过考察异文，得出各个本子之间的关系，从而建立起文本的谱系。陈垣所谓"祖本""别本"，是未经批判的，而拉赫曼正是要通过批判，确立何者为"祖本"、何者为"别本"。……"对校"（recensio）的理论出发点是"相同的讹误显示出相同的来源"。"对校"就是藉由"共同讹误"和"独特讹误"，对某一作品的所有文献证据（本子）进行分组系联，建立其谱系，得出文本歧变之前的"原型"（archetype）。不过"原型"并不等于失落了的作者的原本。要企及作者的原本，必须对"原型"中的讹误进行"修正"。

对西方校勘学论著进行系统地翻译和介绍是进行中西校勘学比较的前提。在这个基础上，对西方校勘学进行深入的研究，全面比较中西方校勘学的方法与理论，充分借鉴西方校勘学理论成果，也是我们今后需要努力加强的一个方向。

（三）现代电子网络技术在校勘及校勘学上的应用有待更多实践的检验

电子网络技术的发展与普及，近年来从各个方面推动学术的发展，也势必会对校勘及校勘学产生深远的影响。管锡华《校勘学教程》一书专设一章《电脑网络技术在校勘中的运用》论述这个问题，将电脑网络技术对校勘工作的影响分为三个方面：目录检索、书籍获取、文字检录。其中目录检索，包括纸本目录的电子化、图书馆网络目录、网络联合目录，为查找古籍版本资源提供了很大方便。电子化书籍可分为原版扫描与可编辑文档两种，目前来看只有原版扫描的电子古籍可以作为校勘的资源。文字检录是指在可检索与且可编辑文档中检索所需资料。这三个方面均是从方便获取校勘资源的角度来论述的，并未涉及对校勘与校勘学本身的影响。真正从理论和实践方面较为系统地论述现代信息技术带给校勘及校勘学影响还要算常娥的《古籍计算机自动校勘、自动编纂与自动注释研究》一书[1]。常娥指出，古籍自动校勘是指利用计算机自动发现并标记出古籍不同版本之间的文字差异，并提供各种校勘辅助工具帮助专家勘误。其基本原理是：从底本和对校本中取出大小相等的字串进行比较，如果它们不相等，则将其切分成子串再进行比较，并根据校本串相对于底本串出现的增加、删减及取代的情况，分别判断为衍文、脱文或错文；如果它们相等，则跳过相等部分，重新取出底本串和校本串，重复前面的步骤进行。自动校勘只是完成校异部分，为了帮助专家进行勘误，其还设计了古代官名表、人名表、地名表等自动校勘辅助工具。此外，常娥还以农业古籍为实验语料，开发以古籍自动校勘的实验系统。通过采用定量的方法，对自动校勘的结果进行了测试，发现系统对不同版本间异文比对的召回率和精确率分别达到了92.3%、95.2%[2]。

　　不过，就上述的设计来看，自动校勘还存在着一些缺陷，如比

---

　　[1]　常娥：《古籍计算机自动校勘、自动编纂与自动注释研究》，安徽师范大学出版社2013年版。常娥另有《古籍自动校勘和编纂研究》（安徽师范大学出版社2012年版），关于自动校勘的论述与本书所论大同小异。

　　[2]　常娥：《古籍计算机自动校勘、自动编纂与自动注释研究》，安徽师范大学出版社2013年版，第153—154页。

对的句子需要词语足够多，比对的文本需要全面地数字化，等等，因此，要做到真正的自动校勘，其方法还需要在实践中不断检验和完善。

第四节　注释学

"注释"一词，最早见于南北朝。南朝梁刘勰《文心雕龙·书证》中就说："若夫注释为词，解散论体，杂文虽异，总会是同。"这里的注释，就是解释、注解的意思。可以说，注释学在某种程度上是训诂学之别名，如孔颖达《诗经正义》在疏解《诗经·周南·关雎》中云："诂训传者，注解之别名。"实际上，训诂与注释在现代学者看来有很大的不同。训诂学侧重探究《尔雅》《方言》《广雅》一类的辞书，重在语言文字、语义学等；而注释学则包括解说词语音义、考察词源、注解典故、串讲文意、事实考据以及辑录评语、辅以己见、思想阐发等方面的内容，涉及面非常广泛。注释学作为学科名称，最早由朱星提出，他在 1973 年写就的《中国注释学概论》一书的初稿中，首次使用了"注释学"一词。后来汪耀楠专门撰写了《注释学》一书，认为"注释学是研究文籍注释的内容和方法，探讨注释文籍的规律的科学"①。汪先生所言的注释学，是将古籍整理与训诂融合为一，对版本、校勘、文字、词汇、翻译、文章、文法等多个问题进行探讨。

现在已经有很多学者对以往包括 20 世纪的古籍注释学做了一定的梳理和总结②。注释学尽管是全新的学科，但注释的历史源远流

---

① 汪耀楠：《注释学纲要》，语文出版社 1991 年版，第 8 页。
② 李红霞：《注释学研究的回顾与前瞻》，《古籍整理研究学刊》2009 年第 2 期；孙钦善：《论中国传统诠释学的继承和发展》，载北京大学中国古文献研究中心编《北京大学中国古文献研究中心集刊》第 9 辑，北京大学出版社 2010 年版，第 25—48 页；汪耀楠：《注释学》，外语教学与研究出版社 2010 年版；韩格平：《关于高校中国古籍注释学学科构建的几点思考》，《古籍整理研究学刊》1994 年第 6 期。

长，它在古代主要体现为训诂、注解等形式，体例也是非常多样，如传、解、笺、注、诠、义疏、章句、集解、集注等，其中训诂是古人注释古籍最基本的形式。正是因为如此，很多学者就将训诂学视为注释学，如冯浩菲就认为："作为训诂体式名称而合用的'训诂'一语，意思跟现在我们常说的'注释''注解'相同，因此'训诂学'也可以称作'注释学'或'注解学'，只是为了保持这门学问称名上的传承关系及统一性，才沿用了历代常用的'训诂'这个词语，一般仍称作'训诂学'，不称作'注释学'或'注解学'。"① "训诂学是一门研究训诂的科学。训诂，就是注释的意思，因此训诂学也可以叫做注释学。它以一切现成的训诂书籍为研究对象，其工作性质是抽象的、理论的。通过研究和介绍训诂的体式、方面、方法、理论等，用以指导训诂实践。"② 无论如何，训诂虽是注释的基础，但训诂学也只不过是注释学的一部分，而不能够涵盖注释这门学问的全部内容。所以，如果按照现在学者所探讨的注释学的范畴，将会兼涉文字学、音韵学、训诂学、版本学、目录学、校勘学、辨伪学、辑佚学、语义学、历史学、文学、哲学等多个学科，也正是因为如此，我们在探讨 20 世纪中国注释学的同时，就不得不兼及这些学科的发展情况，以期对 20 世纪注释学的发展与思想有更加深刻的理解与认识。

一　古籍注释学理念的发轫与发展

民国时期，虽然有很多学者依旧墨守经传注疏之学、考据之学的传统，但随着西学大规模在中国传播，传统的经史子集的分科体系受到了极大的冲击，并随机被条块分割为多个部分。经学也失去了作为思想主导的地位，深受经学影响的注释传统，也被西学所冲淡。"真

---

① 冯浩菲：《中国训诂学》，山东大学出版社 1995 年版，第 5 页。
② 冯浩菲：《中国训诂学》，山东大学出版社 1995 年版，第 9 页。

正使古典解释学发生深刻变化的，还是维新运动的领袖康有为"①，他不仅改变了乾嘉学者注疏、考据的旧形式，而且还在今文经学的基础上，将西方新理论与《公羊传》《礼记》的"三统""三世""大同""小康"等思想相结合，建构了一套全新系统的维新变法理论。传统注重经典训诂、诠释的注释之学，随之被思想阐发、理论建构所替代。尽管这和宋学有一定的相似性，但在指导思想上却已经是开始西化，而不是宋以后的天理学说。

　　小学作为古代儒家经典注释的入门与基础，此时也深受西学影响，开始在章太炎、黄侃等人的推动下转变为现代语言文字学。章太炎作为近代著名的经学家、思想家，受到西学的冲击，开始积极借助西方科学理论来探讨传统经学，并对古籍注释学的思想与方法做了全新的思考与整顿。在他的努力下，"小学"摆脱了传统经学的束缚，成为一门独立的语言文字学。另外，章太炎在其《国故论衡》《小学答问》《新方言》《文始》等著述中，对传统小学、语言文字学的诸多理论都做了深入研究，为近代以来训诂学、古籍注释学的建构起到了重要的推动作用。

　　章太炎之后，他的弟子黄侃更是在其基础之上，撰有《训诂述略》《尔雅略说》《说文略说》《声韵略说》等书籍，对小学、训诂学等理论做了系统研究。在黄侃看来，清代以前有训诂而无训诂学，所以应当建立一门独立的训诂学体系：

　　　　诂者，故也，即本来之谓。训者，顺也，即引申之谓。训诂者用语言解释语言之谓。若以此地之语释彼地之语，或以今时之语释昔时之语，虽属训诂之所有事，而非构成之原理。真正之训诂学，即以语言解释语言。初无时地之限域，且论其法式，明其

① 周光庆：《中国古典解释学导论》，中华书局 2002 年版，第 130 页。

义例，以求语言文字之系统与根源是也。①

黄侃认为，清代以前多有以语言解释语言的训诂经验，但真正的训诂学并没有产生。在他看来，训诂学旨在探求语言文字解释的思想与方法，探求语言解释的内在规律，所谓"论其法式，明其义例，以求语言文字之系统与根源是也"。黄侃这种对训诂学的定义，含有语义学加解释学的意味在内，这对于训诂学、语言学、注释学尤其是训诂学的发展颇有贡献。也正是他"构拟了第一部训诂学讲义，并进行独立的专科教学，使清代以前的训诂工作上升为一门有体系的理论学科，从而彻底脱离了经学的附庸地位"②。在章太炎、黄侃的影响下，一大批训诂学论著相继产生，如何仲英《训诂学引论》、胡朴安《中国训诂学史》、张世禄《训诂学与文法学》、齐佩瑢《训诂学概论》、王力《新训诂学》，等等。

经过章太炎、黄侃等人的努力，训诂学由此成为一门独立的学科体系。由于训诂学是古籍注释学的重要组成部分，所以它的出现直接促进了古籍注释学的推进。这一点正如20世纪40年代张世禄所言，训诂学有助于古籍注释，但它在某种程度上只不过是解释学的一种或部分：

> 训诂学，通常大都以为是属于字义方面的研究，往往拿它来做字义学别名，以与音韵之学、形体之学对称。实在依据过去中国训诂学的性质看来，与其说是它是字义学，不如说它是解释学；中国训诂学过去并非纯粹属于字义的理论的研究，而是大部分偏于实用的研究。实际上，可以认为是读书识字或辨别词语的一种工具之学。所以，它和"意义学"（Semantics）的性质不同。③

---

① 黄侃述、黄焯编：《文字声韵训诂笔记》，上海古籍出版社1983年版，第181页。
② 王宁主编：《训诂学》，高等教育出版社2010年版，第37页。
③ 张世禄：《训诂学与文法学》，《学术杂志》1940年第3期；又载《张世禄语言学论文集》，学林出版社1984年版。

在张世禄看来，章太炎、黄侃等人所言的训诂学，主要是研究字义解释之学，将传统训诂所包含的音韵学、文字学剥离了出来。而传统的注释，包括的面向很多，不仅仅有字义、训诂，还有思想体系等，而训诂学"实际上，可以认为是读书识字或辨别词语的一种工具之学"，亦即它并非现在所言的注释学的全部。尽管如此，现代训诂学的建立有助于语言文字学的发展，更推动了古籍注释学的向前发展。这一点正如王力所言："按照现代的科学系统来说，训诂学是语文学的一个部门，它是从语言学角度去研究古典文献的。"① 陆宗达也说：

> 现在所说的训诂学，是传统语言文字学的一个部门。它是随着与文字学、音韵学以及后来的语法学分工日益清楚，逐渐有了自己固定的研究对象、范围、目的、方法之后而确立的。……照此发展，训诂学便会成为这样一门科学：对象，古代文献语言（即古代书面汉语）的词义；材料，古代文献语言及用语言解释语言的注释书、训诂专书；任务，研究古代汉语词的形式（形、音）与内容（义）结合的规律以及词义本身的内在规律；目的，准确地探求和诠释古代文献的词义。所以，它实际上就是古汉语词义学。②

总的来看，根据王力、陆宗达等的解释，可以看出训诂学重在探讨古代汉语的词语意思，它的性质是从现代语言学的角度研究古代文献，研究目的在于总结、发现古代解释语言、词语的方式方法及其规律，以期对古文献的字词内涵有更加深刻的理解与认识。或者说是为了"明其义例，以求语言文字之系统与根源""准确探求和诠释古代

---

① 王力：《龙虫并雕斋文集》，中华书局 1980 年版，第 328 页。
② 陆宗达、王宁：《训诂方法论》，中国社会科学出版社 1983 年版。

文献的词义"。这些对于古籍注释学的发展来说，具有一定的推动意义，毕竟解释古籍字词是注释学的核心任务。

民国时期，就注释学的对象而言，不再像清以前那样注重对传统儒家经典的注释，而是拓展到了史书、诸子、文集、出土文献等多种，在研究方法上也趋于多元。如徐复《后读书杂志》对《史记》《汉书》《老子》《荀子》《楚辞》《文选》等二十多种古籍中的疑难词语做了精当的校勘与注释。与此同时，学者们多采用比较直白易懂的白话，而不是引经据典、乾嘉考据那种烦琐的注解模式。另外，随着近代出土文献的增多，很多学者开始利用殷墟甲骨文、商周铜器铭文和敦煌文书残卷等出土文献，来辅助对传世文献中的某些字词、语义作出新的解释。如王国维《与友人论诗书中成语书》首次以铜器铭文解释《诗》《书》中的常用词语，于省吾也借助出土文献作《尚书新证》《诗经新证》《楚辞新证》等，补正了前人的很多阙误。总之，民国以来的古籍注释更加多样，脱离了传统以经史为核心的经典注释模式，很多古籍注释开始带有现代学术研究的性质。

随着注释学相关学科的发展以及注释实践的丰富，很多学者注重吸收西方的语义学、解释学等新思想与新方法，以全新的角度来重新审视传统文献，从而对注释学有了全新的认识。比如，就今注、今译的标准来说，民国开始就已经有很多学者对此有一定的认识与理解，比如近代著名翻译家严复在其《天演论》的"译例言"中曾对外文翻译提出了信、达、雅三条标准。严复认为，将外文翻译为中文，不仅要忠实原文、作者的本意，还要通达、通顺，更要雅。由于这个雅要求用典雅秀丽的桐城派古文来翻译，在当时白话文开始流行的时期自然有些显得生涩、深奥，故遭到了梁启超、黄遵宪等人的批驳。尽管如此，严复的这个翻译要求，却成为后来很多古文献注释学者秉承的基本信条，以期重视原文，通顺畅达，还要文采优美。

总体来看，随着1911年清朝的解体，以及西方分科体系、语言学、语义学等新观念进一步盛行中国之后，中国有关古籍注释的学问进入了一个新的发展阶段。在注释的对象上，人们不再固守儒家经典。在注解的目的上，不再强调"传道明道""经世致用"，而是有了更加宽泛的指向。在注释的形式上，虽然仍以注疏集解的形式出现，但开始突出个人的理解。另外，随着五四新文化运动的推动，白话文占据了文坛的主流，文言文开始退出了历史的舞台，古籍的今注、今译也开始成为一种新的训诂、注释的形式。总之，古籍注释开始了一个新的纪元。

二 古籍注释学基本理念的阐发

1949 年以后，有关古籍整理与注释有条不紊地进行。但到了"文化大革命"时期，受到阶级斗争等思想的左右，古籍注释学也具有了严重的政治性色彩，以至于偏离了古籍及作者的本意。从 20 世纪 80 年代以后，古籍注释学的发展才开始进入了正轨。这一时期，受到国家和社会的重视，越来越多的古籍被整理。不过，"限于传统训诂学的性质，当时还缺乏科学系统的注释理论和方法的指导。工作的开展与学术研究滞后之间的矛盾，必然要求加强对注释的专门研究"①。总之，在 20 世纪 80 年代之后，随着古籍整理与注释实践的兴盛，很多有关古籍注释学的论著也开始大量出现，除了有总结注释的训诂学著述之外，还有专门的"注释学"之类的著作问世。

在 20 世纪 80 年代一些古文献学与古籍整理类的书籍对注释学做了一定的探讨。如 1982 年由中州书画社出版的张舜徽《中国文献学》一书，被视为"中国文献学学科建设的奠基之作"②。在这部书中，张舜徽认为"替古书作注解工作，是一件极不容易的事。一方面固然要明于训诂通例，解释得很清楚；另一方面，又必须学问渊博，能够作探本穷源的深入工夫"③。张舜徽在此书中还认为，传统

---

① 李红霞：《注释学研究的回顾与前瞻》，《古籍整理研究学刊》2009 年第 2 期。
② 张舜徽著，姚伟钧导读：《中国文献学》，上海古籍出版社 2011 年版，"导读"第 1 页。
③ 张舜徽：《中国文献学》，华中师范大学出版社 2004 年版，第 133 页。

的训诂学其实就是注释学的别名。他说：

> "训诂"二字，可以合起来讲，也可分开来讲。合起来讲，便成为一种注释、翻译古书的工作的代名词。"训"是解说，"诂"是古言。解说古言使人容易通晓，自然不是一件轻松的工作。①

　　最早的训诂主要是对字词、章句的解释，后来随着范围的扩大，凡是对古书的注释都可以叫作训诂。20 世纪 80 年代中期，黄永年在其《古籍整理概论》一书中认为古籍整理需要的方法、工序一共有十项②，其中注释、今译为重要的组成部分。他认为"做出高水平的注释比自己写书更不容易"，而"今译在某种意义上可说是注释工作的延续"，"其难度则并不亚于作注释"。怎么对一部古文献作新注，黄永年认为需要注意四点：一是要选好对象，注意体式；二是对这部书要下功夫，通读、精读多遍，从而实现对这部书的内容、作用有更加深刻的理解；三是要认真汲取前人的成果；四是态度要认真严肃。③ 20 世纪 80 年代末出版的，由杨燕起、高国抗主编的《中国历史文献学》也提到了古籍注释应当注意的几个方面：（1）注释古书，有的解释不应当囿于陈说，而要利用近代学术知识，并善于辨别不同的史料传说。（2）词往往要在句里才能确定它的意义。（3）运用训诂方法解决古籍的难点是注释古籍常用的方法。（4）注释古籍要注意古籍原无标点，注家往往因断句误而造成的注释错误。（5）注释古籍，要注意校勘。（6）在古籍注释中，利用音训是清代学者的一大贡献，但也要注意区别误用音训的情况。④

---

① 张舜徽：《中国文献学》，华中师范大学出版社 2004 年版，第 130 页。
② 黄永年：《古籍整理概论》，上海书店出版社 2001 年版，第 5 页。
③ 黄永年：《古籍整理概论》，上海书店出版社 2001 年版，第 135 页。
④ 杨燕起、高国抗主编：《中国历史文献学》，北京图书馆出版社 2003 年版，第 387—391 页。

　　以上古文献学、古籍整理的专家们提到了注释学的核心部分——注释应当注意的事项，这对于古籍注释学的丰富与完善起到了重要的推动作用。与此同时，20世纪80年代及之后，很多学者也开始将注释学作为一个学科进行探讨，如20世纪80年代中期，许嘉璐撰《中学课本文言文注释商榷（续）——兼论注释学的研究》一文，认为"训诂学不能代替注释学"，倡导建立中国注释学，以便对中国古代注释书的发展史，古代注释家、注释书的研究与评价，注释工作与各个时代政治、文化思想状况的关系，注释书的各种类型等问题展开研究。① 除此之外，还有多种论著就"注释学"议题展开讨论。90年代初汪耀楠撰写了《注释学纲要》一书，成为古籍注释学史上的标志性著述。正如有学者所分析的：

　　　　古籍整理与注释不仅仅是古语义学的问题，所涉内容要比训诂学界说和一般训诂学理论著作所讨论的问题宽泛得多，也丰富得多。可以说，《注释学纲要》一书是针对训诂学著作的不足与缺陷而作，是首次将关涉文籍注释整理的诸多问题，如版本、句读、释词、通假、今译、章句结构乃至注释历史等融汇于一体，重新作了理论阐述而形成一门新的理论学科。②

　　汪耀楠的《注释学纲要》是"针对训诂学著作的不足与缺陷而作"，将注释学作为一门学科，以古籍注释为研究对象，就其所涉及的"版本、句读、释词、通假、今译、章句结构乃至注释历史等融汇于一体，重新做了理论阐释"，从而形成了一门新的理论学科。除此之外，周光庆发表了《中国古典解释学研究刍议》《朱熹经典解释方法论初探》等文章，倡导建立中国自己的古典解释学，认为"中

　　① 许嘉璐：《中学课本文言文注释商榷（续）——兼论注释学的研究》，《北京师范大学学报》1984年第3期。
　　② 汪耀楠：《注释学》，外语教学与研究出版社2010年版，"序"第2页。

国确有自己的古典解释学。尽管它还没有能够成为一个独立的专门学科，他的理论的阐述还比较零散，方法的运用还隐含在浩瀚的注疏之中，丰硕的成果还未恢复本有的色泽"，但"只要加以科学的整理和总结，它那值得自豪的创造性和创先性，就能在世界学术之林闪现出光彩"。为此，他还提出了发展古典解释学的构想，"在目前情况下，中国古典解释学的研究，似乎应该首先致力于发掘和整理历代有代表性的文化经典解释理论与实践的成果，在比较分析中探寻文化经典解释方法论形成发展的轨迹；然后从古典解释学和哲学解释学的高度，对上述方法论发展演变作出实事求是的分析和评价，并且注意描写它固有的民族特色，进而探讨它在今天的启示意义和发展方向"①。

20 世纪 90 年代，有关注释学的论著越来越多，针对研究的目的、原则、内容、方法等都做了一定的探讨，如靳极苍于 1991 年撰《应把"注释学"建为一专门学科》就认为，注释学的建立有助于"正确理解咱们古典名作，以使它们能很好地为现代读者、为社会主义新文化建设服务"②。韩格平于 1994 年撰《关于高校中国古籍注释学学科构建的几点思考》，就古籍注释学的学科性质、主要内容、教材编纂、方法论与学科建设原则等问题做了细致梳理。他认为"中国古籍注释学是中国古代文献学的重要的分支学科，是以系统研究注释中国古代典籍（主要是汉文典籍）的一般规律与基本方法的实用性很强的新兴学科"，并认为注释学与传统的训诂学有所不同，"中国古籍注释学与训诂学有很大的不同：一是研究对象不同，二是研究范围不同，三是社会用途不同"。③ 对于中国古籍注释学的基本方法，韩格平认为它所涉及的学科知识非常多，如目录学、版本学、

---

① 周光庆：《中国古典解释学研究刍议》，《华中师范大学学报》1993 年第 2 期。

② 靳极苍：《应把"注释学"建为一专门学科》，《晋阳学刊》1991 年第 5 期。

③ 韩格平：《关于高校中国古籍注释学学科构建的几点思考》，《古籍整理研究学刊》1994 年第 6 期。

校勘学、辑佚学、历史学、哲学、文学、语言学、民俗学等等。

对于注释学的内容、方法及体例等也有学者做了探讨，如董洪利于 1993 年出版的《古籍的阐释》一书对古籍注释的内容做了梳理与分析，认为注释的内容除了解释语言文字之外，还包括：（1）考证和介绍作者的生平、思想、创作意图和书籍写作的历史背景。（2）分析、评价和发挥作品的思想意义。（3）考证、说明、补充历史事实和名物典故。（4）文学艺术作品的赏析与评价。（5）各种资料的补辑与辨析。① 总体而言，董洪利认为对于古籍注释，除了借助训诂学的原理对字词进行注解之外，还应当借助文史哲等多种学科的知识，来对古籍字词、作者生平事迹、思想体系、古籍中的历史事实、典章制度、缺失的资料等都加以分析考察。他认为，即使是词语的解释，也不能仅限于训诂的内容，要结合对文本多方面的理解去解释。如其所言：

> 由于词语解释具有两重性，既是训诂的一部分，又是注释的一部分，所以它必须遵循传统训诂学解释词义的方法，同时又要具备注释的特点而与训诂有所区别。具体地说，注释对词语的解释必须从全书、全文的整体思想、整体结构以及作品产生的历史背景等问题的理解出发，研究词汇在特定语言环境中的具体意义，既要以基本词义为依据，又要根据上下文的关系来确定词义；既要参考字典辞书的解释，又切忌生搬硬套。②

董洪利认为训诂只是对字词的解释，尽管很重要，但并不是注释学的全部，还应当对字词之外的作者意图、古籍本意作深入的发掘与

---

① 董洪利：《古籍的阐释》，辽宁教育出版社 1993 年版，第 83 页。
② 董洪利：《古籍的阐释》，辽宁教育出版社 1993 年版，第 33 页。

阐发。就此而言，对于古籍注释，尽管在本质上与训诂学相关，须以训诂学的传统方法为基础，但同时又必须借助文学、史学、哲学等学科的理论与方法，从多个角度多个方面，对涉及词义之外的内容如作者的生平事迹、思想体系、创作意图、古籍的历史背景、思想内容、历史与现实意义、古籍中的历史事实、典章制度、名物器数、各种资料的补辑、辨析，等等，做深入而系统的分析与总结，只有这样才可以对古籍本身有深入的理解。最后，董洪利还对注释的体式（体例与形式）作了介绍。在他看来，"从注释学的发展趋势看，译注是最有发展前途也最受读者欢迎的注释体式"①。

一些学者在与注释学相关的其他学科的研究中，也对古籍注释学做了一定的论述。比如，冯浩菲于 1995 年出版的《中国训诂学》一书，尽管此书注重字词训诂的分析，但它对古籍今注、今译也做了大量的研究，也可以将之看成古籍注释学的重要著作。在冯浩菲看来，古籍注释训诂一定首先要坚持"古为今用"的原则。只有坚持这个原则，才能做到目标对头、方向端正、方法得当、效果显著，多出书、出好书。否则，漏洞百出，坏书、劣书充斥市场，浪费人力、财力，还毒害人民。冯浩菲也强调，这里的"古为今用"的"古"与"用"，都是有选择性的。如其所言：

> 必须指出，古为今用是一个严肃的学术用语，当我们在训诂学领域使用这个术语时，所说的"古"不是任意的，而是有选择的，质而言之，主要是指代表中华民族优秀文化遗产的那一部分古籍。所说的"用"，也不是任意的，而是有选择的，质而言之，主要是指在我国向现代化迈进的过程中，能够促进物质文明和精神文明建设的那种作用。如果与这样的宗旨相违背，就不是我们所提倡和坚持的古为今用，而是别一种货色，必须加以抵制

---

① 董洪利：《古籍的阐释》，辽宁教育出版社 1993 年版，第 289 页。

和反对。①

　　冯浩菲认为"古"不是泛指，不是古代的一切，而是那些"代表中华民族优秀文化遗产的那一部分古籍"。而所说的"用"，也是有选择的，就是能够"促进物质文明和精神文明建设的那种作用"。否则，就不是冯浩菲所提倡的"古为今用"。当然，冯浩菲的这种"古""用"有些绝对，毕竟，古籍注释学的对象是针对过去的一切古文献，即使它对当今没有任何价值，但我们也应当注意保存，以备子孙后代发掘、研究。冯浩菲对于如何贯彻"古为今用"，如何进行注释古籍，提高注释的质量，提出了需要注意的五点事项：一是不崇古，不薄今。尊重古人的注释，但一定不要迷信。正确的态度是："训诂中应该实事求是，用历史的观点，科学的态度，批判吸收古注中合理的有用的部分，舍弃其糟粕性的部分，也就是既要依靠，又不迷信。"② 二是不保守，不妄说。他认为既不能过于尊崇旧注，以至于陷入保守；相反，也不能轻诋古人，而主观臆断妄说文本之义。三是要出于公心，破除门户之见。面对学术问题，要摒弃学派之争，追求真理。四是注重事实，相信科学。古书注解，一定要反复考证，实事求是。五是尊重前人成果，注重学术流变。

　　冯浩菲除了从训诂学的角度对古籍注释学做了一定的探讨，还在其《中国古籍整理体式研究》一书中，对注释古籍的注意事项做了进一步的补充，如要重视标点工作；要做好词义的训释；诠释句意应该紧贴原文，防止节外生枝，任意滋说。冯浩菲所说的这几个方面注意事项，对于古籍注释来说无疑有重要的参考价值。同一时期，黄亚平的《古籍注释学基础》针对前人注释所做的类型归纳，其中对各类旧注注释条例进行总结分析，这对于注释术语的理解与

---

①　冯浩菲：《中国训诂学》，山东大学出版社 1995 年版，第 572 页。

②　冯浩菲：《中国训诂学》，山东大学出版社 1995 年版，第 573 页。

使用具有一定的规范意义。无论是董洪利、冯浩菲，还是黄亚平，他们对于古籍注释学的分析与论证，极大地丰富、完善了古籍注释学学科体系。

　　除了训诂学的专家探讨注释学之外，另外一些古文献学家也对古籍注释学做了一定的探讨。比如杨燕起、高国抗主编的《中国历史文献学》一书中，对古文献的注释也做了一定的研究。在他们看来，古人在注释古籍方面已经积累了大量的有用成果，这就要求我们不仅要继承前人的成就，还要利用我们所掌握的较先进的语法、训诂、音韵、文字等方面的知识去考证、辨析、补充前人的注释，得出正确的结论。①

　　另外，古籍注释学离不开正确的文本基础。在古籍注释之前要做好古籍版本的源流、真伪的考校，为古籍注释提供一个正确的文本，否则就会在错误的正文上，为讹谬作注，而贻误后学。因此，古籍注释对古籍版本有很高的要求，正如注释学专家汪耀楠在其《注释学》一书中所指出的，好的版本应具备四个条件②：第一是足本，亦即没有任何章节、内容的缺漏；第二是精本，亦即抄写或刊刻都没有错误；第三是精校本，亦即古籍在流传过程中尽管出现了错讹、脱漏，但历代学者对之做了细致的校勘工作；第四是好的注释本。古籍注释很多情况下是在已有的整理、注释过的本子上进行的，如果选择好的注释本可以有利于我们充分吸收前人已有的成果，在已有的成果基础上再提高一步。总之，注意将校勘、版本、辨伪等专学与注释学结合起来，是古籍注释学理论的一个重要观点。

　　总的来看，进入20世纪80年代以后，注释学的理论探讨进入了一个新的阶段，注释学不但作为一个新的学科被一些学者所关注，而且对注释学的一些问题展开论述，这在某种程度上推动了注释学理论

---

　　①　杨燕起、高国抗主编：《中国历史文献学》（修订版），北京图书馆出版社2003年版，第387—391页。
　　②　汪耀楠：《注释学》，外语教学与研究出版社2010年版，第80页。

的发展与体系的建构。尽管如此，到 20 世纪末，古籍注释学学科的
建设仍然处于初兴时期，鲜有统一的认知与共识。正如有的学者所总
结的："通观古籍注释的研究现状，可以说'古籍注释学'理论体系
的建设尚处于起步阶段，参与讨论的人数不多，取得的成绩也不够
大，尤其是对古籍注释学科理论模式的研究，如对注释理据、作注手
段、学科范围、操作规范、批评标准等问题的探讨，或者尚未触及，
或者还没有形成共识。换句话说，目前对古籍注释理论框架的重要性
还缺乏足够的认识。这种状况反过来制约着古籍注释工作的顺利实
行，连带也给古籍整理事业造成了一定的负面影响。"①

三　古籍注释学理论的多元发展

21 世纪以来，古籍注释学被作为一个新兴学科，为越来越多的
学者所探讨，很多学者就古籍注释学提出了自己的看法。近十年以
来，古籍注释更是进入了一个前所未有的繁荣时期，随着训诂学、文
字学、文献学等与注释学相关学科的发展，极大地促进了古籍注释的
进步，很多学者都在古籍注释的方法、程序、注释的分类、注释的原
则等方面提出了自己的新观点与新方法。比如，周大璞主编的《训
诂学初稿》中就如何给古籍作注就提出了很多看法与观点，其中包
括如何借鉴旧注、如何辨明词义、如何保证注释的规范、如何避免以
往注释出现的各种问题，② 等等，这对于古籍注释学的丰富与完善起
到极大的促进作用。

在讨论古籍注释的方法的同时，很多古文献学家也从自己的学科
视野出发，就古籍注释的程序提出了一些建议。他们认为，面对浩如
烟海的古籍，我们应当采取以下几个程序进行注释，③ 包括：首先要

---

① 黄亚平：《建设古籍注释研究理论框架的重要意义》，《古籍整理研究学刊》2002 年第
3 期。
② 周大璞主编，黄孝德、罗邦柱分撰：《训诂学初稿》（第 3 版），武汉大学出版社 2007 年
版，第 360—398 页。
③ 王俊杰主编：《中国古典文献学概论》，齐鲁书社 2006 年版，第 272—276 页。

选定工作本。这就要依靠目录学、版本学，选择足本、善本或精校本。其次是标点和分段。在工作本选定之后，要通读全文，用红笔或铅笔点出句读，亦即断句。在断句的基础上，反复斟酌，将句读改为新式的标点符号。再次是要注意对文本进行校勘。尽管我们选择的是足本、善本或精校本，但也要进行详细校勘，保证文本的正确。最后，才是进行古籍的注释。这当然是注释古籍的中心环节。这种步骤颇值得参考。不过，我们应在所选择的工作本上先进行校勘，这样方可以比较顺利地进行断句，这样可能更符合古籍整理的工作程序。由于一些古籍如四书、五经、前四史等，自古以来就有很多古注，对于旧注究竟如何取舍，一些学者提出了自己的看法。如冯浩菲在其《文献学理论研究导论》一书中就认为需要做好两方面的工作：

> 一是按照从古到今的顺序，仔细研读应该研读的全部相关文献，注意比较历代学者所作各种注释的同和异。凡完全相同者可以不论，凡相异者认真做好资料卡片，首先归纳标目，注明属于什么问题；接着摘录注家观点，照抄原文，一字不误；继而详细注明出处和版本。这是基础性工作，必须做好，要求全面、彻底、可靠。二是根据全程研读印象和所做详细卡片资料，分析问题，归纳问题，即对依次记录于同一目标之下的所有不同观点进行仔细分析，确定其同异、是非、取舍；同时进行归纳分类，使各种观点各以类从。对每一个标目之下的观点都按此程序做过来，那么相关文献注释中所存在的各种主要的前沿性问题也就梳理清楚了。①

冯浩菲认为注释古籍的整个过程需要慎重，一方面要仔细研读与

---

① 冯浩菲：《文献学理论研究导论》，山东大学出版社 2009 年版，第 76 页。

所注释的文本相关的全部文献，比较历代注释的同异，并做资料卡片，分析异同的缘由，并标出详细出处与版本。另一方面还要根据所做的卡片，仔细分析问题，确定同异、是非、取舍，同时以类相从。这样注释的结果，不仅可以清晰历代注释之演变，也可以借此洞悉古籍本身的一些前沿性问题所在。

　　注释古籍时应当选择何种体例类型，很多学者对此也做了探讨，并对古籍注释的分类提出了自己的看法。如王俊杰在其主编的《中国古典文献学概论》中认为，按照不同的标准，注释可以有不同的种类①：其一，从注释内容上着眼，可分为文字类、章句类、义理类和综合类注释；其二，按注释所提供知识的信息量，可划分为简注、详注和纂集三类；其三，按对待旧注态度不同，又可分为旧注、补注、辨证（平议）与集注；其四，从注释的接受对象上，还可以把注释分为普及与提高两大类。曹林娣在其编纂的《古籍整理概论》中也说：

　　　　为古籍作新注，首先要审别原书类属，区分读者对象，然后再决定采用哪种注释手段。如果是先秦文学著作，文字艰深，佶屈聱牙，一般读者难以读懂，就可考虑译注体例。如果注本的读者对象为广大中等以上文化水准者，则以普及读物常用的译注、译评等体例较宜；如果注本是供研究者所用的，那就以集注、校注等体式为佳。②

　　的确，古籍注释需要考虑阅读对象，以此为依据决定文字处理。如先秦古籍就应当用译注的体例，如果普及读物则采用译评的体例，如果注本供研究者使用则以集注、校注等体例为主。

---

　　①　王俊杰主编：《中国古典文献学概论》，齐鲁书社 2006 年版，第 269—272 页。
　　②　曹林娣：《古籍整理概论》，北京大学出版社 2007 年版，第 191 页。

　　进入 21 世纪之后，随着训诂学、语言学、语义学、文献学等相关学科的发展，以及西方诠释理论在中国学术界的大行其道，这些都极大地促进了古籍注释学的丰富、完善。与此同时，古籍注释学被视为一门相对独立的学科，也日渐得到了越来越多学者的认同。一些学者还在前人的基础上就注释学学科体系的建立发表了很多的论著，以期探讨重建全新的注释学思想体系。比如，汪耀楠在其《注释学》一书中，进一步强调并系统阐述了他的古籍注释学思想体系。他认为注释的产生并不等于注释学的产生，作为注释学的成立应当有五个标志：能够自觉地运用文字学的原理，辨识字的本义、引申义和假借义；能够明了声音与词义的关系；能够明了古今异言、方俗殊语的语言变化现象；有广泛深入的注释实践，其注释内容涉及文章的各个方面；有阐发注释原理和方法的理论。① 汪耀楠认为，按照这五个标志来衡量的话，中国在汉代就已经形成了自己的注释学。同时，他强调，之所以要建立注释学，因为相比较而言训诂学有些狭窄，而注释学无论是适应性还是所涉及的范围都远远超过训诂学。比如，注释的范围比训诂广，训诂学一般只是对古籍中的每一句中的各个字词之义加以解释，排除语言文字障碍就行了；而注释则要涉及所注解篇目中的很多方面，如字词、作者、版本、文义、评价等。

　　孙钦善在其《论中国传统诠释学的继承和发展》一文中，对中国已有的诠释学思想与方法做了分析，针对学术界认为中国没有传统的诠释与中国只有经验而没有形成"学"的两种观点做了批判，并提出了自己的看法。他认为：

　　　　中国不仅有悠久的经典诠释传统，而且诠释方法极为丰富，经过不断积累、总结，早已上升到理论阶段，形成自己固有的诠

---

　　① 汪耀楠：《注释学》，外语教学与研究出版社 2010 年版，第 9 页。

释学。中国历史上虽然没有"诠释学"的名称，但存在"诠释学"的实质，只是名称不叫"诠释学"而已。从解释层面来看，一般可分为三：1. 语文解释，包括字、词和文义的训解串释；2. 文献具体内容（如史实、人物、名物、典制、天文、历法、地理、年代等等有关空间和时间的具体事物）的考释；3. 文献思想内容的诠释。思想内容的诠释是最深的一个层面，中国传统称为义理学，义理学即相当于现时影响中国最深的以海德格尔、伽达默尔为代表的西方哲学诠释学关于文本诠释的理论。我们当今的任务，既不是引进诠释学，也不是创立诠释学，而是继承传统诠释学，以此为基础，并借鉴西方诠释学，进一步发展这一学科。①

在孙钦善看来，中国有悠久的注释学传统，尽管始终没有冠以"注释学"之名，但它不仅具有丰富的注释经验，而且还上升为理论，形成了自己固有的注释学体系。如果从理论结构上来看，其也有语言文字解读、具体内容考释和思想义理辨析（或称"义理诠释"）三个密不可分而又由浅入深的层次。另外，还有一批与注释学相关且发展成熟的学科，如目录、版本、校勘、辨伪、辑佚等都属于古文献的搜集、订讹和甄别的范围。另外，重要的研究成果还有孟繁之、曹泳兰《古籍注释中的几个问题》②，郭英德、于雪棠《中国古典文献学的理论与方法》等，其中《中国古典文献学的理论与方法》系统地就古籍注释学的研究对象、研究方法和研究目的做了分析，认为古籍注释学的内容包括四个方面，即古籍注释学理论、古籍注释学史、古籍注释的内容与方法、古籍注释体式。③ 这些研究对于古籍注释学

---

① 孙钦善：《论中国传统诠释学的继承和发展》，载北京大学中国古文献研究中心编《北京大学中国古文献研究中心集刊》（第 9 辑），北京大学出版社 2010 年版，第 25 页。
② 孟繁之、［韩］曹泳兰：《古籍注释中的几个问题》，《古籍整理研究学刊》2007 年第 1 期。
③ 郭英德、于雪棠编著：《中国古典文献学的理论与方法》，北京师范大学出版社 2008 年版，第 328 页。

的建立非常有帮助。

　　总的来看，进入 21 世纪以后，注释学本身作为一门学科已经得到了诸多学者的认同与研究，一些学者更是从理论体系的建构出发，来探究它的目标、意义、内容、方法及其相关的历史等。注释作为整理古籍的重要工作之一，它的目的在于沟通古今，使今人读古书，如同古人与古人、今人与今人的思想交流，不会发生文字语言隔阂。而注释学的研究，则是为了整理古籍的注释工作有正确的理论指导，有科学的原理和方法可以遵循。从注释学研究的对象和内容上看，它包括点校、释词、释史实名物各个方面；从注释学的方法论上看，它必须说明怎样确定注释对象，采用怎样的注释方法，怎样通过注释向读者提供理解古籍最重要的、最必需的知识信息。同时，注释学还必须向读者介绍我国古籍注释的优良传统和基本理论，使我们能够充分地吸收前人的研究成果，促进我们的工作。这一切对于古籍整理都至关重要，而注释学的作用和意义在这一方面是尤其明显的。

四　中国古籍注释学学科体系的建构

　　总括百年来多个历史阶段学术界对于古籍注释学学科理论的探讨，可以看出中国古籍注释学的学科体系在三个方面得到逐渐完善的建构。

　　首先，古籍注释学与中国本土的训诂学，与外国的诠释学、语义学等学科不尽相同，它本身具有鲜明的中国特色，更有着自己一脉相承的发展历史和特点。当然，它的发展与完善以及理论建构，离不开古文献学的基础，更离不开现代语言学、训诂学、诠释学的一些基本理念作为辅助。比如，就古文献学来说，注释古籍首先要进行基本的考校工作，毕竟古籍流传久远，存在着脱、讹、衍、倒等方面的问题，甚至还存有真伪等问题，要恢复原本面目就必须进行校勘。还要选择版本、校订异同，对其中的字、词、句的讹脱衍倒问题进行处理，为下一步古籍注释奠定重要的基础。

　　在古籍注释学之中，训诂扮演着非常重要的角色，只不过古人的训诂学与现在所言注释学还有着很大的不同，古代的训诂学家们更加注重解释古籍中字词的意义。现代训诂学，更强调对古汉语词义进行系统的研究，分析其发展、变化的规律，研究词与词之间的关系。所以，从研究对象内容上来看，训诂学比较单一。在研究方法上，古代训诂注重从形训、音训、义训三个角度出发，亦即通过文字的形体、词语的音韵以及词与词之间的相互关系来探究词义。可以说，训诂、字词的解释是古籍注释学的核心所在，正如注释学家汪耀楠所认为的，"释词语则是注释的核心"①。

　　作为与注释学最为密切的训诂学，尽管从 20 世纪以来促进了注释学本身的发展以及学科体系的建构，但它们之间还是有很大的分别，如潘树广等人在其所著的《文献学纲要》一书中就如此说道：

　　　　注释，就是对文本的主旨、词语、用典、具体内容等方面所作的说明。有人认为，注释就是训诂，这看法是不全面的。诚然，训诂是注释的一项很重要的内容，不懂训诂，就无法注释。但训诂学主要是研究词义和词义系统，而注释涉及的范围则广泛得多。大致可以概括为十个方面，即：解篇题、述作者、释词语、疏章句、明日期、析地名、叙人物、详事由、考典故、评文章。显然，训诂是囊括不了上述内容的。②

　　潘树广等人认为，训诂是注释的基础，"不懂训诂，就无法注释"，但训诂并不是注释的全部，故注释学相对训诂学而言，它所涉及的范围更加广泛，所以给古籍作注并非简单掌握语言文字学者所能为。相比较而言，古籍注释，不仅要关注古籍中的字词意义，还要分

---

　　①　汪耀楠：《注释学》，外语教学与研究出版社 2010 年版，第 131 页。
　　②　潘树广、黄镇伟、涂小马：《文献学纲要》（增订本），广西师范大学出版社 2005 年版，第 222 页。

析作者的生平事迹，考证书中的历史事实，介绍所引名物典故，梳理书中的引用书目，分析思想内容、创作目的及其历史意义、现实意义，等等。另外，在研究方法上，古籍注释学会运用到文献学、史学、哲学等多种学科理论，注重综合多元化。至于如何在注释一部古籍时，准确地选择需要进行注释的词语，汪耀楠做了细致的介绍。[①]他认为要考虑九点：（1）陈旧的、消失的、新生的；（2）词义演变的（扩大、缩小、转移）；（3）词性改变而词义乃至读音改变的；（4）修辞的比喻、借代用法和因此而产生新义的；（5）有明显时代局限性的；（6）涉及史实人物的；（7）名物字词（亦即植物、文物器皿、天文地理和典章制度的名称等）；（8）虚词；（9）其他（外来词、音译词、各学科的专门术语如佛学、方技等）。汪耀楠从注释词语的词义方面，规定了注释的范围。事实上，仅从词义解释的范围来看，也已经超出了训诂学的范围。

其次，既然注释学不等于训诂学，那么如何把握注释的边界呢？正是由于在注释古籍的过程中，语言文字的解读、训诂始终是注释学的重心所在，但它也不是古籍注释学的全部，所以，我们既要遵循基本的训诂学的常识与理论，要简明扼要地疏通古籍中的字词，又要从注释学更大的范围，注解文本中相关的名物典制、历史事实、思想内涵等。不过，我们也要谨防在注释过程中结合文史哲相关学科而过度阐发，以致任意滋说、长篇大论。中国古代的儒家经典注释一般有汉学、宋学之分，汉学以郑玄为代表，宋学以朱熹为代表。清人李兆洛曾言：

　　　治经之途有二：一曰专家，确守一家之法，尺寸不敢违越，唐以前诸儒类然。一曰心得，通之以理，空所依傍，惟求乎己之所安，唐以后诸儒类然。孔子曰："述而不作，信而好古。"专

---

① 汪耀楠：《注释学》，外语教学与研究出版社 2010 年版，第 131 页。

家是也。孟子曰："以意逆志，是谓得之。"心得是也。能守专家者，莫如郑氏康成。而其于经也，泛滥博涉，彼此会通，故能集一代之长。能发心得者，莫如朱子。而其于经也，搜采众说，惟是之从，故能为百世之宗。①

汉学乃训诂之学，注重疏通经典中的字词章句，严守家法、师法，鲜有发挥。汉唐之际的注疏之学基本上都是如此，故"能守专家者，莫如郑氏康成"。宋学注重体认，"以意逆志"，注重探求经典中的思想义理，所以各抒己见，多有不同，故"能发心得者，莫如朱子"。当然，如果汉学过于拘泥，就会流于形式，进而墨守成规。而宋学过于阐发，就会泛滥无涯，偏离主题。不论如何，在古籍的注释上一定要把握好诠释的尺度，而不是随心所欲，更不可以过度阐发，形成了本文与注文分离的现象。这一点朱熹的经学注解理论颇值得采纳，他说：

> 凡解释文字，不可令注脚成文。成文则注与经各为一事，人唯看注而忘经。不然，即须各作一番理会，添却一项工夫。窃谓须只似汉儒毛孔之流，略释训诂名物及文义理致尤难明者。而其易明处，更不须贴句相续，乃为得体。盖如此，则读者看注即知其非经外之文，却须将注再就经上体味，自然思虑归一，功力不分，而其玩索之味，亦益深长矣。②

在朱熹看来，经书的注解当如同汉儒章句注疏那样，对难以理解的名物训诂、典章制度及意思难明的地方加以注解，而对于容易理解的，不需要再加以注解。这样一来，注解简洁明了，既不会喧宾夺

① 李兆洛：《养一斋文集》卷3，清光绪刻本。
② （宋）朱熹撰：《说解注》，戴扬本、曾抗美点校，《朱子全书》（第24册），上海古籍出版社、安徽教育出版社2010年版，第3581页。

主，更不会"令注脚成文。成文，则注与经各为一事"，从而导致了人们只顾着看注释，而忽视了对经文本身的体悟与理解。所以，古籍的注释以简洁明了为基本原则，以期有助于读者体悟文本作者之本意。

另外，在思想体系的把握上，亦即古人常说的"义理"，我们应当继承并发扬传统的"知人论世""以意逆志""我注六经，六经注我"等经典注释学的思想，应当掌握古代文献本义以及利用古代文献以服务于现实社会的两者之间的关系。在这一方面孙钦善的观点颇值得我们借鉴，他说：

> 古人关于"义理"的理解毫无二致，皆指抽象的思想内容。而关于探求义理的义理学却道分两歧，一派认为求义理离不开训诂、考证，必须以其为基础，深入探求思想本意；另一派则认为求义理必须摆脱训诂、考证，求之于心，主观附会，"六经注我，我注六经"。本人认为在古文献学上，前者能求得本意，属于原意诠释的义理学，在古文献学上具有积极意义；后者附会歪曲，属于附会诠释的义理学，在古文献学上无积极意义，但在思想史上有积极意义。两种义理学，在古文献学史上皆不乏其例，而尤以后者为主。①

古籍注释之中，对思想义理的分析必不可少。自古以来，尤其是汉唐之际的学者经由文献训诂、考证，以探求思想本意。但很多情况下，特别是自宋代以后，很多学者从主观意识出发，对文本意思进行阐发，以期服务于社会现实。毫无疑问，两者都有积极的意义，前者有助于了解作者与文本本义，后者则有助于发挥古籍的社会价值、思

---

① 孙钦善：《论中国传统诠释学的继承和发展》，载北京大学中国古文献研究中心编《北京大学中国古文献研究中心集刊》（第9辑），北京大学出版社2010年版，第26—27页。

想价值，以便为社会文化服务。当然，我们在文献本义的探求与文献价值的发掘两者之间，一定要保持适当的平衡，否则过度诠释只会造成思想的泛滥，比如历史上的今文经学、谶纬之学、心学等流派多如此。

最后，要处理好注释学与其他学科的关系，构建注释学的学科体系。综括来看，古籍注释学相对于传统的训诂学而言，无论是在所涉学科上，还是在所要关注的内容上更加广泛、更加多样，正如许嘉璐所言：

> 注释学与有关学科的关系也应给予充分注意。文字、音韵、训诂、语法、校勘、考据诸学科对注释学的作用是不言而喻的，此外，社会学、民俗学、心理学以及医、法、农、工、天文、地理等学科与注释工作又何尝无涉？传统语言学所研究的内容已分化为许多独立的学科，这标志着学术水平的提高、人类对事物观察认识的日趋细密。但与此同时也容易忽略学科间的联系，这对学术的发展是不利的。注释学恰好是众多学科共同哺育的一门带有边缘性的学科。只有注意到了它的这一特点，才能使它得到顺利而迅速的发展。①

在许嘉璐看来，注释学作为一种"众多学科共同哺育的一门带有边缘性的学科"，就不能不考虑与之相关的多种学科，否则这对于古籍注释学的建立是不利的，也是不完整的。诚然，如今有关注释学学科建设的论证日趋严密，与之相关的各个学科也蓬勃发展，这些对于古籍注释学的建立无疑有重要的推动作用。董洪利曾分析说：

---

① 许嘉璐：《中学课本文言文注释商榷（续）——兼论注释学的研究》，《北京师范大学学报》1984 年第 3 期。

　　注释涉及的范围十分广泛，与古代文化学术有关的学科，诸如校勘学、辨伪学、辑佚学、音韵学、文字学、训诂学以及文学、史学、哲学等等，几乎都与注释有着密切的关系，各学科的理论与方法几乎都能在注释工作中发挥一定的作用。……另一方面，因为注释是以解释语言文字为主的，而解释语言文字主要应遵循训诂学的理论与方法，所以长期以来，人们习惯于用训诂学的理论来指导注释，而忽略了注释中其他内容的理论建设。这种状况很不利于注释发展的需要。①

　　董洪利分析了注释的特征，并强调了注释工作内容本身的复杂性与方法的多元化，是需要传统的校勘学、辨伪学、辑佚学、音韵学、文字学、训诂学以及史学、文学、哲学等多种学科的配合方能完成。古籍注释学科的建立离不开对这些学科的关注，而这些学科的兴旺繁荣，对古籍注释学的建立而言也是一种挑战，毕竟它们本身已经拥有了非常丰富而系统的理论与方法，如何整合它们以形成一个系统但有独立性质的古籍注释学也是相当困难的。当然，也并不是要将它们兼容并包形成一个大杂烩，正如有的学者所说："就古籍注释的理论模型而言，一方面我们既要弄清楚与相关学科，如校勘、辑佚、版本、目录之间的关联，笼统地说，校勘、辑佚等等虽与注释有紧密的关系，但充其量只是注释的手段和方法，不是注释本身的有机组成部分。另一方面又要清醒地看到各相关学科的独立性，校勘、辑佚等学科各有自己研究的范围，有自己的方法和理论，相对独立。把它们混杂起来，把注释学搞成无所不包的大杂烩，表面上全面丰富，实际上等于取消了注释学的独立性，不利于注释学学科的真正建立。"② 在树立中国注释学传统的同时，我们也应当积极汲取西方的诠释学理论

---

①　董洪利：《古籍的阐释》，辽宁教育出版社 1993 年版，第 301、302 页。
②　黄亚平：《建设古籍注释研究理论框架的重要意义》，《古籍整理研究学刊》2002 年第 3 期。

以丰富、完善我国的注释学学科体系。比如，郭英德在阐述古籍注释学的时候就曾说，"注释的方法则多元、变化，包括训诂学方法、考据学方法、心理学方法、文艺学方法、历史学方法、哲学方法等"①，其中多融有西方的理论与方法。总的来看，构建中国注释学，我们既有丰富的理论与知识经验，更有近二三十年以来学者丰富的研究成果与严谨的探索，这些都为我们建构中国注释学提供了坚实的基础。

中国古籍注释学并不仅是一门学科，更是一个兼涉甚广的跨学科体系。如同传统的经学一样，汪耀楠在其《注释学》一书中对中国古代的注释史做了总结，认为"我国注释学的历史几乎和文籍本身的历史一样悠久"。由于中国古代的重要典籍首先是儒家六经等，所以"古代的注释史，就是由注经产生和发展的。注释史在一定程度上说就是经学史"②。我国的注释学史，首先是经学的发展史，经书以外的文籍注释是在经学注释后发生的。这种情况与西方的解释学一样，西方解释学是基于对《圣经》的理解与诠释的"释义学"（exegesis）。既然如此，我们再以中国古籍为注释对象的时候，就不能以现代学科的分类体系来审视衡量古代的学科发展。所以，我们说中国古籍注释学是个综合性的学科，而非内容单一的学科。

总的来说，在中国古籍注释学的建构上，我们一方面要从综合的视角出发来审视经史子集各部内容，细致地梳理并总结自古及今古籍注释、训诂的成就与思想；另一方面还要兼顾目录、版本、校勘、辑佚、辨伪、文字、音韵、训诂等传统经验与方法，以及经由后人总结而上升为"学"的理论与思想，最终将这些要素、部分熔铸为一个有机的整体。当然，这并不是要将古籍注释学建构成一个什么都包括的大杂烩，否则就失去了古籍注释学本身作为一门独立学科的意义。我们要在总结古籍注释的成绩与经验的同时，注意古籍注释学本身的

① 黄亚平：《建设古籍注释研究理论框架的重要意义》，《古籍整理研究学刊》2002 年第 3 期。

② 汪耀楠：《注释学》，外语教学与研究出版社 2010 年版，第 388 页。

理论与其他学科理论和方法的交叉融合研究，同时引进西方诠释学的理论成果，来丰富古籍注释学的学科建设。

第五节 辨伪学

辨伪一事，自古有之。孔子对于夏礼、殷礼，虽"能言之"，但因"文献不足"，谓其"不足征"①，体现出其无征不信的科学态度。而孟子则怀疑《尚书·武成》"血流漂杵"的记载，说"尽信《书》则不如无《书》"②，反映出其敢于疑古的精神。从广义来讲，辨伪史、伪事、伪说等对于文献内容的考辨，亦属于辨伪学；但从狭义来说，辨伪学主要是针对伪书的作者、名称、年代真伪的考辨。本节的讨论，主要着眼于后者，即"古籍辨伪学""文献辨伪学"。

古籍辨伪的系统总结，最早可以追溯到明代。胡应麟著《四部正讹》，遍考四部之书，并对伪书的类型、辨伪方法有所总结。清代辨伪学兴盛，出现了阎若璩《尚书古文疏证》、崔述《考信录》、康有为《新学伪经考》等辨伪著作，然而清人主于实践，对辨伪一学的理论的讨论与总结则并不太多。近百年来，随着西方现代科学与文化的传入，以及古史研究中的疑古风潮的兴起，顾颉刚等学者在辨伪学理论、方法上多有创新。而梁启超、张心澂、郑良树等学者则在整理古代辨伪成果之上，归纳了辨伪学基本的理论与方法，为辨伪学这一学科打下了坚实的学术基础。

改革开放以来，有关辨伪学的论文大量涌现，也出现了一些重要的专著，这些论著对于辨伪学的定位、理论和方法，提出了各自的见解。随着出土文献的不断发现，李学勤、李零等学者则在反思疑古思潮的同时，指出了辨伪学新的发展方向。本节将围绕辨伪学

---

① （宋）朱熹：《四书章句集注》，中华书局1983年版，第63页。
② （宋）朱熹：《四书章句集注》，中华书局1983年版，第364页。

的方法、理论等方面，在回顾前人研究的同时，对其中的主要问题加以评述。

一　辨伪学的定义

如前所述，辨伪一事自古有之，然而作为一门独立的学问即"辨伪学"，究竟何时成立，至今仍有争议。并且，关于辨伪学的研究范围，因定义不同，或主于辨伪史，或主于辨伪书。因此，在讨论辨伪学的方法、理论等问题之前，首先必须明确辨伪学的定义。

近代辨伪学的奠基之作《古书真伪及其年代》，原是梁启超于1927年在燕京大学演讲的讲义。其书第三章《辨伪学的发达》即以"辨伪学"为题，概述了西汉至清末的辨伪学史。司马迁以"六艺"等经典作为可信标准，判断"百家言"等杂出史料的真伪，故梁启超认为"作史学的始祖是司马迁，辨伪学的始祖也是司马迁"①。由于梁启超并未直接对辨伪学下定义，而这里的"百家言"指的是文字或口头的史说，并不是书籍本身，似乎辨伪学也包含对伪说的考辨。但从全书内容来看，如其题名"古书真伪"所示，他所说的"辨伪学"基本是围绕着文献辨伪而展开。特别是在论述晚明胡应麟《四部正讹》之时，他说："那书的末尾几段，讲辨伪的方法，应用的工具，经过的历程，全书发明了许多原理、原则。首尾完备，条例整齐，真是有辨伪学以来的第一部著作。我们也可以说，辨伪学到了此时，才成为一种学问。"② 可见，对于梁启超而言，辨伪学作为一门学问的成立，是以《四部正讹》对文献辨伪方法、理论的系统总结为标志的。

后来的学者则在梁启超的基础上，对辨伪学作了更为严密的定

___

① 梁启超演讲，吴其昌、周传儒等笔述：《古书真伪及其年代》，中华书局1936年版，第35、36页。
② 梁启超演讲，吴其昌、周传儒等笔述：《古书真伪及其年代》，中华书局1936年版，第41页。

义。如郑良树以《四部正讹》作为古籍辨伪学的起点，把古籍辨伪学的研究范围限定在古籍的"作者""成书时代""附益"这三个层面，严格地将古籍辨伪区别于古史辨伪、古籍传承系统的研究①。而孙钦善则以"关于书籍的名称、作者、年代真伪的考辨"为狭义辨伪学，而"关于书籍内容诸如事实、论说真伪的考辨"为广义辨伪学②。两者定义虽略有出入，但在区分古籍辨伪与古史辨伪这一点上，则是相同的。

当然，古人甚至一些现当代学者所说的辨伪，往往兼及两者，未作严密区分，而我们追溯辨伪学的历史时，亦不得不兼论两者。前述梁启超《辨伪学的发达》一章及顾颉刚《中国辨伪史要略》一文③，即笼统概述两者，未细作区分。杨绪敏《中国辨伪学史》亦以"辨伪古书、古史"为题，概观唐宋、明清、现当代的辨伪④。而佟大群在其《清代文献辨伪学研究》中，指出文献辨伪除文献真伪甄别之外，还涉及文化、学术、思想、历史、政治等诸多问题，不能用现代的学科体系标准，去考量古代辨伪学的功过得失⑤。

刘重来指出："文献辨伪在中国虽然有悠久的历史和可观的学术成果，但真正构建成一门学科却是本世纪的事。"⑥认为中国文献辨伪学的构建始于梁启超，这与前述认为辨伪学始于明代《四部正讹》的观点有异。一些学者则认为在明代之前文献辨伪学已经成立⑦。由于诸家对辨伪学的定义不同，辨伪一学成立于何时并无统一意见。不过，不应忽视的是，"辨伪学"一词的广泛使用是在梁启超《古书真

---

① 郑良树：《古籍辨伪学》，台湾学生书局1986年版，第10—22页。
② 孙钦善：《古代辨伪学概述》（上），《文献》1982年第4期。
③ 顾颉刚：《秦汉的方士与儒生》，上海古籍出版社2005年版，第110—227页。该文原名《崔东壁遗书序》，战国、秦、汉部分为顾颉刚所写，其余部分为王煦华增补。
④ 杨绪敏：《中国辨伪学史》（修订版），天津人民出版社2007年版，第44、110、250页。
⑤ 佟大群：《清代文献辨伪学研究》，人民出版社2012年版，第4、9页。
⑥ 刘重来：《中国二十世纪文献辨伪学述略》，《历史研究》1996年第6期。
⑦ 司马朝军：《文献辨伪学研究》，武汉大学出版社2008年版，第3页。

伪及其年代》之后，而古代关于"辨伪"的学问，今天或可笼统称为"辨伪学"，但其含义显然与梁启超以后作为现代学科的辨伪学有异。随着学科划分的日益严密，郑良树、孙钦善等学者在概念上对古籍辨伪与古史辨伪进行严格区分，亦是辨伪学发展的必然。特别是20世纪80年代后，从属于文献学学科体系中的辨伪学①，其核心应当是考辨书籍真伪的狭义的辨伪学，而考辨古史的相关问题则更多归属于历史学研究的范畴之下。

因而，尽管古代对于文献辨伪、古史辨伪未有细致区别，两者的理论、方法亦有相同相近之处，但今天我们讨论辨伪学，特别是文献学下的古籍辨伪学、文献辨伪学，首先应当从概念上区分两者，不可混为一谈。

二　辨伪学的学科体系

由于古来辨伪注重实践，虽然学者对辨伪方法、辨伪成果、辨伪史有所总结，但如前述辨伪学定义一样，关于辨伪学的学科体系，学者的论述并不太多。刘重来认为辨伪学包括"对辨伪理论、辨伪方法、辨伪历史、辨伪成果等的研究"②，而佟大群则认为文献辨伪学的研究对象是"存在真伪问题的文献""文献辨伪学史""辨伪理论"这三个方面③。但具体而言，何为"方法"，何为"理论"，尚有模糊之处，其与辨伪实践的联系也有待发明。

其实，回顾前人的辨伪学专著，不难发现已大致勾勒出了辨伪学的学科体系。明代胡应麟的《四部正讹》虽未细分条目，但在书首及书尾对伪书产生的原因、辨伪的方法，以及伪书的范围和作伪程度有所总结。④梁启超《古书真伪及其年代》的总论部分，分作以下

---

① 刘重来：《中国二十世纪文献辨伪学述略》，《历史研究》1996 年第 6 期。
② 刘重来：《中国二十世纪文献辨伪学述略》，《历史研究》1996 年第 6 期。
③ 佟大群：《清代文献辨伪学研究》，人民出版社 2012 年版，第 6—8 页。
④ 杨绪敏：《中国辨伪学史》（修订版），天津人民出版社 2007 年版，第 141—145 页。

五章："辨伪及考证年代的必要""伪书的种类及作伪的来历""辨伪学的发达""辨别伪书及考证年代的方法""伪书的分别评价"。张心澂《伪书通考·总论》，分作"辨伪之缘由""伪之程度""伪书之来历""作伪之原因""伪书之发现""辨伪律""辨伪方法""辨伪手续""辨伪事之发生"等部分。郑良树《古籍辨伪学》论述辨伪学的核心章节，可分为"成立及其研究范围（附论：伪书产生的原因）""意义及其学术地位（附论：辨伪的发生）""源流""方法"等。

　　总之，根据前人的论述，可以大体将辨伪学的学科体系归纳为理论、方法、历史这三个方面。以下结合前人成果，具体谈一下各个方面的基本内容。

　　（一）辨伪学的理论

　　辨伪学的理论，是指导我们认识伪书的理论工具。其研究对象包括：辨别伪书的意义、伪书的产生原因、伪书的作伪程度、伪书的价值等问题。其中，"伪书的产生原因"是自古以来辨伪学家讨论的重点。早在《四部正讹》中，胡应麟已将伪书的产生原因划分为二十一种。① 梁启超《古书真伪及其年代》将"作伪的动机"分为"有意作伪的"及"非有意作伪的"两大类，其中"非有意作伪的"下又分为"（子）全书误题或妄题者""（丑）部分误编或附入"两类，合计有十四种情况。② 张心澂《伪书通考》，把"有意作伪"者归入"作伪之原因"，而"非有意作伪"者则并入"辨伪事之发生"③。

　　关于伪书产生的原因，由胡应麟到梁启超、张心澂，对之已做了不少总结，其具体内容文繁不做详述。值得留意的是，伪书之中，除

---

　　① （明）胡应麟：《少室山房笔丛》，上海书店出版社2009年版，第290—291页。

　　② 梁启超演讲，吴其昌、周传儒等笔述：《古书真伪及其年代》，中华书局1936年版，第20—34页。

　　③ 张心澂：《伪书通考》，商务印书馆1939年版，第4、16—18页。

了有意作伪者，非有意作伪的"伪书"大多是因为后人不理解古书体例所致。因此，对于古书体例的考辨，显然也是辨伪学理论研究的重要组成部分。张心澂在《伪书通考·总论》"辨伪事之发生"一节中，即指出"古人不自著书""古人著书不自出名""古书世传非成于一手""书名非著者之名"这四点，认为"战国及战国以前之伪书，有由于读书者之误会，其过或在于读者"①。

近百年来，随着古史辨伪的深入以及出土文献的发现，学者对于先秦古书又有了不少新的认识、新的理论。如顾颉刚"层累地造成的中国古史"说②，虽为古史辨伪而发，但对于我们理解先秦古书的形成亦有借鉴意义。同时，随着 20 世纪 70 年代后出土文献的大量发现，学界对先秦古书有了更深的认识，李零提出的"古书年代学"这一概念，对我们认识先秦古书也十分有帮助（详见下文第三小节的分析）。

（二）辨伪学的方法

对伪书有了理论认识之后，具体如何考辨伪书，则是属于辨伪学方法的研究范围。明代胡应麟《四部正讹》率先将"覈伪书之道"归纳为八种，即日后所谓的"辨伪八法"③。而近代以来，梁启超在《中国历史研究法》中把辨伪书的方法总结为十二种，即所谓"辨伪十二公例"④。随后，在《古书真伪及其年代》中，梁启超将辨伪方法又划分为"（甲）就传授统绪上辨别""（乙）从文义内容上辨别"两大类，其中甲类细分为八种，（乙）类细分为五种，五种中又有细分，共有三十二种方法⑤。而瑞典学者高本汉在《中国古籍辨伪法》

---

① 张心澂：《伪书通考》，商务印书馆 1939 年版，第 18 页。
② 顾颉刚：《与钱玄同先生论古史书》，《努力》增刊《读书杂志》1923 年第 9 期。
③ （明）胡应麟：《少室山房笔丛》，上海书店出版社 2009 年版，第 322 页。
④ 梁启超：《中国历史研究法》，上海古籍出版社 1998 年版，第 91—94 页。
⑤ 梁启超演讲，吴其昌、周传儒等笔述：《古书真伪及其年代》，中华书局 1936 年版，第45—65 页。

一文中，则将辨伪方法归纳为九种①。

上述的辨伪方法，张心澂将其作为"辨伪方法"在《伪书通考·总论》中悉数引用，其后张舜徽《中国文献学》、吴枫《中国古典文献学》等书亦多有引及，可以说是今日古书辨伪的基本方法②。而郑良树在前人基础上，将上述辨伪方法归纳为"从编著者来考察""从本书来考察""从流传来考察"这三个方面，较为简明扼要③。

这些辨伪方法虽然是考辨伪书的基本手段，但绝非判定伪书的金科玉律，而是各有其局限之处。郑良树、廖名春、司马朝军等学者对梁启超所总结的古书辨伪方法均有驳正④，如郑良树以今本《公孙龙子》为例，指出单凭"依据旧志来判定古籍真伪"的方法未必可靠，还需配合其他的证据与方法；司马朝军则据余嘉锡《古书通例》之说，指出古来书目多亡，而史志目录又有以意去取之处，不足以完全信据。因此，今天在继承前人辨伪方法的同时，仍有必要结合相关学科的最新研究，以及目下的辨伪学理论，对前人的方法加以完善与细化。

（三）辨伪学的历史研究

对前人辨伪理论、辨伪方法、辨伪工作、辨伪成果的历史总结，即辨伪学的历史研究。其包括以下两个方面：首先，是对辨伪学自身发展的历史研究。如前述梁启超《古书真伪及其年代》第五章《辨伪学的发达》，即是较早的辨伪通史。其后，郑良树《古籍辨伪学》中《源流》上、下章，将古籍辨伪的源流史划分为："开创时期"

---

① 原名"The Authenticity of Ancient Chinese Texts"，此据崔垂言所译（《北强》1934年第1卷第3期），转引自张心澂《伪书通考》，商务印书馆1939年版，第13—14页。此文尚有中译两种：王静如译《论考证中国古书真伪之方法》（《中研院历史语言研究所集刊》第2本第3分，1931年），陆侃如、冯沅君译《中国古书的真伪》［《师大月刊》1933年第2期。该文后收入（瑞典）高本汉著，陆侃如译《〈左传〉真伪考及其他》，商务印书馆1936年版］。
② 司马朝军：《文献辨伪学研究》，武汉大学出版社2008年版，第97页。
③ 郑良树：《古籍辨伪学》，台湾学生书局1986年版，第119—139页。
④ 郑良树：《古籍辨伪学》，台湾学生书局1986年版，第141—159页；廖名春：《梁启超古书辨伪方法的再认识》，《汉学研究》1998年第1期；司马朝军：《文献辨伪学研究》，武汉大学出版社2008年版，第97—106页。

（西汉初）、"小用时期"（西汉中叶至南北朝）、"发展时期"（隋唐）、"独立时期"（宋至明）、"大用时期"（清）①。而杨绪敏《中国辨伪学史》则将辨伪学史分为："初起时期"（先秦至南北朝）、"发展时期"（唐宋）、"成熟时期"（明至近代）、"再发展时期"（现当代）②。由于郑良树以古籍辨伪为主，而杨绪敏则兼及古史辨伪，故对于辨伪学的历史划分略有不同，但两者所述辨伪学整体的发展趋势是大致相同的。在通史之外，还有如佟大群《清代文献辨伪学研究》③《民国文献辨伪学研究》④ 等断代史，又有林庆彰《清初的群经辨伪学》⑤ 等专题史。但需要注意的是，如本节第一小节所言，在近代辨伪学建立之前古代"辨伪"一词包涵颇广，以现代的学科标准去要求古人，自是削足适履，但通过梳理辨伪学的起源与发展，总结古代辨伪的经验，为今日辨伪学的发展提供借鉴，仍应是辨伪学历史研究的重要任务之一。

其次，是以书籍为纲的辨伪史整理。尽管明代宋濂《诸子辨》、胡应麟《四部正讹》、清代姚际恒《古今伪书考》等著作在辨伪群书时虽有引及前人之处，但往往主于一己之考辨，未能总括前人的工作。而树立此方面典范的，当属张心澂《伪书通考》⑥。其书搜罗四部疑伪之书，于各书之下依时代先后排列前人辨伪之说，末附按断。特别是像《尚书》等书，更是以篇章为目，列举众说。其后郑良树《续伪书通考》⑦，承张氏之例，为之续补。其后，又有邓瑞全、王冠英主编的《中国伪书综考》⑧，变张氏全引前人旧说之例，改用综述

---

① 郑良树：《古籍辨伪学》，台湾学生书局 1986 年版，第 63—108 页。
② 杨绪敏：《中国辨伪学史》（修订版），天津人民出版社 2007 年版，"目录"第 1—2 页。
③ 佟大群：《清代文献辨伪学研究》，人民出版社 2012 年版。
④ 佟大群：《民国文献辨伪学研究》，中国社会科学出版社 2018 年版。
⑤ 林庆彰：《清初的群经辨伪学》，华东师范大学出版社 2011 年版。
⑥ 张心澂：《伪书通考》，商务印书馆 1939 年版。
⑦ 郑良树编著：《续伪书通考》，台湾学生书局 1984 年版。
⑧ 邓瑞全、王冠英主编：《中国伪书综考》，黄山书社 1998 年版。

的形式叙述一书的辨伪史。此类集成著作，一一总结各书的古今辨伪史，不仅可与辨伪学的通史相互补，而且有利于研究者了解某书中存在的问题，为辨伪学以及相关学科的进一步研究提供了重要的参考。随着辨伪成果的日益增多，如何以简明扼要的方式将前人的辨伪成果展现与读者，是今后辨伪学历史研究的重要课题。

三 从"层累地造成古史"说到"古书年代学"——辨伪学理论的热点问题

回顾百年的辨伪史，不得不提的是以下两个重大事件：20 世纪上半叶的疑古思潮，以及 70 年代后"走出疑古时代"的思潮。尽管这两种思潮主要是围绕着先秦古史辨伪而展开，但其中产生的"层累地造成古史""古书年代学"等理论学说，为我们认识先秦文献提供了新的视角，是对以往的辨伪学理论的创新与发展。在此，结合其背后的思潮，对"层累地造成古史"说与"古书年代学"加以评述，并讨论二者与辨伪学发展的关系。

（一）疑古思潮与"层累地造成古史"说

民国初叶，西方的现代思想文化传入中国，现代的哲学、历史、文学等学科逐渐取代了以往经史子集的传统学术体系。一方面，西方现代思想文化的冲击，使得国人对固有的传统儒家文化产生了怀疑与批判，其后的新文化运动更是将之推及到中国社会的各个领域。这种对旧文化怀疑与批判的疑古思潮，也促进了古史辨伪、古书辨伪的发展。另一方面，主张科学、客观的西方实证史学，则直接地从理论与方法等方面完善了传统的辨伪之学。①

在此背景下，古史辨派应运而生。1923 年，顾颉刚发表《与钱玄同先生论古史书》一文，提出了著名的"层累地造成的中国古史"

---

① 吴少珉、赵金昭主编：《二十世纪疑古思潮》，学苑出版社 2003 年版，第 1—106 页。

说①。1926 年，顾颉刚将此次古史论争中的文字汇集起来，编成《古史辨》第一册，并附以长序，阐发自己的疑古思想由来。其后，在"古史辨"这一旗帜下，以顾颉刚为首，胡适、钱玄同、钱穆、冯友兰等众多学者对古史、古书等问题进行学术讨论，其成果被陆续收入《古史辨》之中。至 1941 年为止《古史辨》一共出版了七册，不仅对当时的学界产生了极大的影响，也为日后的古史辨伪打下了深厚的基础。

作为古史辨派的核心人物，顾颉刚对后世影响最大，最具理论性的，当属其"层累地造成的中国古史"说。顾颉刚在《与钱玄同先生论古史书》一文中将之归纳为以下三条："时代愈后，传说的古史期愈长"，"时代愈后，传说中的中心人物愈放愈大"，"我们在这上，即不能知道某一件事的真确的状况，但可以知道某一件事在传说中的最早的状况"。② 至于其说的具体运用，顾颉刚在文中以尧、舜、禹作为中心，对传说中的古史进行的考辨。顾颉刚借助《诗经·商颂》的记载，认为西周中叶时禹尚是神，至鲁僖公时变为后稷前的人王。而关于尧、舜，发现直到东周末年方见于《论语》。至于《尚书》中《尧典》《皋陶谟》《禹贡》等篇，顾颉刚则认为是在《论语》之后，尧、舜事迹编造完备，方才出现。其后战国、秦、汉，亦是沿此脉络，不断在前人基础上编造更早的古史，如同累土一般，后来居上。

"层累地造成的中国古史"说虽以传说的古史作为考察对象，然而却与文献的定年与辨伪问题关涉尤多。如根据顾颉刚之说，若尧、舜、禹均为后出传说中的伪史，那么像《尚书》中《尧典》《皋陶谟》《禹贡》诸篇，则定非尧舜时代传下来的篇章，而是出于后人之手，并且生成时代要晚于《诗经·商颂》与《论语》。关于《尚书》的辨伪，顾颉刚于 1923 年致胡适的信中（《论〈今文尚书〉著作时

---

① 顾颉刚：《与钱玄同先生论古史书》，《努力》增刊《读书杂志》1923 年第 9 期。
② 顾颉刚编著：《古史辨》（第 1 册），朴社 1926 年版，第 60 页。

代书》)① 已有大致论断，后于 30 年代又著有《尚书研究讲义》②，以细致的文献考证来印证其理论。之后顾颉刚对其文稿陆续有所修改，直至逝世。可以说，《尚书》辨伪是顾颉刚学术研究的重点之一。这里就其遗稿《尧典著作时代考》③ 进行分析，借此一窥顾颉刚在考辨《尚书》时的理论与方法。

顾颉刚对《尧典》的辨伪，在《论〈今文尚书〉著作时代书》中已开列"今本《尧典》、《皋陶谟》辨伪"的提纲，以其为秦汉时书，欲从思想、制度、人物形象以及文句等方面进行辨伪。《尧典著作时代考》延续了这一思路，利用翔实的材料，全面考察了《尧典》中存在的问题。顾颉刚通过意义、文辞、制度、疆域、星象，力证今本《尧典》为西汉武帝时人所编，并总结历代《尧典》传本，认为历史上可考的传本当有八种。虽然其结论尚可商榷，然而不容否定的是，今本《尧典》中确实存在着顾颉刚所指出的问题。而顾颉刚考辨《尧典》的方法，有以下两点值得注意：一则顾颉刚善于从大的历史环境中思考文字，由思想史、政治史的发展序列来定位文字的年代。如《尧典》有"同律、度、量、衡""封十有二山"以及巡守四岳等文字，与《史记》中所记秦代制度颇为相似，而这种制度所代表的思想、政治风气，当出现在战国之后。二则顾颉刚的辨伪不仅限于真伪的判断，还从文本生成的角度，解释了今本《尧典》中叙述矛盾的产生原因。如今本《尧典》存在"二十二人"与四岳、十二牧、九官人数不合的矛盾，顾颉刚总结《尧典》之前的《禹贡》《王制》等书仅有"九州"之说，认为今本的十二州十二牧原先当为九州九牧，因时人欲比附汉武帝十三州而篡改。

顾氏的辨伪，以历史发展由简到繁的先后顺序排列史料，进而找

---

① 顾颉刚编著：《古史辨》（第 1 册），朴社 1926 年版，第 200—206 页。
② 顾颉刚：《尚书研究讲义》，开明书店 1937 年版。
③ 顾颉刚：《尧典著作时代考》，载《顾颉刚全集》卷 8《顾颉刚古史论文集》，中华书局 2010 年版，第 63—153 页。

出史料与历史发展不合的地方，从而判断文本真伪，推论其成立时代。这一辨伪方法，正是其"层累地造成的中国古史"观的具体体现。但应当注意的是，流传至今的先秦古文献十分有限，而各书的成书先后，相互之间的关系也错综复杂，不可一概而论。即如尧、舜、禹的事迹，从《诗经·商颂》到《论语》，再到《尧典》诸篇，其发展符合层累之说，然而书中的内容与书籍自身的形成年代是两个层面，仅凭这点并不能说明《尧典》晚出。刘起钎在总结《尧典》定年时，指出《尧典》的文本由三部分构成：一为远古的素材，即上古的神话、天文知识以及部族传说；二为儒家思想，后之编写者借上古的传说来宣扬儒家学说；三为秦汉的影响，在文本流传过程中，掺入了秦汉人的文字①。可见顾颉刚在考虑今本《尧典》年代时，显然忽视了其文本构成的复杂性，并未考虑到《尧典》中的上古材料以及早期的儒家思想。在辨伪过程中，如果仅仅抓住后人添入的内容，则只能得到定年的下限，并不足以判断文本主体形成的年代。

　　对于顾颉刚的"层累地造成的中国古史"说及其辨伪方法，张荫麟指出："若因某书或今存某时代之书无某史事之称述，遂断定某时代无此观念，此种方法谓之'默证（Argument from silence）'。默证之应用及其适用之限度，西方史家早有定论。吾观顾氏之论证法几尽用默证，而什九皆违反其适用之限度。"②徐旭生引用法国史家色诺波之说，云"现存之载籍无某事之称述，此犹未足为证也，更须从来未尝有之。载籍湮灭愈多之时代，默证愈当少用"，并评价疑古学派的辨伪"对于载籍湮灭极多的时代，却是广泛地使用默证，结果如何，可以预料"③。而陈力在张荫麟、徐旭生的基础上指出，"从

---

① 顾颉刚、刘起钎：《尚书校释译论》，中华书局 2005 年版，第 363—387 页。
② 张荫麟：《评近人对于中国古史之讨论（〈古史决疑录〉之一）》，《学衡》1925 年第 40 期。
③ 徐旭生：《中国古史的传说时代》，文物出版社 1985 年版，第 23 页。

理论上说，这是可以作为我们研究历史的一种方法。但问题的关键在于，我们常常并不知道此书与彼书成书孰先孰后，如果仅仅以此书已有某种思想，而彼书无某种思想或叙述不及此书完整，从而推断此书成书一定晚于彼书，则显然有问题了"①。

李零将顾颉刚及疑古学派辨伪工作的流弊，归纳为三点：（一）对古史形成的复杂过程理解过于简单，以为其传述既出于年代较晚的古书，则必属后人造作。（二）把先秦古书的年代普遍拉后，往往把它们说成是刘歆伪造或更晚的伪造。（三）沿袭了经今文派对经古文派的偏见，曾把《左传》《周礼》等古文经本一概斥为伪作。在此三点之上，他认为疑古学派"往往是把古书本身的年代与古书内容的年代混为一谈，对古书形成的漫长过程也只取其晚而不取其早"，"实际上是把'层累造成'理解成'层累作伪'"②。

"层累地造成的中国古史"说总结了古史发展的规律，在理论上为我们认识古书的形成提供了新的视角。近来宁镇疆以《孔子家语》为例，利用"层累"说来解释古书形成模式，即是一例。③ 但在实际的文献辨伪工作中，"层累"说的运用需要根据具体情况，结合其他证据来加以考量。特别是在文献残缺较多，各书的形成年代不明的情况下，更应慎用此类默证。

（二）"走出疑古时代"下的"古书年代学"

先秦古书与后世撰述体例有异，后世人不明体例，多以之为伪。如前所述，张心澂指出"战国及战国以前之伪书，有由于读书者之误会，其过或在于读者"④，并对古书体例有初步归纳。与张心澂《伪书通考》同时，20 世纪 30 年代余嘉锡在北京各大学讲授古籍，

---

① 陈力：《二十世纪古籍辨伪学之检讨》，《文献》2004 年第 3 期。
② 李零：《出土发现与古书年代的再认识》，《九州学刊》1988 年第 3 卷第 1 期。
③ 宁镇疆：《"层累"非"作伪"——再论今本〈孔子家语〉的性质》，《学术界》2009 年第 5 期。
④ 张心澂：《伪书通考》，商务印书馆 1939 年版，第 18 页。

其讲义即后来的《古书通例》①。在《古书通例》中，余氏通过对传世文献的考察，归纳出先秦古书的通例，如"古书不题撰人""古书多造作故事""古书不皆手著"② 等条，对以往辨伪工作的偏颇之处多有纠正之功。然而由于当时缺乏出土文献作为参照，对于早期书籍的形态及其编纂方式，只能依据文献记载来推定，故张心澂、余嘉锡等对古书体例的研究未得到学界应有的重视。

但 20 世纪 70 年代后，随着简帛书籍的陆续出土，今人可以直接接触到战国到秦汉时期的书籍原貌。而一些长期被认为伪书的传世文献，因为出土文献的发现，也被重新认识。如 1972 年银雀山汉简的出土，便证明了长期被认为是伪书的《尉缭子》《六韬》实非伪作，而《吴孙子》（《孙子兵法》）与《齐孙子》（《孙膑兵法》）的同时出土，则证明了孙武、孙膑并非一人，以往认为两人为一人的说法并不可信。在此基础上，学界开始反思疑古思潮，对过往的辨伪学理论与方法有所批判，其中，李学勤与李零这两位学者对于辨伪学的发展贡献良多。

李学勤《重新估价中国古代文明》对旧时的辨伪方法提出批评，认为要结合考古学的成果与文献的科学研究，"对中国古代文明作出实事求是的重新估价"③。其《对古书的反思》一文，则将古书的产生和流传过程中的十种情况做出具体归纳。其中"后人增广"一条，认为"古书开始出现时，内容较少。传世既久，为世人爱读，学者加以增补，内容加多，与起初有大不同"，并以阜阳双古堆及定县八角廊出土的记录孔子及其弟子言行的竹简为例，认为《孔子家语》确有渊源，只是经后人增广补辑，并非虚造。又如"改换文字"一条，以银雀山《尉缭子》为例，说明"古人流传书籍系为实用，并不专为保存古本。有时因见古书文字艰深费解，就用易懂的同义字取

---

① 余嘉锡：《古书通例》，上海古籍出版社 1985 年版，"前言"第 1 页。
② 余嘉锡：《古书通例》，上海古籍出版社 1985 年版，第 15—25、76—92、119—130 页。
③ 李学勤：《重新估价中国古代文明》，《人文杂志》增刊《先秦史论文集》，1982 年。

代难字"①。这些条例，对我们重新认识先秦古书的形成颇有启发作用。在此基础上，李学勤借用冯友兰"信古、疑古、释古"的说法，对以往疑古之风有所批评与反思，提出了"走出疑古时代"这一新时期的学术导向。在《谈"信古、疑古、释古"》一文中，他对以往的疑古之弊有所总结，认为"疑古一派的辨伪，其根本缺点在于以古书论古书，不能跳出书本上学问的圈子"，并主张使用以考古资料来证明文献记录的"二重证据法"来对古书进行史料审查。②

如果说李学勤"走出疑古时代"是因应新时代对疑古思潮全面反思的话，那么李零提出的"古书年代学"这一理念，则尝试为今后的文献学研究提供新的领域。李零在《出土发现与古书年代的再认识》一文中，阐述了其于古书研究的思考，即"古书年代学"："研究古书的年代，本来应叫'古书年代学'。但长期以来，人们却往往把它同所谓'辨伪学'混在一起，这并不恰当（前者可包括后者，而后者不能包括前者）。中国传统的辨伪学，从方法上讲，主要是根据一种简单的推理：即古书的题名作者应与古书的内容相符；而古书的内容既然是出自同一个题名作者，则它的各组成部分也应有同时性。符合这一点的叫'真'，不符合这一点的叫'伪'。这种推理在逻辑上似乎很严密，但它根据的却是汉魏以后的著作体例，放之先秦，则大谬不然。"③

针对顾颉刚及疑古学派辨伪工作的弊端，李零从以下两点进行驳正：其一，在余嘉锡研究基础上，通过与出土简帛相证，归纳出具体条例，由此说明先秦古书形成与流传的特点，从而质疑传统辨伪学判定真伪标准的不合理。其二，结合战国文字研究的新进展，解释"古文"及"古文经"的出现实乃渊源有自，并非汉人伪造。以上两

---

① 李学勤：《对古书的反思》，《中国传统文化的再估计》，上海人民出版社 1987 年版，第 548—553 页。

② 李学勤：《谈"信古、疑古、释古"》，《原道》1994 年第 1 辑。

③ 李零：《出土发现与古书年代的再认识》，《九州学刊》1988 年第 3 卷第 1 期。

点，基本为后来的学界所接受。在此基础上，李零提出了"古书年代学"的新的研究方向，即"诸子之学的年代谱系"与"考古文化谱系与古史传说"。其中，"诸子之学的年代谱系"与古书辨伪关系密切。李零认为，先秦古书记录的是一个学派的思想，并非一人所作，成书年代虽晚于该学派的代表人物，但主体的形成又早于最后整理的文本，因而通过对诸子学派的谱系分类，了解其发展源流，从而可以推定先秦古书的具体年代。①

由上可见，李学勤、李零主要是以出土文献作为实物证据，通过总结先秦古书的通例，对以往的辨伪学加以反思，而其具体理论成果即"古书年代学"。关于"古籍辨伪"的定义，陈力指出"'真'与'伪'都是一个绝对的概念，而古籍的实际情况是，'真'与'伪'是相对的"，而"由于古籍'真''伪'标准难以统一，使得'古籍辨伪'的概念相当模糊"②。而李零所提出的"古书年代学"一名，无疑较"辨伪"二字更贴近今日文献辨伪的核心，且不囿于"真伪"的判定。

其实，早在梁启超，其《古书真伪及其年代》③的定名，即将古书"真伪"与"年代"并提。其后，罗根泽提出："考年代与辩真伪不同：辩真伪，迹追依伪，摈斥不使厕于学术界，义主破坏；考年代，稽考作书时期，以还学术史上之时代价值，义主建设。考年代，则真伪亦因之而显；辩真伪，而年代或仍不得定。"④罗根泽通过区别"真伪"与"年代"，想要摆脱传统辨伪学的"真伪"考辨，而以书籍的生成"年代"为中心进行文献研究，可以说是"古书年代学"的先声。

---

① 李零：《出土发现与古书年代的再认识》，《九州学刊》1988 年第 3 卷第 1 期。
② 陈力：《二十世纪古籍辨伪学之检讨》，《文献》2004 年第 3 期。
③ 梁启超演讲，吴其昌、周传儒等笔述：《古书真伪及其年代》，中华书局 1936 年版。
④ 罗根泽：《管子探源》，《诸子考索》，人民出版社 1958 年版，"叙目"第 423 页。《管子探源》原为罗根泽 1929 年于北京燕京大学国学研究所的讲义。

当然，如前所述，文献辨伪并不单是考证古书年代，还涉及书名、作者的考辨。而且，近代以来的辨伪学这一学科，其含义亦不局限于考辨真伪，亦包括对古书体例等分析伪书成因的研究。因而，暂不论"辨伪学"与"古书年代学"的学科从属关系，余嘉锡、李学勤等学者对古书体例的研究，及李零的"古书年代学"，显然是我们认识伪书的重要理论工具，是对传统辨伪学理论的发展。特别是先秦古书，"不题撰人""不皆手著"，与后世的书籍体例有异，非后世"真伪"考辨能够涵括，故"古书年代学"的理念更能反映先秦古书辨伪研究的实质。

四　反思与展望

以上从定义、学科体系、热点问题这三个方面回顾了百年来辨伪学的大致发展，而以下则拟从理论、方法、历史这三个层面反思今日辨伪学研究中存在的问题，并对未来的学科发展加以展望。

（一）辨伪学理论的反思与展望

从张心澂、余嘉锡到李学勤、李零，通过对古书体例的总结，我们对先秦古书的体例有了更深的认识。尤其是李零的古书年代学，指出了传统辨伪学背后存在着更为深广的理论发展空间。较诸单纯辨别"真伪"，对古书体例及古书形成的研究应是今后辨伪学更为重要的研究课题。

不过应当注意的是，今天我们对于古书的认识，仍处于一个较为初级的阶段，对于不同类型文献的体例及其形成规律，有待进一步地研究。李零指出"古书的类型和年代有很大关系"，从古书的"连续性"，将其分为档案类（集合式）、诸子类（扩展式）、手册类（覆盖式），认为需结合古书的类型来确定其年代的范围。[①] 宁镇疆则从古书形成的角度出发，认为在"通例"之外，需要作"类别"的区分，并以《老子》的"诸书互见"现象为例，指出了此类古书材料

---

① 李零：《从简帛发现看古书的体例和分类》，《中国典籍与文化》2001 年第 1 期。

来源多元，在内容上存在断续的增补等特征。① 而最近赵敏俐则从文本生成的角度，将早期经典文本划分为"汇编型""著述型""阐释型"三种，对生成方式加以了初步归纳，并探讨了"口头传承""书写传承"对文本生成的影响。② 虽然在古书的类型划分上，由于研究角度不同，诸家尚有分歧，但不难看出古书体例、古书形成的研究正在从"通例"走向精密化，对古书的认识也在逐步加深。

上述古书体例的研究是围绕先秦文献而展开的，而汉魏之后的著述体例、著述观念，与先秦时期有同有异，其与伪书的关系，也需要进一步的思考与总结。如明人辑佚，往往为了上下文连贯及内容完整，大量吸收它书内容，致使面目全非。张升指出此类乃因当时人缺乏科学、客观态度而造成的误辑，并非有意造伪。③ 又如清代官僚刊刻书籍，多由其幕僚代劳，而非亲著，若不解其例，反误以为伪。清人张敦仁校刻抚本《礼记》后附《抚本礼记郑注考异》，书首虽题张敦仁作，然实为顾广圻主持校订，而《考异》亦出顾氏之手。④ 毕沅《释名疏证》，实际撰者为江声。⑤ 尚小明对清代游幕学者的代撰问题已有初步总结，可以参看。⑥ 一代有一代之风气，著述体例、著述观念亦随之而变，如果对之了解不足，则反而容易以不伪为伪，造成不必要的混乱。而了解某一时代的著述体例、著述观念，也有助于我们辨别不属于这一时代的伪作。

总之，从单纯考辨"真伪"，到归纳古书体例，辨析古书年代，百年来辨伪学的理论研究取得了不少成果。尽管学界对先秦古书体例

---

① 宁镇疆：《〈老子〉"早期传本"结构及其流变研究》，学林出版社 2006 年版，第 250—259 页。

② 赵敏俐：《中国早期经典文本的生成问题——兼谈文献学背后的学术史》，《中国文化》2021 年第 1 期。

③ 张升：《辑佚与辑佚学简论》，《文献》1995 年第 1 期。

④ 李庆：《顾千里研究》，上海古籍出版社 1989 年版，第 307 页。

⑤ 尚小明：《学人游幕与清代学术》（增订本），东方出版社 2018 年版，第 358 页。

⑥ 尚小明：《学人游幕与清代学术》（增订本），东方出版社 2018 年版，第 355—387 页。

已有初步的认识，但对各类文献的体例、形成规律的差异还有待深入研究，而对于先秦之后的著述体例、著述观念也尚需进一步思考与总结，这些应是今后辨伪学理论研究的重要课题。

（二）辨伪方法的反思与展望

从胡应麟的"辨伪八法"，到梁启超《古书真伪及其年代》的"辨伪十二公例"、《古书真伪及其年代》的"辨伪三十二法"，辨伪方法随着学术研究的发展愈加细化。需要注意的是，胡应麟、梁启超对辨伪的认识，主要建立在对汉魏之后著述体例的认识基础上。随着对古书体例等理论认识的深入，势必需要对前人的辨伪方法加以修正。如司马朝军结合余嘉锡《古书通例》"诸史经籍志皆有不著录之书""辨附益"等研究，对梁启超"辨伪十二公例"有所驳正。[①] 而宁镇疆则辨析了清人孙志祖《家语疏证》的辨伪方法，通过对这一辨伪学"范式"的批评，揭示出古书体例、古书成书研究对于辨伪方法革新的意义。[②]

同时，我们在总结辨伪基本方法中，亦应结合时代、文献类型将方法加以细化。如梁启超所总结的方法，用以考辨先秦古书或有不妥，但对于汉魏以后疑伪文献的考辨则大体行之有效。当然，如前所述，汉魏之后的著述体例也非一成不变，各个时代的文献有其不同的特点，故不同时代具体的辨伪方法还有待进一步地论证与总结。至于不同类型的文献，亦应有相应的专门的辨伪方法。如对于中医文献，除传统辨伪学的方法外，有学者总结出了"从药名考辨""从病名考辨""从方剂考辨""从器具考辨"等具体方法[③]。又如对佛教疑经的辨伪，方一新、高列过、熊娟等学者从词汇、语法等方面建立起了

---

① 司马朝军：《文献辨伪学研究》，武汉大学出版社 2008 年版，第 97—106 页。

② 宁镇疆：《"盗者之真脏"——由王国维推许〈家语疏证〉说经典辨伪学"范式"的扩大化》，《齐鲁学刊》2013 年第 1 期。

③ 严季澜、张如青主编：《中医文献学》（第 2 版），中国中医药出版社 2011 年版，第 92—93 页。

汉文佛典的语言鉴别的方法。①

最后值得一提的是，随着各种类型的古籍数据库的出现，不但有利于我们考辨某一文献乃至某一时期文献的词汇，而且有利于我们核查各书间相关引用文字的关系。但是，现阶段古籍数据库无法将所有的古籍以及古籍的不同版本收入其中，而且早期文献多有不传，故在利用数据库检索来论证某一时代没有某一词汇（观念）时，张荫麟所指出的"默证"限度的问题依然存在。② 因此，如何结合数据库来进行文献辨伪，也是今后值得留意的问题。

（三）辨伪学历史研究的反思与展望

回首百年来辨伪学历史叙述，均以经、史辨伪的发展作为主线。尽管梁启超在《辨伪学的发达》一章中，对东晋至中唐的佛教目录史、佛教辨伪学有所叙述。③ 而张心澂《伪书通考》亦在四部之外专设"道藏""佛藏"之目，各书之下辑录古来的考辨文字。④ 然而后来的辨伪学通史或断代史著作，均未对其有深入讨论，或径直忽略掉了佛教、道教文献的辨伪史。经、史辨伪确实是辨伪史的主流，而近代辨伪学科也主要是建立在经、史辨伪理论、方法之上的，但佛教、道教文献的辨伪，显然也是文献辨伪史的重要组成部分。即以姚明达《中国目录学史》为例，其《宗教目录篇》对佛教、道教目录的发展史有详细考述。⑤ 因此，中国辨伪学史显然应有佛教、道教辨伪的一席之地。特别是在佛道论辩中，多能窥见当时的辨伪方法。如唐代法琳在辨伪道经时，查核《玄都目录》及相关史料后，认为道经前后

① 方一新、高列过：《东汉疑伪佛经的语言学考辨研究》，人民出版社 2012 年版；熊娟：《汉文佛典疑伪经研究》，上海古籍出版社 2015 年版。
② 张荫麟：《评近人对于中国古史之讨论（〈古史决疑录〉之一）》，《学衡》1925 年第 40 期。
③ 梁启超演讲，吴其昌、周传儒等笔述：《古书真伪及其年代》，中华书局 1936 年版，第 32—33 页。
④ 张心澂：《伪书通考》，商务印书馆 1939 年版，第 1029—1142 页。
⑤ 姚名达：《中国目录学史》，商务印书馆 1938 年版，第 227—324 页。

卷数不一，乃"增加卷轴，添足篇章，依傍佛经，改头换尾"①。尽管在论述佛教、道教的专著中，偶有对辨伪史的部分总结②，但至今仍然没有从辨伪学角度全面总结佛、道二教文献的辨伪史，辨析其与历代经史辨伪关系的论文或著作。

而除佛、道二教之外，我国中医古籍的辨伪也有悠久历史，对其辨伪史以及辨伪成果的整理方兴未艾③。对于中医古籍的辨伪，我们还应关注包括日本江户时代丹波元胤《医籍考》④ 等海外著作。因此，专科的、专类的文献辨伪史，以及海外汉籍辨伪学成果，均应是今后辨伪学历史研究的重要课题。

第六节　辑佚学

近代以来，关于辑佚学的理论成就，主要是相关学者在总结和研究清人辑佚经验的基础上加以分析归纳而得出的。民国时期，辑佚学理论研究已有一定程度的开展，但此后较为消沉，直到 20 世纪 80 年代后，随着文献学的兴盛而逐渐有较大的发展。但是，相对来说，在文献学的各个分支学科中，辑佚学的理论探索还是较为滞后的。在古文献学研究中，辑佚学一直是处在一个较为边缘而尴尬的位置：一方面它是公认的古文献学六大分支学科之一，是古文献学的支柱之一；另一方面，辑佚学由于自身发展的薄弱，尤其是理论建设的薄弱，能不能独立成学还在争论之中。面对这样一种境况，在理论探索上有所突破，应该是辑佚学今后的重点发展方向。近年来，由于古文献研究的不断深入，在文献学发展的大背景下，随着《四库》热与《永乐大典》热的推动，对辑佚史（尤其是清代辑佚）的研究取得了令人

---

① （唐）彦琮：《唐护法沙门法琳别传》卷 3，《大正新修大藏经》第 50 册，第 209 页。
② 熊娟：《汉文佛典疑伪经研究》，上海古籍出版社 2015 年版，第 33—38 页。
③ 孙灵芝：《中医古籍伪书研究》，《中医文献杂志》2018 年第 2 期。
④ ［日］丹波元胤编：《中国医籍考》，人民卫生出版社 1956 年版。

瞩目的成果，这些成果在理论上也或多或少有所建树，可以说，在自觉或不自觉地推动了辑佚学理论建设。因此，有必要对近百年来的辑佚学理论研究进行一番综合的回顾，并提出一些我们的思考。

一　辑佚和辑佚学

（一）辑佚

辑佚之实践（活动）很早就有，但辑佚一词至清代才开始出现，而且，辑佚之严格定义终清之世亦未能形成。

民国时期，在总结清人学术之大背景下，对清人辑佚之大成就固然需要认真地总结，故出现了一些关于清人辑佚之综述，始有关于辑佚之理论探讨。但是，就辑佚定义而言，仍然颇为模糊。例如，梁启超在《中国近三百年学术史·辑佚书》云："书籍递嬗散亡，好学之士，每读前代著录，按索不获，深致慨惜，于是有辑佚之业。"① 这只是谈辑佚产生之原因。民国时期在辑佚理论研究上较有代表的刘咸炘在其《目录学·存佚》和《辑佚书纠缪》中，也没有提出关于辑佚的定义。

真正明确提出辑佚之定义的应该是张舜徽，他在《中国古代史籍校读法》"关于搜辑佚书的问题"一章中说："古代文献，既存在着严重的散佚现象，往往前代《艺文志》或《经籍志》已著录了的书，过了一个时期便找不到了；于是有些好学博览之士，为着满足自己求知的欲望，特别对于已经散佚了的古代名流学者的写作，寄与无穷的歆羡和追求，想尽方法，希望通过其他书中引用的材料，重新搜辑整理出来，企图恢复作者原书的面貌，或者恢复它的一部分，这便是'辑佚'。"② 尽管此概念有些啰唆，但是，其表述还是比较清楚的，故影响所及，后来的学者在下定义时或照抄，或稍作改动。例

---

① 梁启超：《中国近三百年学术史》，东方出版社 1996 年版，第 319 页。
② 张舜徽：《中国古代史籍校读法》，中华书局 1962 年版，第 298 页。该段文字又见于张舜徽《中国文献学》，中州古籍出版社 1982 年版，第 192 页。

如，1986 年，戴南海《校勘学概论·辑佚》将辑佚定义为："古代文献，在前代《艺文志》、《经籍志》或其他目录书中已著录了的，往往经历了一个时期后去找不到了。于是有些好学博览之士，想方设法，希望通过其他书籍中引用的材料，把这些散佚的文献重新搜辑、整理出来，力图恢复作者原书的面貌，使之成为足本。这便是辑佚。"① 这基本是张氏定义的样子，只是表述更为简洁了。

此后，辑佚概念更趋简明与科学。例如，1989 年，杨燕起、高国抗主编《中国历史文献学》云："（辑佚）是对群书保存下来的已经亡佚文献的佚文进行搜集整理，编辑成册，以达到基本恢复其原貌，或辑录出一个残本的目的。"② 随后的一些文献学教材谈辑佚的定义都和这差不多，都强调"恢复原貌"（主要就书籍而言）。曹书杰在辑佚学研究上用力甚深，于 1990 年发表了《辑佚与辑佚学》一文，对辑佚概念做了较为严格的阐述："辑佚又作辑逸，即聚集散失、弃置、遗存的，使之复存保留下来。辑佚在文献学中，是专指将散见于现存图书文献内所引录的佚文、佚诗或佚书的章节文段、诗句，逐一辑录出来，独立成行的文献整理活动。"③ 此后，曹书杰在其 1998 年的专著《中国古籍辑佚学论稿》中对该概念又做了进一步修正：辑佚"专指将散见于现存图书文献中的散佚、亡佚文献的残篇散句等各种佚存之文逐一摘录出来，按一定的方法原则加工后编辑成册（篇），使之集中复现流传的文献整理活动，或以此为手段的研究方法"④。但是，该定义仍有可商榷之处。

鉴于先前辑佚定义之模糊性，张升于 1995 年发表了《辑佚与辑佚学》一文，提出了自己所理解的辑佚定义："辑佚是中国历史文献学的内容之一，是整理研究中国古籍的手段之一，也是从事中国古代

①　戴南海：《校勘学概论》，陕西人民出版社 1986 年版，第 150 页。
②　杨燕起、高国抗主编：《中国历史文献学》，北京图书馆出版社 1989 年版，第 285 页。
③　曹书杰：《辑佚与辑佚学》，《古籍整理研究学刊》1990 年第 2 期。
④　曹书杰：《中国古籍辑佚学论稿》，东北师范大学出版社 1998 年版，第 7 页。

文史研究的基本功之一。辑是指搜集、编辑，佚是指散佚。简单地说，辑佚就是将佚书（佚文、佚诗）现存的片断材料加以搜辑、整理，最大限度地恢复佚书（佚文、佚诗）原貌的文献整理活动和方法。"① 为了让大家更好地领会其中的含义，作者还做了详细的说明：辑佚中的"佚"是相对而言的，绝对的"佚"则无法"辑"了。因为是相对的，"佚"所指的范围可以随时变化，可以相对于一首诗、一篇文或一本书而言，也可以相对于一个人，还可以相对于一个时期、一个朝代。为了避免辑佚的无原则性，应该给辑佚加以严格的规范：辑佚就是对已经散佚的文献单位进行还原的工作；辑佚的定义必须符合这样三个条件：其一是原来就有一个模式（即独立的文献单位），其二是这个模式现在不存在了或有缺陷，其三是客观上存在着可辑的内容或资料。综合言之，辑佚必须具备"还原性"与"可辑性"。所谓"还原性"，就是力求全面、真实地对原有模式的恢复，而不是主观地"创造"出一种新模式。这是辑佚最关键的地方。此外，为了避免将辑佚与其他文献整理活动如辑录与拾遗相混淆（这在很多论著中常常被混用），他还特别对三者的关系做了比较。

张升的定义比较有特色的地方是，提出了"佚的相对性""最大限度地恢复""独立的文献单位"这些表述。这些表述往往为后来相关著作在给辑佚定义时所借用，在修订本的《中国历史文献学》（2003 年版）中也采用了此一定义。至今，近二十年过去了，我们认为这一概念还是比较科学的。当然，关于辑佚定义的讨论可能还会继续下去，而这一定义当然还有进一步完善的地方，例如。

关于相对性问题。所谓的佚的相对性，应从两方面理解：A. 相对于原文献的佚；B. 非绝对的佚，因为绝对的佚，则无法辑。也就是说，既有佚，又有存。这就是佚的相对性。

---

① 张升：《辑佚与辑佚学简论》，《文献》1995 年第 1 期。这一概念在修改后又写入杨燕起、高国抗主编的《中国历史文献学》，北京图书馆出版社 2003 年版。

关于最大限度地恢复。是否有绝对的复原？还可以讨论。我们认为，复原只能是最大限度的，不可能有绝对的复原。这也可以看作为辑佚的相对性。

关于独立的文献单位。文献单位这一提法对不对？这也可以讨论。以往说辑佚的对象往往是指佚书、文、诗等，我们认为用文献单位来概括更合适：一方面其可以包括各种形式和体裁的文献，另一方面也强调其还原性。

此外，关于辑佚的广、狭义之分的问题也值得关注。由于一些辑佚定义还很模糊，其外延与内涵并不是很清楚，因此，有些学者提出辑佚有广义与狭义之分：广义的辑佚包括辑佚、补遗、附录等，而狭义的辑佚主要是指辑佚书而言。我们认为，广、狭义论中，有的表述是有启发性的，有的是纯粹的折中和调和，反而会模糊我们对辑佚的认识，尤其对初学者来说更有点无所适从。因此，严格的、规范的定义还是很有必要的，而这正是辑佚学理论得以建立的前提和基础。

（二）辑佚学

目前看来，辑佚学无疑是文献学的主要分支学科之一，但是，在相当长的历史时期内相关的研究者对辑佚能否成为一门真正意义上的专学的态度却是颇为暧昧的。可以说，辑佚学真正在文献学中成学，其实是最近几十年的事情。因此，就文献学中的地位而言，辑佚是很难和目录、版本、校勘、辨伪之学相提并论的，而这也极大地阻碍了辑佚学的发展。

最早提出"辑佚学"的大概要数清人皮锡瑞，他在《经学历史》中提道："国朝经师有功于后学者三事，一曰辑佚书，……至国朝而此学极盛。"① 但是，这是指一专门学术，并非是说其已独立成学。

近代以来，在文献学、校勘学（如古书校读法等）等相关著作中，辑佚逐渐从校勘学的附庸地位中独立出来，成为与校勘学并列的

---

① 皮锡瑞：《经学历史》，中华书局 1959 年版，第 330 页。

分支学科，其内容也由简单的介绍变为独立的一小节或一章。但是，这些著作在立目时基本上都使用"辑佚"而不是"辑佚学"。

　　1983 年，陈光贻以《辑佚学的起源、发展和工作要点》一文揭开了新时期建立"辑佚学"之序幕。① 但是，其文章所述仍是具体的辑佚实践而非辑佚学理论。此后，徐德立《辑佚学应成为一门独立的学科》一文旗帜鲜明地指出辑佚应该成"学"。然而通读全文后，我们发现文中只对辑佚发展史做了非常简单的回顾，而对辑佚之所以成为一门学科没有建设性的论述。再后便是杨燕起、高国抗主编的《中国历史文献学》，把辑佚学当作文献学的一个分支学科单列一章来谈。此章内容虽欠完善，但它提出了建立辑佚学这一学科的意见以及大致的构想，同时指出这一学科目前十分薄弱的情况。与此同时，王玉德所著《辑佚学稿》（共分 12 章 38 小节），② 对辑佚学的学科体系作了较为全面的论述，可以说是第一部辑佚学理论专著。曹书杰认为：它的问世是辑佚学摆脱附庸地位，成为一门独立学科的重要标志之一，是当代辑佚学研究走向成熟的重要一步。③

　　在这之后，曹书杰《辑佚与辑佚学》一文对辑佚学的定义和内容作了大胆而科学的探讨，④ 是迄今为止关于辑佚学独立问题最有说服力的理论："辑佚学是研究辑佚活动基本规律，总结辑佚整体活动过程、原则、方法及相关问题的一门科学，属中国古典文献学的分支学科"，"辑佚学研究的范围是十分宽泛的，其内容是十分丰富的。大致包括如下几个方面：一是对历代佚书的研究总结，二是对辑佚所主要依据的资料——现存图书于辑佚功用较大者的认识和总结，三是对辑佚活动基本方法原则的归纳和总结，四是对辑佚史的研究，包括辑者和辑著，五是对辑佚与某些相关知识之间的关系及运用方法的介

---

① 　陈光贻：《辑佚学的起源、发展和工作要点》，《史学史研究》1983 年第 1 期。
② 　王玉德：《辑佚学稿》，《古籍整理研究（八种）》，武汉工业大学出版社 1989 年版。
③ 　曹书杰：《中国辑佚学研究百年》，《东南学术》2001 年第 5 期。
④ 　曹书杰：《辑佚与辑佚学》，《古籍整理研究学刊》1990 年第 2 期。

绍和总结，如版本学、校勘学、辨伪学、图书学、目录学等，六是对前人有关辑佚学思想、论述的研究，即对辑佚学本身发展的研究"。曹书杰于 1998 年出版的专著《中国古籍辑佚学论稿》也持这一观点。

张升《辑佚与辑佚学》在基本上赞同曹书杰对辑佚学定义的基础上，也对辑佚能否成学提出了自己的思考：学科的成熟性或独立性包括两个方面的内容，其一是社会的承认，其二是学科自身的完善程度。简单地说，就是学科的实践性与理论性。实践性包括辑佚对社会的影响，辑佚的历史，社会上对辑佚的认识，等等；理论性包括辑佚的定义、分类、方法，辑佚理论，辑佚心理，等等。只有这两方面达到一定的程度，"辑佚学"才能独立出来。文中还指出了今后加强辑佚学理论探索的一些思考方向。

近些年来，尽管关于辑佚的研究较多，但多偏向于实践性的研究，也就是关于历史上的辑佚活动与成就的研究，而关于理论方面的研究较少，对辑佚学的理论建设贡献不大。不过，值得欣慰的是，目前辑佚之成学以及其作为文献学的主要分支学科已成学界的共识。总的看来，曹书杰《中国古籍辑佚学论稿》建立了研究的基本框架，尤其是他在《中国辑佚学研究百年》最后提出的今后研究方向，包括："辑佚活动的个案研究，辑佚活动的类型研究，辑佚活动的现象研究，辑佚活动的横向研究，辑佚活动的纵向研究，辑佚活动的方法研究，辑佚学的理论研究，即辑佚学研究的对象、意义、作用、知识结构及辑佚类型等问题的研究。这是辑佚学研究中最薄弱的侧面之一，几乎很少有人问津。"其中最后一点与辑佚学成学关系甚大。这些方面应值得重视。

受上述辑佚学理论探索的启发，我们在此也提出一些今后进一步思考的方向：

辑佚学在古文献学中还是一门比较薄弱的分支学科，一方面，大量史料价值很高的散佚文献等待着人们去辑佚；另一方面，前人辑佚之作尚需进一步整理；更为重要的是，辑佚学的理论研究还有待进一步深入。迄今人们还是停留在从所辑著作的序言、凡例和内容来了解辑佚学，专门研究辑佚理论的论文很少，至于辑佚学专著目前只有曹书杰《中国古籍辑佚学论稿》、喻春龙《清代辑佚研究》等寥寥数部。因此，加强辑佚学的理论研究是当务之急。

　　辑佚学是文献学的六大分支学科之一，辑佚学要发展，必须认清其与文献学及其他几大分支学科之间的关系：其一，辑佚学既相对独立又从属于文献学。辑佚学是文献学的分支，是文献学下的辑佚学，不能超越了文献学来谈辑佚。辑佚学服务于文献学，文献学的一般理论对辑佚学有指导意义。其二，辑佚学与文献学其他分支学科一起构成整体的文献学，它们之间既有密切的联系又有严格的区别。只有认识区别，才能承认其作为分支学科的独立性。也只有认识联系，才能理解其是作为文献学的分支学科。例如，辑佚与辨伪的关系：伪书的制作过程使用了辑佚的方法；只是因为所辑内容非原真或不规范，故被认为是伪书。另外，辑佚需要大量利用目录学、版本学、校勘学的知识，等等。总之，只有认真地建设好辑佚学，才能真正构筑起有坚实基础的文献学理论体系。

二　辑佚的方法与程序

　　清人的辑佚实践很丰富，但他们很少对辑佚方法作总结。近代以来，梁启超、刘咸炘等开始对清代辑佚进行总结，但也没有提出具体的辑佚方法与步骤。真正带有总结规律性质的论述，最早大概还是要算张舜徽《广校雠略：附释例三种》中的一段话："故学者苟有志乎搜辑遗书，首必究心著述流别，审知一书体例，与之名近者几家，标题相似者有几，皆宜了然于心，辨析同异；次则谛观征引者之上下语意，以详核之本书，庶几真伪可分，是非无混，别择之际或可寡过耳。"①

此后，陈光贻于 1983 年发表的《辑佚学的起源、发展和工作要点》较清晰地论述了辑佚步骤："第一步骤，先要明悉搜辑佚书逸文，辑录于今存的何种书籍。第二步骤，为辨证古书的真伪，和逸文的真伪。第三步骤，辨别二书同名，或数书同名，即同一书名，而是二种书，或几种书同一书名。"当然，他所论述的步骤还较为简单。在此之后，相关著作对此有更为详细的表述，例如，杨燕起、高国抗主编《中国历史文献学》（1989）中"辑佚学"一章，对辑佚的方法与程序有非常具体的论述，包括：（1）辑佚的准备工作。（2）制定辑本的体例。（3）防止在内容上求全。（4）加以校勘与辨伪。此外，洪湛侯在《中国文献学新编》中将辑佚方法归纳为：摘录佚文，选择底本，注明异同，校正文字，恢复篇第。② 这一归纳还是比较科学的，只是第一、二条的顺序关系似可商榷。当然，对辑佚的方法与步骤论述得较为详尽的，应该是曹书杰《中国古籍辑佚学论稿》第九章"辑佚方法绪论"，其中包括准备工作、辑录工作、整理工作、综结工作等。可以说，这是关于辑佚工作的详细指南。

综合之前的研究成果，可以看出在辑佚方法与程序方面学者有比较一致的认识。也就是说，辑佚大致必须遵循下列几个步骤。

（一）辑佚的准备工作

首先，要判定拟辑佚的文献是否真佚。一部文献成书后，未能刻印、排印，仅以抄本流行，或刻印、排印数量有限，时日长久，为世人所罕见，并非亡佚，但有时可能被认为是佚书。因此，在辑佚之前，为了避免失误，要认真做好相关的调查工作，以免徒劳无功。

其次，审订佚书佚文之引用文献和参考文献目录。

再次，对引用佚书佚文的有关文献的版本进行筛选。好的版本能

---

① 张舜徽：《广校雠略：附释例三种》，中华书局 1963 年版，第 109 页。
② 洪湛侯：《中国文献学新编》，杭州大学出版社 1994 年版，第 203—205 页。

为内容的真实性、正确性提供较充分的保证。一般来说，辑佚时以选用经过后人整理过的、公认的好版本为宜。

最后，确定辑佚对象的体例（即佚书的原体例）。只有做到这一点，辑佚才能实现最大限度地恢复散佚文献原貌的目的。

（二）具体的辑佚方法

通常采用的辑佚方法，是将群书中引用该佚书的材料一一摘录出来汇集在一起。同一条佚文分别见于各种类书、古注等的，则一般地采用最先引用的一种，在该条佚文下注明有哪些书引用过。如果所引文字有不同，则应注明异同。各书引文详略不同，字句有异，应该详细加以辨识，选择内容比较全面且准确的一种作底本，其余异文则择要节录，夹注文内，或者附于辑文之后。有些地方文字有错误，讲不通，应该参考其他资料进行校正。

在辑佚中应注意不要盲目求全。有的人片面追求完整性，把它书中的有关材料补缀成篇，内容虽完整了，却明显失真，如同画蛇添足。从明代至今，不少辑佚者常犯此毛病，因此尤应注意。

（三）加以校勘与辨伪

面对所搜集到的佚文，我们还要注意：前人引书往往与所引原文不尽相同，多有增删改易，甚至同一书中所引某一书的同一条材料都前后不一致；为了引文意义完整，首尾或文中往往增加文字；引用书名与篇名往往不分，称引不一，或以作者代替书名，或省称，有时还会张冠李戴；历代帝王多有避讳，引文因讳改易文字是普遍现象。又宋元以前文献，由于距今年代久远，经过反复传抄、刻版，字句中的脱、衍文和讹误在所难免。另外，一些鸿编巨帙之作，如《永乐大典》，成书时间短促，出于众人之手，抄写不精，讹误与缺点也可能更多些。因此，辑佚时我们不能简单地把群书有关佚文辑录成册，还必须进行校勘和辨伪的处理。

诚然，关于辑佚之方法与程序，以往的研究还有不少欠缺和有待商榷的地方，需要我们在今后的研究中加以完善和解决，例如：

其一，古籍数字化对辑佚方法的影响。

古籍数字化，也称古籍数码化、电子化，是指利用现代信息技术对古籍文献进行加工处理，使其转化为电子数据形式，通过光盘、网络等介质保存和传播。近些年来，古籍数字化对传统学术（包括文献学）研究的影响非常大，正如黄一农所说，我们进入了 E 考据时代。其实，文献学也是如此，我们也进入了 E 文献学时代。为了应对这一发展趋势，一些文献学教材已经陆续对古籍数字化的影响有所介绍，而相关的论文也不少。但是，比较遗憾的是，这些论著较少谈到数字化对辑佚的影响①。事实上，数字化对辑佚影响尤其大：一方面，佚文的搜集更容易了，只要将书名输入，相关的引用文献就会一搜而得；另一方面，佚文的比勘也变得容易了，这是因为各种类似的引文也可以一搜而得。在这样的情况下，传统的辑佚方法必须要做出改变。如果还按照老方法来辑佚，不但劳而少功，而且质量也未必好。

因为搜集佚文容易，还引发出一个根本性的问题：传统的辑佚是建立在佚文搜检不易的前提和基础上的，而现在辑佚几乎人人都可做，是否有必要？② 另外，由于佚文出处的检索更方便，甚至一些数据库连出处都省去了，例如，尹小林《古籍数字化应以技术为突破口》谈道："在大型古籍数据库问世以前，辑佚工作是件难度很大的事；在有大型古籍数据库之后，辑佚工作难度大大减少，查找时间大大缩短，主要是内容甄别的排序。对辑文一般不注出处，是我们数据库的体例，因为查找这些易如反掌。"③ 但是，一直做古籍整理与研究的程毅中在《古籍数字化须以古籍整理为基础》中对此方法提出

---

① 例如，王立清《中文古籍数字化研究》（国家图书馆出版社 2011 年版）就没有谈到古籍数字化对辑佚的影响。

② 陈尚君在《古籍辑佚学在数码时代的发展机缘》（《古籍整理研究学刊》2009 年第 6 期）指出："近年古籍数码化工作的普及推广，引起一些学者对于传统学术当代命运的重新思考，一些极端的说法，认为古籍辑佚学已经没有了存在的意义。"

③ 尹小林：《古籍数字化应以技术为突破口》，《光明日报》2013 年 5 月 28 日。

了质疑："所收笔记有一部分是佚书，编者加以辑集，当然很好。如唐五代小说的佚文，有《太平广记索引》和李剑国的《唐五代志怪传奇叙录》可以参考，不难照录。但令人费解的是往往不注出处，湮没来源，就不能使读者信赖了。"① 两者认识上的根本不同，从各自文章的标题就可以清楚地发现。我们认为，双方加强沟通与交流才是解决分歧的关键，正如周少川在《百年古籍整理事业与古文献学的历史性发展》所说的："一方面学术研究中要利用数字化、网络和多媒体等科技手段解决实际问题，另一方面则需要发挥学科优势，尽量完善现有科技手段的不足，实现两者的双赢。"② 至于辑佚的必要性，可以说仍是毫无疑问的：现代条件好，更可以完成以前未能完成的辑佚，而且，也可对以前的辑佚书作补辑、加工。

其二，关于辑佚之准备。

以往学者在谈到辑佚之准备时，往往会强调：辑佚是具有相当难度的古籍整理工作，需要有渊博的知识，是学成之后才能从事的工作。例如，刘咸炘说："辑书非易事也。非通校雠，精目录，则伪舛百出。"③ 张舜徽在《广校雠略：附释例三种》中专门标立一小节"辑佚为学成以后事"，认为："昔人搜辑遗佚，大氐皆学成以后之事，既博涉群籍，视天地间见存之书无复可究心者，不得已进而思得不存之书读之，非特势所必至，亦次第宜然耳。"④ 张舜徽还说："搜辑佚书的工作，和对佚书进一步的钻研，都必须在某一门学问已经取得基本知识以后，才能向这方面用功。""至于自己动手搜辑佚书，更是学问成熟以后的事。"⑤ 此一观点影响很大，现在绝大多数辑佚

---

① 程毅中：《古籍数字化须以古籍整理为基础》，《光明日报》2013 年 4 月 30 日。

② 周少川：《百年古籍整理事业与古文献学的历史性发展》，《淮北师范大学学报》2011 年第 4 期。

③ 黄曙辉编校：《刘咸炘学术论集·校雠学编》，广西师范大学出版社 2010 年版，第 279 页。

④ 张舜徽：《广校雠略：附释例三种》，中华书局 1963 年版，第 111 页。

⑤ 分别见张舜徽《中国古代史籍校读法》，中华书局 1962 年版，第 308、310 页。

学论著都持这一观点。

但是，与此不同，吴孟复在《古书读校法·辑佚与辑佚书》中认为："辑佚要从实际研究的课题出发，如研究农、医的辑古农书、古医书……有人说，辑佚应在学问成熟后再做，以免躐等，此言也有深意。但我们认为：辑佚本应是在读书、查资料时发现佚文随时抄录，积有一定数量，再加排比整理，不应有为辑佚而辑佚之事。"① 明确指出：辑佚不是学成之后之事，也不应为辑佚而辑佚。此外，有的论著也认为："辑佚也是青年文史工作者训练基本功的重要途径之一。辑佚工作对掌握史源学、辨伪学、目录学、版本学、校勘学、注释等历史文献学各分支学科的基础知识有直接的帮助，从而为文史专题研究奠定深厚的功底。"② 既然是将辑佚作为基本功训练，就不是学成之后的事了。

那么，到底哪一种观点正确呢？

我们如果回顾一下辑佚史即会发现，古代的辑佚固然有不少成果是学者学术成熟之后完成的，但是，也有不少纯粹是学者年轻时的一种学术训练的结果，可以说，辑佚只是一种治学手段和训练；辑佚并不是学问本身，而只是功力而已。例如，古人开始辑佚，不太可能精选版本，或先校勘出善本；也不可能都把书收齐了再辑佚，而是边辑边完善。因此，将辑佚看作为学成之后之事，与其说是对古人实践之总结，不如说是今后辑佚之期望和辑佚之高标准要求。

如果说，辑佚是学成以后之事，那么，辨伪、校勘、注释等文献整理工作就更是学成以后之事。其实，文献整理本身是实践性很强的工作，需要在实践中不断积累和提高，不必等学成了再做。当然，这并不是否定辑佚的高要求。其实，要做好辑佚，肯定是基础越扎实越好。总之，我们不必过分强调"学成"为辑佚之前提。

---

① 吴孟复：《古书读校法》，安徽教育出版社1983年版，第103页。
② 杨燕起、高国抗主编：《中国历史文献学》，北京图书馆出版社1989年版，第295页。

其三，关于佚书的判断。

陈光贻《辑佚学的起源、发展和工作要点》云："辑佚工作者应注意辑佚要点外，在进行辑佚步骤之前，凡要辑录一书，事先必需调查此书是否确实亡佚，以免空费工夫而原书发现。……故有辑佚不如访书之说。"因此，对佚书访查以确定其是否为真正的佚书，是辑佚最关键的步骤之一。总的来看，判断佚书应遵循这样的原则："说有易，说无难。"以往辑佚中的最大失误之一，就是误辑了传世之书。如果要辑佚，一个人的精力有限，而且，访查的范围也很有限，对佚书的判断自然就会有很多盲区。因此，以往所认定的佚书，从本质上来说，基本上都只能算是相对的"佚书"。也就是说，它们只是在一定的条件下体现为佚书，因为事实上不可能有人真正能做到遍查无遗。从这个角度来说，绝大多数的佚书都是相对的佚，而前人对佚书判断错误也是可以理解的。这也可视为辑佚的相对性之一。

三　辑佚书的标准

什么是好的辑佚书？

梁启超在总结清代辑佚的基础上提出"鉴定辑佚书优劣之标准"为：（1）佚文出自何书，必须注明；数书同引，则举其最先者。能确遵此例者优，否者劣。（2）既辑一书，则必求备。所辑佚文多者优，少者劣。（3）既需求备，又需求真。若贪多而误认他书为本书佚文则劣。（4）原书篇第有可整理者，极力整理，求还其书本来面目，杂乱排列者劣。此外，更当视原书价值如何。若寻常一俚书或一伪书，搜辑虽备，亦无益费精神也①。这五条标准至今仍然是辑佚工作所遵循的主要标准。

刘咸炘则从清人辑佚的教训方面（存在的问题）提出了辑佚应注意的问题：（1）漏，即所辑佚文多有遗漏。（2）滥，包括妄定书

---

①　梁启超：《中国近三百年学术史》，东方出版社 1996 年版，第 330 页。

名而致"滥"，即本无其书，而辑佚者仅据某书中一语，附会其意，采辑有关资料而妄为一书；"名实不符"而致"滥"，即或某人虽有某书，凡所见其人之语概视为其书之佚文，或妄采他人内容相近的彼书之文概视作此书之佚文；"本非书文"而致"滥"，即或以史书所载人之对话而妄作其撰成之书文。（3）误，包括不审时代而致"误"，即不考辨佚书、佚文所反映的时间；据误本而致"误"，即辑佚所据之书的板本不善，本身就多有讹误；不审体例而致"误"。（4）"陋"，包括不知此书与彼书间体例、性质之差别而致"陋"；不考源流而致"陋"，即不考佚书作者的著述源流；臆定次序而致"陋"，即不考知佚书之体例特点和篇第次序，辑本对佚文妄定归属、妄分篇次。① 这也可以说是从反面论证了辑佚的标准。

1994 年，洪湛侯在《中国文献学新编》中将"评价辑本的标准"归纳为：辑录是否完备，佚文是否可靠，考订是否精审，出处是否注明，体例是否完善。②

1994 年，张升在《对清代辑佚的两点认识》一文中总结了清人辑佚的普遍原则（指导思想）为：A. 求用；B. 求古；C. 求全；D. 求善。③ 这并不是专门针对辑佚书的标准而言，但对我们理解什么样的辑佚书是好的辑佚书应该有启发意义。

曹书杰在《中国古籍辑佚学论稿》第九章"辑佚方法绪论"中对辑本质量标准有更为详细的分析，提出了十条鉴定辑本质量优劣、好坏的标准：其一，能详考佚书、作者而撰写叙言者优，否则次之后；其二，所辑佚文遗漏少者优，否则次之；其三，凡注明佚文出处者优，否则次之；其四，对互见佚文加以科学缀合者优，否则次之；其五，能详为校勘佚文者优，否则次之；其六，能详辨佚文真伪者

---

① 黄曙辉编校：《刘咸炘学术论集·校雠学编》，广西师范大学出版社 2010 年版，第 279—282 页。
② 洪湛侯：《中国文献学新编》，杭州大学出版社 1994 年版，第 219—221 页。
③ 张升：《对清代辑佚的两点认识》，《文献》1994 年第 1 期。

优，否则次之；其七，于所辑佚文中的史事、典故、文字能详为考辨、注释者优，否则次之；其八，能尽量恢复佚书原体例者优，否则次之；其九，辑佚综结工作做得完善者优，否则次之；其十，规模较大的辑佚成果有索引者优，否则次之。① 这差不多囊括了之前所有辑佚书之标准，但有求之过甚之嫌，尤其是第七、九、十三条，或推求太过，或所指不明，或没有普适性，不应视为辑佚书之标准。

综上所述，尽管之前关于辑本标准的讨论并不一致，但是，我们进行排比、分析后会发现这些观点之间还是有一些共通的地方，可以将其归纳为辑本体例的基本要求：

其一，辑书前有序言。序言的内容包括原书的作者、成书年代、卷数、内容、亡佚过程等，以及有关的考证说明。如果此书有前人辑本，还应指出其存在的不足之处。另外，辑书的编次与原书编次的比较，辑本所据的资料来源，辑录的原则，校勘、注释、版本等问题，以及辑本的意义，等等，在序言中也应有涉及。

其二，所辑佚文均应注明出自何书。来源多样的，应一并列出，并比较其异同，说明取舍及存疑情况。

其三，对各条佚文均应加以考订，以确保其准确。有必要的话，还应加上注释。

四　辑佚的资料来源

梁启超曾总结清人辑佚书"所凭之重要资料"为：（1）以唐宋间类书为总资料；（2）以汉人子、史书及经注为辑周秦古书之资料；（3）以唐人义疏等书为辑汉人经说之资料；（4）以六朝、唐人史注为辑逸文之资料；（5）以各史传注及各古选本、各金石刻为辑遗文资料。② 梁氏所述并不全面，但重点突出，成为后来考察辑佚

---

① 曹书杰：《中国古籍辑佚学论稿》，东北师范大学出版社 1998 年版，第 293 页。
② 梁启超：《中国近三百年学术史》，东方出版社 1996 年版，第 322—323 页。

来源之基础。

1945 年，张舜徽《广校雠略：附释例三种》所述的辑佚资料来源与梁氏所述基本相同，惟其中后两点稍有差异："取之《一切经音义》，以辑小学训诂书，四也；取之史注总集，以辑遗文，五也。"①1962 年，张舜徽在《中国古代史籍校读法》一书中对之前的论述又稍作修正："一、取之唐宋类书，以辑群书；二、取之子史及汉人笺注，以辑周秦古书；三、取之唐人义疏，以辑汉魏经师遗说；四、取之诸史及总集（如《文苑英华》之类）以辑历代遗文；五、取之《一切经音义》（以慧琳《音义》为大宗）以辑小学训诂书。"② 可以看出，只是前后顺序稍有改变，基本内容还是依旧。

1983 年，吴孟复在《古书读校法·辑佚与辑佚书》中，除了同意梁启超指出的辑佚"所凭借之重要资料"5 类之外，又指明还有"地方志""杂纂杂钞""报刊"3 类。③

此后，各种文献学教材对辑佚资料来源的论述均差不多，只是在梁氏所述的基础上稍作增加，例如，戴南海《校勘学概论》就增加了方志一类。

1994 年，洪湛侯《中国文献学新编》将辑佚的资料来源归纳为：类书、古注、子史群书、总集、杂纂杂抄、地方志、金石、石室秘藏与出土佚书、海外流散佚书、报纸杂志。④ 其中特别强调"出土佚书"和"海外流散佚书"这些新资料，应该是较有新意之处。不过，需要注意的是，所谓"出土佚书""海外流散佚书"中的佚书，其实均不是真正的佚书，而通过图书搜求而重新发现这些"佚书"，这一工作当然也不是真正的辑佚。

较为全面介绍辑佚资料来源的应该是曹书杰《中国古籍辑佚学

---

① 张舜徽：《广校雠略：附释例三种》，中华书局 1963 年版，第 106 页。
② 张舜徽：《中国古代史籍校读法》，中华书局 1962 年版。
③ 吴孟复：《古书读校法》，安徽教育出版社 1983 年版。
④ 洪湛侯：《中国文献学新编》，杭州大学出版社 1998 年版，第 205—213 页。

论稿》中的"辑佚的主要资源"一节，该节详细地列举了辑佚取资的对象有：类书、史书、总集、地志、古注、字书、杂抄、金石、书目、同类书共十类。①

总之，以往学者非常重视对辑佚资料来源的探讨，列举的来源越来越丰富，而且比较重视新获取的材料。但是，如果要对资料来源作更进一步的考察，我们还需要注意以下几点：

其一，所谓主要来源不应成为束缚辑佚者搜寻佚文的牢笼。以上学者讨论的或是具有普遍性的主要来源，或是辑某一类书的主要参考资料，但是，如果单就某一部具体的书来说，则其来源可能会较为特殊。因此，来源不是绝对的，真正要从事辑佚，一定要从更广泛的范围来找材料。而且，现在检索条件越来越好，从更广的范围内来找材料并不是很困难的事。

其二，在关注历代图书亡佚情况的同时，也要特别注重对历代图书收藏、现存情况的了解。应该说，有了书籍的散佚与保存，才有辑佚的出现。有散才有佚，有存才可能辑。所谓辑，就是在现存文献的基础上搜集散佚的材料，因而，辑佚的产生是与中国历史上书籍大量亡佚的情况密切相联的；同时，中国古代文献的丰富性与连续性则为辑佚提供了必要的资料保障。

其三，要了解中国古代著述特征，充分把握"文献保存的另一种形式"。中国古代有"述而不作"的传统，在著述形式上主要体现为：注书的盛行，大型类书的编修，抄辑古籍。以上这些著述方式的繁盛，决定了东汉以来的文献，即使后来已散佚，在古注、类书和其他一些著述中仍可看到它们的零篇断简，甚至有的还比较完整地保存在群书之中，客观上为后代辑佚提供了便利条件。可以说，中国许多古籍是以一种"散而不佚"（郑樵所谓"名亡而实不亡"）的形式存在的。因此，尽管数量繁多的历史文献因各种原因散佚了，但是还有

---

① 曹书杰：《中国古籍辑佚学论稿》，东北师范大学出版社 1994 年版，第 322—342 页。

相当多的典籍被保存下来，体现了中国典籍的丰富性与连续性；而且，更为重要的是其中一部分散佚文献还零篇断简地或比较完整地保存在其他典籍之中，从而体现为特殊形式的文献保存。也就是说，一种著述通过被别的著述所引用而得以保存下来。正因为这两方面古籍保存形式的存在，为辑佚的广泛开展提供了可能。

五　辑佚的起源①

目前关于辑佚的起源问题争论还较大，而对有关观点进行一番综合的考察，不但有助于我们进一步的探讨，还有助于我们了解和研究辑佚学的定义、内容和发展等诸多问题。

（一）起源于宋代说

据目前各种文献学著作来看，较多主张辑佚最早出现于宋代。而起源于宋代说，亦有五种不同的观点，分别介绍如下。

1. 起源于北宋陈景元

北宋陈景元从《意林》《文选注》《舞鹤赋》等书中辑出佚书《相鹤经》。据北宋黄伯思《跋慎汉公所藏〈相鹤经〉后》一文云："《隋书·经籍志》、《唐书·艺文志》，《相鹤经》皆一卷。今完书逸矣，特自马总《意林》及李善《文选注》中鲍照《舞鹤赋》中抄出大略，今真靖陈尊师所书即此也。而流俗误录著故相国舒王集中，且多舛午，今此本既精善，又笔势婉雅，有昔贤风概，殊可珍也。"②"陈尊师"即陈景元，北宋著名道家学者，号真靖。其辑《相鹤经》当在英宗治平元年（1064）至哲宗元丰八年（1085）间，被认为是宋代最早的辑佚书。

陈景元辑《相鹤经》，后人绝少提及。清宣统三年（1911），叶德辉在《书林清话》卷八"辑刻古书不始于王应麟"条云："古书散

---

① 参见张升《辑佚起源说综述》，《历史文献研究》1996 年第 7 期。
② 黄伯思：《宋本东观余论》下卷，中华书局 1988 年影印本，第 286 页。

佚，复从他书所引搜辑成书，世皆以为自宋末王应麟辑《三家诗》始，不知其前即已有之，宋黄伯思《东观余论》中，有《跋慎汉公所藏〈相鹤经〉后》云：……据此，则辑佚之书，当以此经为鼻祖。今陶九成《说郛》中尚有其书，钱谦益《绛云楼书目》亦载有抄本，虽不知真靖书如何，要之此风一开，于古人有功不浅。"①

自叶德辉以来，辑佚起源于陈景元之说影响渐大。张舜徽《中国古代史籍校读法》《中国文献学》，胡道静《中国古代的类书》，赵振铎《古代文献知识》都从此说。

2. 起源于宋尤袤

尤袤，南北宋之际的藏书家，撰有《遂初堂书目》一卷。他曾从《文选》六臣注中抄出李善注，亦可看作为辑佚之举。于成大在《辑佚书问题》中说："书虽亡，尚可就故书之所引辑其佚文者，……当始于南北来之际的尤袤。唐初，李善并其子邕有《文选注》。唐明皇时，又有所谓五臣注。后人又将李善与五臣之注合而为一，成《六臣注》。苏东坡已不能见真李注。至尤袤，乃自六臣本中将李注抄出单刻，即所谓尤刻本。"②

辑佚起源于尤袤说影响相对较小。

3. 起源于南宋高似孙

南宋时高似孙曾辑《世本》。高似孙，南宋绍兴余姚人，撰有专科目录著作《史略》《子略》。他在《史略》卷6《世本》条的按语中说："《世本》叙历代君臣世系，是书不复见……予阅诸经疏，惟《春秋左氏传》疏所引《世本》者不一，因采掇汇次为一书，题曰《古世本》。周益公在西府，闻予有此，面借再三，因录本与之。益公一见曰：天下奇书，学者隽工也。"③《世本》于北宋时已散佚，高氏在此自谓曾辑《世本》。

① 叶德辉：《书林清话》，岳麓书社1999年版，第182—183页。
② 于成大：《辑佚书问题》，《木铎》第1期（1972年7月）。
③ 高似孙：《史略》，中华书局1985年影印《丛书集成初编》本，第110页。

辑佚起源于高似孙说也并未在文献学界引起较大的关注，早期只有李宗邺《中国历史要籍介绍》提及："高似孙是第一个辑佚《世本》的。"①

4. 起源于南宋王应麟

王应麟，南宋庆元鄞县人，字伯厚，号原斋，自号深宁居士。他熟悉掌故制度，精于史地考证，撰有《困学纪闻》《深宁集》《汉书艺文志考证》《通鉴地理考》《玉海》等，尤以《困学纪闻》影响最大，为后世所推崇。他曾辑《三家诗考》《周易郑康成注》《郑氏尚书注》及《论语郑康成注》，其中《三家诗考》《周易郑康成注》《郑氏尚书注》一直流传至今。

较早倡言辑佚起源于王应麟的为章学诚，他在《校雠通义》卷一《补郑篇》中说："昔王应麟以《易》学独传王弼，《尚书》止存《伪孔传》，乃采郑玄《易注》、《书注》之见于群书者，为《郑氏易》、《郑氏尚书注》；又以四家之《诗》，独毛传不亡，乃采三家诗说之见于群书者，为《三家诗考》。嗣后，好古之士踵其成法，往往缀辑逸文，搜罗遍略。"②《四库全书总目》亦持此观点："……古书散佚，蒐采为难。后人踵事增修，较创始易于为力；筚路缝缕，终当以应麟为首庸也。"③此后，一般学者谈辑佚起源多持此说：

皮锡瑞《经学历史》："……王应麟辑三家诗、郑氏易注，虽蒐采未备，古书之亡而复存者实为首庸。"④

梁启超《中国近三百年学术史·辑佚书》："辑佚之业，最初从事于此者，为宋之王应麟，辑有《三家诗考》、《周易》郑氏注各一

---

① 李宗邺：《中国历史要籍介绍》，上海古籍出版社 1982 年版，第 107 页。
② 章学诚著，叶瑛校注：《文史通义校注》，中华书局 1985 年版，第 978 页。
③ 永瑢、纪昀主编：《四库全书总目提要》，海南出版社 1999 年版，第 91 页。
④ 皮锡瑞：《经学历史》，中华书局 1959 年版，第 330 页。

卷，附刻《玉海》中，传于今。"①

许学浩《辑佚书议》："……然则辑佚之作，所以扶微起绝，饰间补亡，诚有不得已者也。溯其滥觞，盖起有宋。夫其成晦庵（朱熹）之宿志，蒐魏晋之亡书，榛途乍辟，衢述未广，则王应麟之为也。"②

张舜徽《中国古代史籍校读法》："章氏明明认定搜辑佚书的工作，是从南宋学者王应麟开始的。以后学者们谈到这一问题，大半无异辞。"③

5. 起源于宋人辑唐人小说及唐以上人文集

民国年间，刘咸炘在《目录学·存佚》中说："叶德辉据黄伯思《东观余论·〈相鹤经〉跋》云：从《意林》《文选注》钞出大略，故辑佚当以此为鼻祖。然实不止此，宋世所传唐人小说及唐以上人文集，卷数多与原书不合，校以他书所引，往往遗而未录，盖皆出于宋人掇拾而成，此即辑佚之事也。"刘氏认为，宋代流传下来的唐人小说及唐以上人文集，凡与原卷数不合者，多为宋人辑佚而成，只是都不明言为辑佚而已。今人吴枫《中国古典文献学》一书亦从此说。

辑佚起源于宋代说在学界影响相当大。一些学者倾向于综合上面的几种说法来探讨辑佚起源问题，如《校勘述略》认为："两家（指章学诚与叶德辉）意见虽有不同，但辑佚之起于宋代则是大家公认的。而且如果进一步的细分，则还可以看出，辑佚书的工作实起于王应麟之辑《三家诗》，而辑佚文的工作则始于《相鹤经》。"④ 赵振铎《古代文献知识》也综合章学诚、叶德辉两家意见，认为："当然，从前代文献里也许还可能找到更早的记载，但是，一般公认辑佚工作

① 梁启超：《中国近三百年学术史》，东方出版社1996年版，第319页。
② 许学浩：《辑佚书议》，《国学论衡》第三期（1934年）。
③ 张舜徽：《中国古代史籍校读法》，中华书局1962年版，第298页。
④ 王云海、裴汝诚：《校勘述略》，河南大学出版社1988年版，第162页。

是从宋代开始的。"① 张舜徽《中国文献学》综合了章学诚、叶德辉、刘咸炘三家之论，认为："总之，这几家的见解虽不相同，但辑佚的工作，毕竟是宋代学者开其端，这是大家所公认的。我们今天也不必再纠缠于开始于哪一个人哪一部书，作些不必要的争论了。"②

为什么辑佚起源于宋代会产生那么多不同的说法呢？这恰恰证明了宋代辑佚活动已经有一定程度的展开，否则不可能有那么些人不约而同地进行辑佚。刘咸炘指出的宋人普遍地辑佚唐人小说及唐以上人文集，更证明了这种工作的深入程度。尤为重要的是，宋代郑樵在辑佚理论方面也有着很深刻的认识。③ 因此，没有一定的辑佚基础和实践，不可能产生这样的理论。

因此，要探究辑佚的起源，还应上溯到更早的年代。

（二）起源于魏晋南北朝时期的推测

吴枫《中国古典文献学》云："中国古籍散失惊人，今存五代以前的集部书籍，大多是辑佚本子。早在晋代，梅赜就辑过伪《古文尚书》。"④ 他认为最早的辑佚书为梅赜的伪《古文尚书》。在吴枫之前，民国许忆彭《略谈辑佚书》亦认为："辑逸书工作，不自清代始，晋梅赜早就辑过《伪尚书古文》。"⑤ 将《伪古文尚书》看作辑佚之作是有一定道理的：其一，其资料来源的搜集与辑佚相似，清朝惠栋作《古文尚书考》就曾逐一校核其作伪的资料来源；其二，其与原书的内容有一定的联系，即有原书的部分文字掺杂其中。康有为《新学伪经考·〈史记〉经说足证伪经考》曰："王肃既伪《古文尚书》，……其缀辑诸书，皆与原文少异，或增或漏，故示缺略，凡此皆作伪者之伎俩，欲使人疑信参半，而凭论既深，卒不能去，则其术

---

① 赵振铎：《古代文献知识》，四川人民出版社 1980 年版，第 204 页。

② 张舜徽：《中国文献学》，华中师范大学出版社 2004 年版，第 193 页。

③ 南宋史家郑樵提出"书有名亡而实不亡论"，认为古代散佚了的书可从现存的其他书中找到被称引的引文，加以辑录成帙，便可窥见其书原貌。这为后来学者指出了辑佚的门径。

④ 吴枫：《中国古典文献学》，齐鲁书社 1982 年版，第 145 页。

⑤ 许忆彭：《略谈辑佚书》，《人文杂志》1957 年第 2 期。

售矣。"① 梁启超《古书真伪及其年代》卷二曰:"造伪的不能凭空架阁,必定抄袭真书,或割裂,或变换,或凑缀,使读者不疑,梅本《古文尚书》大半皆有凭藉。……各篇各句的出处,差不多都可以找出来。明人梅鷟的《古文尚书谱》,清人阎若璩的《古文尚书疏证》以及清人文集,已经爬梳得很详尽了。可见梅本的确是采缀古书而成的。"② 从以上的论述我们确实可以看出《古文尚书》有辑佚的内容。但是,我们并不能说《古文尚书》就是辑佚书,因为辑佚与造伪有根本的不同,前者是忠实地还原,后者是虚假地还原。

受梁启超等前述观点的启发,曹书杰认为,辑佚应起源于晋朝杨方的《五经钩沉》。③ 不过,由于《五经钩沉》已佚,其"钩经传之沈义,著论难以起滞"之性质,可能更多地说明阐发经义的意思,至于其中包含有多少辑佚的成分则不好说。

我们认为,魏晋南北朝时期书籍散亡已相当严重,确实有一些学者致力于收辑古书散佚材料,以求恢复古书之大概。因此,辑佚起源于魏晋南北朝时期应是有可能的。

(三)关于辑佚起源的其他观点

关于辑佚之起源还有其他观点:

孔子辑史说。《论语·卫灵公第十五》载:"吾犹及史之阙文也,有马者借人乘之,今亡矣夫。"刘元城曰:"'有马者借人乘之',便是史之阙文。夫有马而借人乘之,非难底事,而史且载此,必是阙文。……后人见此语颇无谓,遂从而削去之,故圣人叹曰:'今亡矣夫。'盖叹此句之不存也。"④ 胡朴安、胡道静赞同刘氏的说法,认为

---

① (清)康有为著:《新学伪经考》,章锡琛校点,古籍出版社 1956 年版、中华书局 1956 年版,第 32 页。

② 梁启超:《古书真伪及其年代》,中华书局 1962 年版,第 102 页。

③ 曹书杰:《辑佚起源新探》,《古籍整理研究学刊》1990 年第 4 期。

④ (宋)李廌,(宋)朱弁,(宋)陈鹄:《师友谈记 曲洧旧闻 西塘集耆旧续闻》,中华书局 2002 年版,第 293 页。

著录逸文实自孔子始。①

　　刘歆辑书说。蒋伯潜《十三经概论》认为，逸《书》十六篇即使不是刘歆伪造，也是摭拾孔子撰定《尚书》时"刊落之余"而成。②此外，还有刘向辑《晏子》说等。③

　　学界关于辑佚起源的探讨估计还会持续下去，也必定会有新的观点出现。不管以后的发展如何，我们认为在探讨辑佚起源时一定要注意：其一，要明确何为辑佚。书中有辑佚的内容，并不意味是辑佚书。历史上有辑佚的活动，也并不意味有辑佚意识，因为这有自觉与不自觉之分。如果为了说明辑佚起源于更早的历史时期而忽视了辑佚的严格定义，那么最终得出的结论肯定难以避免自相矛盾的尴尬。其二，对辑佚起源的探讨，有助于我们反思辑佚与造伪、辑佚书与伪书的关系。有一种说法认为，辑书所收内容不规范，往往被认为是伪书。那么，伪书是否都有辑佚的成分呢？应当说，伪书肯定不是严格意义上的辑佚书，但是，关注伪书中的辑佚内容，无疑可以为辨伪研究提供一些新思路。

六　总结与思考

　　百年来特别是近三十年来，辑佚学理论取得了很大的发展。如果说辑佚实践是清代的一大成绩，那么，辑佚理论建设则是近百年来的一大成绩。可以说，这一百年是辑佚逐渐走向成学的一百年：民国初期，梁启超创造性地综述了有清一代的辑佚成就，并提出辑佚"所凭之重要资料""鉴定辑佚书优劣之标准"等辑佚理论。刘咸炘在其《目录学·辑佚书纠缪》一文中对清代辑佚存在的问题作了精辟的概括。随后，鲁迅、王重民、陈垣、赵万里、顾颉刚、张舜徽等或从辑佚实践方面，或从辑佚理论方面，推动了辑佚学的发展。新中国建立

---

　　① 参见胡朴安、胡道静《校雠学》，商务印书馆1934年版，第59页。
　　② 蒋伯潜：《十三经概论》，上海古籍出版社1983年版，第101页。
　　③ 孙德谦：《刘向校雠学纂微》，民国间印本，第37—38页。

以后，辑佚学在曲折中不断发展。改革开放之后，随着古籍整理的广泛开展，各大学开设文献学课程，文献学研究走向繁荣，出现了一大批文献学教材。辑佚学正是在这样的大背景下得到质的飞跃，辑佚学理论探讨不断升温，并且于 1998 年出现了辑佚学专著《中国古籍辑佚学论稿》。该书是第一部辑佚学专著，是辑佚学理论的集大成之作。

当前，辑佚学作为文献学的主要分支学科已经是一种共识。现在谈文献学已离不开辑佚学，这在一百年前，甚至三十年前都是难以想象的，这是文献学研究者尤其辑佚学研究者对文献学的一大贡献。辑佚学成学的理论基础已基本奠定，包括定义、研究范围、方法、标准、资料来源、起源等。但是，我们还要清醒地认识到，辑佚学的发展仍然存在诸多问题与挑战，例如：相对来说，辑佚学仍然是文献学中最受轻视的分支学科；一些理论探讨还未形成真正的共识；等等。以下就其中一些方面谈谈我们的思考。

其一，如何面对古籍数字化的挑战？

古籍数字化虽然是技术性的，但却有颠覆性的影响，可以带来对辑佚学的根本挑战：是否还需要辑佚？正如民国时期古文献学发展受惠于新技术与新材料一样，当代古文献学的发展也很大程度上是拜新技术之赐。无视新技术肯定是不对的。而且，从发展的眼光看，文献学也应与时俱进。因此，我们认为，文献本身是开放性的（如文献载体一直在不断发展变化），文献学也是开放与发展着的。正如周少川在《新世纪古文献学研究的交叉与综合》中指出的："这（指古籍数字化）不仅是载体的转换检索手段的变化，更是传统文献学方法论的一场革命。"① 我们应该抓住这一契机开展相关研究，来推动辑佚学理论的发展。

其二，对前人已辑书的整理和利用问题。

郑杰文在《古佚书整理中的谶纬辑佚和研究》中指出，要重视

---

① 周少川：《新世纪古文献学研究的交叉与综合》，《文献》2010 年第 3 期。

对已辑佚书的整理与利用，例如：可以补辑，因为现代条件好，大多数已辑书都可以进行补辑；可以加新标点；可以重新校对；等等。这一思路很有启发性。我们可以由此进一步思考：现存古书中，有多少种是辑佚本呢？约占现存古籍的百分之多少？这对我们重新认识辑佚的价值会很有意义。孙启治等《古佚书辑本目录》，收南北朝以前的辑本即有5000余种。若再加上南北朝之后的，以及近些年新辑的，当会更多。徐德明《辑佚学应成为一门独立的学科》亦曾指出：王重民曾撰《辑佚书目》，收录近四千种，而据《中国丛书综录》计算，则已达五千种辑本。

其三，古代佚书总目。

还有多少古书可辑而未辑？能不能编一个中国古代的佚书目？如果我们能编出一个总目录，指明哪些已有辑本，哪些未辑而可辑，哪些虽佚而可能无法辑，对以后辑佚是一个很好的指导。这也可与现存古籍之目录相配合，构成一个中国古代著述总目和中国古籍基本信息库。据此又可推动相关问题的研究：留传下来的书多，还是亡佚的书多？哪些书能存世？哪些书容易亡佚？等等。

其四，复原的相对性。

针对以往强调的客观地复原、最大限度地复原，我们想提出来思考的问题是：是否有绝对客观的复原？是否有绝对客观复原的必要？如果古书都留存下来，与现代的辑本相比，会有差距吗？我们认为，不应该强调绝对地复原，因为：从理论上说，不可能有绝对的复原，只能有相对的复原。如果一个瓶子碎了，将碎片粘成瓶子的样子，这是文物上的复原（也是比较客观的复原）。文献的辑佚，虽也说是复原，但不是这样的复原，做不到（不可能用原来的墨、纸，也不可能完全抄、刻成原来的样子），也没必要。文献的辑佚，是文字、内容、体例的复原，而不是物质层面的复原，因而是相对的复原。既然是相对的复原，辑佚就不能只停留在完全照旧的层面上来认识。我们辑古书，只要内容、体例与原书相符即可，至于用原来的纸墨抄或印，依循原来的行款，装订成原来的样子，等等，则完全没有必要。因此，辑佚是古书的再发现，但这只是内容上的发现，而不是真正的原书重现。无论辑佚书做得如何好，它都不能等同于原书。

其五，是否佚书均要辑？

郭绍虞《中国文学批评史》云："其经诸家著录，且经他书称引而有佚文可以采辑者，为第一类。……其仅见著录而未见称引者，为第二类，此虽无佚文可辑，然原有其书，则可无疑。……其仅见称引而未见著录者，为第三类，此则虽有佚文可辑，而不能考其是否成书者。……其未成或未刊行，故未见著录且无佚文可辑者，为第四类。"① 其《宋诗话辑佚》序又云："经过自然的淘汰以后，而我们再从事于辑佚工作，这似乎是多事，……则多少也有它可以保存的价值。"② 郭氏在此提到哪些古书可辑，哪些不能辑？除无佚文可辑的情况外，他指出：原来未必成书的，不用辑；自然淘汰了的一般来说不必辑，但不能一概而论。这些观点也很有启发性。由此我们还可以进一步思考：古佚书是否都有辑佚的必要？也可以说，那些被历史淘汰了的书籍，我们是否有必要都让其"沉渣泛起"？③ 而且，如何客观地评价辑本的价值？我们不能因为它死回生的经历而过分夸大辑

① 郭绍虞：《中国文学批评史》，百花文艺出版社1999年版，第335—337页。
② 郭绍虞：《宋诗话辑佚》，中华书局1980年版，第5页。
③ 蒋寅在《略谈清人别集的文献价值》（《清史研究》2010年第3期）中曾指出："出于作者手定的全集，代表着作者的晚年定论，体现了作者成熟的趣味和判断力，仿佛是作者愿意示人的标准像，而删除的作品则是他力图遮掩的斑疵，所以除少数敝帚自珍的作家，偶尔会在其他的场合比如笔记、诗话提到删去的作品外，多数作家都不愿意别人知道那些被自己剔除的作品，辑佚当然就更难容忍了。说得最深恶痛绝的是郑板桥，其《后刻诗序》有言：'板桥诗刻止于此矣，死后如有托名翻板，将平日无聊应酬之作，改窜烂入，吾必为厉鬼以击其脑！'（郑燮《郑板桥集》，上海古籍出版社1979年版，第24页）李沨《夜谈追录》载前辈诗人欧阳辂临终前，写诗集刊本需要修改的文字十几条相付，嘱挖改板片，不由得感叹道：'后之读先生集者，慎勿以其所手删者窜入集中，亦吟魂所默感也！'（李沨《夜谈追录》卷2，光绪六年刊本）。"

本的价值。在目前辑佚变得越来越简单的时代里，这确实是值得讨论的问题。例如，现在辑佚太零碎（一些辑本内容只有一两条佚文），有过度辑佚之嫌。

其六，辑佚与书籍存亡。

一般文献学论著在谈辑佚时，往往用很大的篇幅来谈历代书籍的散亡情况。我们对此有一些不同的看法：

首先，辑佚取决于古书的存与佚这两个条件，缺一不可。要谈辑佚，当然要谈古书的存与佚。既然如此，为何相关著作只是谈古书的佚，而不谈古书的存呢？事实上，关于古书的存佚的论述，应该置于藏书史或者图书流传史中，而不应置于辑佚学中，以免自相矛盾。

其次，以往对图书亡佚有很多认识误区，例如，把流散视为亡佚。我们经常使用散佚、散亡这类的词来描述图书的流散，但这容易造成一种误解，以为散必导致亡。其实，图书的流散不一定意味着亡佚，在大多数情况下只是图书的重新分配。

最后，对佚书的考察一定要关注图书的流通。辑佚学与图书收藏、流通、传播有着密切的关系，因此，我们应该重视研究其彼此的联系与相互作用。

结　语

百年古籍整理与古文献学研究的
历史启示和发展前瞻

百年来古籍整理的成就是空前的，而古文献学学科也从无到有，得以确立与发展。回顾这段历史，我们有很多感慨与认识。以下主要从历史意义、重要启示和发展前瞻三个方面来进行总结。

一　百年发展的历史意义

百年来古籍整理与古文献学学科的发展，其成就是惊人的，其影响也是巨大的。从学术史的角度来看，其发展具有深远的历史意义。

（一）古籍整理事业空前发展

百年来，古籍整理事业的发展可以说是跨越式的发展，即从原来简单的、零星的整理到现在大规模的、多元化的开发整理，日新月异，成就斐然。其主要表现在：

首先，数量多。根据杨牧之的统计，截至 2002 年，新中国出版的古籍图书已经超过了一万种①。2002 年以来，每年出版的古籍整理

① 杨牧之主编：《古籍整理与出版专家论古籍整理与出版》，凤凰出版社 2008 年版，第 105 页。

图书均非常多，再加上民国时期出版的古籍整理图书，应该有数万种之巨，估计能占到现存古籍的十分之一强。

其次，质量优。随着整理条件（包括人员、资金、图书资料、方法、技术等）的改善，高质量的古籍整理图书越来越多，其中既有个人多年精心之作，亦有集体智慧之结晶。例如，1949 年之后，在全国古籍整理出版规划小组的领导下，进行了"二十四史"、《资治通鉴》等基本史籍的点校和《册府元龟》《太平御览》等大型类书的影印等，这些大型的古籍整理对其他方面古籍整理工作的开展具有重要的示范和推动作用。

再次，大规模的古籍整理工程成就突出。从上世纪初的《四部丛刊》《丛书集成初编》等到上世纪下半叶的二十四史的整理，再到最近二十年的《四库》系列丛书的影印出版，大规模的古籍整理项目越来越多，这在百年以前是难以想象的。例如，1983 年 9 月"全国高等院校古籍整理研究工作委员会"（简称"古委会"）成立后，即着手组织规划由各高校古籍所承担的"全"字号系列古籍整理编纂大工程，先后投入整理编纂的有：北京大学古典文献研究所负责的《全宋诗》、四川大学古籍整理研究所负责的《全宋文》、北京师范大学古籍整理研究所负责的《全元文》、中山大学中国古文献研究所负责的《全元戏曲》、复旦大学古籍整理研究所负责的《全明诗》《全明文》、南京大学古典文献研究所联合大陆唐诗方面的专家共同整理编纂的《全唐五代诗》。到 1992 年，形成了"七全一海"的重大项目发展格局，即《全唐五代诗》《全宋诗》《全宋文》《全元戏曲》《全元文》《全明诗》《全明文》和《清文海》。之后不久，又启动了由山东大学古籍整理研究所承担的《两汉全书》的整理编纂。这些"全"字号的古籍整理工作，在内容规模、整理手段、体例设计和整理水平方面都实现了新的突破，其最重要的特征在于"整理"与"研究"的密切结合，以整理带动研究，以研究来保证和提高整理的质量。

最后，方法越来越规范，技术越来越先进。例如，古籍整理方面，包括繁简字的转化、影印标准、标点规范、校勘记的撰写等，均有相应的规则可以参考。这里重点要指出的是技术方面的进步。20世纪下半叶以来，随着古文献数据库和网络的不断建设，大面积实现了传统文献的数字化和网络化，体现出存储量大、管理便易、阅览便捷，以及检索功能、统计分析功能、对比校勘功能大大增强等优势。这不仅是载体的转换、检索手段的变化，更是古籍整理、古文献学的一场革命。

（二）古文献学科的建立与发展

一百年来的古籍整理运动不仅成为各个时期文化建设的重要内容，还催生了古文献学科。尤其是 1981 年迄今的四十余年，中共中央专门为整理古籍作出重大决策，从此带来了古籍整理出版事业大发展的新局面，古文献学科也因此得以确立和不断发展。

20世纪初，梁启超首先用"文献学"这一专有名词取代了从汉代发展而来的"校雠学"，为中国文献学的发展开辟了道路。梁启超提出"文献学"以后，郑氏兄弟的《中国文献学概要》成为我国首部文献学专著。此后的几十年间，受政治动乱的影响，文献学研究也一度落寞。直到 20 世纪 80 年代以来，学术研究重新走上正轨，无论是文献学基础理论问题还是具体实践问题的研究都引起了学术界的重视。可以说，古文献学的真正建立是从 20 世纪 80 年代开始的，其主要标志为文献学专著的出版及学科点的设立。例如，张舜徽的《中国文献学》、吴枫的《中国古典文献学》在 1982 年出版，这两部著作在数十年文献学发展积累的基础上，对有关古文献的源流、部类、数量、考释、注疏、版本、校勘与流通阅读以及类书、四部书、丛书、辑佚、辨伪等作了较系统的梳理，建立了初具规模的文献学学科体系。

从 20 世纪 90 年代以来，古文献学得到了长足的发展，其主要表现在：大量的论著出版，学科体系的不断完善，学科基本理念的一些范畴和概念如研究对象、研究任务、文献的范畴、学科的定位，等等，得到充分的讨论，有些理论问题逐渐形成共识。而且，开拓出新的研究领域，如域外汉籍整理与研究、新书籍史、数字文献学、阅读史、交叉学科研究（如文献学与学术史）等。

此外，古文献学发展的历史意义还主要体现在：其一，分支学科各自的研究对象、研究任务和学科体系的逐步建立和完善。随着古文献学研究的不断深入，各分支学科也得到了很好的发展，出版了大量的论著，并形成了各自的学科体系。可以说，这些分支学科与古文献学相辅相成，形成了良好的循环互动关系。其二，学术队伍不断壮大，研究生教学培养体系和学位体系的形成。目前，全国从事古文献学的人员已经不少，遍布于高校、科研机构、图书馆、出版社等单位，而且形成了一些实力强劲的研究团队；研究生培养规范，课程设置合理，每年招收和毕业的硕博士生数量众多。以上这些方面均有力地保障了本学科的可持续发展。其三，研究方法上，一方面，对传统方法在学理上总结和传承；另一方面，对古籍整理实践的新方法，及时加以理论概括、推广和提升。例如，结合新材料，对伪书和辨伪方法有了更科学的认识；古籍整理的手段越来越丰富，方法越来越科学，等等。

（三）古籍整理事业与古文献学成为中华文化复兴的基础工程

没有社会的需求、支持与投入，百年来的古籍整理事业与古文献学不可能取得这么大的成就。当然，我们还应注意到，古籍整理事业与古文献学能够为社会、国家发展做出自己应有的贡献。在新时期，随着国家对传统文化的重视，古籍整理也被视为了传承、弘扬文化的重要手段，重建社会主义精神文明的必要举措。古籍承载着中华民族所创造的优秀文化，所以，我们不仅仅要对古籍进行标点、校勘、分段，以期保存与传播古籍，更重要的目的是要结合古籍整理来研究，发掘古籍中所蕴含的重要史料、重要的思想与重要的文化，利用其中优秀的、有助于我们今天社会政治、思想文化建设的资源，以便"古为今用"。进入 21 世纪以后，随着经济的繁荣发展，文化事业也得到了国家和社会的普遍重视。尤其是在新的时期，在中华文化复兴的伟大进程中，中华传统文化更是得到了前所未有的关注，古籍整理与古文献学研究作为了解、传承与弘扬中华优秀传统文化的重要手段，成为文化复兴的基础工程，其重要意义也得到了越来越多人的肯定和重视。

当前，古籍整理与古文献学科正走在良性发展的轨道上，其主要表现在：社会的高度重视与认可；古籍整理与古文献学科两者良性互动。一方面，古籍整理发展的历史，也是古文献学成长壮大的历史，古籍整理始终为古文献学的发展提供实践基础；另一方面，古文献学研究的深入，也为古籍整理工作提供了必要的方法指导与理论支撑。因此，两者正是在实践—认识—再实践—再认识的关系中得到了良性互动与发展。

百年来，古籍整理与古文献学的发展为我们留下了一大批文化遗产，这是我们今后发展的坚实基础。我们要好好利用这些宝贵的财富，不断总结经验，以便今后发展得更顺利，更快速。诚然，我们的发展亦经历了不少曲折，走过了不少弯路，也经历了黑暗时期。这些教训是相当深刻的，当然也是宝贵的财富，值得记取。今后的发展道路也不可能一帆风顺，我们应当通过对历史经验和教训的总结、反思，不断探索出符合古籍整理与古文献学发展规律的光明大道。

二　百年发展的重要启示

总结历史是为了更好地走向未来。百年来古籍整理与古文献学的发展史也留给我们很多启示，值得很好地总结。

（一）国运兴，学术兴

历史证明，古籍整理事业、古文献学的发展与国家的命脉紧密相连。周少川、陈祺在《百年古籍整理事业与古文献学的历史性发展》中指出："回顾百年来的古籍整理史和文献学发展史，可以看到社会的稳定与繁荣是根本的保障。古籍整理的发展推动着古文献学学科的确立与建设，古文献学学科的进步又在理论和方法上对古籍整理的具体实践开辟了道路。古籍整理事业和古文献学学科建设的不断进步成为百年来中国文化发展的重要篇章。"① 新中国成立之后，尤其是改革开放之后，古籍整理事业、古文献学能够取得如此巨大的成就，与国家的发展是分不开的。改革开放以来，尤其是党的十八大以来，社会稳定，政策扶持，为学者提供了良好的治学环境；经济繁荣，技术进步，为古籍整理的广泛开展提供了坚实的物质基础和技术保障；努力实现中华传统文化创造性转化、创新性发展的"双创"方针，为古籍整理、古文献学科发展指明了方向，提供了契机。可以说，社会的稳定与繁荣是古籍整理事业、古文献学发展不可缺少的要素。我们坚信，随着国家实力的不断增强，古籍整理事业、古文献学肯定也会越来越繁荣。

（二）要充分发挥国家规划、集团作战的优势

国家规划对学术的发展有极大的促进作用，而对于古籍整理尤其是大规模的古籍整理而言，国家规划的促进作用尤其显著，因为大规模的古籍整理项目耗时费力，个人难以开展，必须要动用大量的人力物力。例如，前面提到的"七全一海"、二十四史等项目，如果没有国家的指导与规划，是难以开展的。因此，国务院古籍规划指导小

---

① 周少川、陈祺：《百年古籍整理事业与古文献学的历史性发展》，《淮北师范大学学报》2011 年第 4 期。

组、"全国高等院校古籍整理研究工作委员会"，正是我们国家在古籍整理和古文献学方面的优势所在，今后还将发挥重要的作用。

进入新世纪以来，我国的古籍整理和古文献学研究呈现可喜的局面。国家启动了古籍保护计划，《中华大典》《儒藏》《清史》编纂等重大文化工程全面开展，出土文献的研究、数字化技术的运用、域外汉籍的搜求和出版，古籍整理和古文献学研究均取得举世瞩目的成就。这些成就的取得，离不开国家规划、集团作战的坚实基础。

（三）要重视人才建设

百年来的历史证明，健全的专业队伍是古籍整理、古文献学发展的重中之重。例如，"文革"期间，人才断裂，造成后来的发展缺乏可持续性。另外，北大古文献专业的设立，其培养的人才在古籍整理、古文献学研究中大显身手。这些例子均充分证明人才建设的重要性。改革开放之后，国家比较重视人才建设，古文献学的人才培养得以快速发展，以历史文献学和古典文献学为代表的两大学科体系，每年都培养大批硕士、博士研究生等专业人才走向社会，为古籍整理和文献学研究各相关单位输送有生力量。目前古籍整理、古文献学的人才还是比较多的，为今后的发展提供了充分的保障。然而也要注意到，有一些冷门或新兴专业的人才仍比较缺乏，比如古籍的装帧修复人才、出土文献的研究人才、数字化和智能化的专门人才等，应加速培养。另外，在教育和培养的过程中，还要注意教学和实践相结合的问题，理论结合实际，这样培养出的人才才是有用的人才。

（四）坚持与时俱进的方向和不断创新的原则

百年来的发展证明，古籍整理、古文献学的进步要与社会的发展需要相适应，与时俱进，才能有不竭的动力。民国时期，古籍整理为加强国民教育，增强民族自尊心、自信心发挥了重要作用，许多古籍丛书以及边疆史地古籍得以整理出版。新中国成立以后，为丰富人民生活，加强社会主义建设，大量的古典小说、中医古籍、农业古籍被整理出版；《资治通鉴》、二十四史和《清史稿》的点校整理，是新中国"百花齐放、推陈出新"文化方针的丰硕成果和生动体现。改革开放以后，古籍整理事业更是随着国家传承发展中华优秀传统文化的需要，飞速发展，古籍整理图书成倍增加，各种大型整理工程，如《四库》系列、儒藏系列、七全一海、子藏、医藏等重大成果，及时满足了社会文化发展的需要。事实证明，紧跟时代、服务社会，古籍整理事业就有源头活水，就能不断地繁荣发展。

百年来，古籍整理在方法和技术上秉持不断创新的原则，才能使许许多多濒临破损残亡的古籍或起死回生，或化身千百，惠及学界，服务社会。百年间古籍整理的技术革新从未停止，从《四部丛刊》的原版缩印、百衲本二十四史的配版描润、二十四史及《清史稿》的点校规范，到《中华再造善本》的高仿真制版印刷，以及古籍数字化的载体革命。每一步更新，都带来古籍整理的大踏步前进。古文献学科也是如此，没有创新，学术发展就没有活力。特别是进入21世纪以后，古文献学研究更加注意在研究方法的创新。周少川《新世纪古文献学研究的交叉与综合》提到一系列的学科创新思路，这些创新思路有的已经实现，有的正在实践，比如：传世文献研究与出土文献研究的结合，文献学研究与社会史、文化史的结合，文献学研究与学术史研究的结合，文献学研究要与社会发展的实际需要结合，文献学研究要注意纸质文献和电子文献的结合，文献学的实证研究和理论研究的结合，域外汉籍研究与域内西书研究的结合，中外文献学研究方法的结合，新世纪文献学要有大的发展。① 以上的这些新研究方向的启示，值得我们充分重视。

---

① 周少川：《新世纪古文献学研究的交叉与综合》，《文献》2010 年第 3 期。

三　面临的挑战与发展前瞻

百年来，古籍整理与古文献学虽然取得了惊人的成就，但是，我们也要清醒地认识到其中存在一些问题，不能完全符合社会发展的需要，因此古籍整理和古文献学科的发展仍将面临新问题和新挑战。例如，进入 21 世纪以后，人们对于古籍整理的认识更加深入与多元，对于为什么要进行古籍整理或者古籍整理中秉承什么样的原则或指导思想，无论是古籍整理的学者，还是国家层面，对此都有了更加深刻的理论认识与发展目标。我们认为，只有把握百年来古籍整理与古文献学科发展的历史启示，紧跟时代，与时俱进，才能实现古籍整理与古文献学可持续发展的远大前景。

（一）　加强规划，避免低水平重复

现代意义的古籍整理已有百年历程，新中国成立后更是出版了约 2.5 万种整理作品，成就显著，而 2013 年推介的 91 种优秀古籍整理图书就是其中的突出代表。然而毋庸讳言，古籍整理也出现不少粗制滥造的次品，特别是低水平重复、浪费国家资源的现象有时还很严重。比如，古典小说的四大名著各有上百个版本，其实很多新版编辑印刷粗糙，不仅浪费资源还误导了读者。这只是一个典型的例子，其他名著、经典也有这种现象。另外，古籍数据库建设比较快，同样也存在着比较多的重复建设现象，因此，建立国家范围内的古籍数字化统一管理及协调机制，进一步做好古籍整理规划工作，以杜绝低水平的重复出版现象非常必要。

由于中国古籍浩如烟海，为了避免不必要的重复、资源浪费，首先在选择整理对象上，不但考察要整理的古籍是否已经有学者进行了类似的整理，更为主要的是要关注它对当前社会文化、学术思想研究的价值与意义，而不是为了整理而整理。古籍是一定历史阶段的精神产品，其中蕴含大量精华，也有思想文化的糟粕。因此要选择那些思想价值较高、内容真实可信的古籍作为整理对象。

古籍数量繁多，内容千差万别，在规划上需要根据不同情况分别对待，采取分级整理的办法。比如，从传承文化遗产的角度考虑，大量未经价值判断的古籍并不急于整理出版，只要妥善保存即可。对于那些作为学术研究资料的古籍，则只需采取编排复制等比较简单的方法来整理。而作为提供给广大读者的读本，则要选择古籍中的精品。特别是对于那些服务于青年的读本，有时为了剔除掺杂在精品之中的糟粕，还要采取选编加工的方式。至于古籍在流传过程中因翻刻重抄或自然损伤而出现的文字讹脱衍倒，则需以校勘方法来恢复古籍的真实面貌。

加强规划时还要处理好为现实服务的问题。古籍整理在文化传承、社会主义建设过程中扮演着重要的角色及发挥着重大意义。我们要从培育民族精神，增强民族自尊心、自信心、自豪感，从推进中华文化走向世界，提升国家软实力等时代的高度来提高对古籍整理意义的认识。以往的古籍整理、文献学研究与社会实际生活严重脱节，很多关涉社会民生、生产生活的古代文献不受重视，有的长期被打入冷宫，得不到应有的发掘整理和研究。因此，我们要进一步发挥古籍整理、古文献学为社会服务的功能，注重理论联系实际、学以致用的效果。

采取分开档次、减少重复、优化结构、集约经营、服务现实，以及不断开拓新领域，提倡原创性古籍整理等举措，相信可以迎来古籍整理大发展和大繁荣的新局面。

（二）加强规范建设，树立精品意识

针对目前古籍整理成果出现一些次品、劣品的现象，首先，国家有关管理部门要加强对出版社出版资质的监控，建立健全准入机制，对于没有编辑出版古籍整理图书能力的出版社必须限制其出版古籍整

理图书。此外还须有淘汰机制，对于已经准入的古籍出版社也要严格质检，不合格者随时淘汰。

其次，要吸取以往的经验教训，制定学术标准。除了推介精品，从正面总结成功经验，还要从反面检讨以往古籍整理中出现的问题和错误，从学术上分析其致误原因。古人曾有致误通例的归纳，我们也可按古籍整理的不同方式分别梳理标点致误通例、校勘致误通例、繁简字转换致误通例等，以吸取教训，提示来者规避错误。此外，应在学理研讨的基础上制定各类古籍整理形式的规范，以促进精品意识和整理水平的不断提高。近年出版的许逸民《古籍整理释例》，列举各种古籍整理形式的具体要求并加释例予以说明，严谨缜密，是探索建立本领域学术规范的有益尝试。

最后，古籍整理和古文献学科要加强学术规范和学术道德建设。特别是要加强古籍整理成果知识产权的保护意识，这点非常重要，迫在眉睫！多年来，由于古籍整理知识产权在某些界限上未有明确的划定，导致古籍整理成果被侵吞的现象屡屡发生，有的大胆抄袭整理者所撰的作品分析、古文作者传记；有的将别人的整理成果改头换面，掠为己有而另行出版。对此学术界、出版界、法律界甚为不满，但是由于没有引起古籍整理业界的高度重视，没有明确的古籍整理作品知识产权保护条例，舆论批评没有形成压力，司法诉讼旷日持久，不仅严重损害了古籍整理工作者的利益，而且严重挫伤整理者工作的积极性。

因此，一方面国家有关管理部门要高度重视，组织专家出台相关学术规范和知识产权保护条例，以便有规可循；另一方面要在业内开展加强学术规范、反对学术不端的规定和宣传，端正学风，弘扬正气，以促进精品意识和古籍整理水平的不断提高。

（三）加强理论建设，推动持续发展

百年来古籍整理与古文献学科的发展经历了曲折，也取得了巨大的成就。总结这段发展历史，有助于我们更清晰地认识本学科目前的处境，明确今后的发展方向。通过回顾历史，我们深切地体会到，没有坚实的理论基础，古籍整理与古文献学科都难以有良性的发展。正如周少川在《论百年古籍整理与古文献学科发展史的梳理与意义》中所说的："对于古籍整理和古文献学的理论探索，历来有一种偏见，认为古籍整理与古文献学研究只有方法，没有理论，也不需要理论。也可能受此影响，多年来古籍整理与古文献学的理论建设是比较薄弱的。这种现象必须改变，因为从根本上讲，古籍整理和古文献学研究的实践，如果没有理论总结，就不可能有本质的、规律性的认识和系统化的积淀，也不可能有持续的发展。"[1] 众所周知，中国古代的校勘成就显著，尤其是清代的乾嘉考据，更是硕果累累。然而，对于校勘之学则未有系统的学理总结。陈垣在《元典章校补释例》中，用近代科学的理论将校勘方法概括为对校、本校、他校、理校的"校勘四法"，使得校勘学成为一门可以传承，并借以不断创新的专学。由此可见，理论建设并不是苍白空洞的说教，而是有血有肉、实实在在的法门。[2]

因此，必须加强理论和方法的总结，为古籍整理的持续发展奠定基础。百年来的古籍整理实践积累了丰富的经验，应该把实践中的理性认识系统归纳、提升到理论层面。比如，要从古籍整理的性质、发展方向和时代的高度认识其意义；要把握批判继承、古为今用、推陈出新的原则；要说明开展古籍整理所必备的前提和条件；要从学理上阐析各类整理方式的目的和功用、程序和方法、具体的学术标准和要求；要从古籍整理的成功案例中梳理值得借鉴的技术和方法，做方法论上的总结。那种认为古籍整理只需技术而不需理论的想法应该纠正。其实古籍整理也和其他学科一样，如果没有理论指导和学理基

---

① 周少川：《论百年古籍整理与古文献学科发展史的梳理与意义》，《廊坊师范学院学报》2013 年第 2 期。

② 参见周少川《当前历史文献学学科建设刍议》，《淮北师范大学学报》2012 年第 6 期。

础，就不能有本质的、规律性的认识，也不能有系统化传承和持续的创新发展。古籍整理与古文献学科的理论总结与提升，应引起充分的重视。

（四）把握科技发展态势，促进方法和理论创新

进入 21 世纪，我国政治、经济、文化的不断繁荣为古籍整理事业与古文献学科提供了新的发展机遇，科学技术的突飞猛进，特别是古籍数字化更是为之开辟了广阔的发展前景。因此古籍整理和古文献学科应把握科技发展新态势，开发利用新技术，开展方法和理论的大创新。

近三四十年来，我国古籍数字化的工作突飞猛进，无论是对于古籍阅览还是古籍保护、古籍整理工作，包括对于古文献学科都产生了革命性的影响。1983 年，我国最早出现的古籍数字化成果是"《红楼梦》全文检索系统"。20 世纪 90 年代初，我们所用的古籍数字化成果还是一些劣质光盘，有些古籍光盘不仅错字极多，而且有大量的删节，很多材料找不到，不便使用。仅仅过去二十余年，在 21 世纪初我国的古籍数字化就发生了根本性变化，出现了《国学宝典》《中国基本古籍库》《瀚堂典藏》等具有多种功能的大型古籍数据库；爱如生、书同文、国学时代等古籍数字化企业也具备了强大的开发和竞争能力。公共图书馆的古籍数字化和线上阅览，成绩更为显著。以国家图书馆的线上阅览为例，读者不仅可以看到国内许多原来深阁秘藏的珍贵古籍，而且可以看到美国哈佛、日本东京所收藏的中文古籍善本。高校很多学生既能利用像中国基本古籍库、国学宝典等大型的古籍数据库，也能大量地利用国家图书馆在线的古籍数字化资料。

当前古籍数字化已为古籍的存储、检索、传输、复制、整理提供了极大的便利，而古籍数字化的发展对于古籍整理和古文献学研究也带来方法上的革命。比如，随着信息处理功能的不断提高，不少新技术可用于简牍字迹的辨认、古书版本的鉴别、古籍碎片的拼缀。而且，计算机的联机自动校勘软件已经出现，在古籍数据库建设中实现了对古籍的自动校勘、校勘记的自动形成。又如，计算机对古籍自动标点的技术也已经取得明显成效，首都师范大学电子文献研究所研制的古籍自动标点技术使用前沿的人工智能算法，在若干次演示中其自动标点的准确率达到99%以上。还有，清华大学研制的中文古籍版本识别系统，也取得突破性进展；一些机构也正在研究计算机对古籍的自动辑佚、注释、翻译技术。这些方法的革新将为古籍整理工作带来全新的发展前景。

应该注意到，古籍的数字化技术对于古文献学研究和学科建设也带来许多新的理念。古籍数字化的新成果、新技术，要求古文献学给予及时的归纳和总结。首先，从文献学学科来讲，可以说已经出现了数字文献学，如首都师范大学电子文献所已经提出要把它作为一个特色学科来建设。其次，在文献载体材质上，文献生产的研究应该更多地重视电子文献这一类型。最后，在目录学的书目著录上，由于目前大量的古籍电子数据库出现，其技术不断成熟、功能越来越多、产品质量也越来越高，如产出《国学宝典》的电子公司提出建设古籍数据库的"定本工程"，要求一些数据库的质量要达到零差错率，因此古籍著录应考虑增加新的分类，并著录一批流通广泛、使用频繁的优秀古籍数据库。如《中国基本古籍库》《瀚堂典藏》《国学宝典》等应属于多功能的综合古籍电子丛书；而像敦煌、家谱、方志等特色数据库，则应属于专类古籍电子丛书。此外，版本学方面，不仅在传统的古籍版本中要增加电子版类型，而且在电子版中又可据产出机构的不同而分类，还可据古籍数字化的不同途径分为图像版、文字版或图文版等类型。至于校勘学、文献的"e考据"等，都可根据已有的新技术，总结出文献考校的新方法和新途径，从而为古文献学增加新的内容。因此，我们认为，今后古文献学的教材要认真加以修订，为古籍数字化的发展和学理总结增加大篇幅的内容。

当然，在重视科技发展对于学科影响的同时，也要注意警惕技术对于人的异化。要保持古文献学科基本学理的定性，防止在网络的海量文献中陷入信息混乱，造成研究方向的迷失，甚至丧失对于文献材料的正确判断。比如，因为数字化、网络化的大功能检索，古籍辑佚现在好像成为一件易事，有人声称已经辑出了《黄帝集》和《炎帝集》，这就不是真正意义上的古籍辑佚，甚至连其真实性也值得怀疑。因此，在高速发展的科技面前，古籍整理业界和古文献学科仍然要坚持人的主导作用，用古文献学的新理念去开发数字化科技，严格学术标准和学理规范。以古籍辑佚而言，汇编佚文要严格判明文献来源、文献的版本，严守辑佚规范，尽量恢复古籍原貌，而不是重编古籍，或生拼硬凑。

（五）贯彻"双创"方针，体现中国风格

党的十八大以来，以习近平同志为核心的党中央高度重视传承发展中华优秀传统文化，习近平总书记就此发表了一系列重要讲话，阐发了许多新思想新观点新论断，特别是提出了在传承发展优秀传统文化时，要坚持创造性转化和创新性发展的"双创"方针。古籍是传统文化的重要载体，古籍整理是弘扬中华优秀传统文化的基础工程，因此习近平总书记说要让"书写在古籍里的文字都活起来"。我们要以习近平总书记的系列重要讲话为理论指导和根本遵循，贯彻"双创"方针，从服务国家战略、保护国家文化安全的高度做好古籍整理，把古文献学建设成为有中国风格的优秀学科。

首先，以创造性转化来体现古籍整理的古为今用。今人接触古籍常有阅读理解的障碍，宋代朱熹说："当时百姓都晓得的，有今时老师宿儒之所不晓。"可见古今同理。因此要通过标点分段、注释、今译转化古籍的形式和内容，以利于现代读者接受。上述三种整理形式是逐步递进的，标点分段只是通过转化古籍文本的表达形式，使之适合现代人的阅读习惯；注释以解决局部的阅读难点、串通文意为目的；而今译由于将古文都译成白话文，则更利于古籍知识的普及。古

籍今译虽是一项普及性工作，但要求更高，需要译者对古籍内容、作者的思想有全面的理解和把握，有流畅雅致的文笔，才能准确表达原文的本意。晚清严复在翻译西方著作时提出信、达、雅三个标准，这对于古籍今译也是适合的。当然，古为今用的要求还不仅仅限于疏通阅读理解的障碍，其更高层次还在于揭示古籍中的思想文化精粹，使之为我所用。这可在注释中适当提示，而更多的是通过导读、提要或评注来达到这个目的。

其次，古籍整理的创新性发展则可通过校注、考释等形式来反映时代特色和创新性研究成果。比如，余嘉锡的《世说新语笺释》、杨伯峻的《春秋左传注》、季羡林的《大唐西域记校注》、袁行霈的《陶渊明集笺注》等，这些整理成果征引广泛，注入了整理者多年的研究心得，或订正古籍中的错误，或对古人的思想理念给予科学阐释和评定，具有很高的学术价值。这些成果体现了古籍整理的创新性发展。古籍整理还可以用一些新的表达方式使读者便于理解，如数理化古籍可用现代图表、符号、计算公式和科学术语加以注解；天文志配以天象图，礼乐志配以五线谱、音像视频等，既扩充了古籍的内涵又增强了科学性。

最后，古文献学要进一步总结历代古文献学研究的重要成就，传承弘扬我国古文献学的优良传统，形成具有中国特色的话语体系，促进当代古文献学的学科建设。

习近平总书记号召中国的历史学科要建设有中国特色的学科体系、学术体系和话语体系。中国古文献学是一门历史悠久的古老学科，自孔子时就开始了文献整理考辨工作，历经两千年的积累沉淀，形成了"辨章学术，考镜源流""博采慎择，无征不信""言之有据，实事求是"的优良学术传统。因此，中国古文献学是一门独具中国特色的古老学科，对我国人文社会学科的概念、术语、定义和演绎，有自身的表述方式。古文献学要进一步总结这一优良传统的精神实质和具体内涵，深化学科的基本理念，充实学科内容，形成古文献学科具有中国特色的学科体系、学术体系和话语体系，推进当代古文献学科的发展，将其建设成为具有中国特色、中国风格、中国气派的人文社会学科。

中国古籍整理与古文献学学科将以前瞻性和世界性眼光，立足中国，面向世界，汲取百年发展之精华，乘时代之风会，为中华民族和中华文化的伟大复兴而努力奋斗。

主要参考文献

一 古籍

（汉）刘向、（汉）刘歆：《七略别录佚文》，上海古籍出版社 2008
　　年版。

（晋）郭璞注，（清）郝懿行笺疏：《山海经》，沈海波校点，上海古
　　籍出版社 2015 年版。

（唐）房玄龄注，（明）刘绩补注：《管子》，刘晓艺校点，上海古籍
　　出版社 2015 年版。

（唐）吴兢：《贞观政要》，上海古籍出版社 1978 年版。

（唐）姚思廉：《梁书》，中华书局 1973 年版。

（后晋）刘昫等：《旧唐书》，中华书局 1975 年版。

（宋）李廌、（宋）朱弁、（宋）陈鹄：《师友谈记　曲洧旧闻　西塘
　　集耆旧续闻》，中华书局 2002 年版。

（宋）陈振孙：《直斋书录解题》，上海古籍出版社 1987 年版。

（宋）高似孙：《史略》，中华书局 1985 年影印《丛书集成初编》本。

（宋）黄伯思：《宋本东观余论》，中华书局 1988 年影印本。

（宋）陆游：《老学庵笔记》，扫叶山房 1926 年版。

（宋）马端临：《文献通考》，上海师范大学古籍研究所、华东师范大
　　学古籍研究所点校，中华书局 2011 年版。

（宋）沈括：《梦溪笔谈》，施适校点，上海古籍出版社 2015 年版。

（宋）苏颂：《苏魏公文集》，王同策、管成学、颜中其等点校，中华书局 1998 年版。

（宋）王溥：《唐会要》，中华书局 1955 年版。

（宋）王溥：《五代会要》，中华书局 1985 年影印《丛书集成初编》版。

（宋）叶梦得：《石林燕语》，中华书局 1984 年版。

（宋）郑樵：《通志》，中华书局 1987 年版。

（宋）周辉撰，刘永翔校注：《清波杂志校注》，中华书局 1994 年版。

（宋）朱熹：《晦庵先生朱文公文集》，《四部丛刊》景明嘉靖本。

（清）丁丙：《善本书室藏书志》，上海古籍出版社 1995 年《续修四库全书》版。

（清）段玉裁：《经韵楼集》，赵航、薛正兴整理，凤凰出版社 2010 年版。

（清）纪昀等：《钦定四库全书总目》，中华书局 1997 年版。

（清）康有为：《新学伪经考》，章锡琛校点，古籍出版社 1956 年版、中华书局 1956 年版。

（清）李洽：《夜谈追录》，光绪六年（1880）家刊本。

（清）皮锡瑞著，周予同注释：《经学历史》，中华书局 1959 年版。

（清）钱泰吉：《甘泉乡人稿》，上海古籍出版社 1995 年版，《续修四库全书》本。

（清）王鸣盛：《十七史商榷》，黄曙辉点校，上海古籍出版社 2013 年版。

（清）叶德辉：《书林清话》，李庆西标校，复旦大学出版社 2008 年版。

（清）张之洞：《輶轩语·语学》，苑书义等主编：《张之洞全集》（第 12 册），河北人民出版社 1998 年版。

（清）章学诚，叶瑛校注：《文史通义校注》，中华书局 1985 年版。

（清）郑燮：《郑板桥集》，上海古籍出版社 1979 年版。

郭绍虞:《宋诗话辑佚》,中华书局 1980 年版。

鲁迅校录,王中立译注:《唐宋传奇集》,天津古籍出版社 2002年版。

谭国清主编:《昭明文选》,西苑出版社 2003 年版。

杨伯峻译注:《孟子译注》,中华书局 1988 年版。

中国社会科学院历史研究所宋辽金元史研究室点校:《名公书判清明集》,中华书局 1987 年版。

周振甫译注:《诗经译注》(修订本),中华书局 2002 年版。

二　古文献学著作

孙德谦:《刘向校雠学纂微》,1923 年四益宧刊本。

陈彬龢、查猛济:《中国书史》,商务印书馆 1931 年版。

胡朴安、胡道静:《校雠学》,商务印书馆 1934 年版。

汪辟疆:《目录学研究》,商务印书馆 1934 年版。

蒋元卿:《校雠学史》,商务印书馆 1935 年版。

姚明达:《中国目录学史》,商务印书馆 1936 年版。

刘国钧:《中国书史简编》,高等教育出版社 1958 年版。

张秀民:《中国印刷术的发明及其影响》,人民出版社 1958 年版。

陈垣:《校勘学释例》,中华书局 1959 年版。

梁启超演讲,吴其昌、周传儒等笔述:《古书真伪及其年代》,中华书局 1962 年版。

张舜徽:《中国古代史籍校读法》,中华书局 1962 年版。

钱存训:《书于竹帛——中国古代的文字记录》,美国芝加哥大学出版社 1962 年英文版;上海书店出版社 2006 年版。

张舜徽:《广校雠略:附释例三种》,中华书局 1963 年版。

昌彼得:《中国图书史略》,台北:文史哲出版社 1976 年版。

魏隐儒编:《古籍版本鉴定丛谈》,山西省图书馆 1978 年版。

赵振铎:《古代文献知识》,四川人民出版社 1980 年版。

吴枫：《中国古典文献学》，齐鲁书社1982年版。

吴孟复：《古书读校法》，安徽教育出版社1983年版。

潘树广：《古籍索引概论》，书目文献出版社1984年版。

魏隐儒：《中国古籍印刷史》，印刷工业出版社1984年版。

李致忠：《中国古代书籍史》，文物出版社1985年版。

谢灼华主编：《中国图书史与中国图书馆史》，武汉大学出版社1985
　　年版。

张召奎：《中国出版史概要》，山西人民出版社1985年版。

戴南海：《校勘学概论》，陕西人民出版社1986年版。

卢荷生：《中国图书馆事业史》，文史哲出版社1986年版。

皮高品：《中国图书史纲》，吉林省图书馆学会1986年版。

张君炎：《中国文学文献学》，江西人民出版社1986年版。

郑良树：《古籍辨伪学》，台湾学生书局1986年版。

乔衍琯：《宋代书目考》，台北：文史哲出版社1987年版。

来新夏：《中国古代图书事业史概要》，天津古籍出版社1987年版。

施廷镛：《中国古籍版本概要》，天津古籍出版社1987年版。

郑如斯、肖东发：《中国书史》，书目文献出版社1987年版。

高振铎主编，刘乾先、符孝佐副主编：《古籍知识手册》，山东教育
　　出版社1988年版。

韩仲民：《中国书籍编纂史稿》，中国书籍出版社1988年版。

王余光：《中国历史文献学》，武汉大学出版社1988年版。

王云海、裴汝诚：《校勘述略》，河南大学出版社1988年版。

戴南海：《版本学概论》，巴蜀书社1989年版。

张秀民：《中国印刷史》，上海人民出版社1989年版。

来新夏：《中国古代图书事业史》，上海人民出版社1990年版。

李致忠：《古书版本学概论》，北京图书馆出版社1990年版。

林庆彰：《图书文献学研究论集》，文津出版社1990年版。

钱存训：《中国科学技术史·纸和印刷》，科学出版社1990年版。

邱陵：《书籍装帧艺术史》，重庆出版社 1990 年版。

姚福申：《中国编辑史》，复旦大学出版社 1990 年版。

程千帆、徐有富：《校雠广义·版本编》，齐鲁书社 1991 年版。

管锡华：《校勘学》，安徽教育出版社 1991 年版。

吉少甫：《中国出版简史》，学林出版社 1991 年版。

李修生、龙德寿主编：《古籍整理与传统文化》，辽宁大学出版社
　　1991 年版。

宋原放、李白坚：《中国出版史》，中国书籍出版社 1991 年版。

汪耀楠：《注释学纲要》，语文出版社 1991 年版。

王酉梅：《中国图书馆发展史》，吉林教育出版社 1991 年版。

杨忠主编：《高校古籍整理十年》，江西高校出版社 1991 年版。

张大可主编：《中国历史文献学》，陕西人民出版社 1991 年版。

赵国璋、潘树广主编：《文献学辞典》，江西教育出版社 1991 年版。

乔好勤：《中国目录学史》，武汉大学出版社 1992 年版。

董洪利：《古籍的阐释》，辽宁教育出版社 1993 年版。

刘少泉：《中国图书馆事业史》，四川大学出版社 1993 年版。

王余光：《中国文献史》（第一卷），武汉大学出版社 1993 年版。

王余光：《中国文献学史要略》，广西人民出版社 1993 年版。

姚伯岳：《版本学》，北京大学出版社 1993 年版。

安平秋：《安平秋古籍整理工作论集》，中国书籍出版社 1994 年版。

曹之：《中国印刷术的起源》，武汉大学出版社 1994 年版。

洪湛侯：《中国文献学新编》，杭州大学出版社 1994 年版。

张煜明：《中国出版史》，武汉出版社 1994 年版。

冯浩菲：《中国训诂学》，山东大学出版社 1995 年版。

黄亚平：《古籍注释学基础》，甘肃教育出版社 1995 年版。

王绍曾：《近代出版家张元济》（增订本），商务印书馆 1995 年版。

陈力：《中国图书史》，文津出版社 1996 年版。

周少川：《古籍目录学》，中州古籍出版社 1996 年版。

冯浩菲：《中国古籍整理体式研究》，北京图书馆出版社 1997 年版。

潘吉星：《中国造纸技术史稿》，文物出版社 1997 年版。

潘吉星：《中国科学技术史·造纸与印刷卷》，科学出版社 1998 年版。

余庆蓉、王晋卿：《中国目录学思想史》，湖南教育出版社 1998 年版。

曹书杰：《中国古籍辑佚学论稿》，东北师范大学出版社 1998 年版。

程千帆、徐有富：《校雠广义·校勘编》，齐鲁书社 1998 年版。

曹之：《中国古籍编撰史》，武汉大学出版社 1999 年版。

李冬生主编，国家民族事务委员会全国少数民族古籍整理研究室编：
《新中国民族古籍工作》，民族出版社 1999 年版。

梁启超：《清代学者整理旧学之总成绩》，商务印书馆 1999 年版。

谢玉杰、王继光主编：《中国历史文献学》，民族出版社 1999 年版。

杨绪敏：《中国辨伪学史》，天津人民出版社 1999 年版。

王世伟主编：《图书馆古籍整理工作》，北京图书馆出版社 2000 年版。

杜泽逊：《文献学概要》，中华书局 2001 年版。

范凤书：《中国私家藏书史》，大象出版社 2001 年版。

傅璇琮、谢灼华：《中国藏书通史》，宁波出版社 2001 年版。

黄永年：《古籍整理概论》，上海书店出版社 2001 年版。

肖东发：《中国图书出版印刷史论》，北京大学出版社 2001 年版。

曾贻芬、崔文印：《中国历史文献学》，学苑出版社 2001 年版。

郑鹤声、郑鹤春：《中国文献学概要》，上海古籍出版社 2001 年版。

姜亚沙：《影印珍本古籍文献举要》，北京图书馆出版社 2002 年版。

毛春翔：《古书版本常谈》（插图增订本），上海古籍出版社 2002 年版。

黄永年：《古文献学四讲》，鹭江出版社 2003 年版。

来新夏：《古籍整理讲义》，鹭江出版社 2003 年版。

刘琳、吴洪泽：《古籍整理学》，四川大学出版社 2003 年版。

彭斐章：《目录学》，武汉大学出版社 2003 年版。

时永乐：《古籍整理教程》，河北大学出版社 2003 年版。

肖东发、方厚枢：《中国编辑出版史》，辽海出版社 2003 年版。

杨燕起、高国抗:《中国历史文献学》(修订本),北京图书馆出版社
　2003 年版。

张三夕:《中国古典文献学》,华中师范大学出版社 2003 年版。

〔日〕岛田翰:《汉籍善本考》,北京图书馆出版社 2003 年版。

李致忠、周少川等:《中国典籍史》,上海人民出版社 2004 年版。

倪其心:《校勘学大纲》,北京大学出版社 2004 年版。

徐凌志:《中国历代藏书史》,江西人民出版社 2004 年版。

陈正宏、梁颖编:《古籍印本鉴定概说》,上海辞书出版社 2005 年版。

胡道静:《中国古代的类书》,中华书局 2005 年版。

黄永年:《古籍版本学》,江苏教育出版社 2005 年版。

潘树广等:《文献学纲要》,广西师范大学出版社 2005 年版。

全国古籍整理出版规划领导小组办公室编:《古籍整理出版丛谈》,
　广陵书社 2005 年版。

王绍曾:《目录版本校勘学论集》,上海古籍出版社 2005 年版。

王欣夫:《文献学讲义》,上海古籍出版社 2005 年版。

张大可、余樟华:《中国文献学》,福建人民出版社 2005 年版。

张舜徽:《中国文献学》,上海古籍出版社 2005 年版。

朱崇先主编:《中国少数民族古典文献学》,民族出版社 2005 年版。

孙钦善:《中国古文献学》,北京大学出版社 2006 年版。

王俊杰主编:《中国古典文献学概论》,齐鲁书社 2006 年版。

张富祥:《宋代文献学研究》,上海古籍出版社 2006 年版。

王叔岷:《斠雠学》,中华书局 2007 年版。

张三夕主编:《中国古典文献学》(第 2 版),华中师范大学出版社
　2007 年版。

曹林娣:《古籍整理概论》,北京大学出版社 2007 年版。

曹之:《中国古籍版本学》(第 2 版),武汉大学出版社 2007 年版。

张涌泉、傅杰:《校勘学概论》,江苏教育出版社 2007 年版。

周大璞主编,黄孝德、罗邦柱分撰:《训诂学初稿》(第 3 版),武汉

大学出版社 2007 年版。

董恩林主编：《中国传统文献学概论》，华中师范大学出版社 2008
　　年版。

董洪利主编：《古典文献学基础》，北京大学出版社 2008 年版。

郭英德、于雪棠：《中国古典文献学的理论与方法》，北京师范大学
　　出版社 2008 年版。

黎千驹：《现代训诂学导论》，华中师范大学出版社 2008 年版。

王宏理：《古文献学新论》，中山大学出版社 2008 年版。

肖东发、李致忠、周少川等：《中国出版通史》，中国书籍出版社
　　2008 年版。

杨牧之主编：《古籍整理与出版专家论古籍整理与出版》，凤凰出版
　　社 2008 年版。

毛建军主编：《古籍数字化理论与实践》，航空工业出版社 2009 年版。

包和平编著：《中国少数民族文献学研究》，国家图书馆出版社 2009
　　年版。

冯浩菲：《文献学理论研究导论》，山东大学出版社 2009 年版。

潘吉星：《中国造纸史》，上海人民出版社 2009 年版。

苏杰：《西方校勘学论著选》，上海人民出版社 2009 年版。

吴洪泽、张家钧：《计算机在古籍整理中的应用》，四川大学出版社
　　2009 年版。

崔军红：《实用古典文献学》，光明日报出版社 2010 年版。

刘咸炘著，黄曙辉编校：《刘咸炘学术论集·校雠学编》，广西师范
　　大学出版社 2010 年版。

钱基博：《版本通义》，岳麓书社 2010 年版。

汪耀楠：《注释学》，外语教学与研究出版社 2010 年版。

《胡道静文集·古籍整理研究》，上海人民出版社 2011 年版。

黄建年：《天章觅踪——古籍整理新论》，安徽师范大学出版社 2011
　　年版。

王立清：《中文古籍数字化研究》，国家图书馆出版社 2011 年版。

吴怀祺主编，王记录著：《中国史学思想通论（历史文献学思想卷)》，福建人民出版社 2011 年版。

余嘉锡：《目录学发微　古书通例》，商务印书馆 2011 年版。

曾贻芬、崔文印：《古籍校勘说略》，巴蜀书社 2011 年版。

张舜徽：《中国文献学九讲》，中华书局 2011 年版。

邓骏捷：《刘向校书考论》，人民出版社 2012 年版。

卢伟：《美国图书馆藏宋元版汉籍研究》，北京大学出版社 2013 年版。

黄华珍：《日藏汉籍研究》，中华书局 2013 年版。

管锡华：《校勘学教程》，北京大学出版社 2013 年版。

刘子明：《从纸张到数字——信息时代的文献》，王昉译，大象出版社 2013 年版。

张丽娟：《宋代经书注疏刊刻研究》，北京大学出版社 2013 年版。

白金：《北宋目录学研究》，人民出版社 2014 年版。

陈正宏：《东亚汉籍版本学初探》，中西书局 2014 年版。

顾永新：《经学文献的衍生和通俗化——以近古时代的传刻为中心》，北京大学出版社 2014 年版。

许逸民：《古籍整理释例》（增订本），中华书局 2014 年版。

曹之：《中国古代图书史》，武汉大学出版社 2015 年版。

孙钦善：《中国古文献学史》，中华书局 2015 年修订版。

三　其他著作

顾颉刚编著：《古史辨》（第 1 册），景山书社 1926 年版。

胡适：《评论近人考据老子年代的方法》，北京大学出版社 1933 年版。

顾颉刚编著：《尚书研究讲义》，开明书店 1937 年石印本。

《鲁迅全集》，人民文学出版社 1981 年版。

李宗邺：《中国历史要籍介绍》，上海古籍出版社 1982 年版。

蒋伯潜：《十三经概论》，上海古籍出版社 1983 年版。

《张世禄语言学论文集》，学林出版社 1984 年版。

邹家炜、董俭、周雪恒编著：《中国档案事业简史》，中国人民大学出版社 1985 年版。

葛信益、启功整理：《沈兼士学术论文集》，中华书局 1986 年版。

［美］ M. H. 艾布拉姆斯：《镜与灯：浪漫主义文论及批评传统》，郦稚牛译，北京大学出版社 1989 年版。

中国大百科全书出版社编辑部编：《中国大百科全书·图书馆学、情报学、档案学》，中国大百科全书出版社 1993 年版。

《白寿彝史学论集》，北京师范大学出版社 1994 年版。

古敬恒：《古文标点技法》，中国矿业大学出版社 1994 年版。

周雪恒主编：《中国档案事业史》，中国人民大学出版社 1994 年版。

《胡适文存》，黄山书社 1996 年版。

梁启超：《清代学术概论》，东方出版社 1996 年版。

傅斯年著，岳玉玺等编著：《傅斯年选集》，天津人民出版社 1996 年版。

姚淦铭、王燕编：《王国维文集》，中国文史出版社 1997 年版。

北京市新闻出版局编：《新闻出版实用法规手册》，京华出版社 1998 年版。

《赵守俨文存》，中华书局 1998 年版。

陈蒲清：《文言今译学》，岳麓书社 1999 年版。

郭绍虞：《中国文学批评史》，百花文艺出版社 1999 年版。

王学珍、郭建荣主编：《北京大学史料第二卷（1912—1937）》，北京大学出版社 2000 年版。

洪汉鼎：《诠释学——它的历史和当代发展》，人民出版社 2001 年版。

翦伯赞：《史学理念》，重庆出版社 2001 年版。

国务院古籍整理出版规划小组编：《古籍点校疑误汇录》（第 1—6 辑），中华书局 2002 年版。

周光庆：《中国古典解释学导论》，中华书局 2002 年版。

许冠三：《新史学九十年》，岳麓书社 2003 年版。

许威汉：《训诂学导论》，北京大学出版社 2003 年版。

袁晖：《汉语标点符号流变史》，湖北教育出版社 2003 年版。

顾颉刚、刘起釪：《尚书校释译论》，中华书局 2005 年版。

翦伯赞：《历史问题论丛合编本》，中华书局 2008 年版。

王国维：《古史新证》，湖南人民出版社 2010 年版。

王宁主编：《训诂学》，高等教育出版社 2010 年版。

梁启超：《中国近三百年学术史》，上海古籍出版社 2014 年版。

苏均平、姜北主编：《学科与学科建设》，第二军医大学出版社 2014 年版。

《顾廷龙全集》编辑委员会编：《顾廷龙全集·文集卷》，上海辞书出版社 2015 年版。

四 论文

傅斯年：《国故和科学的精神附识》，《新潮》1919 年第 1 期。

毛子水：《国故和科学的精神》，《新潮》1919 年第 1 期。

毛子水：《驳"新潮""国故和科学的精神"篇订误》，《新潮》1919 年第 2 期。

胡适：《"新思潮"的意义》，《新青年》1919 年第 7 卷第 1 号。

胡适：《请颁行新式标点符号议案》，《北京市高师教育丛刊》1920 年第 2 期。

郑振铎：《新文学之建设与国故之新研究》，《小说月报》1923 年第 14 卷第 1 号。

顾颉刚：《与钱玄同先生论古史书》，《努力》增刊《读书杂志》1923 年第 9 期。

张荫麟：《评近人对于中国古史之讨论》，《学衡》1925 年第 40 期。

许学浩：《辑佚书议》，《国学论衡》1934 年第 3 期。

张世禄：《训诂学与文法学》，《学术杂志》1940 年第 3 期。

朱肇洛：《谈古诗文今译》，《中国公论》1943 年第 4 期。

许忆彭：《略谈辑佚书》，《人文杂志》1957 年第 2 期。

王重民：《王应麟的〈玉海·艺文〉》，《学术月刊》1964 年第 1 期。

于成大：《辑佚书问题》，《木铎》1972 年第 1 期。

顾廷龙：《版本学与图书馆》，《四川图书馆》1978 年第 11 期。

李致忠：《"善本"浅论》，《文物》1978 年第 12 期。

胜茂、成周：《什么是古籍"善本"》，《黑龙江图书馆》1978 年第
　3 期。

李致忠：《论古书版本学》，《吉林省图书馆学会会刊》1979 年第
　1 期。

张舜徽：《中国校雠学叙论》，《华中师范学院学报》1979 年第 1 期。

张舜徽：《关于历史文献的研究整理问题》，《中国历史文献研究集刊
　（第一集）》，湖南人民出版社 1980 年版。

郭松年：《古籍版本与版本学》，《吉林省图书馆学会会刊》1980 年
　第 4 期。

裘锡圭：《考古发现的秦汉文字资料对于校读古籍的重要性》，《中国
　社会科学》1980 年第 5 期。

李一氓：《论古籍和古籍整理》，《编辑杂谈》（第二集），北京出版
　社 1981 年版。

白寿彝：《谈历史文献学——谈史学遗产答客问之二》，《史学史研
　究》1981 年第 2 期。

张舜徽：《与诸同志再论历史文献的整理工作》，《中国历史文献研究
　集刊（第三集）》，岳麓书社 1982 年版。

杨伯峻：《建议古籍标点恢复使用破折号》，《语言研究》1982 年第
　2 期。

白寿彝：《关于历史文献学问题答客问》，《文献》1982 年第 4 期。

夏鼐：《关于古籍整理出版的一些意见》，《文献》1982 年第 4 期。

张仲良：《整理古籍如何运用标点符号》，《文献》1982 年第 4 期。

李学勤：《重新估价中国古代文明》，《人文杂志》1982 年第 S 期。

陈光贻：《辑佚学的起源、发展和工作要点》，《史学史研究》1983 年第 1 期。

栾贵明、李秦：《微电脑与古文献研究》，《古籍整理出版情况简报》第 127 期（1984 年 8 月 20 日）。

管敏义：《怎样标点古书》，中国历史文献研究会编《古籍整理论文集》，甘肃人民出版社 1984 年版。

来新夏：《论句读——〈历史文献整理技能讲话〉之一》，中国历史文献研究会编《古籍整理论文集》，甘肃人民出版社 1984 年版。

辛谷：《应该保留一点"鱼"味——古籍整理札记之一》，《武汉大学学报》（社会科学版）1984 年第 3 期。

许嘉璐：《中学课本文言文注释商榷（续）——兼论注释学的研究》，《北京师范大学学报》1984 年第 3 期。

林薇：《关于古籍整理和引用中存在的若干问题》，《北京大学学报》（哲学社会科学版）1985 年第 6 期。

徐德明：《辑佚学应成为一门独立的学科》，《古籍整理研究学刊》1986 年第 2 期。

洪湛侯：《古典文献学的重要课题——兼论建立文献学的完整体系》，《杭州大学学报》1987 年第 2 期。

胡道静：《从黄荛翁到张菊老——150 年来版本学的纵深进程》，《古籍整理研究学刊》1987 年第 4 期。

龚言：《从影印本〈二十五史〉的"畅销"谈当前影印古籍中的问题》，《出版工作》1988 年第 10 期。

高振铎：《古籍整理要面对现实》，《古籍整理研究学刊》1988 年第 1 期。

张振佩：《谈注释》，《古籍整理研究学刊》1988 年第 1 期。

周保红：《评白话〈史记〉》，《古籍整理研究学刊》1988 年第 1 期。

霍旭东：《中国古籍整理学学科建设刍议》，《古籍整理研究学刊》

1988 年第 2 期。

缪钺：《全宋文序》，《文献》1988 年第 2 期。

冀淑英：《关于古籍善本的范围》，《文献》1988 年第 3 期。

桑榆：《文献学中有关概念的梳理》，《徐州师范学院学报》（哲学社会科学版）1988 年第 4 期。

王余光：《论文献学》，《武汉大学学报》（社会科学版）1988 年第 6 期。

曹书杰：《辑佚与辑佚学——辑佚学研究之一》，《古籍整理研究学刊》1990 年第 2 期。

曹书杰：《辑佚起源新探——辑佚学研究之二》，《古籍整理研究学刊》1990 年第 4 期。

王国强：《"辨章学术，考镜源流"之评判——中国古典目录学价值重估》，《郑州大学学报》（哲学社会科学版）1991 年第 3 期。

燕文、卢伟：《部分在京专家座谈〈全宋诗〉》，《中国典籍与文化》1992 年第 2 期。

李学勤：《论新出简帛与学术研究》，《传统文化与现代化》1993 年第 1 期。

周光庆：《中国古典解释学研究刍议》，《华中师范大学学报》1993 年第 2 期。

靳极苍：《1993 年出版的三部拙著简介——兼及注释学的产生和完成》，《山西大学学报》（哲学社会科学版）1993 年第 3 期。

柯平：《关于文献学体系结构的探讨》，《晋图学刊》1993 年第 4 期。

吴琼：《古籍今译图书的质量检查情况》，《中国出版》1994 年第 12 期。

李学勤：《谈"信古、疑古、释古"》，《原道》1994 年第 1 辑。

路广正：《当前注解古书的几个问题》，《山东师大学报》（社会科学版）1994 年第 1 期。

张升：《对清代辑佚的两点认识》，《文献》1994 年第 1 期。

沈焱：《郑樵、章学诚目录学思想评估》，《四川图书馆学报》1994
　　年第 5 期。

王艺：《从刘歆、郑樵到章学诚》，《晋图学刊》1995 年第 1 期。

张升：《辑佚与辑佚学简论》，《文献》1995 年第 1 期。

王新凤：《试论章学诚对中国古代目录学理论的贡献》，《延安大学学
　　报》（社会科学版）1995 年第 2 期。

张升：《辑佚起源说综述》，《历史文献研究》，北京师范大学出版社
　　1996 年版。

陈桥驿：《中国方志资源国际普查刍议》，《中国方志》1996 年第
　　2 期。

程焕文：《中国目录学传统的继承与扬弃》，《图书馆工作与研究》
　　1996 年第 4 期。

省庐：《繁简、正异错位》，《咬文嚼字》1996 年第 4 期。

郭英德：《古籍校勘原则之我见》，《传统文化与现代》1996 年第
　　6 期。

刘岩斌、俞士汉、孙钦善：《古诗研究的计算机支持环境的实现》，
　　《中文信息学报》1997 年第 1 期。

王余光：《再论文献学》，《图书情报知识》1997 年第 1 期。

林辰：《精心策划精心组织——访全国高校古委会》，《中国图书评
　　论》1997 年第 2 期。

王友才：《略谈古籍标点中出现的问题》，《青岛海洋大学学报》（社
　　会科学版）1997 年第 2 期。

李瑞霞：《试论章学诚的目录学思想》，《河南图书馆学刊》1997 年
　　第 4 期。

傅荣贤：《"辨章学术，考镜源流"层次论》，《四川图书馆学报》
　　1997 年第 5 期。

李冰：《"辨章学术，考镜源流"批评》，《图书馆学研究》1998 年第
　　6 期。

裘锡圭：《中国出土简帛古籍在文献学上的重要意义》，载《北京大学古文献研究所集刊》（第一辑），北京燕山出版社 1999 年版。

［日］池田温：《〈贞观政要〉之日本流传与其影响》，载《国学研究》第六卷，北京大学出版社 1999 年版。

郁贤皓：《从〈李白全集校注集释汇评〉想到古籍整理的学术规范问题》，《南京师范大学学报》（社会科学版）1999 年第 1 期。

葛景春：《也谈古籍整理的学术规范问题——与郁贤皓先生商榷》，《河北大学学报》（哲学社会科学版）1999 年第 2 期。

曹之、司马朝军：《20 世纪版本学研究综述》，《图书与情报》1999 年第 3 期。

王余光等：《中国文献学理论研究百年概述》，《图书与情报》1999 年第 3 期。

谢灼华、朱宁：《20 年来我国文献学理论研究综述（1978—1998）》，《晋图学刊》1999 年第 3 期。

魏至：《君子以果行育德——记魏建功先生的治学与为人》，载《学林往事》，朝华出版社 2000 年版。

李运富：《谈古籍电子版的保真和整理原则》，《古籍整理研究学刊》2000 年第 1 期。

吕华明：《再谈古籍整理的学术规范问题》，《西北大学学报》（哲学社会科学版）2000 年第 3 期。

潘树广：《论古典文献学与现代文献学的交融》，《苏州大学学报》（哲学社会科学版）2000 年第 4 期。

胡俊峰、俞士汶：《唐宋诗之计算机辅助深层研究》，《北京大学学报》2001 年第 1 期。

王君夫：《古籍整理的新收获——评〈全上古三代秦汉三国六朝文〉新版横排校点本》，《长春师范学院学报》2001 年第 1 期。

赖炳伟：《古籍整理和出版若干问题刍议》，《古籍整理研究学刊》2001 年第 2 期。

蒋宗福：《中国传统文献与研究的现代转换》，《四川大学学报》（哲学社会科学版）2001 年第 3 期。

曹书杰：《中国辑佚学研究百年》，《东南学术》2001 年第 5 期。

秦弓：《"整理国故"的历史意义及当代启示》，《文学评论》2001 年第 6 期。

陈桥驿：《关于编纂〈国外图书馆收藏中国地方志孤（善）本目录〉的建议——并简介新近引回的顺治〈秦州志〉》，《中国地方志》2002 年第 1 期。

冯浩菲：《试论中国文献学学科体系的改革》，《文史哲》2002 年第 1 期。

李国新：《中国古籍资源数字化的进展与任务》，《大学图书馆学报》2002 年第 1 期。

柯平：《论中国古代文献学的流派》，《郑州大学学报》（哲学社会科学版）2002 年第 2 期。

黄亚平：《建设古籍注释研究理论框架的重要意义》，《古籍整理研究学刊》2002 年第 3 期。

汪新华、拓夫：《从目录学名著看宋代目录学的成就——宋代目录学研究之三》，《湖南大学学报》（社会科学版）2002 年第 3 期。

邓洪波：《北宋时期的图书整理与目录工作——宋代目录学研究之一》，《高校图书馆工作》2002 年第 5 期。

郝继东、田泉：《古籍整理与研究现代化漫谈》，《古籍整理研究学刊》2002 年第 5 期。

杨义勇：《简评刘氏父子、郑樵、章学诚目录学思想》，《怀化学院学报》（社会科学版）2002 年第 6 期。

司马朝军：《〈四库全书总目〉善本观初探》，《图书情报工作》2002 年第 8 期。

吴量恺：《整理古籍与辨伪考信》，载周国林、刘韶军主编，华中师范大学历史文献研究所编《历史文献学论集》，崇文书局 2003

年版。

张春景：《我国数字化建设发展概况及其剖析》，《现代情报》2003
　　年第 12 期。

郑杰文：《古佚书整理中的谶纬辑佚和研究》，《山东大学学报》（哲
　　学社会科学版）2003 年第 1 期。

何丽：《论民族古籍的保护与开发》，《图书馆理论与实践》2003 年
　　第 2 期。

黄钊：《关于古文献研究中的"存真"与"失真"之我见——再谈研
　　究简帛文献的方法论问题兼答尹振环先生》，《中国哲学史》2003
　　年第 4 期。

王锦贵：《论章学诚的目录学知识创新》，《大学图书馆学报》2003
　　年第 4 期。

张琰：《孔子与郑樵目录学思想异同浅论》，《甘肃教育学院学报》
　　2003 年第 4 期。

明海、罗德勇：《20 世纪 90 年代的中国文献学研究》，《现代情报》
　　2003 年第 5 期。

王树民：《古籍整理与辨伪求真》，《河北师范大学学报》（哲学社会
　　科学版）2004 年第 2 期。

余敏辉：《白寿彝先生与中国历史文献学学科建设》，《回族研究》
　　2004 年第 2 期。

谢伟涛：《章学诚与余嘉锡目录学思想比较研究》，《图书馆》2004
　　年第 3 期。

蒋宗福：《古籍整理也应遵守学术规范》，《学术界》2004 年第 4 期。

张保见：《古籍整理学学科体系的正式搭建——评刘琳新作〈古籍整
　　理学〉》，《中国图书评论》2004 年第 5 期。

毕鲁燕：《山左学者晁公武的目录学成就》，《津图学刊》2004 年第
　　6 期。

普学旺：《世界的记忆遗产——抢救保护少数民族古籍意义重大》，

《今日民族》2004 年第 6 期。

陈力：《古籍数字化》，载全国古籍整理出版规划领导小组办公室编《古籍整理出版丛谈》，广陵书社 2005 年版。

夏传才：《〈诗经〉出土文献和古籍整理》，《河北师范大学学报》（哲学社会科学版）2005 年第 1 期。

孙钦善：《古文献学及其意义与展望》，《南昌大学学报》（人文社会科学版）2005 年第 2 期。

柯平：《数字目录学——当代目录学的发展方向》，《图书情报知识》2005 年第 3 期。

柯平：《中国目录学的现状与未来》，《图书馆杂志》2005 年第 3 期。

包爱梅：《当前我国抢救、整理民族古籍的重大意义》，《内蒙古图书馆工作》2005 年第 4 期。

张子侠：《关于中国历史文献学基本理论的几点认识》，《安徽大学学报》（哲学社会科学版）2005 年第 4 期。

陈其泰：《王国维"二重证据法"的形成及其意义》（下），《北京行政学院学报》2005 年第 5 期。

徐蜀：《古籍影印的理念与实践》，载全国古籍整理出版规划领导小组办公室编《古籍影印出版丛谈》，天津古籍出版社 2006 年版。

陈光华：《关于中国文献学学科体系的研究综述》，《图书馆学研究》2006 年第 1 期。

李夏：《论我国文献学学科体系设置》，《聊城大学学报》（社会科学版）2006 年第 2 期。

郝润华：《〈郡斋读书志〉的分类及其与〈崇文总目〉的关系》，《史林》2006 年第 5 期。

李冬生：《少数民族古籍的抢救、整理与发展》，《中国民族》2006 年第 5 期。

王忠春：《从国故整理看胡适哲学的西化向度》，《社会科学论坛》2006 年第 8 期（下）。

常娥、侯汉清：《农业古籍自动编纂的设计和研究》，《南京农业大学
　　学报》（社会科学版）2007 年第 1 期。

孟繁之、［韩］曹泳兰：《古籍注释中几个问题》，《古籍整理研究学
　　刊》2007 年第 1 期。

常娥、侯汉清、曹玲：《古籍自动校勘的研究和实现》，《中文信息学
　　报》2007 年第 2 期。

邓绍基等《〈全宋文〉五人谈》，《文学遗产》2007 年第 2 期。

毛建军：《古籍数字化的概念与内涵》，《图书馆理论与实践》2007
　　年第 4 期。

林尔正、林丹红：《计算机应用于古籍整理研究概况》，《情报探索》
　　2007 年第 6 期。

董恩林：《论传统文献学的内涵、范围和体系诸问题》，《史学理论研
　　究》2008 年第 3 期。

董恩林：《传统文献学几个理论问题再探》，《陕西师范大学学报》
　　（哲学社会科学版）2008 年第 5 期。

李岩：《新中国古籍整理出版六十年述要》，《古籍整理出版情况简
　　报》2009 年第 11 期。

李红霞：《注释学研究的回顾与前瞻》，《古籍整理研究学刊》2009
　　年第 2 期。

王化平、周燕：《刘咸炘和章学诚的目录学思想比较研究》，《四川图
　　书馆学报》2009 年第 2 期。

沈蕙：《古籍整理的地域倾向》，《图书与情报》2009 年第 4 期。

陈尚君：《古籍辑佚学在数码时代的发展机缘》，《古籍整理研究学
　　刊》2009 年第 6 期。

［日］桥本秀美：《基于文献学的经学史研究》，《儒家典籍与思想研
　　究》2009 年第一辑。

孙钦善：《论中国传统诠释学的继承和发展》，载北京大学中国古文
　　献研究中心编《北京大学中国古文献研究中心集刊》第九辑，北

京大学出版社 2010 年版。

陈峰：《文本与历史：近代以来文献学与历史学的分合》，《山东社会科学》2010 年第 1 期。

宋显彪：《论音乐文献学的学科性质》，《黄钟》（中国·武汉音乐学院学报）2010 年第 1 期。

冯春田：《从汉语史角度看古籍注释、校点例》，《山东图书馆学刊》2010 年第 2 期。

张昳：《我国文献学研究的流变与境遇》，《情报资料工作》2010 年第 2 期。

蒋寅：《略谈清人别集的文献价值》，《清史研究》2010 年第 3 期。

金程宇：《近十年中国域外汉籍研究述评》，《南京大学学报》（人文科学社会科学版）2010 年第 3 期。

刘玉才：《古典文献学的定义、知识结构与价值体现》，《文献》2010 年第 3 期。

孙钦善：《关于古文献内涵的全面认识与具体贯彻》，《文献》2010 年第 3 期。

周少川：《新世纪古文献学研究的交叉与综合》，《文献》2010 年第 3 期。

韩琴：《试论古籍索引与古籍索引电子化》，《情报科学》2010 年第 7 期。

李晓菊：《历史文献学的学科地位》，《中国社会科学报》2011 年 9 月 15 日第 008 版。

董恩林：《简谈历史文献学的定位定性及其面临的几个问题》，《淮北师范大学学报》（哲学社会科学版）2011 年第 2 期。

周少川、陈祺：《百年来古籍整理事业与古文献学的历史性发展》，《淮北师范学院学报》（哲学社会科学版）2011 年第 4 期。

鞠明库：《古籍数字化与传统文献学》，《清华大学学报》（哲学社会科学版）2011 年第 5 期。

段莹：《论宋代目录学繁荣的历史动因》，《新世纪图书馆》2011 年第 6 期。

林嵩：《〈平妖传〉异体字与版本研究丛札——兼谈古籍整理研究中的异体字问题》，《文献》2012 年第 4 期。

曾伟忠、董畅：《数字时代目录学的历史使命和未来发展的思考》，《图书与情报》2012 年第 2 期。

徐金铸：《中文古籍数字化建设理论问题浅论》，《齐齐哈尔大学学报》（哲学社会科学版）2012 年第 6 期。

周少川：《当前历史文献学学科建设刍议》，《淮北师范大学学报》（哲学社会科学版）2012 年第 6 期。

程毅中：《古籍数字化须以古籍整理为基础》，《光明日报》2013 年 4 月 30 日。

尹小林：《古籍数字化应以技术为突破口》，《光明日报》2013 年 5 月 28 日。

王净净：《略论古典文献学课程建设》，载《古典文献学理论探索与古籍整理方法研究》，民族出版社 2013 年版。

黄爱平：《历史文献学学科基础理论与教材编写的思考》，《文献》2013 年第 1 期。

张升：《新书籍史对古文献学研究的启示》，《廊坊师范学院学报》（社会科学版）2013 年第 2 期。

周少川：《论百年古籍整理与古文献学科发展史的梳理与意义》，《廊坊师范学院学报》（社会科学版）2013 年第 2 期。

文博：《唐诗：中国文学最耀眼的明珠论〈全唐五代诗〉出版的意义》，《出版参考》2014 年第 13 期。

罗家湘：《文献含义与古典文献学学科建设》，《中国大学教育》2014 年第 1 期。

葛怀东：《古籍目录学与古籍数字资源库建设》，《情报探索》2014 年第 3 期。

郝润华：《宋代目录学研究的新突破——评〈玉海艺文校证〉》，《古籍整理研究学刊》2015 年第 1 期。

杨翔宇：《民国时期校雠学理论著作编辑探微》，《编辑之友》2015 年第 8 期。

董恩林：《关于文献学内涵、体系诸问题的再思考》，《历史文献研究》总第 27 辑。

五　学位论文

段莹：《宋代目录学研究》，硕士学位论文，郑州大学，2006 年。

常娥：《古籍智能处理技术研究》，博士学位论文，南京农业大学，2007 年。

江曦：《张元济的版本目录学研究》，硕士学位论文，山东大学，2008 年。

艾雾：《宋代目录学的成就及其影响研究》，硕士学位论文，兰州大学，2008 年。

白金：《北宋目录学研究》，博士学位论文，河南大学，2012 年。

陈祺：《民国古籍整理事业研究》，博士学位论文，北京师范大学，2013 年。